Christine Meyer

Soziale Arbeit und Alter(n)

Christine Meyer

Soziale Arbeit und Alter(n)

Die Autorin

Christine Meyer, Jg. 1969, Dr. phil., habil., ist Professorin an der Fakultät Bildungs- und Gesellschaftswissenschaften im Fach Soziale Arbeit an der Universität Vechta. Ihre Arbeitsschwerpunkte sind Soziale Arbeit in der Lebensphase Alter – Soziale Altenarbeit, Generationenübergreifende Soziale Arbeit, Essen und Soziale Arbeit.

Dieses Buch ist erhältlich als:
ISBN 978-3-7799-3837-8 Print
ISBN 978-3-7799-4930-5 E-Book (PDF)

1. Auflage 2019

Herstellung: Ulrike Poppel
Satz: text plus form, Dresden
Druck und Bindung: Beltz Grafische Betriebe, Bad Langensalza
Printed in Germany

Weitere Informationen zu unseren Autor_innen und Titeln finden Sie unter: www.beltz.de

Inhalt

Kapitel 1
Einleitung

Soziale Arbeit gestaltet seit langem eine Vielzahl an Dienstleistungsangeboten, die sich an Menschen in unterschiedlichen Lebenslagen und Lebensphasen richten. Die Angebote können als Unterstützung für Entwicklungsaufgaben und -belastungen verstanden werden, wie sie sich in verschiedenen Phasen des Lebens ergeben können und die mit der Biographie als Ablauf des Lebens verbunden sind (vgl. Thiersch 2002, S. 143). Menschen in der Lebensphase Alter oder im Alternsprozess standen über lange Zeit fast überhaupt nicht als Adressat*innen im Fokus. Vor dem Hintergrund des demographischen Wandels, der seit Beginn der 1990er Jahre stärker wahrgenommen und thematisiert wird, werden sozialpädagogische Interaktionen zunehmend auch ältere Menschen betreffen. Das staatliche Hilfesystem setzt voraus, dass Kindheit durch Familien gesichert wird, Jugend durch erfolgreichen Schulbesuch und Berufsausbildung in einen Erwachsenenstatus mit Erwerbs- oder Familienarbeit mündet und sich der alte Mensch, frei von Erwerbsarbeit oder anderen gesellschaftlich zugewiesenen Aufgaben, entweder selbst versorgt oder von der Familie versorgt wird (vgl. Hamburger 2008).

Mit der zahlenmäßigen Zunahme älterer Menschen insgesamt und dem stetigen Zuwachs ihrer durchschnittlichen Lebenserwartung wird für Versorgungsfragen alleinlebender älterer Menschen oder innerhalb von Familien lebender älterer Menschen Soziale Arbeit zuständig. Wenn Familie als primärer Schutz- oder Sozialverband die ihm zugewiesenen Aufgaben nicht erfüllt oder erfüllen kann, aufgrund fehlender Ressourcen z.B. durch Zeitmangel aufgrund von Erwerbstätigkeit potenzieller Versorgerinnen (wie z.B. bisher immer noch überwiegend die Ehefrauen, Töchter oder Schwiegertöchter) oder zu großer räumlicher Entfernungen von z.B. Kindern oder anderen nahen Verwandten, weist Soziale Arbeit auf den Mangel hin oder entwickelt Dienstleistungsangebote zur Abmilderung prekärer Lebenssituationen. Mangelnde Ressourcen können sich auch als problematische Lebenslagen zeigen, z.B. über Armut oder Sucht, jedoch auch die Wohnsituation oder fehlende Mobilität können sich als problematisch erweisen für die gewünschte Kontinuität bezüglich eines selbstständigen, selbstbestimmten und unabhängigen Lebens. Klassische sozialpädagogische Angebote, wie z.B. Schuldnerberatung oder Suchtkrankenhilfe, wenden sich an alle Lebensalter und zunehmend sind auch ältere Menschen im Fokus dieser Hilfeangebote. Die klassischen Dienstleistungsangebote sind vom demographischen Wandel ebenfalls betroffen, indem die Adressat*innen altern und mit ihren Bedarfen in die Handlungsfelder Sozialer Arbeit hineinwachsen, während die in jüngerer Zeit entstandenen Dienstleistungsangebote, wie z.B. Seniorenberatung, Senior*innenassistenzen oder Mehrgenerationenhäuser, neue Dienstleistungsangebote darstellen, die bewusst geschaffen werden, um den Zuwachs der Anteile an älteren Menschen und die sich ebenfalls stetig erweiternde durchschnittliche Lebenserwartung und damit einhergehenden eventuellen Problemlagen abzufedern. Mit dem Alternsprozess können Problemlagen entstehen, die über das Angebot Sozialer Arbeit hinausreichen, weil sie langsam zunehmende Krankheit bzw. Multimorbidität und daraus resultierende weitere Hilfe-, Unterstützungs- und Pflegemöglichkeiten erfordern und zusätzlich von anderen Professionen im personenbezogenen Dienstleistungsbereich angeboten werden, wie z.B. Essen auf Rädern, häusliche Versorgung, ambulante Pflege, Altenpflegeheime.

Soziale Arbeit versteht sich auch als Seismograph für das Bemerken neu entstehender gesellschaftlicher Problemlagen, die nicht von der Familie als primärer Schutz- und Sozialverband aufgefangen werden können. Dem Mangel folgend, richtet Soziale Arbeit Dienstleistungsangebote neu ein, wenn diese gebraucht oder vielleicht sogar selber von den betroffenen Menschen eingefordert werden. Für Soziale Arbeit steht der Mensch im Mittelpunkt, für den entweder Dienstleistungsangebote konzipiert werden oder der, im besten Fall, das Angebot nachfragt und bereitgestellt haben möchte.

Das 20. Jahrhundert wurde zu Beginn von Ellen Key als „Das Jahrhundert des Kindes" (1900) bezeichnet, von Hans Thiersch zum Ende hin umformuliert in das „sozialpädagogische Jahrhundert" (Thiersch 1992), während sich das gegenwärtige 21. Jahrhundert zu einem „Jahrhundert des Alters" entwickeln könnte, da die Alternsprozesse der Gesellschaft sehr viel tiefgreifendere Auswirkungen haben werden, als derzeit bereits zu bemerken ist. Der Rückgriff auf die Aussagen von Ellen Key und Hans Thiersch dienen vor allem dazu, das im 20. Jahrhundert für Kinder- und Jugendliche entstandene weite Spektrum an Unterstützungen zur Entwicklung und Erziehung mit seiner gesetzlichen Formalisierung als Kinder- und Jugendhilfegesetz hervorzuheben. Gefährdete Entwicklungen durch schwierige Lebenslagen oder Krisen in Familien werden über das Kinder- und Jugendhilfegesetz anerkannt und bei Bedarf kann Unterstützung für eine bessere Förderung und Entwicklung des Kindes gewährleistet werden. In den letzten 30 Jahren sind wiederkehrend Forderungen nach einem ähnlichen Gesetz für ältere Menschen gestellt worden. Doch bisher steht für die Lebensphase Alter dieser Schritt noch aus. Dennoch könnte zum Ende des 21. Jahrhunderts der demographische Wandel als gesellschaftlicher Megatrend aus sozialpädagogischer Sicht als „Jahrhundert des Alter(n)s" für Soziale Arbeit eingeschätzt werden. Dafür müsste Soziale Arbeit sich jedoch bereits gegenwärtig viel stärker ihrer Rolle als Lebenslaufbegleitung bewusst und daraufhin aktiv werden in der Gestaltung der Lebensphase Alter und von Alternsprozessen. Erst relativ zaghaft wurden Auseinandersetzungen begonnen, obwohl für die

Soziale Arbeit mit dem zunehmenden Sichtbarwerden älterer Menschen in ihren Handlungsfeldern, im Sozialraum sowie mit der Neugestaltung von Dienstleistungsangeboten und dem Hineindrängen anderer Professionen in Arbeitsfelder Sozialer Arbeit mit älteren Menschen, wie z. B. die Gerontologie, die Notwendigkeit bereits deutlich geworden sein müsste. Dabei geht es nicht nur darum, konkurrenzfähig die eigene Profession zu platzieren in der Palette der personenbezogenen Dienstleistungen. Vielmehr geht es auch darum, über Jahrhunderte bzw. die vor allem in den letzten Jahrzehnten erworbene professionelle und disziplinäre Profilierung für alle Lebensalter und vor allem für die Lebensphase Alter auszuschöpfen. Da mit dem demographischen Wandel die Lebensphase Alter in den gesellschaftlichen Vordergrund tritt und mit ihr für jeden Menschen Verletzlichkeiten entstehen, erscheint es nur angemessen, wenn Soziale Arbeit ihre Verantwortung für Menschen in allen Lebensphasen und über das gesamte Leben hinweg annehmen würde. Dazu gehört die aktive Auseinandersetzung mit Alternsprozessen und der Lebensphase Alter aus sozialpädagogischer Perspektive. Soziale Arbeit als Expertin für Lebensbewältigung und -gestaltung hat auf der Basis ihrer Erkenntnisse und daraus entstandenen Handlungsfeldern ein Profil Sozialer Altenarbeit zu entwickeln, um damit über die Festlegung von Zuständigkeit hinaus die für sie im Alternsprozess relevanten Themen hervorzuheben und dafür weitere Erkenntnisse zu bilden.

Mit dem vorliegenden Lehrbuch soll das Profil Sozialer Altenarbeit geschärft bzw. ein Beitrag zur Schaffung eines primordialen Zugangs zur Erschließung der Lebensphase Alter in der Sozialen Arbeit geleistet werden. Damit werden bestimmte Themen als sozialarbeitsrelevant für die Lebensphase Alter bzw. für Alternsprozesse stärker hervorgehoben und als weiterbearbeitenswert gesetzt.

Der bisherige Fachdiskurs Sozialer Arbeit erscheint bisher zu wenig ergiebig. Aus der Mitte der Sozialen Arbeit ist kaum etwas in den letzten Jahren veröffentlicht worden, obwohl stetig Weiterentwicklungen entweder in den Handlungsfeldern der Sozialen Altenarbeit vorangeschritten sind, die sich im Bereich der Altenhilfe ohnehin etabliert hatten, oder in den Handlungsfeldern der Sozialen Arbeit, in denen sich allmählich höhere Anteile Älterer bemerkbar machen. Gerade deshalb erscheint eine eigenständige Expertise Sozialer Arbeit für Alternsprozesse und die Lebensphase Alter langsam dringlicher zu sein. Dabei geht es um die Vergewisserung des eigenen Selbstverständnisses in der Arbeit mit alten und älteren Menschen neben den ohnehin bereits vorhandenen medizinischen und pflegerischen Perspektiven sowie zunehmend gerontologischen Perspektiven. Die Durchsetzung gerontologischer Perspektiven im Selbstverständnis einer Disziplin steht bisher noch aus und mit dem großen Überschneidungsbereich im Hinblick auf Soziale Gerontologie oder Kritische Gerontologie droht das ohnehin noch recht unscharfe Verständnis Sozialer Altenarbeit nahezu gänzlich zu verschwimmen. Dabei ist die Frage auch noch keineswegs geklärt, vielleicht noch nicht einmal gestellt, ob Soziale Altenarbeit in der Sozialen Gerontologie aufgeht oder ob Soziale Arbeit von der Gerontologie Aufgaben zugewiesen bekommt (vgl. Backes/Clemens 2013) oder ob nicht die Soziale Arbeit ein eigenes Profil ausbilden und stark machen will jenseits gerontologischen Denkens, jedoch unter Berücksichtigung und Auseinandersetzung mit dieser. Die Herausbildung eines eigenständigen Profils in Abgrenzung wie auch im Zusammenspiel mit anderen Professionen bzw. Disziplinen wird zunehmend notwendiger (vgl. Karl 2010, S. 34).

Das vorliegende Lehrbuch setzt einen Ausgangspunkt in der geforderten Auseinandersetzung der Sozialen Arbeit mit der Lebensphase Alter und Alternsprozessen und leistet einen Beitrag zur Profilschärfung Sozialer Altenarbeit. Damit wird ein Beitrag zum Fachdiskurs geleistet, um den sozialpädagogischen Fachdiskurs zur Sozialen Altenarbeit aus seiner Randständigkeit etwas weiter in Richtung Kern zu bringen. Das Lehrbuch trägt jedoch vor allem dazu bei, im Studium der Sozialen Arbeit auf eine Veröffentlichung zugreifen zu können, die sich aus der disziplinären Mitte der Sozialen Arbeit mit der Lebensphase Alter und ihren Herausforderungen befasst, so dass Aufgaben und Anforderungen an Soziale Arbeit mit älteren Menschen für Interessierte in der Sozialen Arbeit selbstverständlich werden. Dabei werden für die Lebensphase Alter grundlegende Ideen und Erkenntnisse sozialpädagogisch vorgestellt, argumentiert und reflektiert, die die besondere Lebenslage „Alter“ einschätzen vor dem Hintergrund des Wunschs älter werdender Menschen, so lange wie möglich selbstbestimmt, unabhängig und selbstständig ihr bisheriges autonomes Leben (weiter)führen zu können. Die Lebensphase Alter fordert dazu heraus, sich völlig neu orientieren zu müssen angesichts der Verrentung und damit Entlassung aus der Erwerbsarbeitsgesellschaft in eine erwerbsfreie Phase, die Aneignungsprozesse erfordert angesichts der gesellschaftlich verordneten Freiheit von Erwerbstätigkeit bei gleichzeitigem Wissen, dass diese durch den Tod begrenzt ist. Erleichterung durch das Losgelassen-Werden einerseits und dabei gleichzeitig die eigene Begrenztheit zur Kenntnis nehmen zu müssen begleiten diese Lebensphase. Die daraus entstehenden Ambivalenzen werden aus sozialpädagogischer Perspektive bearbeitet und im folgenden Verlauf erstmals in diesen Zusammenhang gesetzt, der traditionelle Themen Sozialer Arbeit, wie z.B. Zeit, Raum, soziale Beziehungen, Gender und Generation, für die Lebensphase Alter ausdifferenziert und mit jedem Kapitel den primordialen Zugang Sozialer Arbeit zur Sozialen Altenarbeit um einen Schwerpunkt erweitert und/oder vertieft.

Nach dieser Einleitung setzt sich *Kapitel 2* mit dem grundlegenden Zusammenhang von Sozialer Arbeit und Alternsprozessen vor dem Hintergrund des demographischen Wandels auseinander. Dazu gehört auch der bisherige Stand der Sozialen Altenarbeit in Abgrenzung zu anderen disziplinären Feldern, die auch mit der Lebensphase Alter beschäftigt sind, wie z.B. Gerontologie oder Pflege. Es geht darum, einen allgemeinen Ausgangspunkt zu schaffen für die

Verbindung von Alter und Sozialer Arbeit und der zunehmenden Dringlichkeit der Auseinandersetzung über den demographischen Wandel. Von der Wahrnehmung des demographischen Wandels und dem Strukturwandel des Alters wird die Akademisierung der Pflege und Etablierung gerontologischer Studiengänge aufgegriffen, um die Entwicklungen der letzten zwei bis drei Jahrzehnte zu verdeutlichen. Dazu gehört auch, beinahe schon als klassisch zu bezeichnende Themen aus dieser Zeit, wie z. B. die wiederkehrende Auseinandersetzung mit Altersbildern und Lesarten zur Lebensphase Alter, in ihren Auswirkungen für Soziale Arbeit vorzustellen und einzuschätzen.

In *Kapitel 3* wird die Lebensphase Alter aus sozialpädagogischer Perspektive in den Lebenslauf eingeordnet vor dem Hintergrund des Anspruchs eines jeden Menschen auf ein vollständiges Leben. Dazu gehört auch die Ausgestaltung der eigenen Alternsphase in die Kontinuität des bisherigen Erlebens. Das kontinuierliche Erleben hängt eng mit dem autobiographischem Gedächtnis zusammen, das einerseits Erinnerungen und Neubewertungen des Erlebten ermöglicht und gleichzeitig vor allem im höheren Alter zunehmend bedroht ist von demenziellen Erkrankungen. Mit diesen Erkenntnissen sind sozialpädagogische Aufforderungen verbunden. Über die Betrachtung der Relativierung von Generationenzusammenhängen werden vor allem Fragen nach dem Verhältnis der jüngeren Generation zur älteren und zurück in persönlichen, professionellen und disziplinären Zusammenhängen neu herausgefordert, die Konsequenzen für den Umgang miteinander haben und in diesem konkreten Zusammenhang als „umgekehrtes Generationenverhältnis" näher bestimmt und in seinen Auswirkungen für den professionellen Umgang miteinander vorgestellt werden.

Kapitel 4 bildet einen Schwerpunkt innerhalb dieses Lehrbuchs angesichts der Ausführlichkeit der Themen und ihrer unmittelbaren Beziehungen zueinander. Das war nicht vorhersehbar, hat sich jedoch im Verlauf der Auseinandersetzung zunehmend in diese Richtung entwickelt. Alternsprozesse werden in den Zusammenhang körper-leiblicher Verluste und der Kontinuität von Sehnsüchten nach Beziehungen eingeordnet, und zwar in der weiteren Ausdifferenzierung entlang der Vielfalt der Geschlechter. Die Vielfalt der Geschlechter ist im Zusammenhang mit Alternsprozessen bisher noch viel zu wenig betrachtet und berücksichtigt worden, ebenso wie Alternsprozesse zu wenig als Leib-Körper-Veränderungserfahrung thematisiert wurden angesichts der immensen Bedeutung, die sie aus der Perspektive Sozialer Altenarbeit für den Alternsprozess innehaben. Älter werdende Menschen erleben kontinuierlich, mal mehr, mal weniger bewusst, körper-leibliche Verlusterfahrungen über alternsspezifische Veränderungen, während sie gleichzeitig die Erfahrung machen, zunehmend unsichtbarer in der Gesellschaft zu werden. Insgesamt nehmen sie diese als Prozess kontinuierlicher Entwertungen wahr. Gleichzeitig bleiben ältere Menschen sehnsüchtig nach sozialen Begegnungen, die sie leben und ausfüllen können. Soziale Beziehungen können zudem hilfreich sein als Unterstützungsnetzwerk bei eventuell zunehmenden körperlichen Verlusten bzw. Einschränkungen. Diese Ambivalenzen zwischen Unsichtbarkeit, körper-leiblichen Veränderungs-Verlusterfahrungen und die kontinuierliche Sehnsucht nach sozialen Beziehungen gilt es wiederkehrend in Balancen zu bringen und als Aufforderung an Soziale Arbeit, diese zur Kenntnis zu nehmen und Auseinandersetzungen zum Annehmen und Aushalten oder Veränderungsmöglichkeiten zu eröffnen, wenn sich solche als machbar und nützlich erweisen.

Kapitel 5 setzt sich aus sozialpädagogischer Perspektive mit Alternsprozessen auseinander vor dem Hintergrund der Herausforderungen an den Sozialraum. Der Sozialraum gehört zu den traditionellen Themen in der Soziale Arbeit, der auch für ältere Menschen in ihrem Alltag entweder schleichend mit zunehmendem Alter oder bei eher plötzlich eintretender Krankheit zu eingeschränkter Beweglichkeit führen kann und massive Einschränkungen nach sich zieht. Der Radius älterer Menschen wird abhängig von ihrem Gesundheitszustand eingeschätzt. Je fitter ein älterer Mensch ist, desto größer sein Radius und die dazugehörige Erreichbarkeit alles Lebens(qualitäts)notwendigem. Bei Eintritt in die Rentenphase haben es ältere Menschen mit der Aufgabe zu tun, sich ihren Sozialraum biographisch wieder neu anzueignen, während der Sozialraum entlang der Anforderungen des demographischen Wandels auch zunehmend flexibel verändert werden muss, um als altengerechter Lebensraum bei sich verändernden Bedingungen dennoch Unabhängigkeit, Selbstbestimmung und Selbstständigkeit zu unterstützen. Das Vorhandensein von Infrastrukturen und die Möglichkeit zur Mobilität gelten als Voraussetzungen für autonomes Altern und werden thematisiert, ebenso wie unterschiedliche Sozialräume. Ländliche Sozialräume sind häufig verbunden mit idealisierenden Vorstellungen von Alternsprozessen im ländlichen Raum oder dem zunehmend für einige ältere Menschen bedeutend werdenden zeitweisen Leben im Ausland, das als transnationales, multilokales Altern bezeichnet werden kann und ebenfalls aus sozialpädagogischer Sicht eingeordnet wird. Räumliche Aneignungsprozesse werden im Verlauf des Alternsprozesses wiederkehrend zum Thema, wenn der Radius sich evtl. langsam zunehmend weiter verkleinert oder noch einmal radikal verändert im Falle eintretender Pflegebedürftigkeit oder im Sterbeprozess, z. B. im Altenpflegeheim, im Krankenhaus oder im Hospiz und in der Folge auf einen Raum oder nur noch das Bett begrenzt ist. Die Orientierung auf den letzten zu besetzenden Raum, der sich der eigenen Aneignung jedoch verweigert, der letzte Ruheort auf dem Friedhof, wird im Alternsprozess ebenfalls angesichts der eigenen Endlichkeit sozialpädagogisch relevant.

Nach diesen thematischen Schwerpunktsetzungen widmet sich *Kapitel 6* der Zukunft Sozialer Altenarbeit in professioneller und disziplinärer Perspektive. Dabei wird der primordiale Zugang Sozialer Arbeit zur Sozialen Altenarbeit auf mehreren Ebenen thematisiert und vor dem Hintergrund sozialpädagogischer Anforderungen an Soziale Altenarbeit ausdifferenziert. Ausgehend von der

Nachzeichnung des Entwicklungsprozesses der „sozialen Altenarbeit“ zur „Sozialen Altenarbeit“ wird die Zuständigkeit und Verantwortlichkeit über die historische Entwicklung Sozialer Altenarbeit in der Praxis gezeigt. Während im weiteren Verlauf zum einen anhand der Handlungsfelder Sozialer Arbeit die Notwendigkeit eines stärkeren Zugangs Sozialer Arbeit zum Alter(n) des Einzelnen und der Gesellschaft exemplarisch augenfällig wird, werden zum anderen sozialpädagogisch relevante Herangehensweisen aus verschiedenen theoretischen Blickwinkeln aufgezeigt als Wegweiser für künftige Auseinandersetzungen. Disziplinär notwendig zu bearbeitende Themen für einen sozialpädagogisch relevanten primordialen Zugang und damit die stärkere Profilbildung Sozialer Altenarbeit beginnt mit der Einordnung in Füssenhäusers Kristallisationspunkte für sozialpädagogische Theoriebildung als mögliche weitere Entwicklung. Die acht Kristallisationspunkte bieten Möglichkeiten zur konkreten Weiterentwicklung des Profils Sozialer Altenarbeit und gleichzeitig Rückbindung und -versicherung an Kernfragen Sozialer Arbeit.

Kapitel 7 blickt fragend und zusammenführend nach vorne, denn es geht vor allem darum, jüngere Menschen mehr für das Thema Soziale Altenarbeit zu interessieren und damit darum, Neugier zu wecken auf ältere Menschen. Für die weitere Entwicklung der Sozialen Altenarbeit gilt, dass sie sich nur dann wirklich als Schwerpunkt Sozialer Arbeit mit einem ureigenen Zugang etablieren lassen wird, wenn sich jüngere Menschen interessieren lassen und neugierig werden auf ältere Menschen und ihre Ideen, Biographien, Wünsche, Sehnsüchte und vieles mehr. Ältere Menschen werden mehr und dadurch nicht unbedingt sichtbarer, vor allem dann nicht, wenn sie weiterhin so wenig selbstverständlich in Gesellschaften sind.

Zur Anleitung

Dieses Lehrbuch will, wie jedes andere, zunächst einmal gelesen werden, von vorne nach hinten, kreuz und quer oder von hinten nach vorne, wie es gerade Spaß macht. Schön wäre es, wenn irgendwo, vielleicht bei einem der Tipps, Fälle, Beispiele oder Fragen größeres Interesse entsteht und sich die Möglichkeit ergibt, tiefer in den Text, in jedes Kapitel einzusteigen oder darüber hinaus in anderen, in einigen der empfohlenen Bücher oder Texten zu stöbern. Das Thema Alter ist in jede Richtung ergiebig und vor allem sind es die älter werdenden Menschen selbst. In einem Interview von Alice Schwarzer mit Simone de Beauvoir aus dem Jahr 1978 zeigen sich die ungeheure Bandbreite des Themas und die existenziell bedeutenden Widersprüche, mit denen jede*r früher oder, meistens, später konfrontiert wird.

> „*Alice Schwarzer:* […] Sie sagen: man fühlt sich jung in einem alten Körper.
> *Simone de Beauvoir:* Ja. Sartre hat das Alter sehr treffend als das ‚Unrealisierbare‘ genannt. Das ‚Unrealisierbare‘ ist etwas, was zwar für die anderen existiert, aber

nicht für einen selbst. Wenn ich schlafe, wenn ich aufwache, wenn ich gehe, mich bewege, ein Buch lese – dann denke ich nie: ich bin alt. Ich fühle mich ohne Alter. Sicher, mit 52, 53, 54, da dachte ich: jetzt werde ich alt. Heute ist dieses Gefühl zwar ein selbstverständlicher Teil meiner Gewohnheiten und meines Körpers geworden, aber ich begreife mich dennoch nicht als alt. Cocteau hat das sehr treffend gesagt: Das Schlimme am Alter ist, dass man jung ist.

Alice Schwarzer: Wieweit sieht Ihr Tagesablauf heute anders aus als früher?

Simone De Beauvoir: Ich fühle mich weniger stark, also bin ich weniger hartnäckig, weniger fordernd mit mir selbst. Das ist ein Nachteil, aber auch ein Vorteil, denn ich habe mehr Muße und Zeit. Früher, mit 30, da rannte ich, kaum hatte ich die Augen geöffnet, los. Ich schrieb, machte tausend Sachen, hatte noch so viel vor mir. Heute bin ich gelassener, lass mir ein wenig Zeit, lese, tu Dinge, dir mir ganz persönlich Spaß machen. Und ich bin auch sparsamer mit meinen Kräften. Es interessiert mich auch nicht mehr, zum Beispiel so wie früher, bis tief in die Nacht hinein auszugehen, zu trinken, zu feiern – das würde mir auch am nächsten Tag schlecht bekommen... Ich mag diese Gelassenheit und gleichzeitig bedaure ich sie. Denn hartnäckig um die Zukunft ringen bedeutet, dass man in dieser Zukunft seinen Platz hat. Meiner Meinung nach ist die strahlendste Phase in einem Leben, wenn man zwischen 30 und 50 oder 30 und 60 ist, sein Leben aufgebaut und nicht mehr die Schranken der Jugend hat – Familiengeschichten, Karrieredruck –, das ist der Moment, wo man frei ist und viel vor sich hat. Aber das Alter, das ist ein Schritt vom Unendlichen ins Endliche. Man hat keine Zukunft mehr – das ist das Schlimmste“ (Schwarzer 1978/1983, S. 90).

Mit diesem kurzen Interviewausschnitt ist viel gesagt über die bedeutenden Themen im Alternsprozess und gleichzeitig sagt er etwas über die grundsätzliche Herangehensweise für die Soziale Altenarbeit aus. Die Absurdität der Sozialen Altenarbeit liegt darin, dass die älteren Menschen als Adressat*innen der jüngeren Menschen zugleich als Fortbildner*innen für die jüngeren Menschen versuchen müssen, den jüngeren Professionellen zu ermöglichen, etwas von ihrem Alternsprozess so zu verstehen zu geben, dass diese in die Lage versetzt sind, das „Richtige“ in all den Momenten, die kommen werden, für ältere Menschen zu entwickeln oder entscheiden zu können. Soziale Arbeit bietet dafür grundsätzlich Voraussetzungen von ihrem Selbstverständnis her und doch gibt es noch viel zu tun.

Kapitel 2
Der Zusammenhang von Alter(n) und Sozialer Arbeit

Zusammenfassung

In diesem Kapitel werden Grundlagen zum Zusammenhang von Sozialer Arbeit und der Alterung der Gesellschaft gelegt. Der demographische Wandel als multipler Alterungsprozess kann dabei als Ausgangspunkt für die Zurkenntnisnahme der Lebensphase Alter innerhalb der Sozialen Arbeit betrachtet werden. Dazu gehören z. B. die Zunahme des Gesamtanteils älterer Menschen in der Gesellschaft, die Schrumpfung der Gesellschaft insgesamt sowie die relative Zunahme des Anteils hochaltriger Menschen bei gleichzeitig neuen Verhältnismäßigkeiten zwischen nachwachsender und älterer Generation. Diese Entwicklungen haben erhebliche Auswirkungen auf das tägliche Miteinander der Gesellschaft insgesamt. Damit entstehen vor allem neue Aufgaben für Soziale Arbeit, die auch das Selbstverständnis Sozialer Arbeit betreffen. Soziale Arbeit im Zusammenhang mit Alternsprozessen bedeutet, sich über den demographischen Wandel hinaus mit bisherigen sozialpädagogischen Ideen zur Altersphase zu befassen, sie zu erweitern und von anderen, ausschließlich mit Alternsfragen befassten, personenbezogenen Dienstleistungsdisziplinen abzugrenzen.

2.1 Demographische Vorhersagen als Aufforderung für Soziale Arbeit – Hineinwachsen in eine alternde Gesellschaft

Die Verschiebung in der Altersstruktur wird als demographischer Wandel bezeichnet. „Die Jüngeren werden weniger, die Älteren werden mehr“ (Statistisches Bundesamt 2011, S. 7). Zu den gesellschaftlichen Entwicklungen mit hoher Bedeutung für sozialstaatliche und soziale Dienstleistungen wird auch der demographische Wandel gezählt, z. B. neben Globalisierung und Europäisierung als weitere Megatrends (vgl. Füssenhäuser 2011, S. 1636). Der demographische Wandel bezeichnet ein dreifaches Altern der Gesellschaft, da die Anteile älterer Menschen in absoluten Zahlen, in relativen Anteilen sowie die Zunahme der Anteile der hochaltrigen Menschen (80+) anwachsen. Anhaltend niedrige Geburtenraten und die steigende Lebenserwartung gelten als Bedingungen für den demographischen Wandel. 2009 lebten in Deutschland ca. 82 Millionen

Menschen, von denen ca. 17 Millionen 65 Jahre oder älter waren. Jede fünfte Person hatte das Rentenalter bereits erreicht. 57% der über 65-Jährigen waren Frauen und 43% Männer. Dieses Ungleichgewicht zwischen den Geschlechtern lässt sich auf die höhere Lebenserwartung der Frauen zurückführen (vgl. Statistisches Bundesamt 2011, S. 7). Der Anteil der älteren Menschen an der Gesamtbevölkerung fällt in Deutschland regional sehr unterschiedlich aus. In Ostdeutschland lag er 2009 mit 23,5% höher als in Westdeutschland mit 20,2%. Sachsen hat mit 24,7% den höchsten Anteil von Menschen über 65 Jahren, gefolgt von Sachsen-Anhalt mit 24,2%. Der demographische Wandel wurde in Ostdeutschland zwischen 1990 und 2009 beschleunigt durch die Abwanderung überwiegend junger Menschen in den Westen. Die Bevölkerungszahl reduzierte sich in diesem Zeitraum um 12%, während die Zahl der älteren Menschen um 50% zunahm. Der Alterungsprozess im früheren Bundesgebiet wurde durch die Zuwanderung aus dem Osten sowie dem Ausland gemildert. Die Gesamtbevölkerung wuchs von 1990 bis 2009 um 6% und die Zahl der älteren Menschen erhöhte sich um 40%. Die Stadtstaaten Hamburg und Berlin sind am wenigsten von den Auswirkungen des demographischen Wandels betroffen; der Anteil der Älteren lag dort bei 19,0% bzw. 19,1%. Die Zahl der Menschen ab 65 Jahren hat sich seit 1990 bundesweit um 5 Millionen erhöht. Das entsprach einem Anstieg um 42% und die Gesamtbevölkerung wuchs im gleichen Zeitraum nur um 3% (vgl. ebd., S. 8).

Ältere Menschen bestimmen zunehmend das Gesellschaftsbild und zukünftig wird die Bevölkerung noch wesentlich stärker als bisher von älteren Menschen geprägt sein. Entsprechend der Vorausberechnung wird die Einwohner*innenzahl Deutschlands zwischen 2009 und 2060 zurückgehen und der Anteil der ab 65-Jährigen weiter steigen. 2030 werden voraussichtlich 22 Millionen (29%) der Bevölkerung über 65 Jahre alt sein (vgl. Statistisches Bundesamt 2011, S. 9).

> „Das Altern der heute stark besetzten mittleren Jahrgänge führt zu gravierenden Verschiebungen in der Altersstruktur. Im Ausgangsjahr 2013 bestand die Bevölkerung zu 18% aus Kindern und jungen Menschen unter 20 Jahren, zu 61% aus 20- bis unter 65-Jährigen und zu 21% aus 65-Jährigen und Älteren. Im Jahr 2060 wird der Anteil der unter 20-Jährigen auf 16% und der Anteil der 20- bis 65-Jährigen auf 51 bis 52% sinken. Bereits jeder Dritte (32–33%) wird mindestens 65 Lebensjahre durchlebt haben und es werden fast doppelt so viele 70-Jährige leben, wie Kinder geboren werden“ (Statistisches Bundesamt 2015, S. 6).

Die fortschreitende Alterung der Gesellschaft zeigt sich vor allem auch an der deutlich anwachsenden Zahl der Hochaltrigen. 2013 lebten 4,4 Millionen (5,4%) 80-Jährige und Ältere in Deutschland. Ihr Anteil wird kontinuierlich steigen und im Jahr 2015 mit fast 10 Millionen den höchsten Wert erreichen. In 50 Jahren werden etwa 13% der Bevölkerung 80 Jahre und älter sein (vgl. ebd.).

2060 wird jede zwölfte Person über 85 Jahre alt sein (vgl. ebd. 2011, S. 12). Eng verbunden mit dem demographischen Wandel ist die weiter steigende Lebenserwartung. Mit der demographischen Entwicklung hat eine bemerkenswert lineare Aufwärtsentwicklung begonnen, die ihren Ausgangspunkt bereits bei der Geburt eines Menschen nimmt. Nach Aussagen des Demographie-Forschers Vaupel gibt es zurzeit keine Indizien, dass sich der Anstieg der Lebenserwartung abflacht. Die durchschnittliche Lebenserwartung gilt als Maß der gegenwärtigen Lebensbedingungen und ist nicht aussagekräftig im Hinblick auf die Länge eines menschlichen Lebens. Vaupel wagte die Aussage, die Hälfte aller im Jahr 2005 in Deutschland Neugeborenen würde ihren 100. Geburtstag erleben. Die biologische Grenze dieser Entwicklung und damit das (einschätzbare) Ende des Lebens liegt in der Ferne (vgl. Vaupel 2005, S. 1). „Die Möglichkeit, sein eigenes Leben in jeder Phase der biologischen Entwicklung leben und beherrschen zu können, hängt mit gesellschaftlichen und kulturellen Bedingungen, Anforderungen und Aufforderungen zusammen; es lässt sich weder trennen von objektiven sozialen Determinanten noch von solchen, die wir als eigene Befindlichkeiten thematisieren“ (Winkler 2005, S. 28). Routinen und Übergänge, Phasen des Stillstands und der Unruhe werden sich im Lebenslauf abwechseln und zu Unzufriedenheiten und Unsicherheiten führen. Soziale Arbeit wird herausgefordert, sich im Lebenslauf mit all seinen möglichen Schwierigkeiten, Unsicherheiten, Unwägbarkeiten und Notwendigkeiten so auszukennen, dass die Bereitschaft, die Vielfalt an Lebenslagen als sozialpädagogische Problemlagen in der Lebenslaufperspektive anzuerkennen und zuständig zu werden, selbstverständlich wird.

Definition

Alter(n)

Die Lebensphase Alter als Teil des Lebenslaufs genau abzugrenzen, fällt zunehmend schwerer. „Das Ende des Lebens ist mit dem Tod klar begrenzt, doch der Übergang vom mittleren zum höheren Erwachsenenalter – und damit ins ‚Alter‘ – ist immer schwieriger zu bestimmen. Der Eintritt in den Ruhestand, der früher und noch bis in die 1970er Jahre klar als Schritt ins Alter gewertet wurde, hat einen Teil seiner determinierenden Wirkung verloren“ (Backes/Clemens 2013, S. 22). Vorruhestand, gleitender Übergang in den Ruhestand, Erwerbsminderung sowie Arbeitslosigkeit älterer Arbeitnehmer*innen drücken den Zeitpunkt des faktischen Austritts aus dem Erwerbsleben auf durchschnittlich etwas über 60 Jahre. So liegen zwischen Berufsaustritt und „offiziellem“ Rentenbeginn häufiger Wartezeiten, in denen die Betroffenen mit diesem Zwischenstadium „rollenlos“ leben. Nach dem Eintritt in den Ruhestand sind die Menschen selten bereit, sich selbst als „alt“ zu sehen, zumindest so lange es ihnen gesundheitlich gut geht. Der Beginn der Lebensphase „Alter“ scheint also von individuellen Lebenslagen und Selbsteinschätzungen abzuhängen. Dennoch kann die Lebensphase „Alter", wenn sie mit dem Übergang in den Ruhestand beginnt, bis zu 50 Jahre andauern, vorausgesetzt ein sehr früher Ruhestand trifft auf ein hohes Sterbealter (vgl. ebd.).

Baltes unterteilt den Alternsprozess in ein drittes chancenreiches aktives Lebensalter und in ein viertes risikoreiches, relativ wahrscheinlich, multimorbides Lebensalter (vgl. Baltes 2002). Strube hingegen betont die Heterogenität der Gruppe der alten Menschen, indem er die Bandbreite vom aktiven 65-Jährigen über den multimorbiden 80-Jährigen bis zum kachektischen 100-Jährigen aufspannt. Gleichzeitig verweist er auf die Differenzierungen der WHO.

Menschen im Alter von 65 bis 74 Jahre gelten als „ältere Menschen" (junge, aktive Alte), im Alter zwischen 75 und 90 Jahre als „Hochbetagte", in der Altersspanne von 90 bis 100 Jahre als „Höchstbetagte" und über 100 Jahre als „Langlebige". Diese Einteilung bzw. die Zahl der Lebensjahre wird mittlerweile als weniger aussagekräftig betrachtet, da die großen Unterschiede in der Lebens- und Gesundheitssituation der älteren Menschen zeigen, dass allein das biologische Alter kein Maßstab für körperliche und geistige Fitness darstellt (vgl. Strube 2006). So betont die WHO die hohe Vielfalt in Bezug auf Alter(n)sprozesse.

> „[…] There is no typical older person: Older age is characterised by great diversity. Some 80-year-olds have levels of physical and mental capacity that compare favourably with 20-year-olds. Others of the same age may require extensive care and support for basic activities like dressing and eating. Policy should be framed to improve the functional ability of all older people, whether they are robust, care dependent or in between" (www.who.int/ageing/features/misconceptions/en/, Abfrage: 15. 04. 2018).

Die Lebensphase Alter lässt sich bezüglich ihres Beginns nicht so eindeutig festlegen, mittendrin hängt sie stark von der Selbsteinschätzung der alternden Menschen ab, während gleichzeitig evtl. zunehmende Hilfe- und Pflegebedürftigkeit eintreten kann und die Verletzlichkeit des Lebens stark erhöhen. Die Lebensphase Alter endet mit dem Tod. Die in den letzten Jahrzehnten stetig zunehmende Lebenserwartung wird eher die Lebensphase Alter erweitern und damit zur weiteren individuellen und gesellschaftlichen Herausforderung.

Darüber hinaus wird die alternde Gesellschaft zur Besonderheit und besonderen Herausforderung für alle, da bisher für diese sowohl quantitative als auch qualitative Entwicklung einer Gesellschaft gar keine nutzbaren Erfahrungen zur Verfügung stehen. Alle Entwicklungen und Reaktionen geschehen, ohne auf Erfahrungswerte zurückgreifen zu können sowie ohne praktikable Lösungsansätze, die Situation zu bewältigen. Es geht um eine potenzierte Antizipation veränderter Zukunft gegenüber bisherigen Erfahrungen. Einerseits ist es eine gänzlich neue Situation, größere Anteile älterer Menschen in der Gesellschaft vorzufinden als Anteile jüngerer Generationen. Andererseits ist jegliches forscherisches und wissenschaftliches Denken im Fokus von Altern in der Regel Vorwegnahme, ohne diese Phase individuell selber schon begonnen zu haben. Jedes Denken und Reflektieren geschieht im Vorlauf auf die je eigene Zukunft und nicht im reflektierenden Rückblick. Aus Sicht Sozialer Arbeit bedeutet diese Erkenntnis für die Gestaltung sozialpädagogischer Angebote den Schwerpunkt auf das Verstehen älterer Menschen zu legen. Dafür wird Wissen benötigt, um sich möglichst komplexe Vorstellungen von den Lebenssituationen bzw. Lebenswelten älterer Menschen machen zu können. Diese Erkenntnis gilt sowohl für die Lebenswelt eines einzelnen wie auch für die gesamte Alterung der Gesellschaft.

Beispiel

Die Gestalt der gealterten Gesellschaft
Mit der 10. koordinierten Bevölkerungsvorausberechnung in der mittleren Variante der 9 unterschiedlichen Vorausberechnungen lassen sich einige Szenarien gut illustrieren. Ein Drittel der Bevölkerung wird 2050 über 60 Jahre alt sein und nicht mehr im Erwerbsarbeitsprozess stehen. Die Hälfte der Bevölkerung wird älter als 48 Jahre sein. 2002 trafen fast 44 Personen über 60-Jähriger auf 100 Personen im erwerbsfähigen Alter zwischen 20 und 60 Jahren. 2050 werden 78 über 60-Jähriger 100 Personen im Alter zwischen 20 und 60 Jahren gegenüberstehen. Die veränderten Relationen der Lebensalter werden in der Gesellschaft sichtbar und starken Einfluss haben z. B. auf das Miteinander, die Infrastrukturen und Dienstleistungsangebote.

Weitere Zahlen zur Illustration: 1950 waren die 10-Jährigen der bevölkerungsstärkste Jahrgang, im Jahr 2000 die 38-Jährigen und im Jahr 2050 werden es die 60-Jährigen sein (vgl. www.dji.de 2006; Statistisches Bundesamt 2003). Die Gestalt dieser insgesamt gealterten Gesellschaft vermag sich noch keiner vorzustellen. Es werden sehr viel mehr alte Menschen in der Öffentlichkeit zu sehen sein, die evtl. in unterschiedlichen Grad geh- bzw. mehrfach körperlich beeinträchtigt sein können, d. h. ältere Menschen mit Gehhilfen und Rollatoren werden im Straßenbild zur Selbstverständlichkeit. Da Menschen mit zunehmendem Alter von zunehmender Hilfe- und Pflegebedürftigkeit bedroht sind, benötigen sie Unterstützung. Diese Unterstützung kann bei leichten Hilfebedarfen durchaus zu Veränderungen in der öffentlichen Infrastruktur führen, indem z. B. Barrierefreiheit durchgängig ermöglicht wird, Rolltreppen verlangsamt werden, mehr Sitzgelegenheiten im Sozialraum und mehr öffentliche Toiletten notwendig werden. Möglichkeiten zur Verlangsamung im gesamten Sozialraum könnten erforderlich sein, z. B. könnten altersfreundliche Warteschlangen an den Kassen in Supermärkten eingeführt werden. Insgesamt geht es um die Schaffung einer altenfreundlichen, sicheren Umgebung, zu der auch die Einrichtung altenfreundlicher Gesundheitszentren gehören, inklusive Standards, die das Entstehen oder die Verschlechterung von Behinderungen aller Art vermeiden helfen. Die Vermeidung von Verletzungen durch Schutzmaßnahmen für ältere Fußgänger*innen im Verkehr, Maßnahmen zur Erhöhung der Sicherheit beim Gehen, Programme zur Vermeidung von Stürzen, Ausschaltung von Gefahrenherden im Haushalt und Beratung in Sicherheitsfragen gelten als weitere Elemente einer altenfreundlichen Umgebung. Dazu gehören z. B. auch altenfreundliche Warenhäuser, die Produkte mit kleineren Mengeneinheiten, leicht zu tragenden und zu öffnenden Produkte anbieten, das Diabetikersortiment ausweiten, Servicedienste anbieten und Kommunikationsmöglichkeiten bereithalten. Mit dem Einkaufen verbindet sich für viele Ältere auch die Befriedigung selbstverständlicher generationenübergreifender sozialer Kontakte im Alltag. Deshalb werden z. B. Seniorenfachmärkte aus Sicht älterer Menschen nicht favorisiert. Für den Textilbereich besteht die Herausforderung darin, attraktive Mode für ältere Menschen mit einer größeren Auswahl und mit mehr Passformen anzubieten. Für Hochaltrige oder Ältere mit erheblichen gesundheitlichen Problemen können Geronto-Technologieapplikationen, wie z. B. spezielle Einkaufswagen in Supermärkten, Badewannen mit besseren Einstiegsmöglichkeiten, Telefone mit akustischen und optischen Signalgebern, Hilfsmittel für die richtige Medikamenteneinnahme sowie Haushaltsgeräte mit Zeituhren, zu einer längeren Verweildauer in dem selbstverantwortlich und eigenständig geführten eigenen Haushalten beitragen (vgl. www.programm-altersbilder.de/meldungen/silver-ager-auf-ueberholspur.html, Abfrage: 08. 05. 2018). Schwellenfreie Sozialräume und schwellenfreie Wohnungen werden verstärkt notwendig, um selbstständiges, selbstbestimmtes und unabhängiges Leben im Alternsprozess zu ermöglichen.

Mit der prognostizierten Zunahme der Anteile Hochaltriger (80+) wird sich ebenfalls die Anzahl älterer Menschen erhöhen, die verwirrt sind und sich evtl. verirrt haben, vielleicht gar nicht wissen, wo sie hinwollen oder hingehören. Am Beispiel der Veränderung dementieller Erkrankungen lässt sich die Einteilung in ein drittes und viertes Lebensalter (vgl. Baltes 2002) gut verdeutlichen: Bei den 70-Jährigen leiden unter 5 % an einer dementiellen Erkrankung, bei den 80-Jährigen etwa 10 bis 15 % und bei den 90-Jährigen sind es ca. 50 %. Dementielle Erkrankungen sind verbunden mit einem schleichenden Verlust zeitlicher Orientierung, Intentionalität, Selbstständigkeit, Identität und sozialer Eingebundenheit. Eine Vielzahl dementiell erkrankter älterer Menschen wird in der gealterten Gesellschaft der Zukunft, aufgrund unterschiedlicher Lebenserwartungen von Männern und Frauen sowie aufgrund sich abzeichnender kürzer werdender Lebenspartnerschaften, im Alter überwiegend allein leben. Es könnte also im Jahr 2050 zum etablierten Dienstleistungsangebot Sozialer Arbeit geworden sein, „Anlauf“-, vielleicht auch eher „Abgabestellen“ für demente alte Menschen etabliert zu haben, die sich in ihrem sozialen Nahraum „verloren“ haben. Niemand kann bisher wissen, wie sich die Lebensräume mit dem demographischen Wandel verändern werden, dennoch ist sicher, diese Entwicklung vollzieht sich: langsam und zunehmend sichtbarer, so dass die Gesellschaft anfangen kann, sich mit der bereits begonnenen Zukunft auseinanderzusetzen.

Seit Beginn der 1990er Jahre sickert die Erkenntnis des demographischen Wandels langsam durch alle Ebenen der Gesellschaft. 1999 bescheinigte Schweppe, als eine der langjährig in der Sozialen Altenarbeit forschenden sozialpädagogischen Wissenschaftlerinnen, der Verbindung „Alter und Erziehungswissenschaft" lediglich eine brüchige Allianz, obwohl sich Erziehungswissenschaft zu einer professionellen Lebensbegleitung und Wissenschaft des Lebenslaufs entwickelt habe. Die Öffnung hin zur Lebensphase Alter erfolge wenig systematisch, eher rudimentär und zufällig (vgl. Schweppe 1999, S. 328). In Bezug auf die Sozialpädagogik und ihre Verbindung zum Thema „Alter(n)" erschien Schweppe sogar eine systematische Exklusion vorzuliegen, obwohl der Sozialpädagogik bescheinigt würde, auf allen Ebenen und nahezu in jeder Hinsicht zur Normalität geworden zu sein. Fragen des Alters hätten in der allgemeinen sozialpädagogischen Theoriebildung, mit Ausnahme Böhnischs (ebd. 1997), nur sehr wenig Platz gefunden und dementsprechend hätte Soziale Arbeit mit alten Menschen als sozialpädagogisches Arbeitsfeld kaum eine Identität und ein fachliches Selbstverständnis entwickelt (vgl. Schweppe 1999, S. 328). 2009, zehn Jahre später, betonten Hanses/Homfeldt, die Lebensphase Alter erfordere angesichts sozialer und biographischer Problemlagen dringend sozialpädagogische Einmischung, doch strukturell sei sie in „fester Hand" medizinischer und medizinnaher Professionen (vgl. Hanses/Homfeldt 2009, S. 151 f.; vgl. auch Schweppe 2012). Zwischen diesen beiden Aussagen liegen zehn Jahre, in denen doch einiges Wissen und Denken bewegt wurden, nicht zuletzt, da Sozialpädagogik offensichtlicher in das Altern bzw. den demographischen Wandel auf Ebene der Adressat*innen und der Professionellen hineinwächst. Die personelle Ebene umfasst sowohl die disziplinäre wie auch professionelle Aspekte und mit zunehmend weniger Nachwuchs wird die Wahrnehmung größer, dass Wissen und Können Sozialer Arbeit über die Spezifika der Kinder- und Jugendphase hinausreichen und für alle Lebensalter bzw. das Alter und Alternsprozesse nützlich sein könnte.

Winkler geht davon aus, dass Pädagogik und Sozialpädagogik nicht auf die mit ihr traditionell verbundenen Lebensphasen Kindheit und Jugend beschränkt werden können. Seiner Einschätzung nach lässt sich eine pädagogische Problemstruktur des Alters erkennen, die darauf abzielt, unter den Bedingungen einer fragmentierten und fragmentierenden Moderne vor allem die Integrität der alternden Menschen zu wahren und die Sicherung der Rahmenbedingungen mit zu übernehmen, in welchen alte Menschen Gesellschaft und Kultur leben können (vgl. Winkler 2005). Der demographische Wandel wird zunehmend sichtbarer und nicht zuletzt eigene Betroffenheit oder eigenes Hineinwachsen fordern manchen sozialpädagogischen Wissenschaftler (vgl. Thiersch 2009) heraus, aus ihren theoretischen Perspektiven einen besonderen Blick auf diese Lebensphase zu werfen. Winkler geht dennoch grundsätzlich davon aus, dass die Gründe bisher eher zufällig sind, im Zusammenhang sozialpädagogischer Reflexion Alter und Altern zu thematisieren. In einigen Fällen werden biographische Momente bedeutender, denn „[...] die Mitglieder der Disziplinen beobachten an sich selbst als Kohortenschicksal, wie die Jugend verblasst, der sie sich selbst zugerechnet haben" (Winkler 2005, S. 20). Darüber hinaus könnte es darum gehen, mehr oder weniger unabsichtlich, neue Gebiete erschließen zu wollen bzw. zunehmend wird ersichtlicher, dass sich Anteile professioneller Leistung in der Sozialen Arbeit von der bisherigen Klientel im Jugendhilfebereich auf andere Personengruppen verschieben. Über den demographischen Wandel entsteht ein Problemdruck, dessen Ausmaß in der politischen und öffentlichen Debatte jedoch noch zu wenig erkannt wird (vgl. ebd.).

Zwei seitdem veröffentlichte Handbücher mit den Schwerpunkten Soziale Arbeit und Alter (vgl. Aner/Karl 2010) bzw. Soziale Arbeit für alte Menschen/ Handbuch für die berufliche Praxis (vgl. Zippel/Kraus 2009/2011) zeigen weitere professionelle und disziplinäre Öffnungen in Richtung Sozialer Arbeit mit alten Menschen. Dennoch wird die Soziale Altenarbeit zu wenig sichtbar in der Mitte der Erziehungswissenschaft bzw. Sozialen Arbeit. Diejenigen Wissenschaftler*innen, die sich im Schwerpunkt mit der Lebensphase Alter und ihren sozialpädagogischen Dimensionen auseinandersetzen, finden sich eher in der Sektion Soziale Gerontologie und Altenarbeit der Deutschen Gesellschaft für Gerontologie und Geriatrie als in der Mitte der Sozialen Arbeit bzw. Erziehungswissenschaft. So bleibt auch die thematische Vielfalt bezüglich Sozialer Altenarbeit überwiegend unsichtbar, z. B. bei der jährlich stattfindenden Theorie-AG oder den Jahrestagungen der Deutschen Gesellschaft für Erziehungswissenschaft tauchen alternsspezifischen Themen kaum bis gar nicht auf. Bei dem Kongress der Deutschen Gesellschaft für Erziehungswissenschaft in Kassel 2018 gab es keine explizit erkennbare Veranstaltung, in der das Thema „Alter(n)" aus erziehungswissenschaftlicher Perspektive bearbeitet wurde, trotz der Vielzahl an Erziehungswissenschaftler*innen mit dieser thematischen Ausrichtung. Doch diese fühlen sich an diesem Ort entweder nicht vertreten oder bleiben unsichtbar, weil die Notwendigkeit aus erziehungswissenschaftlicher bzw. sozialpädagogischer Perspektive zu wenig hervortritt. Im folgenden Verlauf wird die Notwendigkeit für eine stärkere Profilbildung verdeutlicht vor dem Hintergrund des bisherigen Diskurses zur Sozialen Altenarbeit in der Sozialen Arbeit. Dabei werden der aktuelle Stand der demographischen Entwicklung und Deutungen der Lebensphase Alter als Ausgangspunkt für Profilüberlegungen Sozialer Altenarbeit gesetzt.

Definitionen

Gerontologie

Die Gerontologie hat sich seit den 1930er Jahren in den USA und verstärkt seit Beginn der 1950er Jahre in Deutschland als multidisziplinäre Wissenschaft des Alterns und Alters herausgebildet. Damit waren Ansätze und (theoretische) Konzepte einzelner Disziplinen verbunden, die den Blick auf das zu erfassende multi- bzw. interdisziplinäre Gesamtphänomen jedoch eher verstellten (Backes/Clemens 2013, S. 197).

> „Gerontologie, und hier insbesondere die sozialwissenschaftliche Alter(n)swissenschaft, ist seit ihren Anfängen durch die Trias von Theorie, Empirie und Anwendung bestimmt. Aus empirischer Beobachtung älterer und alter Menschen in der Gesellschaft, häufig auch aus deren Konfrontation mit kulturell begründeten Alter(n)sbildern und alter(n)srelevanten sozialpolitischen Entwicklungen, haben sich Thesen, theoretische Konzepte und Ansätze zum Verhältnis von älteren und alten Menschen und Gesellschaft, zur Lebensqualität und zu sozialer Ungleichheit im Alter oder zur Lebensphase Alter im Kontext des Lebenslaufs entwickelt. Insbesondere die klassischen gerontologischen Konzepte – wie Disengagement-, Aktivitäts- und Kontinuitätsthesen – lassen eine unmittelbare Koppelung ihres Gegenstandsbereichs mit der Entstehung der ‚Lebensphase Alter' als eigenständig im Lebenslauf sich konstituierende, vom sonstigen Erwachsenenalter deutlich abgegrenzte Zeit erkennen" (ebd., S. 122).

Davon abgrenzen lässt sich die Soziale Gerontologie.

Soziale Gerontologie

Rosenmayr versteht unter Sozialer Gerontologie einen Sammel- und Integrationsbereich von Fragestellungen und Forschungsprogrammen verschiedener Disziplinen aus den Human-, Sozial-, Kultur- und Geisteswissenschaften. Soziale Gerontologie beschäftigt sich damit, „wie das handelnde Subjekt im sich wandelnden sozialen und kulturellen Kontext zu den biologischen, durch den Lebenslauf bedingten Veränderungen des (eigenen) Organismus sich einstellt und verhält" (Rosenmayr 1991, S. 530). Die Sozialgerontologie nimmt dabei ebenfalls altersbedingtes Gruppenverhalten und gesellschaftlich organisierte Verhaltensweisen, wie z. B. Arbeitsteilung oder staatliche Versorgung, in den Blick. Davon betroffen sind ebenfalls die kulturellen und politischen Verhältnisse der Generationen, die als Hilfe, Dienstleistungen oder als soziale und kulturelle Konfliktbearbeitung von Alters- und Generationendifferenzen in der Sozialen Gerontologie in den Mittelpunkt der Betrachtung rücken (vgl. ebd.). Die Soziale Gerontologie ist bisher nicht gefestigt als selbstständige Disziplin. Dazu müsste sie soziologische, sozialpsychologische, psychologische, pädagogische, ökonomische und ökologische Perspektiven in sich binden und theoretisch-konzeptionell fundieren (vgl. Backes/Clemens 2013, S. 19).

Für Hamburger wird das Alter als Lebensphase von mehreren Disziplinen erforscht und mündet in der Zukunft ein in der Formierung einer multidisziplinären Gerontologie (vgl. Hamburger 2008, S. 162). Aus Sicht Künemunds und Schroeters betrachtet die Gerontologie Alternsprozesse aus verschiedenen Blickwinkeln mit jeweils fachspezifischen Schwerpunktsetzungen als multidisziplinäres Unterfangen. Deren Entwicklung zu mehr Interdisziplinarität oder sogar mehr noch zur Transdisziplinarität steht jedoch aus und würde mehr Schritte bzw. Erörterung, erkenntnistheoretisch wie wissenschaftspolitisch, notwendig machen (Künemund/Schroeter 2015, S. 218).

Doch bisher stellt die Gerontologie noch keine Disziplin mit einem einheitlichen Profil dar, offen ist ihre zukünftige Entwicklung, ob sie eher ein lockerer Verbund einer Vielzahl an Disziplinen bleibt oder sich doch stärker miteinander verzahnt. Insgesamt ist der Zuwachs an Beforschung des Alter(n)s eng mit der Wahrnehmung des demographischen Wandels in der Gesellschaft verbunden. Dabei stand nicht allein die Aussicht auf die zahlenmäßige Zunahme im Vordergrund, sondern die auffällig gewordenen Veränderungen im Alter führten zu einer breiteren Aufmerksamkeit in der Gesellschaft.

2.1.1 Von der Wahrnehmung des Strukturwandels des Alter(n)s zur Bundesaltenberichterstattung

Der Anstieg der Anzahl älterer Menschen an der Gesamtzahl der Gesellschaft und die hieraus folgende Wahrnehmung pluraler Alternsprozesse, wie sie sich im Strukturwandel des Alters abzeichnen, werden erst seit Ende der 1980er Jahre verstärkt zur Kenntnis genommen (vgl. Dieck 1984; Dieck/Naegele 1989; Bäcker/Naegele et al. 1989; Naegele 1990; Naegele/Tews 1993). Der Strukturwandel des Alters bezog sich vor allem auf die folgenden fünf Aspekte: Verjüngung des Alters, frühe Entberuflichung, Singularisierung, Feminisierung und Langlebigkeit bzw. Hochaltrigkeit (vgl. Tews 1990).

Definition

Strukturwandel des Alter(n)s

Mit dem generellen zahlenmäßigen Anstieg des Anteils Älterer in der Gesellschaft wurde gleichzeitig auch ein breiter Strukturwandel des Alter(n)s zur Kenntnis genommen. Vier charakteristische Merkmale wurden mit dem Strukturwandel beschrieben:

- *Entberuflichung/Verjüngung des Alter(n)s:* Altersmäßig frühere Ausstiege aus der Berufsphase verlängern und dehnen die Altersphase aus. Als Entberuflichung bzw. Verjüngung des Alter(n)s wird dieser Aspekt bezeichnet, eine Verlängerung der Altersphase ohne Berufstätigkeit oder die Verjüngung des Alters.
- *Feminisierung des Alter(n)s:* Das Geschlechterverhältnis bleibt unausgeglichen, in der Lebensphase Alter überwiegt der Anteil der Frauen. Gründe hierfür liegen

zum einen in einer höheren Lebenserwartung und zum anderen in den Auswirkungen der Kriegsjahre.

- *Hochaltrigkeit:* 1990 waren in der Bundesrepublik Deutschland 3,8 % über 80 Jahre alt. Für das Jahr 2030 werden 6,3 % und 12 % über 80-Jähriger für das Jahr 2050 vorhergesagt. Damit einhergehend ist aufgrund verschiedener Faktoren im Bereich des Gesundheitszustandes (häufig auftretende Multimorbidität, d. h. das Auftreten von mehreren Krankheiten parallel, verzögerter Genesung, Zunahme chronischer Krankheiten etc.) ein gestiegener Bedarf an Hilfe- und Pflegebedürftigkeit vorhanden.
- *Singularisierung des Alter(n)s:* Der Anteil alleinstehender Alter steigt. Von 12,3 Mill. über 60-Jähriger lebten 1991 ca. 4,3 Millionen (ca. 35 %) in Ein-Personen-Haushalten mit steigender Tendenz. Dieser Zustand wird mit dem Begriff der Singularisierung beschrieben. In der Verwitwung und einer stetigen Erhöhung der Scheidungsquote sind die häufigsten Ursachen zu finden (vgl. Naegele/Tews 1993).

Die gesellschaftliche Wahrnehmung des Strukturwandels des Alter(n)s hat erstmals Möglichkeiten eröffnet, Alternsprozesse jenseits des Ruhestands als eigenständige Lebensphase zu sehen und zu etablieren.

Während der 1990er Jahre wurde eine Vielzahl an Wissen von Politik, Wissenschaft und Praxis in Bezug auf alternde Gesellschaften und individuelles Altern erarbeitet und verbreitet (vgl. Mayer/Baltes 1996; Kruse/Martin 2004). Zu Beginn der 1990er wurde öffentlich allmählich zur Kenntnis genommen, dass ein demographischer Wandel die Verteilung der Bevölkerung betrifft, der mit zunehmenden Anteilen Älterer in der Gesellschaft zugleich auch einen Strukturwandel zur Folge hat. So wurde verstärkt begonnen, Wissen in Bezug auf z. B. Wohnen und Wohnalternativen im Alter, Hilfe- und Pflegebedürftigkeit sowie Pflegepotenziale in der Gesellschaft, Mobilität und Selbstständigkeit, altersbedingte Krankheiten sowie subjektive und objektive Eingebundenheit Älterer in die Gesellschaft, zu bilden. Die seit den 1990ern begonnene Berichterstattung auf Bundesebene, die inzwischen den Siebten Altenbericht (2016) vorgelegt hat, zeigt die vordringlichen Themen, die mit dem demographischen Wandel für gesellschaftliche Alternsprozesse als zentral angesehen werden: Alter und Gesellschaft, Wohnen im Alter, Hochaltrigkeit und dementielle Erkrankungen sowie Aktivitäten im Alter. Dabei ist insbesondere zu berücksichtigen, dass Alter und Alternsprozesse überwiegend mit einem negativen und defizitorientierten gesellschaftlichen Blick verbunden und trotz vielfältigen Engagements der letzten 25 Jahre zur Schaffung altengerechter Sozialräume bzw. langfristig einer altengerechten Gesellschaft Maßnahmen nur schwer durchzusetzen sind.

Wissensbaustein

Altenberichte

1993 erschien der Erste Altenbericht und seitdem erscheint in jeder Legislaturperiode ein Altenbericht zu einem altenpolitisch relevanten Thema. 2016 wurde der Siebte Altenbericht veröffentlicht mit dem Schwerpunkt „Sorge und Mitverantwortung in der Kommune – Aufbau und Sicherung zukunftsfähiger Gemeinschaften". Der Siebte Altenbericht hat herausgearbeitet, „an welche lokalen Voraussetzungen gesellschaftliche Teilhabe älterer Menschen geknüpft ist und welche Aufgaben sich insbesondere den Kommunen bei der Gestaltung von Sorge- und Partizipationsstrukturen stellen" (www.bmfsfj.de/bmfsfj/themen/aeltere-menschen/aktiv-im-alter/berichte-zur-lage-der-aelteren-generation-altenberichte/berichte-zur-lage-der-aelteren-generation--altenberichte-/77138, Abfrage: 01.05.2018). Die Altenberichte zur aktuellen Lage der älteren Generation in der Bundesrepublik Deutschland gelten als wichtige Entscheidungsgrundlage für die Seniorenpolitik des Bundes.

> „Der Siebte Altenbericht enthält konkrete Handlungsempfehlungen an Bund, Länder und Kommunen für eine nachhaltige Seniorenpolitik vor Ort, die den vielfältigen Lebenslagen älterer Menschen gerecht werden und zu möglichst selbstbestimmtem Leben im Alter beitragen soll. Begleitet von der Geschäftsstelle Altenbericht beim Deutschen Zentrum für Altersfragen (DZA) wurde der Bericht von 2012 bis 2016 von einer Sachverständigenkommission erarbeitet" (www.bmfsfj.de/bmfsfj/themen/aeltere-menschen/aktiv-im-alter/berichte-zur-lage-der-aelteren-generation-altenberichte/berichte-zur-lage-der-aelteren-generation--altenberichte-/77138, Abfrage: 01.05.2018).

- *2016; Siebter Altenbericht „Sorge und Mitverantwortung in der Kommune – Aufbau und Sicherung zukunftsfähiger Gemeinschaften" (BT-Drs. 18/10210)*
- *2010; Sechster Altenbericht „Altersbilder in der Gesellschaft" (BT-Drs. 17/3815):* Mit dem sechsten Altenbericht wurde auf den Einfluss der Bilder vom Alter(n) in den verschiedenen gesellschaftlichen Bereichen abgehoben vor dem Hintergrund, „solche Bilder vom Alter in der Öffentlichkeit zu kommunizieren, die differenziert und realistisch sind und die der Vielfalt des Alters gerecht werden" (www.bmfsfj.de/bmfsfj/service/publikationen/eine-neue-kultur-des-alterns/77144, Abfrage: 01.05.2018).
- *2006; Fünfter Altenbericht „Potenziale des Alters in Wirtschaft und Gesellschaft – Der Beitrag älterer Menschen zum Zusammenhalt der Generationen" (BT-Drs. 16/2190):* Der Fünfte Altenbericht geht von der Gestaltbarkeit des demographischen Wandels aus und der bedeutenden Rolle der älteren Generation bei der Gestaltung (vgl. www.bmfsfj.de/bmfsfj/service/publikationen/5---altenbericht-der-bundesregierung/77116, Abfrage: 01.05.2018).
- *2002; Vierter Altenbericht „Risiken, Lebensqualität und Versorgung Hochaltriger – unter besonderer Berücksichtigung demenzieller Erkrankungen" (BT-Drs.*

14/8822): Die Erhöhung des Anteils Älterer in der Gesellschaft umfasst langfristig ebenfalls einen Zuwachs hochaltriger Menschen, deren Verletzlichkeit im Hinblick auf Multimorbidität bzw. die Ausprägung dementieller Erkrankungen stark zunimmt (vgl. www.bmfsfj.de/bmfsfj/service/publikationen/4--altenbericht-/95594, Abfrage: 01. 05. 2018).

- *2001; Dritter Altenbericht „Alter und Gesellschaft" (BT-Drs. 14/5130):* Dieser Altenbericht befasst sich mit der allgemeinen Lage älterer Menschen in der Gesellschaft sowie besondere Lebenslagen, Hilfestrukturen und Dienstleistungsangebote (vgl. www.bmfsfj.de/bmfsfj/service/publikationen/3--altenbericht-/95592, Abfrage: 01. 05. 2018).
- *1998; Zweiter Altenbericht „Wohnen im Alter" (BT-Drs. 13/9750):* Der Zweite Altenbericht hat das seniorenpolitische Schwerpunktthema „Wohnen im Alter" aufgegriffen. „Ausgangspunkt für die Entscheidung, das Thema ‚Wohnen' zu behandeln, waren vor allem auch die zu erwartenden Auswirkungen einer sich verändernden Gesellschaft auf die Wohn- und Siedlungsstruktur in unserem Land" (www.bmfsfj.de/blob/121582/b7f44aa9ce98cec566828481cac12ef3/980128-2--altenbericht-data.pdf, S. 2, Abfrage: 01. 05. 2018).
- *1993; Erster Altenbericht zur „Lebenssituation älterer Menschen" (BT-Drs. 12/5897):* Der Erste Altenbericht beschäftigte sich umfassend mit der Lebenssituation älterer Menschen in der Bundesrepublik Deutschland (www.bmfsfj.de/blob/121582/b7f44aa9ce98cec566828481cac12ef3/980128-2--altenbericht-data.pdf, S. 2, Abfrage: 01. 05. 2018).

Die inzwischen regelmäßig stattfindende Altenberichterstattung auf Bundesebene hat sich aus der Familienberichterstattung herausgelöst und mit dem erstmals 1993 erschienenen Bundesaltenbericht zeigt sich die wachsende Bedeutung des demographischen Wandels für die Gesellschaft.

Als weitere Reaktion der zunehmend größer werdenden gesellschaftlichen Wahrnehmung des demographischen Wandels gilt die Akademisierung der (Alten-)Pflege- und Gesundheitsberufe als Reaktion auf die zahlenmäßige Veränderung, vor allem aber auch auf den Strukturwandel des Alter(n)s.

2.1.2 Akademisierung der (Alten-)Pflege und Etablierung gerontologischer Studiengänge als Reaktionen auf den demographischen Wandel

Mit dem Voranschreiten der Wahrnehmung des demographischen Wandels als gesellschaftlicher Entwicklung wurde seit den 1990er Jahren begonnen, eine Vielzahl an pflegewissenschaftlichen und gerontologischen Ausbildungsgängen an Hochschulen zu gründen und zu etablieren, die zur Wissensbildung und

Professionalisierung der mit Alternsprozessen befassten Berufe beitragen und Auswirkungen gesellschaftlicher Alterungsprozesse abmildern sollten (vgl. Meyer 2002).

Die Robert-Bosch-Stiftung forderte zu Beginn der 1990er Jahre, die Pflege durch Professionalisierung wettbewerbsfähig zu machen, da qualifizierte und attraktive Pflegeberufe vonnöten seien und sie sonst in ihrer Leistungsfähigkeit und Humanität bedroht seien (vgl. Robert-Bosch-Stiftung 1992 auch nach: Karsten et al. 1999, S. 143). Der überwiegende Teil der Fachhochschulstudiengänge wurde zwischen 1995 und 1998 eingerichtet. Dieser deutliche Schub an Entwicklung in den 1990er Jahren kann als direkte Folge von Pflegenotstand, Denkschriften (vgl. Robert-Bosch-Stiftung 1996) sowie politischer Aktivierung im hochschulpolitischen Bereich verstanden werden. Als eine der wesentlichen Notwendigkeiten für die Entwicklung des Berufsfeldes Altenpflege wurde neben den qualitativen, inhaltlichen Verbesserungen in der Ausbildung eine stärkere Verwissenschaftlichung des Berufsfeldes Altenpflege durch die Installierung von „Pflegewissenschaften" an (Fach-)Hochschulen verlangt. Die Ausbildungsinhalte sowie die Ausbildung der Ausbilder*innen würden, so die Annahme, durch eine gerontologische Spezialisierung in Forschung und Lehre wesentlich beeinflusst (vgl. Naegele 1991; Robert-Bosch-Stiftung 1992; Rabe-Kleberg 1994). 1992 legte die Robert-Bosch-Stiftung ein Gesamtkonzept zur Etablierung von Pflegewissenschaften an Hochschulen vor, um mit der Akademisierung der Pflege ihre Leistungs- und Wettbewerbsfähigkeit entsprechend den Anforderungen des demographischen Wandels anzupassen. Die Pflege zeichnete sich vor allem aus durch ihre geringe Attraktivität aufgrund mangelnder Aufstiegsmöglichkeiten, ungünstigen Arbeitszeiten, geringer Vergütungen und Überlastungen (Robert-Bosch-Stiftung 1992). 1996 empfahl die Robert-Bosch-Stiftung ein integriertes Gesamtkonzept für die Pflegewissenschaften und ihrer Etablierung an Hochschulen mit einigen Forderungen, wie z.B. die Pflegewissenschaft als Disziplin zu konstituieren, Studiengänge aufgabengerecht auszustatten, den Theorie-Praxis-Transfer zu sichern, die Schaffung von Zentren für Pflegeforschung und Forschungsförderung, eine Förderung des internationalen Austauschs sowie eine Umkehrung des „Brain drain" durch den Ausbau von Forschungs- und Lehrmöglichkeiten in Deutschland. Aufgrund bisher fehlender akademischer Qualifizierungsmöglichkeiten und attraktiver Arbeitsfelder in Deutschland wanderten wissenschaftlich interessierte Angehörige von Pflegeberufen ins Ausland ab. Zu den weiteren Zielsetzungen gehörte, Erkenntnisse der Pflegewissenschaft für sozial-, gesundheits- und pflegepolitische Entscheidungen stärker zu nutzen und Schlüsselpositionen mit wissenschaftlich qualifizierten Pflegefachkräften zu besetzen (vgl. Robert-Bosch-Stiftung 1996).

Gerontologische Studienangebote verfolgten ganz ähnliche Ziele. 2001 wurde ein Basisfächerkatalog definiert, der Grundlagenfächer des Gerontologie-Studiums definierte. Dazu gehörten Geriatrie, Gerontopsychiatrie, Interventionsgerontologie, Gerontosoziologie, Erwachsenenbildung und Sozialpolitik (Kessler/Hoff/Franke 2017, S. 399). Gerontologie sollte in ihrer gesamten disziplinären Vielfalt gelehrt werden und nicht entlang einer Leitdisziplin. Darüber hinaus sollte Gerontologie in der Integration von theoretischer und anwendungsorientierter Perspektive verstanden werden inklusive der Vermittlung quantitativer und qualitativer Methoden der empirischen Sozialforschung (ebd.). 2007 analysierten Backes/Klie/Lasch den damaligen Stand der Entwicklung der gerontologischen Studienangebote an Hochschulen anhand der Profile, Schwerpunktsetzungen und Spezialisierungen in den gerontologischen Studienprogrammen. Gleichzeitig liegt der Fokus auf der Frage, ob die Studiengänge den aus dem demographischen Wandel und dem Altersstrukturwandel erwachsenen Erfordernissen an die Hochschulausbildung gerecht werden. Darüber hinaus liegt ein weiterer Schwerpunkt in der Anschlussfähigkeit gerontologischer (Weiterbildungs-)Studiengänge an grundständige sozialwissenschaftliche Hochschulausbildungen sowie auf deren beruflicher Verwertbarkeit (vgl. Backes/Klie/Lasch 2007, S. 403). Die Bemühungen der Universitäten und Fachhochschulen, wissenschaftlich fundiert praxisrelevant auszubilden, haben zu vielfältigen Konzepten geführt, von denen bisher nach wie vor ungewiss ist, welche Ausbildungsformen sich sowohl auf der Seite der Studierenden als auch auf der Nachfrageseite am Arbeitsmarkt behaupten werden (vgl. Backes/Klie/Lasch 2007, S. 403). 2007 gab es in Deutschland sechs Universitäten und neun Fachhochschulen mit Studienangeboten im Bereich Gerontologie. Die Universitäten gehörten zu den „Pionieren“ alternswissenschaftlicher Studienprogramme, da an der Universität Kassel bereits seit 1984 (bis 2004) der Diplomaufbaustudiengang Soziale Gerontologie existierte, seit 1985 (bis 1990) an der Universität Vechta der Weiterbildungsstudiengang Gerontologie, der abgelöst wurde von dem Aufbau- und Ergänzungsstudiengang Gerontologie, sowie seit 1995 (bis 2004) der Diplomstudiengang Gerontologie. Weitere gerontologische Studiengänge bieten seit 1986 die Universität Erlangen/Nürnberg, seit 1988 die Universität Heidelberg und seit 1998 die Universität Dortmund an (vgl. ebd., S. 406).

Mit Umstellung auf Bachelor- und Masterstudiengänge sind folgende Angebote entstanden: Fünf Studienangebote werden von Universitäten angeboten. Der einzige Bachelorstudiengang Gerontologie besteht an der Universität Vechta. An der Hochschule Sport & Gesundheit Berlin, Universität Dortmund, Universität Nürnberg/Erlangen, Universität Heidelberg und der Universität Vechta werden konsekutive Master in Gerontologie angeboten. Berufsbegleitende Weiterbildungsstudiengänge waren 2007 an sechs Hochschulen geplant (Evangelische und katholische Fachhochschule Freiburg, Fachhochschule Lausitz, Evangelische Fachhochschule Ludwigshafen, Katholische Fachhochschule Mainz, Fachhochschule Mannheim, Fachhochschule Zittau). Neben den schwerpunktmäßig ausgerichteten Studiengängen im Bereich Gerontologie gibt es auch

Angebote mit gerontologischen Teilbereichen oder Modulen, die studiert werden können. Gerontologische Vertiefungen finden sich in Studiengängen der Sozialen Arbeit, Psychologie und Pflegewissenschaften (vgl. Backes/Klie/Lasch 2007, S. 407). Die Vielfalt gerontologischer Studienangebote zeigt die unterschiedlichen Integrationsformen gerontologischen Wissens in die Ausbildung an Hochschulen. Neben konsekutiven Studiengängen gibt es derzeit vor allem Weiterbildungsangebote, integrative Konzepte im Rahmen von Studiengängen der Sozialen Arbeit, der Psychologie oder der Pädagogik und/oder zertifizierte modulare Angebote der Spezialisierung im Studium etc.

> „Diese Vielfalt sollte bei einer Bewertung des Angebots im Blick bleiben, alle Angebotsformen zielen darauf, gesellschaftliche Strukturen für den demographischen Wandel vorzubereiten […]. Die Frage der Rolle von hochschulgebundenen Ausbildungskapazitäten beim Transfer gerontologischen Wissens in gesellschaftliche Strukturen, dabei ist durchaus ein differenzierter Strukturbegriff gemeint, in Altenhilfestrukturen, politische Entscheidungsgremien, in die Dienstleistungsbereiche, in Unternehmen, Selbsthilfestrukturen und Berufsbereiche, die mit Altern konfrontiert werden (Architektur, Pflege, Soziale Arbeit, Planung, Bildung, Freizeit etc.), beantwortet sich nur im Überblick von Bildungs- und Ausbildungsangeboten“ (ebd., S. 408).

Mit dem Akademisierungsprozess alternsbezogener Berufsbereiche entsteht jedoch auch gleichzeitig die Gefahr der Sackgassenbildung, wie sie insbesondere Karsten betont und am Beispiel des Verwissenschaftlichungsprozess in dem klassischen Frauenberufsbereich der Kinderpflege- und Erziehungsberufe verdeutlicht.

Unter Heranziehung der dort gewonnenen Erfahrungen und Erkenntnisse der Verberuflichungs-, Professionalisierungs- und Verwissenschaftlichungsmodelle in den genannten Berufen, „[…] könnte eine Verwissenschaftlichung der Inhalte oder eine Professionalisierung ohne gleichzeitige bildungspolitische und strukturelle Konsequenzen für die ‚Neuordnung‘ des Berufsfeldes zu Sackgassen verschiedener Ausprägung führen“ (Karsten 1991, S. 78). Bei Forderungen nach Verwissenschaftlichung müssen jeweilig auch bildungspolitische, berufspolitische, arbeits-/arbeitsmarkt- und frauenpolitische Perspektiven in ihrer Wechselwirkung mitgedacht werden (vgl. ebd.). Forderungen nach Akademisierung als Professionalisierungsschritt allein reichen nicht für Aufwertungen und Durchsetzung neuer Erkenntnisse. Eine Neuordnung des gesamten Berufsfeldes ist jeweils erforderlich, so dass keine Sackgassen entstehen, wie z. B. geringe Durchlässigkeiten: Erzieher*innen müssen für Aufstiege jeweilig aus der Berufspraxis aussteigen, bilden sich weiter, ohne dass sie wieder in dem Berufsfeld auf höherer Stelle einmünden. Es ist eher so, dass diese Weiterqualifizierungen aus dem Feld weg führen. Es sind also berufsrelevante Qualifikationsprofile erforderlich, die den Weg wieder in das Feld zurückführen und nicht davon weg (vgl. ebd.).

Studien zu Einmündungen von Absolvent*innen gerontologischer Studienangebote würden zeigen, ob und wie bzw. auf welcher Ebene Einmündungen erfolgt sind und zu Erkenntnissen führen über die Verbreitung gerontologischen Wissens in der Gesellschaft, über die bisherige Akzeptanz gerontologischen Wissens und der Notwendigkeit, sich in allen gesellschaftlichen Ebenen, wie z. B. in den Unternehmen, Politikbereichen, Dienstleistungsbereichen, Sozialräumen, zu etablieren. Kessler/Hoff/Franke sehen dringenden Bedarf, die beruflichen Karrieren von Gerontologieabsolvent*innen in Wissenschaft und Praxis systematisch zu untersuchen (Kessler/Hoff/Franke 2017, S. 409).

In der Analyse der Profile der Masterstudiengänge zeigen sich unterschiedliche Ausrichtungen, wie z. B. von der breit angelegten Integration von Disziplinen bis hin zu Schwerpunktsetzungen in Verbindung mit z. B. Pflege, Sozialer Arbeit oder Psychologie. Ebenfalls wurde eine Spezialisierung auf Berufsfelder vorgenommen, wie z. B. auf Soziale Arbeit oder Pflegeberufe und auf verschiedene Ebenen, wie z. B. leitende, koordinierende oder beratende Positionen in der Altenhilfe oder dem Gesundheitswesen (vgl. Backes/Klie/Lasch 2007, S. 408).

Derzeit werden bei der Suche nach Studienprogrammen „Gerontologie" über Internetportale elf Standorte benannt:

- Bachelor und Master „Gerontologie" an der Universität Vechta
- Bachelor „Soziale Gerontologie" (berufsbegleitend) an der Katholischen Hochschule für Sozialwesen Berlin (KHSB) – Staatlich anerkannte Fachhochschule für Sozialwesen
- Master „Alternde Gesellschaften" an der Technischen Universität Dortmund
- Master „Gerontologie" an der Friedrich-Alexander-Universität Erlangen-Nürnberg
- Master „Soziale Gerontologie" an der Hochschule Zittau/Görlitz (University of Applied Sciences)
- Master „Gesundes Altern und Gerontologie" an der SRH Hochschule für Gesundheit Gera
- Master „Angewandte Gerontologie" (berufsbegleitend) APOLLON Hochschule der Gesundheitswirtschaft University of Applied Sciences Bremen
- Master „Integrierte Gerontologie" (berufsbegleitend) an der Universität Stuttgart (nach Kessler/Hoff/Franke bereits seit 2016 geschlossen (vgl. ebd. 2017, S. 402))
- Master „Geragogik" (berufsbegleitend) an der Pädagogischen Hochschule Karlsruhe (University of Education)
- Master „Klinische Gerontopsychologie" (berufsbegleitend) an der Technischen Universität Chemnitz (//studieren.de/suche.0.html?&mode=search<=course&term=14769:term:gerontologie, Abfrage: 06. 05. 2018)

- MA „Angewandte Gerontologie“ im Verbund der Katholischen Hochschule Freiburg/Hochschule Mannheim/Katholischen Stiftungshochschule München (vgl. Kessler/Hoff/Franke 2017, S. 405).

Darüber hinaus werden im Zusammenhang mit Studienprogrammen zur Gerontologie 77 Standorte für Soziale Arbeit genannt, an denen eventuell ebenfalls Schwerpunkte im Bereich „Gerontologie“ gesetzt werden. Zwei Standorte der Sozialen Arbeit setzen explizit in ihren Studienangeboten auf die Verbindung mit der alternden Gesellschaft:

- Bachelor Soziale Arbeit „Generationenbeziehungen in einer alternden Gesellschaft“ an der Hochschule Darmstadt
- Master „Soziale Arbeit in der alternden Gesellschaft“ an der Hochschule Magdeburg-Stendal (Kessler/Hoff/Franke 2017, S. 406f.)

Das Internetportal „studis-online.de“ bringt bei der Suche nach „Gerontologie studieren“ noch weitere, eher speziellere, Studienangebote der Gerontologie hervor:

- Bachelor „Geriatrische Therapie, Rehabilitation und Pflege“ an der Hochschule Kempten
- Master „Sport- und Bewegungsgerontologie“ an der Deutschen Sporthochschule Köln
- Master „Multiprofessionelle Versorgung von Menschen mit Demenz und chronischen Einschränkungen“ (berufsbegleitend) an der Universität Witten/Herdecke

Studis-online.de zählt die Gerontologie zu der Fachgruppe „Pflege- und Gesundheitswissenschaften“, zu denen sie insgesamt in unterschiedlichen Kombinationen und Ausrichtungen 569 Studienangebote aufzählen, und zu der Fachgruppe „Sozialarbeit, Sozialwesen“, zu denen insgesamt 342 Studienangebote in Deutschland aufgefunden und angeboten werden in unterschiedlichen Ausrichtungen und Kombinationen (vgl. www.studis-online.de/Studiengaenge/Gerontologie/, Abfrage: 07.05.2018). Mit dem Abschluss Master of Arts an der Universität Dortmund werden Einmündungen in folgende Arbeits- und Tätigkeitsfelder verfolgt:

- „Wissenschaftlicher (Alterns-)Forschung und Lehre,
- Fachabteilungen von Organisationen, Verbänden und Vereinen, die mit Fragen des Alter(n)s beschäftigt sind,
- Abteilungen der Altenpolitik und Altenplanung auf EU-, Bundes-, Landes- und Kommunalebene,

- Einrichtungen der praktischen Altenpolitik und Altenarbeit sowie der ambulanten und stationären Altenhilfe,
- Unternehmen und Verwaltungen im Bereich der Personalpolitik und des betrieblichen Age-Managements,
- Einrichtungen der beruflichen sowie nachberuflichen Fort- und Weiterbildung" (www.tu-dortmund.de/uni/de/studierende/studienangebot/kurzinfos/1fach/geist_kultur/fk12_altges_ma/, Abfrage: 11.05.2018).

Der Dortmunder Masterstudiengang versteht das kollektive Altern der Gesellschaft als eine der bedeutendsten individuellen, institutionellen und gesamtgesellschaftlichen Gestaltungsaufgaben der Gegenwart. Mit dem Studienprogramm werden fundiertes Wissen über individuelles und gesellschaftliches Altern und methodische Kompetenzen im Bereich der empirischen Sozialforschung vermittelt, um Studierende in die Lage zu versetzen, bereits bestehende wie auch künftige Herausforderungen, die in einer alternden Gesellschaft entstehen, in Forschung und Praxis zu erkennen und eigenverantwortlich erforschen und gestalten zu können (vgl. www.fk12.tu-dortmund.de/cms/ISO/de/Studium/masterstudiengang_alternde_gesellschaften1/index.html, Abfrage: 11.05.2018).

Vor allem im pflege- und gesundheitswissenschaftlichen Bereich ist eine Vielzahl an Studiengängen entstanden, die sich explizit nicht nur auf den Bereich der Altenpflege beschränken, vielmehr betreffen sie den gesamten Bereich der Pflege und der Gesundheit. Es gab immensen Nachholbedarf in diesem Bereich in Bezug auf die Akademisierung. Der Bereich der Altenpflege, jedoch vor allem die Einführung der Studiengänge im Bereich der Gerontologie zeigen, dass alternswissenschaftliche Schwerpunkte gesetzt wurden, die doch zahlenmäßig keinen so starken Schwerpunkt ausmachen, wie es der demographische Wandel als Megatrend der Gesellschaft hätte erwarten lassen. Vielmehr betonen Backes/Klie/Lasch in ihrer Bestandsaufnahme von 2007 die Bedeutung der Querschnittsdimension gerontologischer Themen z. B. in der Sozialen Arbeit und der Psychologie. Gleichzeitig verweisen auch die Studienportale auf Studiengänge aus den Bereichen Soziale Arbeit sowie Pflege- und Gesundheitswissenschaften, wenn es um alternswissenschaftliche Ausrichtungen des Studiums geht. Die Studiengänge sind einer erheblichen Dynamik ausgesetzt. Zwischen der Bestandsaufnahme von Backes/Klie/Lasch (2007) und der von Kessler/Hoff/Franke in 2017 sind viele Angebote im Bereich Bachelor und Master Gerontologie entstanden und wieder geschlossen worden, so dass die Studienportale auch nicht als verlässliche aktualisierte Information gelten können.

Die Gefahr der ‚Sackgassenbildung' besteht auch für den Bereich der Gerontologie sowie den Altenpflegebereich, da bisher nicht geklärt ist, wer mit welchem Studienabschluss auf welcher Ebene im Feld einmündet. Die Rekonstruktion bisheriger Ausbildungs- und Berufsebenen hat inhaltliche Bedarfe konkretisiert, die nicht mit Einziehung der akademischen Ebene aufgelöst werden. Es bleibt weiterhin die Forderung einer längst überfälligen Professionalisierung, die eine „Durchstrukturierung des gesamten Berufsfeldes und seiner Durchlässigkeit von der schulischen oder dualen beruflichen Erstausbildung bis hin zur Verankerung der Professionen im Wissenschaftssystem" (Rabe-Kleberg 1991, S. 276) erfordert. Die Aufgabe ist weiterhin zu beobachten, wie der Auf- und Ausbau einer eigenständigen wissenschaftlichen Disziplin „Gerontologie", die damit als Dienstleistungsprofession selbst die Kontrolle über die Produktion und Vermittlung des professionsspezifischen Wissens übernimmt, seine Chance nutzt, Professionalisierungsprozesse durch die Ebenen der Altenarbeit zu gestalten und damit der Vorbereitung sowie Gestaltung zukünftiger Erfordernisse Rechnung zu tragen. Neben der Etablierung gerontologischer Studienprogramme setzen gerontologisch ausgerichtete Wissenschaftler*innen auf alternswissenschaftliche Schwerpunkte in anderen Disziplinen, wie z.B. der Sozialen Arbeit oder der Psychologie. Kessler/Hoff/Franke sehen vor dem Hintergrund ihrer Bestandsaufnahme gerontologischer Studiengänge eher den Trend zu Studiengängen, die in anderen Disziplinen verwurzelt sind, wie z.B. Soziologie, Soziale Arbeit, Psychologie, Sportwissenschaft, die ihre Angebote mit gerontologischen Inhalten kombinieren (vgl. Kessler/Hoff/Franke 2017, S. 402).

Mit 77 Standorten für Soziale Arbeit bzw. 342 Studienangeboten in Deutschland, die Soziale Arbeit im engeren bzw. weiteren Sinn als Bachelor oder Master-Studienprogramm anbieten, ist davon auszugehen, dass es Angebote innerhalb der Studienprogramme zu alternswissenschaftlichen Themen gibt, die mit Sozialer Arbeit zusammenhängen oder generationenübergreifend angelegt sind. Dennoch gibt es kein Bachelor- oder Masterstudienprogramm in der Sozialen Arbeit mit einem explizit benannten Schwerpunkt zur Sozialen Altenarbeit. Die Profilierung Sozialer Altenarbeit steht aus sowohl im Hinblick auf Schwerpunktsetzungen in bisherigen Studienprogrammen Sozialer Arbeit wie auch in Bezug auf den Bereich Forschung, in dem viele sozialpädagogisch relevante Fragen bezüglich Sozialer Arbeit mit alten Menschen bisher noch nicht gestellt wurden. Die relative Unsichtbarkeit der Auseinandersetzung und noch brüchige Allianz der Sozialen Arbeit mit der Lebensphase Alter kann etwas zu tun haben mit der Besonderheit der Lebensphase Alter, weder einen festen Beginn des Alter(n)s zu haben noch über eine große Vielfalt an unterschiedlichen, vielfältigen Altersbildern zu verfügen.

2.2 Altersbilder und Lesarten zur Lebensphase Alter(n) und ihre Auswirkungen auf Soziale Altenarbeit

Welche Vorstellungen verbinden Sie mit einem alten Menschen? Mit welchen Vorstellungen ist eine alte Frau bei Ihnen verknüpft und welche Ideen haben

Sie zu einem alten Mann? Wie sehen sie aus? Wie sind sie gekleidet? Welche Körperhaltung haben ältere Menschen? Haben alte Menschen einen Stock? Oder sehen Sie sie eher mit einem Rollator? Haben alte Frauen graue Haare und sind alte Männer vor allem in der Farbe beige gekleidet? Haben alte Menschen noch regelmäßig Sex? Warum gibt es Altersbegrenzungen für die Arbeit? Welche alten Menschen haben Ihre Vorstellungen geprägt?

Mit dem Aufkommen des demographischen Wandels und der Auseinandersetzung mit dem Strukturwandel in den 1990er Jahren begann erstens auch die Reflexion zu Altersstereotypen und zweitens vervielfältigte sich die Stereotypisierung vom „alten Menschen" von da an rasant. Grundsätzlich wurde erst einmal ein negatives, defizitorientiertes Bild vom Alter deutlich, das sich durch die Gesellschaft zog: der ältere hilfebedürftige, unselbstständige Mensch. Das Selbstbild älterer Menschen hingegen war und ist dabei sehr oft an die subjektive Gesundheitsüberzeugung und die damit verbundene Selbstständigkeit geknüpft. Eine über 80-jährige Person kann durchaus von sich sagen, sie gehöre noch nicht zu den alten Menschen, wenn sie sich gesundheitlich fit und aktiv fühlt. Eine Person im selben Alter mit unterschiedlichen gesundheitlichen Einschränkungen könnte dementsprechend eher äußern: „Altern sei sehr anstrengend, mit vielen Verlusten und Schmerzen verbunden". Altersbilder haben auf unterschiedlichen Ebenen Auswirkungen in der Gesellschaft, nicht zuletzt können sie auch handlungsleitend für Dienstleistungsangebote für ältere Menschen und sogar für die Forschung werden, wie sich zeigen wird.

2.2.1 Altersbilder, Altersstereotype und ihre Auswirkungen auf die Lebensphase Alter

Der Strukturwandel führte mit der zunehmend früher stattfindenden Entberuflichung zu einer Verjüngung der Lebensphase Alter und gleichzeitigen Ausdehnung aufgrund der stetigen Zunahme der durchschnittlichen Lebenserwartung, so dass Altersbilder, die Zuschreibungen über Bezeichnungen wie z.B. „junge Alte", „Silver Ager", „Golden Ager" oder „Best Ager" prägten und Aufwertungen verfolgten, auf die Möglichkeiten der Entfaltung älterer Menschen hinwiesen. „Alte", „älterer Mensch" oder sogar auch „Senior*in" waren entweder ohnehin bereits negativ besetzt oder wurden es zunehmend, da sie vor allem mit den im Alternsprozess möglichen Verlusten, wie z.B. abnehmender Leistungsfähigkeit, evtl. auftretender Hilfe- und Pflegebedürftigkeit im Alternsprozess, verbunden wurden (vgl. www.programm-altersbilder.de/meldungen/silver-ager-auf-ueberholspur.html, Abfrage: 08.05.2018).

Die Einteilung in „junge Alte", „Alte" und „alte Alte" wurde auch noch entlang der Fähigkeiten zu Leistungen ausdifferenziert: „Junge Alte" verfügen über die Fähigkeit, Leistungen für andere zu erbringen. Wenn diese Fähigkeiten verloren gehen, aber die Fähigkeit zur Selbstkompetenz erhalten bleibt, wird von den „Alten" gesprochen. Wenn zunehmend fremde Hilfe in Anspruch genommen werden muss, hat die Phase der „alten Alten" begonnen, die in der vierten Phase mit dem Verlust der Selbstkompetenz verbunden ist und in der absoluten Abhängigkeit einer oftmals stationären Pflege einmündet (vgl. Backes/Clemens 2013, S. 23). Die Einteilung von Alternsstadien erfolgt entlang vorhandener Fähigkeiten in körperliche, psychische, soziale und gesellschaftliche Funktionsbereiche und weniger nach dem kalendarischen Alter (vgl. ebd.). Backes/Clemens versuchen am Beispiel der Dienstleistungsangebote der Sozialen Arbeit zu verdeutlichen, wie die Einteilung entlang zugewiesener Fähigkeiten als Verstärker von Altersstereotypen wirkt. „Die Angebote der sozialen Arbeit mit älteren Menschen orientieren sich weitgehend an vorhandenen Altersleitbildern. Nach den früher propagierten Leitbildern des ‚betreuten Alters' und ‚aktiven Alters' steht heute das Leitbild des ‚produktiven Alters' im Mittelpunkt" (ebd., S. 334). Backes und Clemens verstärken mit dieser Behauptung lediglich die Konkurrenz, in der sich die Gerontologie mit anderen Dienstleistungsanbieter*innen bzw. Disziplinen, wie z. B. die Soziale Arbeit und Psychologie, befindet. Die Soziale Arbeit steht, wenn es denn beschränkt wäre auf Soziale Arbeit, leider ganz und gar nicht alleine da mit ihren Angeboten im Hinblick auf ältere Menschen und dahinter stehenden Leitbildern. Dieses macht der Sechste Altenbericht (2010) mit seiner Schwerpunktsetzung zu Altersbildern ganz deutlich.

Die Gesellschaft hat der zahlenmäßig eher unterrepräsentierten Gruppe der älteren Menschen bis in die 1980/1990er Jahre kaum Aufmerksamkeit als besonders zu beachtende Gruppe geschenkt und den Alternsprozess mit allem, was dazu gehört, in die Verantwortung der sich sorgenden bzw. pflegenden Familien verschoben. Die Pluralisierung der Altersbilder hat eher etwas mit zunehmender Aufmerksamkeit zu tun, hinter der jedoch wenig Wissen und erst langsam wachsendes Interesse stecken kann. Die Vervielfältigung der Altersbilder vom „abhängigen, betreuten, hilfe- und pflegebedürftigen" Menschen hin zu einem „jungen, aktiven, produktiven, Best, Silver oder Golden Ager" zeigt vor allem Zugeständnisse an eine sich ausdifferenzierende Lebensphase, die vor allem mit defizitären Zuschreibungen verbunden war. Das Entstehen neuer Altersbilder, wie z. B. junges Alter oder aktives Alter, zeigt etwas zu den Aufwertungsprozessen, die damit verfolgt werden auf unterschiedlichen gesellschaftlichen Ebenen. Dennoch bleiben sie vor allem Altersbilder, die starke Auswirkungen auf ältere Menschen haben können, wenn ihnen aufgrund der in der Gesellschaft vorherrschenden Altersbilder Angebote, Dienstleistungen, Teilhabe oder Selbstbestimmung verwehrt wird.

Mit dem Sechsten Altenbericht (2010) und dem darauffolgenden Programm zu Altersbildern in der Gesellschaft hat das Bundesministerium für Familie, Senioren, Frauen und Jugend eine Plattform geschaffen, um das Thema in die breite öffentliche Diskussion zu bringen. Über das Aufzeigen von Auswirkungen spezifischer Altersbilder in den unterschiedlichen Lebensbereichen sollen alle gesellschaftlichen Akteure für potenziell negative Auswirkungen bestimmter Altersbilder sensibilisiert werden.

> „Altersbilder sind individuelle und gesellschaftliche Vorstellungen vom Alter (Zustand des Altseins), vom Altern (Prozess des Älterwerdens) oder von älteren Menschen (die soziale Gruppe älterer Personen). In einer pluralisierten und differenzierten Gesellschaft gibt es immer eine Vielzahl von Altersbildern. [...] Es gibt kulturell prägende, ‚große' Altersbilder, die das Altsein in einer Gesellschaft in hohem Maße formen und sich höchstens langsam verändern. [...] Altersbilder sind Bestandteil des kulturellen Wissensschatzes einer Gesellschaft und des individuellen Erfahrungsschatzes der einzelnen Mitglieder einer Gesellschaft. Welches der zur Verfügung stehenden Altersbilder im Vordergrund steht, hängt entscheidend vom jeweiligen Kontext ab; je nach Situation können unterschiedliche Altersbilder aktualisiert werden, sich abwechseln oder nebeneinander stehen" (BMFSFJ 2010, S. 36).

Im Sechsten Altenbericht werden vier Erscheinungsformen von Altersbildern unterschieden und systematisiert:

1. *Altersbilder als kollektive Deutungsmuster:* „Auf der gesellschaftlichen (Makro-)Ebene können Altersbilder als kollektive Deutungsmuster verstanden werden, die in öffentlichen Diskursen über das Alter entstehen und sich verändern. In öffentlichen Diskursen über das Alter wird die soziale Stellung der älteren Menschen in der Gesellschaft thematisiert" (BMFSFJ 2010, S. 36).
2. *Organisationale und institutionelle Altersbilder:* „Wenn sich in öffentlichen Debatten bestimmte Altersbilder durchsetzen, können sie institutionalisiert werden und in die Struktur sozialer Organisationen eingehen. Damit werden sie für das Alltagsleben der Menschen relevant. Kulturell entwickelte kollektive Vorstellungen davon, welche Verhaltensweisen, Aktivitäten und soziale Rollen für welches Alter ‚angemessen' sind, bekommen durch Institutionalisierung eine konkrete, dauerhafte und handlungswirksame Form und wirken sich dann auf das Alltagsleben, die Lebensläufe und Lebensplanungen der Menschen aus. Gesetzlich festgeschriebene oder in anderer Form (etwa durch Gewohnheit) festgelegte Altersgrenzen sind das einprägsamste Beispiel für institutionalisierte Altersbilder" (ebd., S. 37).
3. *Altersbilder als Elemente der persönlichen Interaktion:* „Auf der sozialen Mikroebene wirken Altersbilder in alltäglichen Interaktions- und Kommunikationssituationen, gleichzeitig werden sie dort immer wieder hergestellt und hervorgebracht. Viele Interaktionen laufen nach typischen, relativ festen Handlungsmustern oder Skripten ab. Diejenigen Verhaltensskripte, die in Interaktionssituationen zum Tragen kommen, in denen Altersunter-

schiede oder das Alter an sich eine Rolle spielen, enthalten immer auch Altersbilder. [...] Alterskomplimente in Gesprächen zwischen jüngeren und älteren Menschen sind ein Beispiel für solche typischen Verhaltensmuster auf der sprachlichen Ebene. Nennt in einer Gesprächssituation eine ältere Person ihr Alter, so ist es durchaus üblich, Aussehen, Fitness oder Aktivität der älteren Person als überraschend gut für ihr Alter herauszustellen. Ein tendenziell negativ getöntes Altersbild ist fester Bestandteil bei solchen Gesprächsritualen. Die Akteure nutzen ein negatives allgemeines Altersbild, um die am Gespräch beteiligte ältere Person positiv davon abzugrenzen. Dabei reproduzieren sie jedoch gleichzeitig negative ‚Normalvorstellungen' vom Alter und sorgen so für deren Fortbestehen" (ebd., S. 38).

4. *Altersbilder als individuelle Vorstellungen und Überzeugungen:* „Auf der Ebene von Einzelpersonen lassen sich Altersbilder in Form von individuellen Vorstellungen, Einstellungen, Überzeugungen oder Wissensbeständen über das Alter, über ältere Menschen und über das Älterwerden finden" (ebd.).

Zwischen den vier Erscheinungsformen bestehen Wechselwirkungen und Zusammenhänge, indem z. B. kollektive Deutungsmuster des Alters in institutionellen Regelungen aufgehen und auf diese Weise verfestigt werden. Institutionalisierte Altersbilder prägen das Alltagshandeln von Menschen. „Kulturelle Altersbilder und soziale Praxis beeinflussen möglicherweise die individuellen Vorstellungen vom Alter, vom Älterwerden und von älteren Menschen" (BMFSFJ 2010, S. 39). Die kulturellen Altersbilder sind dabei in der sozialen Praxis tiefer verwurzelt als anzunehmen ist, wie sich in den Ergebnissen der Studie zu Altersbildern in Karikaturen zeigt.

Beispiel

Altersbilder in Karikaturen deutscher Zeitschriften und Zeitungen

Eine Studie zu Altersbildern in Karikaturen deutscher Zeitschriften und Zeitungen im historischen Vergleich zwischen den 1960er Jahren und der Gegenwart zeigt, wie stark Altersstereotype wirken und wie sie sich kaum über die Zeit verändert haben, obwohl mit dem gesellschaftlichen Wandel erhebliche Veränderungen in der Lebensphase Alter einhergegangen sind. Mit der Studie wurde auch der Frage nachgegangen, ob gesellschaftliche Bemühungen um ein neues Altersbild erfolgreich waren oder nicht. Zur Thematisierung des Alter(n)s in der Gesellschaft lässt sich gegenüber den 1960er Jahren ein Anstieg in den Zeitschriften und Zeitungen beobachten. Gleichzeitig kommt das Thema Alter in der Gesamtstichprobe insgesamt nur selten vor. „Alter wird – unabhängig davon, ob es sich um das ‚junge Alter', aus dem ca. 90 % der untersuchten Figuren stammen, oder das hohe Alter handelt – zeichnerisch durch defizitäre, physische Merkmale codiert" (Polanski

2013, S. 333). Die Auswerter*innen nahmen die Zuordnung von Figuren zu den Altersgruppen von 60 bis 80 und älter als 80 Jahre am häufigsten an den Merkmalen vor, wie „weiße/graue Haare, Frisur, Dutt etc." oder „Falten" und figürliche Merkmale, wie „gekrümmte Haltung und alterstypische Fettverteilung" (ebd.). Diese Merkmale wurden 2007 signifikant häufiger verwendet als 1960 bis 1964 (vgl. ebd.). „Der/die gebrechliche Alte" belegte als Stereotyp Platz 1 aktuell und historisch in den Karikaturen, gefolgt von „der/die hässliche/unattraktive Alte". Insgesamt waren die beiden häufigsten Altersstereotype bei den Karikaturen zum Thema Alter „der/die gebrechliche Alte" und „der/die vergessliche/geistig abgebaute Alte". Darüber hinaus gab es noch die Verwendung des Stereotyps „unschuldige/n Alte/n", „aktive/n Alte/n" oder „der/die in der Vergangenheit lebende Alte". Junges bzw. hohes Alter wurde nicht unterschieden (vgl. ebd.). Die Seltenheit des Themas Alter insgesamt und die überaus negativen Altersbilder zeigen das weiterhin niedrige Sozialprestige Älterer in der Bevölkerung und das starke Weiterbestehen kulturell-geschichtlich geprägter Altersbilder, die über die Sozialisation verinnerlicht werden und nach wie vor auf individueller, emotionaler Ebene Funktionen erfüllen und weiterhin bedeutsam sind für Einstellungen gegenüber dem Alter (vgl. ebd., S. 334/335).

Die WHO versucht das Altersbild bezüglich des missverständlichen Verhältnisses von Alter und Gesundheit aufzuklären.

> „Misconceptions on ageing and health: Some of the most important barriers to developing good public policy on ageing are pervasive misconceptions, negative attitudes and assumptions about older people. Although there is substantial evidence about the many contributions that older people make to their societies, they are frequently stereotyped as dependent, frail, out of touch, or a burden. These ageist attitudes limit older people's freedom to live the lives they choose and our capacity to capitalise on the great human capacity that older people represent" (www.who.int/ageing/features/misconceptions/en/, Abfrage: 15. 04. 2018).

Dabei zeigt sich das Dilemma mit den Altersbildern: Mit dem Versuch, negative Altersstereotype zu überwinden, werden neue Bilder produziert, die Ältere aufwerten sollen, z. B. mit der Hervorhebung ihrer „great human capacity." Die wesentliche Erkenntnis in diesem Zusammenhang lautet, Menschen, unabhängig ihres Alters, nicht zu begrenzen im Hinblick auf ihre Selbstbestimmung.

Mit dem Programm des BMFSFJ im Anschluss an den Altenbericht zu „Altersbildern" wird das Ziel verfolgt, die sehr vielfältigen Lebensformen der älteren Generationen bekannter zu machen und dadurch Vorstellungen vom Leben im Alter zu erneuern, die auch ältere Menschen ermutigen, ihre Fähigkeiten selbstbestimmt in die Gesellschaft einzubringen. Junge Menschen sollen angeregt werden, ihr Bild vom Alter zu überprüfen. „Die Vermittlung von realistischen Altersbildern bildet eine zentrale Grundlage für das gegenseitige Verständnis und damit für den Zusammenhalt der Gesellschaft. Das Programm ‚Altersbilder' betont deshalb Kompetenzen und Stärken älterer Menschen und entwickelt ein neues Leitbild vom Alter" (www.programm-altersbilder.de/programm/ueber-das-programm-altersbilder.html, Abfrage: 08.05.2018). Ältere Menschen sollen ihr Engagement ungehindert von überkommenen Vorstellungen entfalten können und alle darin bestärkt werden, „Alter neu zu denken". Damit entstehen neue Altersbilder mit neuen Anforderungen an die älter werdenden Menschen in der Gesellschaft.

> „Das Alter und seine Diskurse oszillieren in einem Kontinuum von Vitalität und Wertschätzung auf der einen und Fragilität und Ausschluss auf der anderen Seite. Faktoren, die darüber entscheiden, in welche Richtung das Pendel letzten Endes schlägt, seien es körperliche Kräfte, finanzielle Ressourcen oder soziale Integrität, lassen sich schwerlich isoliert betrachten, sondern sind immer im wechselseitigen Verhältnis zu sehen. Und auch eine bedingungslose Positivierung des Alters ist kritisch zu hinterfragen: Das Bild eines äußerst flexibel ‚copenden' Individuums, das seine Lebensmöglichkeiten beständig optimiert und auch im hohen Alter Sinn und Erfüllung bspw. darin findet, durch Bewegung, Sport, Bildung usw. ein möglichst langes, gesundes, ereignisreiches und ggf. gesellschaftlich nützliches Leben zu erreichen, kann den Blick für soziale Probleme und existenzielle Grundfragen vieler alter Menschen eher verschließen als öffnen (Kelle 2008, S. 25). Die Aufwertung des Alters im Sinne einer ‚schönen neuen Alterswelt' (van Dyk et al. 2010, S. 30) droht dabei, zur Farce zu verkommen. Fraglich ist, inwieweit gesellschaftlich proklamierte und nicht selten verkrampft wirkende Bemühungen, ob auf der sozialpolitischen Makroebene oder im intersubjektiven Nahraum, die bestehenden Altersklischees nicht noch weiter festigen. Die sozialen Kräfte, die dabei fließen, sind überaus prägend, und die sozialkonstruktivistische Facette ist nicht zu unterschätzen" (Meitzler 2017, S. 62).

Die Untersuchung von Werbespots mit Altersbezug von Hoppe et al. untermauert die Idee der Aufwertung des Alters als „schöne neue Alterswelt" im viel genutzten, vor allem von älteren Menschen, Medium Fernsehen.

Beispiel

Altersbilder in der Werbung

In der Studie von Hoppe et al. wurden auf Basis einer systematischen Stichprobe 114 unterschiedliche Werbespots mit Altersbezug untersucht, um etwas über die stereotypen Vorstellungen zu älteren Menschen herauszufinden. Neben der Unterrepräsentanz Älterer in der TV-Werbung besteht die Tendenz zu einer positiven Inszenierung. „Die Werbung entwirft ein Idealbild des Älterwerdens und des Altseins"

(Hoppe et al. 2016, S. 319). Massenmedien gelten als zentraler Akteur in der Vermittlung von Deutungs- und Orientierungsmustern über das Alter(n) und vor allem zeigt sich hinsichtlich der Mediennutzung, dass Ältere das Fernsehen intensiv nutzen. Zentrale Ergebnisse waren die deutliche Unterrepräsentanz Älterer insgesamt und dabei insbesondere von Hochaltrigen und älteren Frauen. Gleichzeitig findet eine dominant-positive Inszenierung statt. „Die medialen Werbebilder fungieren nicht als Repräsentanten gesellschaftlicher Alterswirklichkeit, sondern aktualisieren eher positive gesellschaftliche Stereotype und entwerfen ein Idealbild des Älterwerden und Altseins" (ebd., S. 325). Mit der positiven Inszenierung entsteht das Bild, Begleiterscheinungen des Alterungsprozesses könnten mit vielen zur Verfügung stehenden Möglichkeiten aufgehalten, abgemildert oder kaschiert werden. Mit älteren Menschen werden häufig Produktgruppen beworben im Bereich Lebensmittel und mit noch höherem Stellenwert Produkte zur körperbezogenen Intervention (regenerative Kosmetik, Medikamente, Lifestyle-Medikamente und Körperpflegeprodukte). Auf der Werbespotebene zeigt sich die Inszenierung auf Personenebene mit Hilfe sogenannter Age cues (Falten, graue Haare, Augenschatten etc.) hauptsächlich auf äußere Erscheinungsmerkmale bzw. gering ausgeprägte Altersanzeichen anstatt typischer Hilfsmittel (z. B. Rollator) oder abschreckende Anzeichen des Alterungsprozesses (vgl. Hoppe et al. 2013, S. 325).

Die Wirkmächtigkeit der Altersbilder, die zu Leitbildern für die Lebensphase Alter geworden sind oder werden sollen, zeigt sich auch durchgängig für die Auseinandersetzung in Bezug auf alternsbezogene Forschung, die wiederum Auswirkungen auf die Soziale Arbeit mit alten Menschen hat. Je nachdem, welche Fragestellung gewählt wird, entsteht entweder eine weitere handlungsleitende Facette oder eine neue Blickrichtung in die zunehmend schillerndere Alterswelt. Zudem ist in den letzten Jahren eine Vielzahl an Filmen entstanden, die entweder generationenübergreifend auch ältere Menschen integrieren oder sich gleich im Schwerpunkt als neues Genre „Seniorenfilm" etabliert haben und sich um die Lebenswelten älterer Menschen drehen.

Beispiel

Seniorenfilm

Das neue Genre „Seniorenfilm" könnte zukünftig das Genre „Kinderfilm" ablösen: März hebt insbesondere auf das boomende Genre „Seniorenkomödie" ab, dass sowohl im Kino wie im Fernsehen mit schrillen Ideen und entfesselten Cliquen aufwartet. Clint Eastwoods Film „Space Cowboys" gilt als Ausgangspunkt und brachte das Genre der Seniorenkomödie ins Rollen und stellte die Weichen, entlang derer sich das Genre nun bewegt. Der überwiegende Teil all dieser Komödien entsteht aus der Idee der Seniorenclique. „Für die Aktionen, mit denen sich die 60-plus-Gangs Depression und Langeweile vom Hals schaffen, ist der Begriff Abenteuerlust nur im euphemistischen Sinn zu verwenden" (März 2015, o. S.). Der Film „Best Exotic Marigold Hotel" (2011), in dem ein halbes Dutzend älterer Engländer aus dem Alltagsgrau in ein indisches Hotel auswandert, oder in dem Film „Last Vegas" (2013), in dem es vier Ältere krachen lassen jenseits aller Plausibilität, können als weitere Beispiele des Genre-Booms eingeschätzt werden. Wohngemeinschaftsgründungen finden ebenso in der französischen TV-Produktion „Und wenn wir alle zusammenziehen?" wie auch in der deutschen Produktion „Wir sind die Neuen" (2014) statt. Dabei unterschlagen alle Filme das Ungleichgewicht von gelebter und verbleibender Zeit, so die Deutung von März, und handeln sich den Tod als blinden Fleck ein. Die Emanzipation des Alters gelingt damit nicht, denn diese würde als Erstes den unverstellten Blick auf die Bedingungen verlangen, und das Alter lässt sich auch kennzeichnen durch den Tod als Ende (vgl. März 2015, o. S.). Weitere Filme im Genre Seniorenfilm, jenseits der Komödie, sind in den letzten Jahren vor allem die in Tabelle 2.1 dargestellten gewesen, die unterschiedliche Schwerpunkte thematisieren.

Tab. 2.1: Kinofilme mit älteren Menschen – Genre „Seniorenfilm"

Film	Regisseur/Jahr/Länge	Themenschwerpunkte
Und wenn wir alle zusammen ziehen?	Stéphan Robelin/2012/92 Minuten	Alten-Wohngemeinschaft/ Zusammenwohnen
Oma und Bella	Alexa Karolinski/2012/75 Minuten	Das gemeinsame Leben zweier alter Jüdinnen in Berlin
Best Exotic Marigold Hotel, Teil 1/(Teil 2: 2015)	John Madden/2012/119 Minuten	Gemeinsames Alt werden in Indien/ Wohngemeinschaft
Wir sind die Neuen	Ralf Westhoff/2014/91 Minuten	Alten-Wohngemeinschaft
Paradies: Liebe	Ulrich Seidl/2013/121 Minuten	Liebe, Sexualität im Alter, ältere Frauen
In den Süden	Laurent Cantet/2007/104 Minuten	Liebe, Sexualität im Alter, Ältere Frauen
Wolke 9	Andreas Dresen/2009/95 Minuten	Liebe, Partnerschaft, Sexualität im Alter
Die Herbstzeitlosen	Bettina Oberli/2007/2009/86 Minuten	Die Lebensphase Alter auf dem Land in der Schweiz
Liebe	Michael Haneke/2013/127 Minuten	Partnerschaft und Demenz
Iris	Richard Eyre/2001/2003/87 Minuten	Partnerschaft und Demenz
Honig im Kopf	Til Schweiger/2014/139 Minuten	Familienbindungen und Demenz

Auf der Leinwand spiegelt sich die Alterung der Gesellschaft mit Filmen und inklusive der alternden Leinwandstars aus den 1960er und 1970er Jahren wider. „[...] Clint Eastwood, Robert Redford, Robert de Niro, Mario Adorf, Dieter Hallervorden oder Charlotte Rampling, Judi Dench, Senta Berger oder Christiane Hörbiger sind über die Jahrzehnte mit ihrem Publikum mitgealtert und demonstrieren vor und hinter der Leinwand auf beeindruckende Weise ein aktives, kreatives und produktives Altern" (Doh 2016, S. 547). Die Besucher*innenzahlen in der Altersgruppe ab 60 Jahren stiegen seit 2003 stetig an auf 17 Millionen (im Vergleich zu 3 Millionen im Jahr 1995). Der Anteil am Kinopublikum nahm in diesem Zeitraum von 3% auf 13% zu (vgl. ebd.). In der Folge steigender Besucher*innenzahlen sind in vielen Städten Filmreihen für ältere Menschen entstanden, wie z. B. die Filmreihe „Sternstunden", „CappuKino" „Kino für Junggebliebene" oder einfach „Seniorenkino". „Dabei werden zumeist unterhaltsame Filme präsentiert, die nicht ausschließlich das Alter thematisieren, sondern bewusst auch zeitaktuelle populäre Filme mit jüngeren Akteuren. Der Film als Medium fungiert nicht allein als Vermittler einer Geschichte auf der Leinwand, er ist auch ein Vermittler für Kommunikation, Interaktion und soziale Teilhabe" (ebd., S. 547). Deshalb sind die Kinonachmittage oftmals eingerahmt mit Kaffee und Kuchen.

Inzwischen sind ebenfalls Filmfestivals entstanden, die ihr Programm z. B. zum Thema „aktives Alter/n" zusammenstellen und alle Generationen und Personengruppen ansprechen möchten. Dazu gehört auch das zum siebten Mal 2016 stattfindende „Europäische Filmfestival der Generationen", das bundesweit an über 60 Orten gastiert und über 15 000 Besucher*innen anlockt. Das Kompetenzzentrum Alter am Institut für Gerontologie der Universität Heidelberg gehört mit zu den Hauptveranstalter*innen. „Zentraler Bestandteil sind moderierte Publikumsgespräche mit altersbezogenen Fachexperten aus Praxis, Wissenschaft und Kommune. Ziel ist es, die Bürgerschaft mit der Kommune sowie der Alternsforschung und -praxis zusammenzubringen und dabei einen Dialog der Generationen und ein Bewusstsein für den demografischen Wandel zu fördern" (ebd.). Seit 2014 gibt es ein weiteres Festival „Storyboard – Kino der Generationen" in Dortmund (vgl. ebd.).

Altersbilder werden überall produziert und finden überall statt. Zunehmend vervielfältigen sich diese in verschiedenen Medien und bringen dennoch auch immer wieder kulturell langjährig geprägte Altersbilder mit ein. Die eigenen Altersbilder sind von vielen Medien und über Jahre Medienkonsum geprägt und es ist gar nicht so leicht, das eigene Altersbild zu reflektieren und eventuell zu verändern, wenn es zu einseitig und damit stigmatisierend daherkommt.

2.2.2 Lesarten zur Lebensphase Alter und ihre Auswirkungen auf Soziale Arbeit

Die Auseinandersetzung der Sozialen Arbeit mit der Lebensphase Alter setzt ebenfalls an bei der Eingrenzung. Karl fragt, ob das Alter mit dem gesetzlich verankerten Renteneintrittsalter beginnt, mit der Konsequenz eines mehr oder weniger dynamischen Altersanfangs je nach gesellschaftlichen Erfordernissen, oder ob der individuelle Renteneinstieg zugrunde gelegt wird mit der Folge einer Vielzahl an jüngeren Älteren, die bereits vor dem gesetzlich verankerten Renteneinstieg in die Rentenphase eingemündet sind (vgl. Karl 2010, S. 2). Das Alter(n) wird bisher überwiegend nicht als eigene Lebensphase mit eigenen Entwicklungsverläufen akzeptiert, vielmehr werden seine Äußerungen als Stereotyp handlungsrelevant gemacht. Deshalb wird das Alter(n) reduziert, entweder auf defizitäre Ansätze, wie z. B. die „negative Subjektivität" oder „Gebrechlichkeit als Stigma" bzw. „Age-ism" (Butler 1969) oder positive, wie z. B. das Aktivitäts-/Produktivitätsparadigma oder Ansätze der Verlängerung des im Erwachsenenalters gelebten Lebens (z. B. Kontinuitäts-/Kompensationsparadigma) (vgl. Dietz 2011, S. 343). Zu den bekannten theoretischen Ansätzen zum Altern gehören die Disengagement-Theorie (vgl. Cummings/Henry 1961), die Aktivitätstheorie (vgl. Havighurst 1961), der Kontinuitätsansatz (Atchley 1983) als Synthese zwischen den beiden ersteren theoretischen Ansätzen, die Kompetenzperspektive und Ansätze, die die Potenziale des Alterns in das Zentrum rücken (vgl. Wahl/Heyl 2004). Darüber hinaus lassen sich der Ansatz des „erfolgreichen Alterns" mit den Leitbildern des aktiven und produktiven Alters mit dem SOK-Modell (Modell der selektiven Optimierung und Kompensation) als Ausgangspunkt (Baltes/Baltes 1989) sowie das Leitbild des „produktiven Alterns" voneinander unterscheiden (vgl. Karl 2010; Dietz 2011; Neubert 2011; van Dyk/Lessenich 2009; Lessenich/Otto 2005; Meyer 2008b; Meyer 2013a).

Mit den theoretischen Ansätzen, vor allem wenn sie zu Leitbildern geronnen sind, besteht die Gefahr, zwischen Belastungen und Entlastungen durch das Alter zu polarisieren, beide gegeneinander aufzurechnen und damit Menschen unter ökonomischen Aspekten als Kosten-Nutzen-Faktor zu betrachten und zu bewerten (vgl. Karl 2010, S. 21). Vor dem Hintergrund der schwierigen Abgrenzung der Lebensphase Alter vom mittleren Erwachsenenalter und angesichts der Heterogenität des Alters, erscheint es Karl/Schröer sinnvoller, nicht von einer eindeutigen Definition des Alters auszugehen, sondern zunächst von spezifischen Bewältigungsherausforderungen, die sich mit fortschreitendem Alter häufiger stellen (vgl. ebd. 2008, S. 257). Insbesondere die Entberuflichung, die eingeschränkte Familienarbeit durch den Auszug von Kindern, damit verbunden potenziell sich verkleinernden Netzwerke, die evtl. allmählich hinzukommende eigene Hilfe- und Pflegebedürftigkeit, auch die von Angehörigen, die gehäufter auftretenden körperlichen Einschränkungen und Todesfälle in persönlichen Netzwerken, evtl. Einsamkeit, der zunehmend wahrscheinlich werdende Tod sowie die trotz möglicher Einschränkungen bestehende Gestaltbarkeit und Gestaltungsnotwendigkeit der Lebensphase Alter in Folge der Freisetzung aus traditionellen Formen des Alters kennzeichnen den Alternsprozess (vgl. Schweppe 2005a, S. 35 nach: Karl 2010, S. 3). Darüber hinaus gilt der Begriff „Strukturwandel" des Alters mittlerweile als Klassiker der Gerontologie und darunter wird die Verjüngung, Entberuflichung, Feminisierung, Singularisierung und zunehmende Anteile hochaltriger Menschen verstanden (vgl. Aner 2010, S. 31). „Diese Kennzeichen können noch heute als Orientierungspunkte für die anstehenden Zukunftsaufgaben dienen" (Aner 2010, S. 31). Soziale Arbeit begleitet Menschen, die im vorfindbaren gesellschaftlichen Rahmen bei der Gestaltung ihres Alltags an die Grenzen ihrer Ressourcen stoßen. Deshalb benötigen Fachkräfte neben dem Wissen über die Zusammenhänge insbesondere Kenntnisse über die gesellschaftlichen Zukunftsaufgaben, die sich aus dem Strukturwandel des Alters ergeben.

Die Komplexität und Vielgestaltigkeit des Alter(n)s ist dabei noch nicht in der Altenhilfe bzw. in Form von Angeboten für ältere Menschen eingeflossen. Das abhängige Alter dominiert im System der Altenhilfestrukturen und u.a. deshalb herrscht in den Strukturen das medizinische Paradigma vor. Im Institutionensystem der Altenhilfe finden sich vor allem Lücken zur Unterstützung von Lebenslagen, unabhängig von Krankheit und Pflegebedürftigkeit. Vielfältige Maßnahmen, Programme, Konzeptionen und Dienste wurden zwar entwickelt, ohne jedoch eine langfristige Absicherung in zuverlässigen institutionellen Strukturen gefunden zu haben. Ein weiteres Problem liegt darin,

> „[...] dass es der Sozialpädagogik bisher kaum gelungen ist, eine eigenständige Expertise innerhalb dieses von Medizin und pflegerischen Tätigkeiten beherrschten Arbeitsfeldes zu entwickeln und zu verdeutlichen, auf welche Weise sie zur Bearbeitung, Linderung oder Lösung altersspezifischer Problematiken bzw. zur Herstellung befriedigender Lebensentwürfe im Alter beitragen kann" (Schweppe 2012, S. 517).

Die Etablierung verbindlicher Strukturen der Altenhilfe mit dem Schwerpunkt integrierter sozialer Unterstützung älterer Menschen bleibt schwierig (vgl. Karl 2010, S. 11). „Zugehende, lebensweltorientierte, professionell erbrachte Soziale Arbeit im Sinne von Begleitung, sozialer Betreuung, Beratung und sozialer Unterstützung (Woog 2006) tritt dabei in den Hintergrund" (Karl 2010, S. 10). Die Angebotsstrukturen für alte und ältere Menschen hinken den vielfältigen Lebensentwürfen und Lebensstilen im Alter hinterher und entsprechen nur zum Teil den Bedürfnissen und Bedarfen ihrer Adressat*innen. Nach wie vor zeigt sich ein an Defiziten, körperlichen Einschränkungen und Entwicklungsverlusten orientiertes und reduktionistisches Altersbild. „Institutionelle Angebote und gesellschaftliche Strukturen entsprechen nicht den biographisch geprägten Altersentwürfen, vielmehr zeigen sich begrenzte und verengte Lebensräume, welche Individualität und Pluralität nicht berücksichtigen" (Neubert 2011, S. 286). Individuelle Gestaltungsmöglichkeiten sind gefragt, die Bildungsprozesse bis in das hohe Alter ermöglichen, Teilhabemöglichkeiten benachteiligter Gruppen erhöhen und insbesondere in der Offenen Altenarbeit, ältere Menschen mit

Migrationshintergrund ressourcenorientiert und nicht kulturalisierend ansprechen sowie adäquate Konzepte, die zur professionellen Selbstreflexion beitragen vor allem auch im Bereich der gegenwärtigen Aktualität des Generationenthemas (vgl. Karl 2010, S. 34).

Das Fehlen entsprechender Angebote wird auch auf das Fehlen eines eigenständigen Leistungsrechts in Form eines Altenhilfegesetzes zurückgeführt.

> „Die heutige Verortung der Sozialen Altenhilfe im Bereich der Sozialhilfe markiert nach wie vor ihre Tradition in der allgemeinen Fürsorge, während sich ein eigenständiges Leistungsrecht der Kinder und Jugendhilfe bis hin zu der gegenwärtigen Fassung des SGB VIII entwickeln konnte. Indem die Soziale Altenhilfe nach wie vor Teil der Sozialhilfe ist, fällt sie vor allem in den Zuständigkeitsbereich der Kommunen, die entsprechende Leistungen und Dienste nach § 71 SGB XII vorhalten sollen, nicht jedoch müssen" (Karl 2010, S. 9).

Mit dem § 71 SGB XII ergibt sich ein breiter Gestaltungsspielraum und eine äußerst heterogene Vielfalt an Dienstleistungen, die jedoch selten von einer umfassenden kommunalen Altenhilfeplanung begleitet wird und vor allem durch die zunehmend enger werdenden finanziellen Möglichkeiten der Kommunen bestimmt ist (vgl. ebd.). Die gesellschaftlichen Veränderungen im Kontext der Alterungsprozesse erscheinen Dietz so weit- und tiefgehend, dass aus seiner Sicht auf eine in allen Lebensbereichen andere Gesellschaft zugesteuert wird, die auch eine vollkommen andere Soziale Arbeit notwendig macht (vgl. Dietz 2011, S. 337). Pohlmann setzt sich zugunsten der alternden Gesellschaft für ein Age-Mainstreaming ein, indem alle gesellschaftspolitischen Handlungsweisen danach zu beurteilen sind, ob sie dem individuellen und kollektiven Altern Rechnung tragen (vgl. Pohlmann 2012, S. 40).

2.3 Wissen über Alternsprozesse als zunehmend notwendige Voraussetzung für Soziale Arbeit

In sozialpädagogischen Diskussionen taucht Altern, aufgrund des traditionellen Engagements dieser Disziplin für nachwachsende Generationen, nach wie vor zu wenig auf, dennoch wird es von einigen Vertreterinnen und Vertretern entweder im Schwerpunkt (vgl. Schweppe 1994; 2000; 2005) oder entlang der Lebensalter mitgedacht und -bearbeitet (vgl. Böhnisch 1997; Böhnisch/Blanc 1989; Hamburger 1998; Karl 2004).

Gegenwärtig wird sogar ein Großteil der Beschäftigten in der Sozialen Arbeit in Arbeitsfeldern tätig sein, für die Erkenntnisse über Alternsprozesse relevant sind, ohne jedoch auf genauere Erkenntnisse zu Quantitäten zurückgreifen zu können. Vor 20 Jahren wurde von Klie der Anteil an Professionellen, die mit älteren Menschen arbeiten, auf 40 % eingeschätzt. Die Behindertenhilfe, Arbeit mit Wohnungs- und Obdachlosen, Suchtkrankenhilfe, Arbeit mit Suizidgefährdeten und Migrant*innen galten für ihn als die vor allem betroffenen Arbeitsfelder (vgl. Klie 1996, S. 108). Aner schätzt 14 Jahre nach Klies Feststellung eine nach wie vor jedoch eher verdeckte Notwendigkeit der Auseinandersetzung mit der Alterung fast aller Felder Sozialer Arbeit. Die Bedeutung der Überalterung wird bei weitem unterschätzt, obwohl derzeit wahrscheinlich noch mehr ältere Menschen als bereits 1996 zu den Adressat*innen Sozialer Arbeit gehören und alternswissenschaftliche Erkenntnisse von hoher Bedeutung für die tägliche Arbeit sind. Aner/Karl heben die Arbeit mit Freiwilligen bzw. Ehrenamtlichen als Arbeitsfeld mit einem beträchtlichen Anteil älterer Menschen und/oder intergenerative Arbeit hervor. Die zweite Welle des Alters- und Freiwilligensurveys zeigte, dass sich Menschen im Alter ab 60 Jahren fast ebenso häufig wie Personen mittleren Alters engagieren. Ältere Menschen ab 60 Jahren tauchen also überall auf, wo Professionelle mit Ehrenamtlichen arbeiten. Die Familienhilfe ist mit veränderten Konstellationen konfrontiert und kann wahrscheinlich sogar auf Urgroßeltern als unterstützende Faktoren im Familiensystem zurückgreifen (vgl. Aner/Karl 2010). „Selbst für die Kinder- und Jugendhilfe benötigt man Wissen über ältere Menschen. Wer eine lebensweltorientierte Kinder- und Jugendhilfe fordert, kommt um die Alten nicht herum. Sie gehören zur Lebenswelt der Heranwachsenden, zumindest als Großeltern“ (Aner 2010, S. 33). Darüber hinaus hat ein Großteil der Handlungsfelder einen hohen Anteil älterer Beschäftigter.

2.3.1 Anforderungen an ein Profil Sozialer Altenarbeit

Auf Soziale Arbeit hat die Entwicklung des demographischen Wandels also in mindestens zwei Richtungen enorme Auswirkungen. Zum einen geht es um die Zuständigkeit Sozialer Arbeit für alle Lebensalter und damit die Herausforderung, für alle Lebensalter aktiv in besonderen Lebenslagen soziale Dienstleistungen vom Lebensbeginn bis zum Lebensende zu denken. Zum anderen wird die Etablierung eines Profils Sozialer Altenarbeit notwendig mit theoretisch und forschungsrelevanten Ideen für die Lebensphase Alter bzw. Alternsprozesse aus sozialpädagogischer Sicht mit einer Verankerung in der Mitte der Sozialen Arbeit und einer Weiterentwicklung von dort. In dieses Profil Sozialer Altenarbeit gehören ebenfalls die bereits in unterschiedlichen Handlungsfeldern der Altenhilfe tätigen Fachkräfte Sozialer Arbeit. Das Hineinwachsen der Handlungsfelder Sozialer Arbeit in den demographischen Wandel bedeutet, sich stärker mit älter werdenden Adressat*innen auseinanderzusetzen und entsprechend sozialpädagogische Dienstleistungen zu entwickeln, die vor allem die Lebenslagen z. B. älterer suchtkranker, obdachloser oder behinderter Menschen berücksichtigen. Besondere Lebenslagen, wie z.B. eine lebenslange Suchterkrankung oder langjährige Phasen von Obdachlosigkeit, können sich mit dem Hineinwachsen in die Lebensphase Alter mit bereits vorhandenen Benachteiligungen überschneiden und in ihren benachteiligenden Auswirkungen potenzieren. Gleichzeitig gibt es zu wenig Möglichkeiten innerhalb der Altenhilfe, diesen Problemlagen angemessen zu begegnen, so dass ein älter werdender obdachloser Mensch oder ein zunehmend alternder Junkie in kaum einer (teil-)stationären Einrichtung der Altenhilfe angemessenes Verständnis erhalten oder seiner Lebenslage entsprechende Unterstützung bekommen würde. Die Altenhilfe hält keine Angebote bereit, die über ihr medizinisches bzw. (sozial-)pflegerisches Paradigma hinausreichen (vgl. Schweppe 2012, S. 517).

Mit der Forderung nach Entwicklung eines Profils in der Sozialen Altenarbeit ist gleichzeitig die Zuständigkeitserklärung Sozialer Arbeit für die höheren Lebensalter und damit für Adressat*innen über die gesamte Lebensspanne verbunden. Eine weitere bedeutende Perspektive mit Folgen für Soziale Arbeit betrifft die Überalterung des Personals. Wenig bekannt ist bisher über die Überalterung des Personals und damit verbundenen Herausforderungen an die Einrichtungen bezüglich ihrer eigenen Altersbilder und Überzeugungen in Bezug auf die Leistungsfähigkeit älterer Kolleg*innen oder Vorgesetzter. Die Dortmunder Arbeitsstelle für Kinder- und Jugendhilfestatistik hat 2004 unter der Überschrift „Vergreisung des Personals" erstmals in drastischer Weise in Bezug auf die Entwicklung der Altersstruktur in Einrichtungen der Jugendhilfe festgestellt, dass der Anteil des Personals zwischen 40 und über 60 Jahren 2002 bundesweit 52 % beträgt und seit 1994 um 11,1 % zugenommen hat. Der prozentuale Anteil der 25- bis 40-Jährigen ist zwischen 1994 und 2002 von 47 % auf 37 % zurückgegangen (vgl. Schilling/Pothmann et al. 2004). Somit ist ein zu beobachtendes Älterwerden der Beschäftigten hervorzuheben: Über die Hälfte der Beschäftigten ist über 40 Jahre alt und bewegt sich in Richtung „älter werdende" Arbeitnehmer*innen. Schilling/Pothmann et al. gehen davon aus, dass Altersunterschiede zwischen Fachkräften und Adressat*innen nicht folgenlos für die inhaltliche Ausgestaltung von Jugendarbeit sein können. Offen bleibt jedoch, welche Folgen die Altersstruktur auf das Angebotsspektrum und den Alltag von Kinder- und Jugendarbeit haben. Die „Arbeitsbündnisse" in der Jugendarbeit zwischen Adressat*innen und Fachkräften werden sich bei einem Altersunterschied von 10 bis 15 Jahren anders gestalten als bei einer Differenz von 20 bis 25 Jahren, denn ihrer Einschätzung nach handelt es sich um zu unterscheidende Konstellationen intergenerationaler Verhältnisse (vgl. ebd. 2004).

2.3.2 Bisheriger Fachdiskurs der Sozialen (Alten-)Arbeit

Im Fachdiskurs Sozialer Arbeit und in der Weiterentwicklung der Handlungsfelder spiegelt sich die noch junge Auseinandersetzung mit der Lebensphase Alter wider, denn eine eigenständige Expertise Sozialer Arbeit für Alternsprozesse und die Lebensphase Alter scheint weiterhin ausständig. „Die Herausforderung für die Soziale Arbeit bestünde in der Vergewisserung ihres Selbstverständnisses in der Arbeit mit alten und älteren Menschen, die neben einer medizinischen und pflegerischen Perspektive ihre Berechtigung findet" (Neubert 2011, S. 285). Entwicklungsperspektiven für Soziale Altenarbeit werden in einem kenntlich gemachten, eigenständigen Profil in Abgrenzung wie auch im Zusammenspiel mit anderen Professionen gesehen (vgl. Karl 2010, S. 34). Für Soziale Arbeit besteht, aufgrund der zunehmenden Vergesellschaftung von Begleitung und Hilfen für die Lebensphase Alter die Notwendigkeit, sich noch stärker mit Alter(n)sthemen auseinanderzusetzen. Gleichzeitig entsteht damit die Frage, „[...] wie ein angemessenes Profil Sozialer Arbeit für diese heterogene Adressatengruppe aussehen kann. Mit welcher Expertise könnte und müsste sich Soziale Arbeit in die soziale Altenhilfe einmischen und Arbeitsfelder für sich reklamieren?" (Aner 2010, S. 32). Dietz sieht Möglichkeiten Sozialer Arbeit, Ko-Produzentin sozialer Dienstleistungen zu werden in Lebenslagen, die die Alternsphase begleiten und ausmachen können: die Phase des frühen Alters als mehrfacher Rollen- und Perspektivwechsel auf allen Ebenen des menschlichen Lebens, Neugestaltung von Wohnen und Leben nach Austritt aus dem Erwerbsleben, die Phase des fragilen Leben im Alternsprozess mit bereits stärker einsetzenden Verlusten von Partner*innen oder der Tod guter Freund*innen bzw. der Zunahme von Hilfe- und Pflegebedürftigkeit, eine letzte Phase vor dem Tod, häufig begleitet von Krankheit und Pflegebedürftigkeit, sowie der Sterbeprozess. Interventionsebenen für Soziale Arbeit betreffen Individualität, Partnerschaft, Familie, Generationenbeziehungen, Beruf, Gesellschaft (vgl. Dietz 2011, S. 346). In den Themenschwerpunkten Biographie, Erfahrungswissen, Lebenslanges Lernen, Feminisierung, Netzwerke und Beziehungen sowie in den Angebots- und Versorgungsformen im Gemeinwesen, der Beratung, aber auch in Altenheimen und Krankenhäusern liegen mehr sozialpädagogische Aufgaben als bisher von Sozialer Arbeit gesehen und eingefordert werden (vgl. Meyer 2009b; 2010b; 2011a; 2011b; 2012b; 2013b; 2013c). In der Begleitung des jungen Alters gibt es bereits vielfältige Ansätze. Statuspassagen und kritische Lebensereignisse werden als Lern- und Bildungsanlässe zur sozialpädagogischen Unterstützung genommen (vgl. Aner 2010, S. 32). Karl sieht Soziale Arbeit gefordert, für unterschiedliche Hilfe- und Unterstützungsbedarfe passende Dienste anzubieten, ohne jedoch Polarisierungen zwischen ‚aktiven' und ‚passiven', ‚autonomen' und ‚abhängigen' älteren Menschen zu schaffen (vgl. Karl 2010, S. 3). Dazu gehört auch, die Vielschichtigkeit und Ambivalenz des Alterns so zu berücksichtigen, dass Selbstwert, soziale Anerkennung, Selbstwirksamkeit und Teilhabe ermöglicht werden (vgl. ebd.; Neubert 2011; Dietz 2011). Die offene Altenarbeit versteht sich seit den 1990ern als Unterstützung bei der Bewältigung der gestiegenen Gestaltungsanforderungen an die Lebensphase Alter. Ihr Leitbild umfasst das zu gestaltende Leben im Alter.

> „Generell zielen diese Ansätze der offenen Altenarbeit auf die Förderung einer Kultur eigenverantwortlich gestalteten Alters und die Ermöglichung und Findung individuellen Lebenssinns und individueller Lebensbalance. Es geht um die Förderung und Ermöglichung subjektiv als befriedigend und sinnvoll erlebter Lebensentwürfe, darum, sich in neuen Bezügen zu positionieren, sich Umwelt unter veränderten Bedingungen aneignen zu können" (Schweppe 2012, S. 508).

Otto (2006) verweist auf Konvergenzen Sozialer Arbeit mit der Interventionsgerontologie und sieht die Begründung Sozialer Arbeit mit alten und älteren Menschen in zentralen Konzepten der Gerontologie. Autonomie, Selbstbestimmung, Produktivität, Kompetenz und Biographie, Ressourcen und soziale Unterstützung sowie die Orientierung am Alltag bilden dabei zentrale Dimensionen einer Orientierungsfolie. Dafür benötigt Soziale Arbeit auf der Qualifizierungsebene sozialgerontologische Kompetenzentwicklung und eine viel intensivere Auseinandersetzung mit gerontologischen, geriatrischen und gerontopsychiatrischen Analysen und Theorien (vgl. ebd. 2006). Auf der Arbeitsebene wird sich Soziale Arbeit auf zwei neue Kerngeschäfte einstellen müssen, zum einen auf intergenerationale Soziale Arbeit und die arbeitsfeldübergreifende Altenarbeit. Eine weitere Ebene, auf der sich Soziale Arbeit weiterentwickeln muss, betrifft die strukturelle und leistungsrechtliche Ebene hin zu einer Neupositionierung Sozialer Arbeit: Care und Case Management, Networking und/oder integrierte Nahraumversorgung als Navigation zwischen den Hilfesystemen Altenhilfe, Gesundheit und Pflege, ambulanten, teilstationären und stationären Angeboten sowie Kosten- und Leistungsträgern (vgl. Dietz 2011, S. 347). Fragen des Alters und Alterns nehmen in der Ausbildung und entsprechenden BA- und MA-Studiengängen keinen Platz ein. Schweppe fordert zur Entwicklung einer Expertise Sozialer Arbeit einen primordial sozialpädagogischen Zugang, der die Lebensphase Alter über die Zugrundelegung sozialpädagogischer (Grund-) Kategorien erschließt und sozialpädagogischen Erkenntnisinteressen zugänglich macht (vgl. Schweppe 2012, S. 517). Trotz der Vielfalt an Ideen und Ansätzen Sozialer Arbeit im Bereich von Alternsprozessen und der Lebensphase Alter steht genau das Herstellen einer ureigenen professionellen und disziplinären Verbindung der Sozialen Arbeit mit der Lebensphase Alter durch alle Ebenen weitgehend aus. Soziale Altenarbeit stellt einen Randbereich innerhalb der Sozialen Arbeit und der Altenhilfe dar. Diese Randständigkeit zeigt sich vor allem in der geringen Dichte und Häufung der Diskurse um den demographischen

Wandel und der Lebensphase Alter in Bezug auf die Alterung der Handlungsfelder, der Einmischung Sozialer Arbeit in die Altenhilfe sowie die Überalterung des Personals in Einrichtungen der Sozialen Arbeit. Soziale Arbeit gilt als historisch konkretes und gesellschaftlich-soziales Produkt, entwicklungsoffen und diskursiv angelegt. Im Theoriediskurs bezieht sich Füssenhäuser auf die besondere Bedeutung sozialer Strukturkategorien. Dazu gehört u.a. auch das Alter(n), das systematisch weiter auszudeklinieren wäre (vgl. Füssenhäuser 2011, S. 1649). Genau die Aufgabe steht für die Soziale (Alten-)Arbeit an.

Fazit

Das kollektive Altern der Gesellschaft gilt als eine der individuellen, institutionellen und gesamtgesellschaftlichen Gestaltungsaufgaben der Gegenwart. Diese Aufgabe steht auch für die Soziale Arbeit an. Die zunehmenden Anteile älterer Menschen werden früher oder später in der Sozialen Arbeit ebenfalls sichtbarer werden und zu professionellen wie auch disziplinären Reaktionen führen. Bisher wachsen die Handlungsfelder eher in den demographischen Wandel hinein und benötigen eigentlich schon alternsbezogenes Wissen, um passgenaue Angebote für ältere Menschen in den klassischen Handlungsfeldern zu schaffen. Gleichzeitig wird disziplinär und in den Studienprogrammen bisher noch sehr wenig fundiertes Wissen über individuelles und gesellschaftliches Altern geschaffen, herangezogen oder vermittelt, um sowohl die Soziale Arbeit wie auch die Studierenden in die Lage zu versetzen, bereits bestehende wie auch künftige Herausforderungen, die in einer alternden Gesellschaft entstehen, in Forschung und Praxis zu erkennen und eigenverantwortlich erforschen und gestalten zu können. In der Zukunft steht also an, sich stärker um ein Profil Sozialer Altenarbeit zu bemühen und einen primordialen Zugang zu schaffen.

Übungs- und Reflexionsfragen

1. Der Beginn der Lebensphase „Alter" kann nicht eindeutig festgelegt werden. Machen Sie sich noch einmal deutlich, warum der Beginn so individualisiert ist.
2. Menschen im höheren Lebensalter fühlen sich oft nicht als Ältere angesprochen. Erklären Sie, warum das so ist.
3. Woran macht sich die Wirkmächtigkeit von Altersstereotypen bemerkbar?
4. Die Verbindung von Sozialer Arbeit und Alter(n) ist noch nicht eindeutig geklärt. Wo sehen Sie Verbindungen und Chancen?
5. Was verstehen Sie unter einem primordialen Zugang der Sozialen Arbeit zur Lebensphase Alter?

Literatur für das Selbststudium

Aner, Kirsten/Karl, Ute (Hrsg.) (2010): Handbuch Soziale Arbeit und Alter. Wiesbaden: VS Verlag für Sozialwissenschaften.

Backes, Gertrud/Clemens, Wolfgang (2013): Lebensphase Alter. Eine Einführung in die sozialwissenschaftliche Alternsforschung. 4., überarbeitete und erweiterte Auflage. Weinheim/Basel: Beltz Juventa.

Böhnisch, Lothar (1997): Sozialpädagogik der Lebensalter. Eine Einführung. Weinheim und München.

Zum Weiterlesen

van Dyk, Silke/Lessenich, Stephan (2009): Die jungen Alten. Analysen einer neuen Sozialfigur. Frankfurt/New York: Campus.

Kessler, Eva-Marie/Hoff, Andreas/Franke, Annette (2017): Gerontologisch orientierte Studiengänge in Deutschland. Kritische Bestandsaufnahme. In: Zeitschrift für Gerontologie und Geriatrie 50, S. 399–409.

Pohlmann, Stefan (Hrsg.) (2012): Altern mit Zukunft. Wiesbaden: VS Verlag für Sozialwissenschaften.

Kapitel 3
Die Lebensphase Alter im Lebenslauf aus sozialpädagogischer Perspektive – Der Anspruch auf ein vollständiges Leben in relativierten Generationenverhältnissen

Zusammenfassung

Mit der Entdeckung der Lebensphase Alter im Lebenslauf stellt sich auch die Frage der Zuständigkeit Sozialer Arbeit für Alternsprozesse und deren individuelle und gesellschaftliche Auswirkungen. In diesem Kapitel wird Soziale Arbeit mit dem Lebenslauf verknüpft und es lässt sich zeigen, dass Soziale Arbeit bedeutende Fragen im Zusammenhang mit dem Lebenslauf bereits wahrgenommen hat vor allem an den Übergängen von einer Lebensphase in die nächste und in der Ausdifferenzierung der Kinder- und Jugendphase. Traditionell gehört die Kinder- und Jugendhilfe zu den Schwerpunkten der Sozialen Arbeit. Die Lebensphase Alter ist im Lebenslauf aus sozialpädagogischer Perspektive bisher wenig berücksichtigt worden, so dass einige wesentliche sozialpädagogisch relevante Aspekte ausgearbeitet werden. Dazu gehören für ältere Menschen existenziell bedeutende Fragen, z.B. nach der Vollständigkeit eines Lebens und die damit verbundene Ausgestaltung der eigenen Alternsphase oder Fragen nach der Endlichkeit und dem Sterben. Mit diesen Fragen können originär sozialpädagogische Aufforderungen verbunden sein. Darüber hinaus ist die Lebensphase Alter mit der Relativierung von Generationenzusammenhängen verbunden und mit Fragen nach dem Verhältnis der jüngeren Generation zur älteren und zurück, die in persönlichen, professionellen und disziplinären Zusammenhängen neu zu stellen sind.

3.1 Sozialpädagogische Perspektiven auf den Lebenslauf und die Gestaltung von Biographien

Seit den 1990er Jahren spätestens hat sich die normative Regelung des Lebenslaufs aufgelöst zugunsten eines selbst zu gestaltenden Lebenslaufs. Die normative Regelung eines Lebensverlaufs war in Wegen und Übergängen weitgehend vorbestimmt, je nach sozialer, wirtschaftlicher und gesellschaftlicher Lage, in die ein Subjekt hineingeboren wurde. In einer nunmehr individualisierten und pluralisierten Gesellschaft ist das Subjekt dazu aufgefordert, „den sozialen Stand, in den es hineingeboren wird, in einen Selbsterworbenen umzuwandeln"

(Ecarius 1996, S. 253). Dabei bewegt sich der Einzelne durch altersspezifische Räume wie z.B. Kindertagesstätten, Schulen, Universitäten, Freizeit- und Produktionsstätten, die zudem sozial und geschlechtsspezifisch strukturiert sind. Hierbei handelt es sich um äußere Rahmenbedingungen, die mit kulturellen, sozialen und ökonomischen Ressourcen ausgestattet sind und durch deren Nutzung das Individuum seinen Lebensstil entfalten und gleichzeitig zur Reproduktion sozialer Ungleichheit beitragen kann (vgl. ebd., S. 254).

Mit Blick auf Kohlis Konzept des institutionalisierten Lebenslaufs, der bereits in den 80er Jahren des vorigen Jahrhunderts fünf Dimensionen vorstellte, lassen sich Komplexität und wechselseitige Abhängigkeit eines zu gestaltenden Lebenslaufs entfalten. Zu den fünf Dimensionen zählt er die Verzeitlichung (Orientierung am Lebensalter), Chronologisierung (chronologisch standardisierter Normallebenslauf) und die Individualisierung (Neuorganisation von Arbeit, Produktion und Familie führt zu neuen Möglichkeiten) als bedeutende Dimensionen. Die Lebensphasen Kindheit, Jugend, Erwachsenenalter und Alter ordnet Kohli als vierte Dimension zu. Sie resultieren aus der erwerbsbezogenen Einteilung. Die fünfte Dimension betrifft die Neugestaltung von biographischen Handlungsmöglichkeiten als Folge von Individualisierungsprozessen. Der Lebenslauf als Institution bedeutet einerseits eine Regelung des sequenziellen Ablaufs des Lebens und andererseits besteht hierin eine Strukturierung der eigenen Wissensbestände, an denen sich die Individuen orientieren und ihr eigenes Leben zu planen haben (vgl. Kohli 1985).

Zehn Jahre später hob Kohli für die gesellschaftliche Entwicklung hervor, an den Rändern der Dreiteilung des Lebenslaufs in Vorbereitungs-, Arbeits- und Ruhestandsphase seien die Übergänge in das Erwerbsleben und aus dem Erwerbsleben heraus „länger, variabler, diffuser und unsicherer geworden“ (Kohli 1994, S. 134). Für die subjektive Erfahrung und die Konstruktion des Lebenslaufs bedeutet diese Entwicklung stärker als je zuvor, vor allem die Übergänge durch eigenes individuelles Handeln gestalten zu müssen. „Aus dem Zeitpunkt ist ein Zeitraum und aus dem quasi-mechanischen Ablauf eine reflexive Handlungsaufforderung geworden“ (ebd.). Bisher seien die gesellschaftlichen Vorgaben in Bezug auf die Ausgestaltung der Lebensphase Alter, die nun auch nicht mehr als „Restzeit“ angesehen werde, sondern als Lebensform jenseits der Erwerbsarbeit, die zum Gegenstand gesellschaftlicher Such- und Definitionsprozesse wird und „[...] deren Ausgang bisher offen ist“ (ebd.). Ecarius weist auf die Gefahren für die Gestaltung jedes einzelnen Lebenslaufs hin, der zu einem Risiko belasteten Projekt in jedem Lebensalter werden kann und deswegen besonderer Begleitung und Reflexion bedarf. „Die Gestaltung des Lebenslaufs vollzieht sich somit mehr und mehr partikular je nach Lebensform und Zeitpunkt im Leben des einzelnen. Damit steigen auch die Belastungsrisiken. Die Chance eines Mehr an Optionen bedeutet zugleich, die Konsequenzen seiner biographischen Handlungen selbst zu tragen und zu verarbeiten“ (Ecarius 1996,

S. 254). Und das unter gesellschaftlichen Rahmenbedingungen, die zunehmend Verhältnisse hervorbringen, die sich dem individuellen Zugriff verweigern bzw. auf die kein individueller Einfluss genommen werden kann. Es entstehen Risiko-, Konflikt- und Problemlagen, all das betreffend, was gesellschaftlich und politisch diskutiert und umstritten ist, wie z.B. Aushandlung der Löhne und Arbeitsbedingungen, Bereitstellung von Bildungs- und Betreuungsangeboten etc. (vgl. Karsten 2002). Solche individualisierte und pluralisierte Lebensführung verdeutlichen Böhnisch/Blanc Ende der 80er Jahre des 20. Jahrhunderts an der Veränderung der „Normalbiographie" von Frauen, wo sich die Entwicklung im Besonderen potenziert hat. Während früher die „Normalbiographie" von Frauen um die Reproduktion konstruiert war, nämlich in Bezug auf Kindererziehung und Haushalt, führen Frauen inzwischen eine „widersprüchliche, familial-institutionell geprägte Doppelexistenz. Für sie gilt der Familienrhythmus immer noch und in der Mehrzahl der Fälle der Bildungs- und Berufsrhythmus auch schon, woraus sich konflikthafte Zuspitzungen und fortlaufend unvereinbare Anforderungen ergeben" (Böhnisch/Blanc 1989, S. 212).

Noch einmal zehn Jahre später stehen Kohlis Dimensionen einmal mehr in der Selbstgestaltungsverantwortung eines jeden: Nicht mehr nur die Übergänge sind länger, variabler, diffuser und unsicherer geworden, vielmehr betrifft es den durchgängigen Lebenszusammenhang in seiner Vielschichtigkeit. Diesen Erkenntnissen widmet sich eine 2008 erschienene Herausgeberreihe in der Sozialen Arbeit. Die Herausgeberreihe zum Themenschwerpunkt „Soziale Arbeit und Lebensalter" griff genau die Erkenntnisse zum individualisierten und selbst zu gestaltenden Lebenslauf auf, der zugleich vor allem an den Übergängen zur Herausforderung wird. Damit erfolgte gleichzeitig eine Positionierung, Soziale Arbeit für alle Lebensalter in der Verantwortung zu sehen und Angebote zu entwickeln. Hanses/Homfeldt (2008) führten mit Band 1 in die Herausgeberreihe zu Lebensalter und Soziale Arbeit ein und die weitere Einteilung erfolgte entlang der Lebensalter Kindheit, Jugendalter, Junges Erwachsenenalter, Erwachsenenalter und höheres Lebensalter (vgl. ebd. 2008). Für die Kindheit wurde vor allem gefordert, Wissen um die Lebenslagen und damit verbundenen sozialen Problemen zu bilden. Dazu gehören Schwerpunkte, wie z.B. Kinderschutz und -rechte, Kindeswohl, Kinderarmut, Bildung in früher Kindheit, Partizipation sowie Wissen um institutionell bestimmtes professionelles Handeln in Kindertageseinrichtungen, Übergängen in Grundschule und (Ganztags-) Grundschule sowie die Theorie und Geschichte der Kindheit (vgl. Sünker/Swiderek 2009). Das Jugendalter sollte von den Bedingungen des Aufwachsens betrachtet und eingeschätzt werden und damit die Lebensbedingungen entlang der Übergänge von Schule zu Beruf in den Vordergrund rücken, vor dem Hintergrund des Pendelns der Jugendlichen zwischen Schule, Familie, Beruf und Peers sowie entlang ihrer Ausdrucksformen, Stile und Orientierungen (vgl. Schulze-Krüdener 2008). Das junge Erwachsenenalter gerät verstärkt in die Betrachtung, da Übergänge von der Jugend in das Erwachsenenalter länger werden und Selbstständigkeit sowie Unabhängigkeit über Einmündungen in die Erwerbsarbeit sowie eigene Familiengründung zunehmend später im Lebenslauf gelingen (vgl. Rietzke/Galuske 2008). Mit der Entgrenzung der Lebensalter hat sich das traditionelle Bild vom Erwachsenen als integrierten, kompletten Menschen mit gefestigter Identität, Familie und Arbeit verschoben zugunsten eines sich lebenslang entwickelnden Menschen, der die Balance zwischen Arbeit, Familie, Bildung und Alltag wiederkehrend herzustellen hat (vgl. Schröer/Stiehler 2009). Das höhere Lebensalter unterteilt sich in ältere und alte Menschen. Zunehmend mehr Menschen, die über Verrentungsprozesse regulär aus Erwerbsarbeit ausgegliedert sind, suchen nach ihrem neuen Platz in der Gesellschaft. Doch je älter sie werden, desto mehr sind sie gefährdet, zunehmend hilfe- und pflegebedürftiger zu werden. Damit geraten sie in soziale und pflegerische Abhängigkeitsarrangements, in denen die gesellschaftlichen Rahmenbedingungen keineswegs zu Ende gedacht sind (vgl. Aner/Karl 2008). Mit der Reihe hat sich Soziale Arbeit erstmals ganz explizit als zuständig für alle Lebensalter bzw. für den Lebenslauf erklärt.

Thiersch versteht Soziale Arbeit „als Hilfe in Entwicklungsaufgaben und -belastungen, wie sie sich in den verschiedenen Phasen des Lebens ergeben können, wie sie mit der Biographie als Ablauf des Lebens verbunden sind“ (Thiersch 2002, S. 143). In der Ausdifferenzierung hat Soziale Arbeit sich vor allem mit den Lebensaltern, dem Lebenslauf und der Biographie sowie mit darin stattfindenden Lebensphasen und Übergängen zu befassen.

Definition

Lebenslauf und Biographie

„Jeder Mensch hat einen Lebenslauf“ (Sackmann 2007, S. 9). Die Lebenslaufsoziologie versucht seit den 1960er Jahren, gesellschaftliche Erwartungs- und Handlungsstrukturen zu verstehen und zu analysieren. Dabei wird untersucht, wie Gesellschaft individuelle Lebensläufe beeinflusst. An Verhaltensweisen, wie z. B. der Erstellung eines Lebenslaufs kann man erkennen, dass es einen gesellschaftlichen Strukturzusammenhang in Lebensläufen gibt. Individuen orientieren ihre Lebensplanung daran und versuchen, den für sie optimalen Weg zu gestalten. Die Lebenslaufsoziologie vereinte erstmals alle Lebensalter, um die Bedeutung von Alter und Altersgruppen und individuellen Statusverläufen theoretisch erkennen zu können. Die Leitfrage lautet: „Was ist diese Kohärenz erzeugende Logik von Lebensläufen, die gesellschaftlich erwartet wird?“ (ebd., S. 10). Zwei Forschungsstränge beschäftigen sich mit dem Gegenstand: die Biographieforschung und die Lebenslaufsoziologie.

Jeder Einzelne weist eine Geschichte auf, die nur ihm zu eigen ist, die einer eigenen Logik folgt und die mit seinem Leben endet (vgl. Sackmann 2007). Diesen Sachverhalt fasst der Begriff Biographie.

> „Unter einer Biographie verstehen wir hier das sinnhafte Handeln eines Subjektes in einer durch einen Lebensprozess vorgegebenen Zeitstruktur. Das sinnhafte biographische Handeln umfasst dabei auch antizipierende Entscheidungen und Selbstreflexionen. Mit biographischer Kompetenz wird die praktische, meist nur halbbewusste Steuerung des Prozesses biographischen Handelns bezeichnet" (Sackmann 2007, S. 50).

In Biographien lassen sich Phasen ausmachen, auch durchaus ähnliche Phasen: Übergänge, Phasen der Bewährung, Erntephasen. Jeder Mensch entwickelt seine biographische Linie, die sich aus einem Zusammenspiel subjektiver und objektiver Bedingungen ergibt. Dabei zeigen die einzelnen Akteure unterschiedliche Flexibilität gegenüber der eigenen biographischen Linie, die stetig in Balance gehalten wird zu äußeren Anforderungen. Dazu gehören die Reflexion der eigenen Geschichte, die Findung und Bindung an subjektive Sinnquellen, die Fähigkeit auf externe Veränderungen reagieren zu können und evtl. alternative biographische Linien vorzuhalten. Unter biographischer Kompetenz wird eine Handlungsweise und Fertigkeit verstanden von Personen, wenn sie ihr Leben schildern (vgl. ebd.).

Die praktischen Aufgaben der Sozialpädagogik werden auch von der Strukturierung des Lebenslaufs bestimmt. Die Pluralisierung und Differenzierung der Lebenslagen haben eine Individualisierung des Lebenslaufs gebracht und damit bestimmen keine starren Muster mehr den Ablauf der Lebensphasen. Gleichzeitig entsteht jedoch Standardisierung durch die Notwendigkeit, ein sozialversicherungspflichtiges Arbeitnehmerverhältnis zu erreichen, denn das gilt als zentrale Voraussetzung für eine selbstbestimmte Lebensführung. Das Herausfallen aus diesem Status ist mit Abhängigkeit verbunden (vgl. Hamburger 2008, S. 157). Sozialpädagogik setzt in Situationen an, wo Bedingungen für eine altersspezifische Normalität oder für die durchschnittliche Bewältigung einer Statuspassage fehlen. Normative Annahmen bilden nach wie vor die Grundlage für sozialpädagogische Angebote und Einrichtungen. Das staatlich gesicherte Hilfesystem setzt voraus, dass Kindheit durch Familien gesichert ist, Jugend durch erfolgreichen Schulbesuch und Berufsausbildung in einen Erwachsenenstatus mit Erwerbs- oder Familienarbeit mündet und der alte Mensch sich selbst versorgt oder von der Familie versorgt wird. Dabei ist der Beitrag der Familien zur Humanvermögensbildung höher als der Wert reproduzierbaren Sachvermögens (vgl. ebd.).

Die Biographische Ordnung der Sozialpädagogik nach Hamburger geht von der Grundstruktur des Lebenslaufs aus und unterscheidet Kindheit, Jugend, Erwachsenenstatus und Alter. Das staatlich gesicherte Hilfesystem setzt Sicherung durch an Lebensaltern orientierten Institutionen voraus, vor allem jedoch sichert die Familie/Partnerschaft, neben Schule/Berufsausbildung und Erwerbsarbeit, die unterschiedlichen Lebensalter ab. Sozialpädagogische bzw. sozialpolitische Normaleinrichtungen und Absicherungssysteme ermöglichen die

Betreuung von Kindern, Elternbildung und Jugendarbeit, während die Kranken-, Arbeitslosen- und Renten- bzw. Pflegeversicherung entsprechende Risiken absichern. Sozialstaatliche Intervention sichert Grundrisiken der Lohnarbeiterexistenz und die Reproduktion der Arbeitskraft bzw. die Reproduktion Tagesbetreuung, Jugendarbeit, Kranken- und Arbeitslosenversicherung bzw. Renten-/Pflegeversicherung. Sozialpädagogische Normalisierungsangebote setzen ein, wenn gesellschaftlich normierte Entwicklungsaufgaben nicht gelöst oder Belastungen nicht mehr mit Routinen des Alltags bewältigt werden. Wenn Konflikte zwischen Individuum, Gemeinschaft und Gesellschaft über situative Belastungen hinausreichen erfolgt stärkerer Eingriff. Es sind vor allem soziale Probleme betroffen, die mit Armutsverhältnissen verknüpft sind und nicht aus eigener Kraft selbstbestimmt bewältigt werden können. Die sozialpädagogisch relevante Ausgliederung überschreitet teilweise sozialpädagogische Systemgrenzen. Die Logik der Einrichtungen sind nicht mehr durch pädagogische Handlungsformen bestimmt (vgl. Hamburger 2008, S. 159).

Tab. 3.1: Biographische Ordnung der Sozialpädagogik nach Hamburger (2008)

VI	Sozialpädagogisch relevante Ausgliederung	Inobhutnahme Herausnahme (§ 43 KJHG)	Jugendpsychiatrie Jugendstrafvollzug	Psychiatrie Strafvollzug	Asyle Hospize Sterbebegleitung
V	Sozialpädagogische Krisenbearbeitung von Strukturproblemen	Pflegefamilie Adoptionsvermittlung Tagesgruppen	Heimerziehung Jugendgerichtshilfe Drogenhilfe	Obdachlosenprojekte Wohnungslosenhilfe Suchtbehandlung Bewährungshilfe Schuldnerberatung	Stationäre Altenhilfe
IV	Sozialpädagogische Normalisierungsangebote	Erziehungsberatung Hort Hausaufgabenhilfe	Jugendwohnheime Schulsozialarbeit Jugendsozialarbeit	Kliniken Wohngeld Beratung, z. B. Verbraucherberatung	Ambulante und offene Altenarbeit
III	Sozialpädagogische/sozialpolitische Normaleinrichtungen + Absicherungssysteme	Tagesbetreuung von Kindern Elternbildung	Jugendarbeit	Kranken-/Arbeitslosenversicherung	Renten-/Pflegeversicherung
II	Basisinstitutionen	Familie	Schule Berufsausbildung	Erwerbsarbeit Familienarbeit	Familie Partnerschaft
I	Grundstruktur des Lebenslaufs	Kindheit	Jugend	Erwachsenenstatus	Alter

Quelle: Hamburger 2008, S. 159

In der Übersicht von Hamburger zeigt sich die selbstverständliche Zuständigkeit für alle Lebensalter und insbesondere auch für die Lebensphase Alter. In jeder Lebensphase gibt es auch noch andere Einrichtungen mit anderen Logiken, in denen jedoch nicht zuletzt doch auch Sozialpädagog*innen und Sozialarbeiter*innen sozialpädagogisch arbeiten. Dies hat für Hospize oder auch Angebote der stationären Altenhilfe genauso zu gelten wie für Justizvollzugsanstalten oder Pflegefamilien (vgl. Aner/Hammerschmidt 2018).

3.2 Die Vollständigkeit des Lebens vor dem Hintergrund der eigenen Endlichkeit

Im Verlauf des Lebens stellen sich Frauen und Männer wiederkehrend die Frage, ob die Zeit in der Lebenszeit ausreichend oder vollständig genutzt wurde. Diese beinhaltet gleichzeitig die Frage nach den Zielen und den Möglichkeiten der Verwirklichung in dem bisherigen Leben. Bisher gibt es keine Festlegung für ein Standardleben oder keine Qualitätsstandards für ein Durchschnittsleben. Die Betrachtung der Verbindung von Zeit und Alternsprozessen (vgl. Meyer 2008b) hat jedoch eine Auseinandersetzung mit Fragen nach der Vollständigkeit des Lebens zur Folge. Ereignisse und Erlebnisse eines Lebens in der Zeit, unabhängig von den Zeitereignissen, die ein Leben vervollständigen und vollkommen machen, müssen in die Auseinandersetzung miteinbezogen werden. Doch die Entscheidung um Vollständigkeit und Vollkommenheit des Lebens kann nur mit dem Wissen um die eigene Endlichkeit entschieden werden. Vor dem Hintergrund des eigenen Todes und der Gegenwärtigkeit dieses Wissens wird eine inhaltliche Beurteilung des Lebens möglich. Mercier setzt sich mit den Fragen nach Vollkommenheit in romanhafter Form auseinander und stellt fest: „Es ist der Tod, der dem Augenblick seine Schönheit gibt und seinen Schrecken. Nur durch den Tod ist die Zeit eine lebendige Zeit“ (Mercier 2004, S. 169). Diesem gedanklichen Weg folgend, müsste die Jugend mit ihrem Unwissen um die Endlichkeit kein einziges erinnernswertes Ereignis hervorbringen, während das Leben nach der Erfahrung mit dem eigenen zu antizipierenden Ende viel intensiver und bewusster gelebt werden müsste. Die Überlegungen hinsichtlich der Vollständigkeit des Lebens mit dem Tod und vor dem Hintergrund der Fragen erfüllten Lebens angesichts der Endlichkeit sind vor allem für den Alterungsprozess eines Menschen von besonderer Bedeutung. Nie zuvor im Leben ist die eigene Endlichkeit vom Zeitpunkt so nah und doch gleichzeitig so weit entfernt, da Tod und Endlichkeit sehr wenig bewusst in das Leben miteinbezogen werden. Es ist danach zu fragen, welchen Stellenwert der Tod im Leben bekommen müsste, um einerseits die Vollständigkeit des Lebens sicherzustellen und andererseits die Frage nach der Richtigkeit des Lebens, wie Mercier sie stellt, bedenken und entsprechend miteinbeziehen zu können.

Tipp

Lesen Sie den Roman „Nachtzug nach Lissabon" von Pascal Mercier! Der Roman aus dem Jahr 2004 erzählt von einem Altphilologen, der plötzlich von dem Wunsch ergriffen wird, seine Zeit um dreißig Jahre zurückdrehen zu können, um „[...] noch einmal an jenem Punkt meines Lebens zu stehen und eine ganz andere Richtung einschlagen zu können als diejenige, die aus mir den gemacht hat, der ich nun bin" (S. 169). Der Roman wurde in 32 Sprachen übersetzt und allein im deutschsprachigen Raum mehr als 2 Millionen Mal verkauft (vgl. //de.wikipedia.org/wiki/Nachtzug_nach_Lissabon, Abfrage: 24.05.2018). Fragen nach der Vollständigkeit des Lebens und der damit eventuell verbundene Wunsch des „Noch-einmal-beginnen-Könnens" oder, mit dem Wissen von heute einen anderen Weg in der Vergangenheit einschlagen zu können, sind keine Seltenheit.

Aus der Perspektive Thierschs bedeutet die Begrenzung des Lebens die Herausforderung an den Menschen, sich damit abfinden zu müssen, nicht alles für sich klären zu können, nicht jede Frage formulieren und auch keine Antworten auf gestellte Fragen zu bekommen. Für die Perspektive des Alterns bedeutet dies die Ambivalenz, in der Endlichkeit mit dem Ende eins zu werden. Diese Aufgabe wird umso schwerer vor dem Hintergrund der Gewissheit, verpasste Möglichkeiten und Chancen als solche im Alter anerkennen zu müssen. Lediglich gedanklich sind Zeitreisen zu einem anderen Alter möglich, um sich vorzustellen, wie man mit heutigen Erfahrungen und der Kraft aus jüngeren Jahren mehr hätte beitragen können zur Veränderung der Welt.

> „Trotzdem wäre ich gerne noch einmal 40, um mich noch einmal ins Getümmel werfen zu können – mit der damaligen leichtsinnig zupackenden Vitalität, in der aber die heutigen Erfahrungen und Zielperspektiven präsent sein müssten. Aber ich bin nun 73 und so werden – so unternehmenswillig und auseinandersetzungslustig ich mich fühle – vor allem auch andere die Aufgaben übernehmen. Sie tun dies mit ihrer eigenen Vitalität und ihren eigenen Akzenten und Konzepten. Das zu wissen und zu erfahren ist gut, wenn sich dahinein auch immer wieder Erfahrungen von Fremdheit den neuen Sprach- und Zugangsweisen gegenüber mischen – so wie es sich mit dem Altern selbstverständlich ergibt – alles Ding hat seine Zeit" (Thiersch 2009, S. 294).

Die Lebensphase Alter befindet sich zwischen zwei Polen: Altern als etwas selbst zu gestaltendes und offenes, mit einer gewissen Notwendigkeit und dem Druck, dieses auch zu tun und damit verbunden die Erwartung auf unendliches Leben. Dennoch rückt der Tod unaufhaltsam näher und das Lebensende erwartet andere Aufmerksamkeit als der Alternsprozess zuvor (vgl. ebd., S. 215).

Von einer anderen Perspektive aus könnten die Erinnerungen an die Ereignisse des vergangenen Lebens in der Gegenwart an Bedeutung gewinnen.

Draaisma führt in seinen Erkenntnissen zusammen, dass Erinnerungen allmählich und wiederkehrend im Lebensverlauf aktualisiert werden. Erlebnisse und Erfahrungen aus der Vergangenheit wachsen, so gesehen, mit dem Alterungsprozess mit.

> „Wenn das Äußere ein Buch wäre und unser Gedächtnis bibliophil, würde es jede neue Ausgabe neben die sorgfältig bewahrten früheren Ausgaben stellen. Wir könnten nach Belieben in eine alte Auflage schauen und sie mit den späteren vergleichen. Was ist darin verschwunden oder hinzugefügt worden, was wurde gestrichen, verändert, korrigiert? In Wirklichkeit ist unser Gedächtnis ein Instrument, das für evolutionär nützliche Dinge entworfen wurde und das Sammeln alter Ausgaben fällt nicht darunter. Wenn wir unseren Kindern doch nicht mehr so begegnen können, wie sie vor zehn Jahren oder zwanzig Jahren aussahen, hat es keinen Sinn, ein visuelles Register ihres früheren Äußeren zu führen. Weg damit. Wir müssen unser Gedächtnis noch aus einem weiteren Grund entschuldigen. Es behält besser, was sich verändert, als das, was gleich bleibt“ (Draaisma 2004, S. 166).

Die Erinnerung an Erfahrungen des gelebten Lebens wird aktualisiert und bleibt für den aktuellen Lebenszusammenhang bedeutungsvoll. Gelebtes Leben als kontinuierlich bedeutungsvoll für das eigene gegenwärtige Leben zu betrachten, ist für Alterungsprozesse als Aufgabe und Ziel hervorzuheben. Entscheidungen in der Gegenwart, die für die Zukunft getroffen werden, weisen Relevanz auf oder können bestimmt sein von Erfahrungen, die lange in der Vergangenheit gelebt und empfunden wurden.

Durch eine permanente Aktualisierung oder Überschreibung der eigentlichen Situation repräsentieren sie im jeweilig aktuellen Lebenszusammenhang das gesamte gelebte und bereits vergangene Leben. Eine besondere Bedeutung bekommt im Rücklauf auf die vergangenen Lebensjahre die eigene Einschätzung und das eigene Bild, was sich im Rückblick zu Kontinuitäten und Entwicklungen zusammenfügt, die diesen Menschen genauso hat werden lassen, wie er jetzt ist. „Autobiographischem Gedächtnis und Autobiographien ist gemein, dass sich Erinnerungen zu Themen, Motiven, Erzählsträngen ordnen. Sie geraten nach und nach in die Reihe einer Entwicklung“ (ebd., S. 241). Autobiographisch berichtetes Leben ist also im Rückblick jeweils schon interpretiert und festgelegt, was jedoch wiederum Neubewertungen zur Verfügung steht, wenn unvorhergesehen neue Sichtweisen hinzu kommen und zu neuen Einschätzungen führen könnten. „Für denjenigen, der glaubt, Erinnerungen seien sicher und unantastbar gespeichert, sobald sie erst einmal da sind, ist nichts lehrreicher als eine unerwiderte Liebe“ (ebd., S. 234). Es wäre denkbar, Leben mit seinen Kontinuitäten und Brüchen im Alternsprozess neuen Interpretationen und Bewertungen gegenüber zu öffnen und damit eine weitere Wendung im Hinblick auf die Gegenwart und Zukunft aktiv zu betreiben. Mercier gibt zu bedenken, dass im Lebensverlauf einer jeden Frau und eines jeden Mannes jeweilig wiederkehrend eingeschätzt und bewertet wird, ob man selbst schon der geworden ist, der man werden wollte. Dabei ist zu bedenken, ob Lebensziele, die das eigene Leben umfassend betreffen, und hiermit verbunden Vorstellungen überhaupt bewusst gesetzt werden und dementsprechend ihre Realisierung verfolgt wird. Es bleibt auch offen, welche Differenzierung und Bedeutung diese Ziele bekommen, zu welchen Zeitpunkten die Realisierung mit welchen Einschätzungen bilanziert bzw. bewertet werden.

In der autobiographischen Rückschau muss sich jeder Mann und jede Frau selbst einschätzend und eingestehend fragen, was, warum und zu welchem Zeitpunkt je hinderlich war, der oder die zu werden, die man sich vorgenommen hatte, zu werden. „Konnte man als der Frühere den Späteren vergessen, obgleich der Spätere die Bühne war, auf der man die Dramen des Früheren aufführte? Und wenn es kein Vergessen war, was war es dann?“ (Mercier 2004). Es wird deutlich, im Alternsprozess können selbstkritische Fragen danach auftauchen, ob das Leben so gelebt wurde, wie es der Frühere angenommen und der Spätere für den Früheren einzuordnen hatte.

Draaisma hingegen betont, das Vergangene sei nur insofern von Bedeutung, wie es der Antizipation von Zukunft nutzt. Die Erinnerung als solche ist also nur bedeutsam für das Handeln in der Zukunft, da das Behalten im Dienst der Erwartung stehe.

> „Wir registrieren unsere Wahrnehmungen und Erfahrungen mit dem Blick auf unser Handeln in der Zukunft; was in der Vergangenheit geschehen ist, ist nur insofern wichtig, als es uns in die Lage versetzt, zu antizipieren, was uns später passieren wird. So gesehen ist das Gedächtnis nicht auf das Vergangene, sondern auf das Zukünftige gerichtet, und daher steht auch das Erinnern mit dem Gesicht in Richtung Zukunft“ (Draaisma 2004, S. 80).

Für jemanden, der eine weite große Zukunft zu haben scheint, kann das so gelten, für denjenigen, der jedoch den größeren Teil des Lebens hinter sich gelassen hat, wird die Qualität des Erinnerns und Behaltens nicht mehr nur zukunftweisend sein, sondern eine Richtungsänderung einnehmen. Die Vergangenheit könnte also für die Gegenwart an Bedeutung gewinnen, da eventuell die Gegenwart den höheren Stellenwert für den alternden Menschen einnimmt und nicht mehr die Zukunft in Richtung Entwicklung. Alle unterschiedlichen Lebensphasen, Kindheit und Jugend, Erwachsenenalter und Alter haben sich gesellschaftlich entwicklungsbedingt ausgedehnt oder sie haben sich, wie das Alter, über die Zeit verlängert und weiter ausdifferenziert.

Die Jugend liegt in der Beliebtheit als Lebensphase weit vorne und gilt als bevorzugter Lebensabschnitt, an den sich jeder Mann und jede Frau spontan erinnert, wenn er oder sie nach besonderen Ereignissen und Erlebnissen im

Leben befragt wird. Ereignisse, die zwischen dem 15. und 25. Lebensjahr erlebt wurden, werden überwiegend als besonders bedeutend und erinnernswert für das Leben insgesamt eingeschätzt. Dem Zusammenhang zur Zeit und subjektiven Zeitempfindung wurde schon im 19. Jahrhundert psychologische und philosophische Aufmerksamkeit gewidmet.

> „Die Jugend ist ungeduldig in ihren Sehnsüchten, sie würde die Zeit am liebsten verschlingen, und die Zeit kriecht. Dazu kommt, dass die Eindrücke der Jugend lebendig, frisch und zahlreich sind; die Jahre sind demnach prall gefüllt, unterscheiden sich auf tausenderlei Arten, und der junge Mann schaut auf das vergangene Jahr als auf eine lange Reihe von Szenen im Raum zurück“ (Guyau 1890 nach: Draaisma 2004, S. 252).

Guyau beschreibt schon sehr früh ein Phänomen, den Reminiszenzeffekt, der in der Nachfolge viel und überwiegend psychologisch beforscht wurde. Fitzgeralds Studien erbrachten das Ergebnis, Menschen würden retrospektiv ihr Leben erzählend, über eine Sammlung von Erinnerungen verfügen, die nicht sehr regelmäßig über die Lebensspanne erfahren wurden. „Er erhielt auf diese Weise eine Sammlung von Erinnerungen, die ausgesprochen ungleichmäßig über das Leben verteilt waren, mit einem Reminiszenzeffekt, der eher Berg als Höcker war: aus den Jahren zwischen zehn und zwanzig wurde mehr erzählt als aus den Jahren zwischen fünfzig und achtzig zusammen“ (Fitzgerald o. J. nach: Draaisma 2004, S. 240).

Draaisma fasst die unterschiedlichen Erklärungen zusammen, warum Menschen fortgeschrittenen Alters (ab 65 Jahren aufwärts), aufgefordert bedeutende Ereignisse ihres Lebens zu formulieren, überwiegend Ereignisse berichten und ihnen eine besondere Bedeutung beimessen, die um das 20. Lebensjahr herum geschahen (vgl. ebd. 2004, S. 212–246). Eine Erklärung ist neurophysiologischer Art und geht von der Annahme aus, das Gedächtnis sei um das 20. Lebensjahr herum in seiner Aufnahmefähigkeit beinahe unbegrenzt. Deswegen blieben Erlebnisse mühelos hängen. Die Trefferquote für Erinnerungen aus dieser Zeit ist 50 Jahre später entsprechend hoch. Besonders leistungsstark ist das Gedächtnis jedoch schon 10 Jahre früher, was die Relevanz dieser These relativiert. Eine weitere Erklärung sieht zwischen dem 15. und 25. Lebensjahr das Erleben von Ereignissen, denen insgesamt mehr Bedeutung beigemessen wird. Es wird, so die Annahme, mehr Behaltenswerteres erlebt als in den nachfolgenden Jahren. Das hängt auch damit zusammen, so Jansari/Parkin, dass viele Erfahrungen in dieser Zeit zum ersten Mal gemacht werden und dadurch eine besondere Bedeutung im Lebensverlauf und eine blitzlichtartige Klarheit im Rückblick erhalten (Jansari/Parkin 1996 nach: Draaisma 2004, S. 239). Die Ereignisse, die im Jugendalter und frühen Erwachsenenalter eintreten, tragen in besonderer Weise dazu bei, wie sich die Persönlichkeit und Identität eines Menschen entwickelt, so eine weitere Erklärung für den Reminiszenzeffekt. „Zufällige Begegnungen, ein Buch, das viel Eindruck macht, ein eingehendes Gespräch, nach dem man plötzlich genau weiß, was man werden will – für diese Art von Ereignissen ist man in jenen Jahren am empfänglichsten" (Draaisma 2004, S. 239). Das gegenwärtige Ich legt die Bedeutung der Ereignisse für den Lebensverlauf fest, d.h. der Erzähler seiner Lebensgeschichte verfolgt die Absicht, das eigene Leben als eine mehr oder weniger kohärente Entwicklung darzustellen und zu sehen. „Im Alter sieht man auf das eigene Leben gern als auf eine Geschichte zurück, in der Überraschungen und Wendungen nicht zu fehlen brauchen, die aber doch durch die charakteristischen Reaktionen einer stabilen Hauptperson zusammengehalten wird" (ebd.). Mit dem Erkennen der eigenen Muster werden so neue Erfahrungen beinahe überflüssig und werden auch nicht mehr bemerkenswert für das eigene Leben. Darüber hinaus werde mit der gleichbleibenden Aufmerksamkeit auf die Ereignisse, die Fülle der Routinen und Wiederholungen zu einer Belastung.

Vielleicht liegt die Betonung der Ereignisse um das 20. Lebensjahr auch in einer besonderen Empfindung von Leichtigkeit und Sorglosigkeit, die sich danach kaum je wieder herstellen lässt. Mercier betont, in der Jugend könnten die meisten Momente erlebt werden, die eine absolute Gegenwartsbezogenheit haben. Weder die Vergangenheit noch die Zukunft haben für den Moment bzw. das gegenwärtige Erleben Relevanz und stehen bezugslos in der eigenen (Lebens-)Zeit. Es ist für diese Ereignisse nicht bedeutend, einen Bezug in der Zeit herzustellen. Für die Einordnung in den weiteren Lebenskontext sind sie jedoch von enormer Bedeutung. „Ich möchte zurück zu jenen Minuten auf dem Schulhof, in denen die Vergangenheit von uns abgefallen war, ohne dass die Zukunft schon begonnen hätte. Die Zeit stockte und hielt den Atem an, wie sie es später nie mehr tat" (Mercier 2004). Es erscheint wie eine Art Zeitloch oder die Überwindung der Zeit, da der Mensch weder seine Vergangenheit noch seine Zukunft unter der Oberfläche spürt. Nur der gegenwärtige Moment hat eine Bedeutung. Dieses frei Schwebende in der Zeit ist damit auch losgelöst von Erwartungen, Erfahrungen sowie der Zeitrichtung. Somit ist es auch nicht erforderlich, in eine Zeitrichtung zu blicken und in diese Richtung zu leben. Der Ausdruck des Freiheitserlebens und -empfindens könnte für den vorliegenden Zusammenhang des Alters im Prozess der Zeit zu einem bedenkenswerten Ausgangspunkt entwickelt werden. Die Altersphase in dieser Betrachtungsweise könnte Freiheiten und Unabhängigkeiten eröffnen, in denen neue Träume und Sehnsüchte entwickelt und verwirklicht werden, so dass sinngebende und zugleich Leben neu strukturierende Aufgaben in Richtung Zukunft gedacht und gelebt werden können. Die Herausforderung für die Altersphase ist, sich dahin durchzuarbeiten, welche Aufgaben zu den für das eigene Leben bedeutenden gehören und welche nicht. Der Reminiszenzeffekt macht deutlich, dass das Leben bisher zu sehr von der Kindheit und Jugend einerseits und dem Erwachsenenalter andererseits gedacht und gelebt wird. Dem Lebensalter gemäß sind entsprechend bestimmte Phasen und Entwicklungen vorgesehen und werden durchlaufen, wie z.B. die Schul- und Ausbildungsphase, Eintritt in das Erwerbsleben, die Reproduktionsphase, in der Partnersuche und Familiengründung dominant werden. Diese Phasen werden zunehmend brüchiger und zerfleddern in Bezug auf den Beginn, das Ende und den Zeitraum dazwischen, dennoch sind die Aufgaben und Ziele weitgehend unhinterfragt.

Die Jugend er- und gelebt zu haben, kann jedoch für ein auszufüllendes und zu genießendes Altern nur ein kleiner Teil des Gesamten sein. Das Geheimnis eines Alternsprozesses könnte darin liegen, die Stellen im eigenen Leben zu finden und zu suchen, die bisher relativ unbeschrieben oder unentdeckt oder ungelebt geblieben sind. Es wäre also die Herausforderung des Alterns, herauszufinden, welches die Elemente sind, die für das Leben im Alter, jenseits vorbestimmter und schon gelebter Lebensläufe, jetzt relevant sein könnten. Die Aufgabe besteht darin, von dem gegenwärtigen Entwicklungsstand aus in Richtung Zukunft das Leben neu zu denken, unter Zuhilfenahme neuer oder im Lebensverlauf bisher zu wenig beachteter Erfahrungen. In der Jugend war jedoch nahezu jede Erfahrung eine neue, aufgrund der bis dato erreichten Lebenskürze. Altern bedeutet also, sich auf unbekanntes Gebiet vorzuwagen, dass jedoch von sich nichts Neues mehr hervorbringen kann, außer es wird danach gesucht oder die Möglichkeit genutzt, eigene Utopien für das Altern im gesamten Lebenszusammenhang hervorzubringen und sie daraufhin mit jedem Tag zu verwirklichen. Dafür wäre es notwendig, die selbst gedeutete „bedeutungsarme" Alltäglichkeit zu durchbrechen, neue Muster zu entwickeln, auch in der Kontinuität oder Abgrenzung zu dem bisherigen Lebensverlauf, in dem mehr oder weniger bis zum Eintritt in die Rentenphase klar war, was wann in welcher Form stattfindet: Erwerbs- und Reproduktionsarbeit mit Partner*in und Kindern oder mit Partner*in ohne Kinder oder ohne Partner*in mit Kindern etc. Zusammenfassend lässt sich hervorheben: Die Jugend sowie Erinnerungen an die Jugend sind für das Alter notwendig und können das Altern entscheidend mitprägen. Es gibt also so etwas wie eine Kontinuität im Lebensverlauf, die retrospektiv jeder für sich auch sucht und interpretiert. Draaisma hebt die Bedeutung der Jugend in der Erinnerung hervor. Daraus lässt sich vor allem lernen, es könnte für den Alternsprozess gut sein, über den gesamten Lebensverlauf wichtige Ereignisse und Erlebnisse als solche für das eigene Leben auszumachen, um ein Leben vollständig zu leben.

Soziale Kontinuitäten im Leben von Menschen lassen sich herstellen, wenn das Gedächtnis über die Klärung unmittelbaren Handelns hinaus von Menschen eingeschätzt und genutzt wird. Vergangenheit und Gegenwart verfügen über den zeitlichen Aspekt hinaus über unterschiedliche Wertigkeiten gegenüber der Einschätzung und Reflexion von Erlebnissen und Erfahrungen im Leben (vgl. Meyer 2008b). Aus der Gegenwart betrachtet, kann Vergangenheit rekonstruiert und mit jeder Rekonstruktion verändert werden, um in ihrer Einschätzung und Wertigkeit für den gegenwärtigen Lebenszusammenhang Kontinuitäten herzustellen, die es im Verlauf des Lebens im linearen Vorwärtsschreiten in der Zeit so nicht gab. Kontinuität wird bedeutungsvoll in der Rückschau, damit ein Mensch sich in seinem Lebensverlauf als ein und dieselbe Person wahrnehmen kann. Von Relevanz ist in dieser Rekonstruktionsrückerinnerung nicht mehr die Aneinanderreihung von Ereignissen in der richtigen Reihenfolge, vielmehr werden die Erinnerungen montiert und konstruiert im Sinne einer emotionalen Wertigkeit und Bedeutung für das Leben und den weiteren Lebensverlauf (Welzer 2001).

Wissensbaustein

Biographisches Arbeiten mit älteren Menschen

Methoden der Biographiearbeit bieten Möglichkeiten, die Lebensgeschichte zu erinnern, erzählen zu können und eventuell (Teilbereichs-)Bilanzierungen vorzunehmen. Ruhe hat bereits 1998 über 70 Methoden zusammengeführt, die Anleitung und Anregung zur Biographiearbeit in Sozialer Arbeit, Therapie, Altenhilfe sowie Erwachsenenbildung bieten (vgl. Ruhe 1998). Seitdem ist die Biographiearbeit zunehmend populärer geworden und bietet vor allem in der Arbeit mit älteren Menschen eine Vielzahl an Anknüpfungspunkten zum Kennenlernen, Erzählen, Erinnern oder Klären in verschiedenen Settings, wie z. B. vom Einzelgespräch bis hin zum Erzählcafé. Inzwischen hat sich die Biographiearbeit mit älteren Menschen etabliert mit weit über 150 methodischen Möglichkeiten (vgl. Ruhe 2014). Sie gehört zu den Standardangeboten in der Altenarbeit und wird auch bei gesundheitlichen Einschränkungen durch z. B. Demenzerkrankungen eingesetzt.

Bücher zur Biographiearbeit

Hölzle, Christina (2010): Ressourcenorientierte Biografiearbeit: Grundlagen – Zielgruppen – Kreative Methoden. Wiesbaden: VS Verlag für Sozialwissenschaften.

Miethe, Ingrid (2017): Biografiearbeit: Lehr- und Handbuch für Studium und Praxis. Weinheim/Basel: Beltz Juventa.

Osborn, Caroline (2012). Erinnern: Eine Anleitung zur Biographiearbeit mit älteren Menschen.

Ruhe, Hans-Georg (2014): Praxishandbuch Biografiearbeit: Methoden, Themen und Felder. Weinheim/Basel: Beltz Juventa.

Specht-Tomann, Monika (2017): Biografiearbeit in der Gesundheits-, Kranken- und Altenpflege. Wiesbaden: Springer.

Erinnernde Rückschau in die Vergangenheit schafft Vergewisserung über das eigene Leben in der Zeit, deren emotionale Einschätzungen insbesondere Entscheidungen im gegenwärtigen Leben beeinflussen und tragen werden. „Je nachdem nun, was uns das Leben bringt, von welcher Art Emotionen wir eher geleitet werden, wird sich unsere Erinnerungsfähigkeit verändern und mit zunehmender Länge einer ‚Gestimmtheit' die Wahrscheinlichkeit für das Erinnern bestimmter Gedächtnisinhalte verbessern und für andere verringern" (Markowitsch/Welzer 2005, S. 244f.). Dabei wird die Bedeutung, die über das Erinnern und Vergessen mitentscheidend ist, über den sozialen Vorgang interaktiver Herstellung und Weitergabe festgelegt. Mit der Bedeutung wird unterscheidbar, welche Information wichtig oder unwichtig bzw. welches potenzielle Verhalten funktional bzw. dysfunktional in sozialen Situationen ist. Die Bedeutungen werden nicht von jeder Generation neu erfunden, sondern intergenerationell tradiert, weiter ausgeformt, ausgehandelt und verändert. Für diese Vorgänge der Weitergabe und Veränderung bildet Kommunikation die Basis. Markowitsch/Welzer weisen darauf hin, dass ein Gehirn allein konstitutiv überhaupt nicht in der Lage wäre, Bedeutung zu bilden. Ein einziges Gehirn bliebe an voreingestellte Reaktionsmuster gebunden und könnte diese, analog zum Verhalten bei Tieren, nur durch Erfahrungslernen und Beobachtung modifizieren und optimieren (ebd. 2005, S. 11). Mit Bezug auf die unterschiedlichen Lebensalter lässt sich beobachten, dass das Gedächtnis je nach Lebensalter unterschiedlich arbeitet. Das autobiographische Wissen älterer Menschen wird von ihnen eher wie stabiles Wissen behandelt. Das lässt sich an einer gewissen Unbeweglichkeit und gleichzeitigen Starrheit erkennen, während jüngere Menschen mit ihren Erinnerungen ziemlich flexibel umgehen und sie jeweilig situationalen Erfordernissen flexibel anpassen können (ebd., S. 14).

3.2.1 Das autobiographische Gedächtnis als lebenslanges Wandlungskontinuum

Mit den neurowissenschaftlichen Erkenntnissen der Bedeutsamkeit eines autobiographischen Gedächtnisses als Wandlungskontinuum und seinem lebenslangen Lern- und Entwicklungspotenzial bieten sich Chancen für biographisch unverwechselbare Alternsprozesse, die durch Bewusstmachung aktiv gestaltbar und veränderbar bleiben. Mit dem Wissen darüber, dass weite Bereiche der Entwicklung neuronaler Verschaltungsmuster und entscheidende Phasen der organischen Hirnreifung nachgeburtlich unter sozialen und kulturellen Einflüssen geformt werden, wird geradezu eine zentrale Schnittstelle sozial- und naturwissenschaftlicher Erinnerungs- und Gedächtnisforschung herausgefordert, die auch Alternsprozesse selbstverständlich miteinschließt (vgl. Markowitsch/Welzer 2005). Die Erkenntnisse der Hirnforschung einer lebenslang möglichen Bildung neuer Nervenzellen bei aktiver Lebensführung können für die gesellschaftliche Konstruktion eines neuen Altersbildes von Nutzen sein. Die Verbindungen zwischen Nervenzellen, die Synapsen, verändern sich mit Erfahrungen und es entstehen neue „Spuren“ im Gehirn. Langfristig können sich auch die „Landkarten“ verändern, die durch Erfahrungen neuronal gebildet werden. Umweltinduzierte Plastizität und Adaptivität stehen für universelle Vorgänge, die auf sensorischer, motorischer und kognitiver Ebene gleichermaßen feststellbar und sowohl im heranreifenden, im erwachsenen wie alternden Individuum von Bedeutung sind. Sie liefern eine Erklärung für Individualität und Besonderheiten, wie sie sich gerade bei menschlichen Individuen in größter Vielfalt zeigen (vgl. ebd.). Menschen können sich bis in hohe Lebensalter verändern und über neue Erfahrungen und neues Wissen neue Kompetenzen entwickeln, die dazu beitragen, das Muster ihrer Erfahrung zu verändern. Als unterstützende Komponenten für diesen Entwicklungsprozess erweisen sich Freiwilligkeit, Spaß, Bewegung und Aktivitäten sowie Anregungen über soziale Kontakte (vgl. Spitzer 2003).

Die Einzigartigkeit des Menschen machen der Besitz und die Herausbildung eines autobiographischen Gedächtnisses aus, mit den Besonderheiten der Zeitlichkeit von Erfahrungen, die zu Erinnerungen und je nach Bedeutung bzw. Emotionalität abgespeichert werden und das Selbst bilden. Über das Vermögen des autonoetischen Bewusstseins ist es zudem möglich, als Mensch zu wissen, dass man reflektieren und sich erinnern kann. Für die Entwicklung eines Menschen hat insbesondere die Entwicklung bis zum vierjährigen Kleinkind für den gesamten Lebenszusammenhang eine immense Bedeutung, da alle sie bedingenden Bausteine der Gedächtnisentwicklung in diese Zeitspanne fallen. Für den weiteren Lebenszusammenhang kann dieses Wissen vor allem im Hinblick auf den Zusammenhang von autobiographischem Gedächtnis, dem Vermögen temporaler Zeitreisen sowie emotional gefärbter Erinnerung über Reflexion einen aktiven lebenslangen Entwicklungsprozess für jeden Menschen eröffnen. Das autobiographische Gedächtnis hat ein Selbstkonzept zur Voraussetzung, das in Raum und Zeit situiert ist und emotionale Markierungen von bestimmten Erlebnissen vornehmen kann. Als Beispiel für das Vorhandensein des autobiographischen Gedächtnisses wird folgende Episode bei Markowitsch/Welzer beschrieben: „Wenn ein dreijähriges Kind davon berichten kann, dass es gestern im Kindergarten vom Stuhl geknallt ist und sich dabei wehgetan hat“ (ebd., S. 198), hat das Kind begonnen, erste Tempusformen zu benutzen, und ein Verständnis für Zeit im Sinn zeitlicher Ordnungen (Temporalität) entwickelt. Darauf folgt in der Entwicklung die Herausbildung von Kausalsätzen (etwas ist passiert, weil ...), denen grundsätzlich Temporalität zugrunde liegt (vgl. ebd.).

Definition

Das autobiographische Gedächtnis

Das autobiographische Gedächtnis ist das, was den menschlichen Geist von dem anderer Primaten und anderer Säugetiere grundsätzlich unterscheidet. Es handelt sich bei dem autobiographischen Gedächtnis darum, „[...] was den Mensch zum Menschen macht, also das Vermögen, ‚Ich' sagen zu können und damit eine einzigartige Person zu meinen, die eine besondere Lebensgeschichte, eine bewusste Gegenwart und eine erwartbare Zukunft hat" (Markowitsch/Welzer 2005, S. 11). Das autobiographische Gedächtnis ist ein Wandlungskontinuum. Seine Entwicklung basiert auf dem höchst subtilen Zusammenspiel biologischer, psychologischer, sozialer und kultureller Prozesse, die interdependent sind. Es ist nicht nur als etwas Individuelles zu verstehen, sondern als funktional für die Synchronisierung des Einzelnen mit seiner sozialen Umwelt. „Es stellt für einen selbst wie für die anderen sicher, dass man es trotz der verstreichenden Zeit und der physischen und psychischen Veränderungen über die Lebensspanne hinweg immer mit ein und demselben Ich zu tun hat" (ebd., 215).

Das autobiographische Ich ist für die gesamte Lebensspanne von Bedeutung, da es mit seinen Anpassungsleistungen dafür sorgt, sich trotz verändernder Umwelten und eigenen körperlichen oder Lebensalter bedingten Entwicklungen über die Lebensspanne weiterhin als die eine Person wahrzunehmen. Das Stadium, das allgemein als „Erwachsensein" bezeichnet wird, ist jedoch kein einmal erreichtes und ab diesem Zeitpunkt nicht mehr veränderliches Entwicklungsniveau. Die Alternsforschung zeigt ebenso wie die Erwachsenensozialisationsforschung und nicht zuletzt die Hirnforschung ein in ständiger Neujustierung befindliches autobiographisches Ich, dessen Gedächtnis ebenso beständig die eigene Lebensgeschichte nach Maßgabe gegenwärtiger Anforderungen umschreibt. Die Größe der Leistung des autobiographischen Gedächtnisses liegt in der Integration des „multiplen Ich", „[...] indem es die wundersame Leistung vollbringt, das Selbst gerade darum als ein immer Gleiches erscheinen zu lassen, weil es sich permanent verändert" (Markowitsch/Welzer 2005, S. 216). Das autobiographische Gedächtnis wandelt sich selbstverständlich bei allen Erfahrungen beständig auf eine so fein justierte Weise, dass die Passung zur jeweils bedeutsamen sozialen Umgebung nicht verloren geht. Die soziale Umgebung ist dabei selbst ebenfalls höchst variabel.

Wissensbaustein

Gedächtnisformen

Für die Entstehung und Bedeutung des autobiographischen Gedächtnisses im Lebensverlauf sind die unterschiedlichen Gedächtnisformen bedeutsam. Nach aktuellen Erkenntnissen wird insgesamt von einem Kurzzeitgedächtnis- und fünf Langzeitgedächtnissystemen ausgegangen (vgl. Markowitsch/Welzer 2005, S. 80).

Das Kurzzeitgedächtnissystem umfasst den Bereich von Sekunden bis zu wenigen Minuten, während Langzeitgedächtnissysteme alle darüber hinaus reichenden Zeiträume betreffen. Das Kurzzeitgedächtnis wird richtiger als Arbeitsgedächtnis bezeichnet, da es sich auf ein aktives Verarbeiten von Informationen auf vielen Ebenen und mit mehreren Komponenten einschließlich der Übertragung bereits gespeicherter Informationen in einen zeitlich eng bemessenen Puffer zur Abrufvorbereitung bezieht. Mit dem Auftreten erster aktiver Formen des Erinnerns (um den achten oder neunten Lebensmonat herum) als bewusster Prozess entsteht das Arbeitsgedächtnis (vgl. ebd., S. 153). Zwei für die Entwicklung eines Menschen bedeutsame Elemente beziehen sich auf das Arbeitsgedächtnis. Die Menge an Informationen, die gespeichert werden kann, ist begrenzt und geht verloren, wenn sie nicht über Wiederholungen in einen Langzeitspeicher überführt wird. Mit der Entstehung des Arbeitsgedächtnisses werden Kinder in die Lage versetzt, gedankliche Bilder von Gegenständen und Personen zu formen und aktiv abzurufen. Gegenstände existieren weiter, auch wenn sie nicht physisch anwesend sind (vgl. ebd.). Dabei stellt das Alter von acht Monaten einen Wendepunkt in der emotionalen, kognitiven und motorischen Entwicklung des Kindes dar. Über die Möglichkeit der selbstständigen Fortbewegung wird eine emotionale Bindung an die Mutter oder eine andere Bezugsperson notwendig, denn nur darüber wird gewährleistet, dass sich das schutzbedürftige Kind zeitweise von seiner Bezugsperson entfernen kann. Erst mit der Entwicklung des Arbeitsgedächtnisses kann das Kind diese Entwicklung vollziehen, da es erst zu diesem Zeitpunkt versteht, dass die Mutter auch weiter existiert, wenn sie außer Sichtweite ist (vgl. ebd., S. 159). Innerhalb des Langzeitgedächtnisbereichs wird von unabhängig arbeitenden Systemen ausgegangen, die auch auf Hirnebene unterschiedliche Repräsentationsbereiche haben. Zu den fünf Langzeitgedächtnissystemen gehören das prozedurale Gedächtnis, die Priming-Form des Gedächtnisses, das perzeptuelle Gedächtnis, das Wissenssystem und das episodisch-autobiographische Gedächtnis (vgl. ebd., S. 80).

Die Entstehung und der Aufbau der unterschiedlichen Gedächtnisformen in der Entwicklung eines Menschen bekommen einen zentralen Stellenwert im Kontext des vorliegenden Zusammenhangs aufgrund der lebenslangen Bedeutung von Erinnerungen und Erfahrungen bis ins hohe Lebensalter. Von der sozialen Umwelt und ihrem Wissen über die Förderung der Gedächtnissysteme hängt es ab, wie und mit welcher Qualität lebenslange Erfahrungen zu Erinnerungen und für Lebenszusammenhänge bedeutsame Gestaltungs- und Bewältigungsstrategien entwickelt werden können.

Das episodisch-autobiographische Gedächtnis leistet das aktive, bewusste Erinnern von Episoden. Diese überwiegend biographischen Episoden sind emotional gefärbt und werden kontextgebunden in einer Art mentaler Zeitreise zurückverfolgt. Tulving hält dieses Gedächtnissystem für das hierarchisch höchste. Einzigartig für den Menschen beginnt das episodisch-autobiographische Gedächtnis erst ab dem dritten Lebensjahr aufzutreten. Dieses Gedächtnissystem ist „[...] die Schnittmenge von subjektiver Zeit, autonoetischem Bewusstsein (Markowitsch 2003) und dem sich erfahrenden Selbst (Tulving 2005)" (Markowitsch/Welzer 2005, S. 84). Mit Erreichen des vierten Lebensjahrs hat sich das episodische Gedächtnis aufgebaut und das Autobiographische hat begonnen, sich herauszudifferenzieren. Das Kind nimmt sich als ein Selbst wahr und es existiert in Abgrenzung von den anderen. Die komplette Entwicklung des episodischen Gedächtnisses gilt als Voraussetzung für ein autonoetisches Bewusstsein, das zwischen Vergangenem und Zukünftigem differenzieren kann. Mit dem Entwickeln autonoetischen Bewusstseins beginnt das Kind, zwischen Vergangenem und Zukünftigem zu differenzieren (vgl. ebd. 2005, S. 231).

Ohne das Vorhandensein des Arbeitsgedächtnisses, prozeduralen Gedächtnisses, der Priming-Form und des perzeptuellen Gedächtnisses sowie des Wissenssystems kann kein autobiographisches Gedächtnis entstehen, mit dem der Mensch die Fähigkeit erhält, sich als einzelnes und kontinuierliches Wesen wahrzunehmen, trotz unterschiedlicher Erfahrungen, Alter und Veränderungen im Lebenslauf. Besonderheiten dieses Gedächtnissystems entstehen mit der emotionalen Färbung und Kontextgebundenheit der Erinnerungen. Für die Lebensphase Alter erscheint die Förderung der Entwicklung unter besonderer Berücksichtigung des autobiographischen Gedächtnisses als lebenslanger Garant für die Lebensqualität eines Menschen. Das autobiographische Gedächtnissystem gilt als hierarchisch Höchstes, da in ihm subjektives Zeitempfinden, autonoetisches Bewusstsein sowie ein sich erfahrendes Selbst zusammenkommen.

Mit zunehmendem Lebensalter werden die Ausprägung und die Möglichkeit des Rückgriffs auf Erfahrungen, die im autobiographischen Gedächtnis gespeichert sind, von größerer Bedeutung, da die Art und Weise der Abspeicherung und Erinnerung etwas über das Selbstbild und die eigene Einschätzung im Hinblick auf die Kontinuität des einzelnen Menschen in seinem Lebenszusammenhang aussagen. Das autobiographische Gedächtnis bleibt lebenslang flexibel und kann über neue Erfahrungen im Lebenskontext den einzelnen Menschen verändern und seine Lebensqualität beeinflussen. Es wird ebenfalls deutlich, wie sich die Plastizität des Gehirns im Alternsprozess verändern kann und vor allem wie die hohe Variabilität und Heterogenität dabei für jedes einzelne Individuum differiert.

„Gedächtnis ist ein dynamischer Prozess – wir speichern Informationen zustandsabhängig und wir rufen Information zustandsabhängig ab. [...] Die Zustandsabhängigkeit des Gedächtnisses bedeutet aber auch, dass sich unser Gedächtnis altersabhängig verändert – einmal, weil wir immer mehr Information mit zunehmenden Alter aufnehmen und zum anderen, weil unser Gehirn immer weniger in der Lage ist, Informationen mit der gleichen Präzision und sozusagen jugendlicher Frische aufzunehmen, wie dies in frühen Jahren der Fall war. Auch verändert sich natürlich unser Gedächtnis insofern, als wir mit zunehmendem Alter Gedächtnisinhalte immer wieder neu verknüpfen und damit neu integrieren und außerdem jeder Abruf eine Neueinspeicherung (Re-Enkodierung) zur Folge hat – die wiederum in der jeweils herrschenden Stimmung vorgenommen wird" (Markowitsch/Welzer 2005, S. 241).

Unterschiedliche Studien zeigen dabei die erhebliche inter- und intraindividuelle Variabilität, denen die Zu- und Abnahme intellektueller Leistungen im Alter unterliegt (vgl. Bonner Längsschnittstudie des Alterns; Berliner Altersstudie; Meyer/Baltes 1996; Rudinger/Rietz 1995; Baltes 1998; Salthouse 1996 nach: Markowitsch/Welzer 2005, S. 244).

3.2.2 Das autobiographische Gedächtnis unter zunehmender Gefährdung des Verlusts durch Demenzen

Doch es gibt auch die andere Seite: diejenige, die Möglichkeit einer lebenslangen Veränderung der „Erfahrungslandkarte" bzw. des Wandlungskontinuums „autobiographisches Gedächtnis" negativ beeinträchtigt und sich seit den 1980er Jahren zunehmend, vor allem unter den Hochaltrigen verbreitet – mit jedem Lebensjahr wächst die Gefahr, an Demenz zu erkranken.

Mit der gestiegenen Lebenserwartung wurde seit den 1980er Jahren unübersehbar, dass eine substanzielle Anzahl älterer Menschen in der letzten Lebensphase an demenziellen Störungen leidet und diese Störungen einen sehr großen Versorgungsbedarf nach sich zogen (vgl. Hallauer/Kurz 2002). Zahlreiche Feldstudien, die seitdem durchgeführt wurden, zeigen die starke Altersabhängigkeit der Prävalenz der Demenz, die einen ausgesprochenen Anstieg ab 80 Jahren aufweist. Das Statistische Bundesamt (vgl. Szenario 2a/9. koord. Bevölkerungsvorausschätzung 2004) geht davon aus, dass im Jahr 2050 die Anzahl der Demenzkranken von 1,13 Millionen im Jahr 2000 auf über 2,8 Millionen ansteigen wird. Die Überalterung der Gesellschaft potenziert sich in ihren Auswirkungen mit dieser Einschätzung ins Unvorstellbare (vgl. ebd., S. 16). Inzwischen sind diese Zahlen nach oben korrigiert worden und es wird von 4,2 Millionen Menschen ausgegangen, die im Jahr 2050 an einer Demenz leiden (vgl. Kruse 2013, S. 41).

Definition

Demenz und Ursachen von Demenz

Die möglichen Ursachen von Demenz lassen sich nach bisherigen Forschungen vier großen Gruppen zuordnen: An erster Stelle stehen der Häufigkeit nach neurodegenerative Prozesse, bei denen ohne sonstige systemische oder zerebrale Störungen bestimmte Nervenzellpopulationen zugrunde gehen. Davon ist die am häufigsten auftretende die Alzheimer-Krankheit, gefolgt vom Parkinson/Lewy-Körper-Spektrum und den frontotemporalen Degenerationen. Am zweithäufigsten sind zerebrovaskuläre Erkrankungen. Neurodegenerative und zerebrovaskuläre Erkrankungen erklären zusammen mehr als 90 % aller Demenzzustände. Infektiöse Ursachen wie Prionen-Krankheiten oder HIV kommen vor, jedoch selten. Nahezu alle zur Demenz führenden Krankheiten sind chronisch und irreversibel. „Demenzzustände können ein sehr unterschiedliches klinisches Bild bieten, das wesentlich von der Lokalisation der zugrunde liegenden zerebralen Erkrankung bestimmt wird. Auch der Verlauf von Demenzen ist höchst unterschiedlich" (Hallauer/Kurz 2002). Hirsch zufolge wird vielfältig und häufig ohne differentialdiagnostische Überlegungen und Kenntnisse die Diagnose „Demenz" gestellt.

Die Altersvariable ist zwar ein entscheidender Risikofaktor zur Entstehung einer Demenz, dennoch bedarf es spezifischer Untersuchungsverfahren, um diese diagnostizieren zu können.

> „Nach dem ICD-10 ist Demenz ein Sammelbegriff für Erkrankungen, die durch eine sekundäre Verschlechterung der geistigen Leistungsfähigkeit mit den folgenden Merkmalen gekennzeichnet sind:
>
> (1a) Abnahme des Gedächtnisses und (1b) anderer kognitiver Fähigkeiten (z. B. Urteilsfähigkeit, Denkvermögen)
> (2) kein Hinweis auf vorübergehenden Verwirrtheitszustand
> (3) Störung der Affektkontrolle, Antrieb oder Sozialverhalten (mit emotionaler Labilität, Reizbarkeit, Apathie oder Vergröberung des Sozialverhaltens)
> (4) Dauer der unter 1. genannten Störungen mindestens 6 Monate.
>
> Um von einer Demenz sprechen zu können, ist es erforderlich, dass die Symptome dabei so schwerwiegend sind, dass sie zu einer deutlichen Beeinträchtigung der Alltagsbewältigung führen. Zudem zeigt der Verlauf eine große intra- und überindividuelle Schwankungsbreite von Kompetenzen" (Hirsch 2008, S. 107).

Für die Diagnoseerstellung einer Demenz stehen die kognitiven Störungen im Vordergrund, es treten jedoch auch nicht-kognitive Störungen im Verlauf der Erkrankung auf. Dabei werden Störungen der Perzeption (Wahnvorstellungen 20–73 %), Verkennungen (23–50 %) und Halluzinationen (15–49 %), affektive Störungen (depressive Symptome bis zu 80 %) und Manien (3–15 %) sowie Persönlichkeitsveränderungen (Wesensveränderung bis zu 90 %), Verhaltensprobleme (bis zu 50 %) und Aggressionen/feindselige Verhaltensweisen (bis zu 20 %) unterschieden. Die nicht-kognitiven Störungen sind die für die Angehörigen und andere Bezugspersonen als besonders belastend empfundene und führen eher zur Klinikeinweisung oder zur Heimübersiedlung: Ca. 70 % der Pflegeheimbewohner*innen leiden unter einer Demenz als kognitive Störungen (vgl. Hirsch 2008, S. 108).

Mit der Diagnose Demenz erhöht sich das Risiko, in einer Institution leben zu müssen, um das 7,5-fache, da die nicht-kognitiven Störungen der Demenzerkrankten nach gegenwärtiger Einschätzung nicht lediglich reaktive Erscheinungen oder nur Sekundär- bzw. Begleitsymptome sind, sondern als die „sozioökonomisch bedeutsamsten Symptome von Demenzkranken" (Kuhlmey 2007, S. 62) gelten. Mit dem auftauchenden Verdacht einer Demenz (Syndrom-Begriff) wird eine möglichst sorgfältige und ausreichende Diagnostik und darüber hinaus ein mehrdimensionales Assessment erforderlich, um zu einer umfassenden Behandlungs- und Interventionsstrategie zu kommen. Nach Hirsch bedarf es unterschiedlicher Bereiche, die einbezogen werden müssen: Prävention, Behandlung, Rehabilitation und Pflege. Inzwischen ist der wichtigste Grund für eine Pflegebedürftigkeit Demenz, die somit nicht mehr als rein organische Störung betrachtet werden kann, sondern die Persönlichkeit des Betroffenen und seine Umwelt miteinbezieht. Eine klar umrissene Aufgabenteilung sowie eine verbindlich gemeinsame Vorgehensweise und Verantwortlichkeit ist unter den unterschiedlichen Berufsgruppen und Einrichtungen erforderlich, die an der Versorgung demenzkranker Menschen beteiligt sind und sein sollten. Gegenwärtig herrscht jedoch ein Neben- und Durcheinander und eine erhebliche Schnittstellenproblematik in der Versorgung Demenzkranker vor (vgl. Hirsch 2008, S. 106). Kenntnisse aus Medizin, Epidemiologie und Ökonomie über den Charakter und die Auswirkungen dieser Erkrankungen liegen in detaillierter Weise vor, doch die erforderliche Realisierung dieser Erkenntnisse wird in Diagnostik, Therapie und Versorgung von Patient*innen mit Demenz dem Stand des Wissens vielfach nicht gerecht. Es fehlt häufig eine vernetzte übergreifende Struktur, um eine integrierte Versorgung in der Praxis wirksam werden zu lassen und es erfolgt nur verzögert der Transfer von Wissen zu den für Behandlung und Betreuung Verantwortlichen. Darüber hinaus bedingen die der Demenz eigenen Krankheitserscheinungen die erhebliche Mitbetroffenheit der Lebenspartner*innen und Angehörigen der Patient*innen (vgl. Hallauer/Kurz 2002, S. 1; Kuhlmey 2007, S. 60). Kuhlmey spitzt die Situation der Diagnose und weiteren Versorgung Demenzkranker aktuell zu, indem sie es als Fortschritt lobt, dass Demenzen aufgrund aussagekräftiger diagnostischer Verfahren nicht mehr nur als Altersverwirrtheit abgetan werden wie vor dreißig Jahren. Nach wie vor stehen diese Erkenntnisse jedoch zum einen nur unzureichenden therapeutischen Maßnahmen gegenüber und zum anderen lassen sich die Defizite in der Versorgung insbesondere in der fehlenden Früherkennung und im therapeutischen Gesamtkonzept ausmachen, da es keine definierten Kriterien gibt, die das Frühstadium eindeutig von Alterserscheinungen trennen (vgl. Kuhlmey 2007, S. 60). Für die Versorgungsforschung müssten die Auswirkungen der Demenzbehandlung oder die Angemessenheit der medizinischen und pflegerischen Leistungen deutlicher an Zielen, wie mehr Lebensqualität und mehr Gesundheit, orientiert sein. Dabei ist bisher ungeklärt, was eigentlich zu mehr Lebensqualität eines Demenzkranken beitragen könnte. Kuhlmey macht dieses Paradoxon an einem Beispiel deutlich:

> „Wir wissen, dass demenzielle Störungen frühzeitig erkannt werden müssen, damit die medikamentöse Behandlung zu einem Zeitpunkt einsetzen kann, wo bislang bekannte Substanzen noch wirksam werden. Wir wissen auch, dass die Wirkung der Antidementiva eher bescheiden bleibt, was die kognitiven Verluste betrifft und noch bescheidener ist, was die Besserung alltagspraktischer Kompetenzen des Kranken angeht. Hebt der günstige Effekt auf den kognitiven Prozess nun wirklich die Lebensqualität des Kranken an? Oder gewinnt der Kranke nur größere Einsicht in seine unumkehrbare Krankheit und gerät immer tiefer in Ängste?" (Kuhlmey 2007, S. 60).

Es sind also Fragen und Diskussionen um Grundsätzliches notwendig bezüglich Demenzerkrankung und Gesellschaft einerseits, jedoch auch die Schaffung von Strukturen und Angebote andererseits, die die Früherkennung von Demenzen fördern, weil damit die Chance auf die Entwicklung eines therapeutischen Gesamtkonzepts besteht, das den Krankheitsverlauf verzögert oder abmildert.

Insgesamt zeigen die dargestellten hirnforscherischen Erkenntnisse Möglichkeiten, Alternsprozesse an ein sich kontinuierlich entwickelndes Selbst anzuschließen, das sich nicht mit der Verrentung aus dem aktiven Lebens- und Erfahrungsprozess zurückzuziehen hat. Vielmehr geht es um die kontinuierliche Gestaltung eines Lebensprozesses, der nicht mehr wie bisher auf einen abbauenden Alternsprozess zu reduzieren ist. Mit dem Wandlungskontinuum „autobiographisches Gedächtnis" lassen sich neue Perspektiven auf Alternsprozesse in Bezug auf neue Erfahrungen und auch alte Erfahrungen in Form von Erinnerungen und deren Wertigkeit für die Entwicklung einer Gesellschaft entwickeln. Mit zunehmendem Alter wird die Wandlungsfähigkeit jedoch insgesamt bedroht und zur neuerlichen Herausforderung für die Gestaltung des Alternsprozesses: der schleichende Verlust der Persönlichkeit über eine Demenzerkrankung, neben der Gefahr des Eintretens einer multimorbiden Hochaltrigkeit, deren Heilungschancen bisher nicht in Sicht sind und deren Versorgung ein hohes Maß an gesellschaftlicher Verantwortung herausfordert. Insgesamt stellen sowohl die Erkenntnisse zum autobiographischen Gedächtnis als Wandlungskontinuum und der Verlust desselben durch eine Demenzerkrankung die Soziale Altenarbeit vor Herausforderungen, die bisher noch nicht in ihrer Tragweite zur Kenntnis genommen wurden.

3.3 Relativierte, re-familialisierte und umgekehrte Generationenverhältnisse in ihrer Bedeutung für professionelles Handeln und disziplinäres Denken in Sozialer (Alten-)Arbeit

Das Beziehungsgefüge zwischen jüngeren und älteren Generationen wird seit Mitte der 1970er Jahre verstärkt unter dem Aspekt soziokultureller Interdependenz und Wechselseitigkeit betrachtet. Der Reziprozität von Sozialisationsprozessen zwischen Jugend- und Erwachsenengeneration kommt zunehmend die sozialisatorische Rückwirkung Jüngerer auf Älterer in den Blick. Darunter wird verstanden, dass nicht nur die Kinder von ihren Eltern lernen, dieser Prozess findet auch umgekehrt statt. Kulturelles Kapital wird ebenfalls von der Kinder- auf die Elterngeneration transferiert. Mit Bezug auf Margaret Mead werden drei Formen von Gesellschaften danach unterschieden, wie in ihnen der Wissens- und Kulturtransfer zwischen den Generationen organisiert ist. In der postfigurativen Kultur lernen Kinder primär von ihren Vorfahren, in der kofigurativen Kultur lernen sowohl Kinder wie Erwachsene als Ebenbürtige sowie die präfigurative Kultur, in der Erwachsene auch von ihren Kindern lernen.

> „Primitive Gesellschaften sind wie kleine religiöse und ideologische Enklaven in erster Linie postfigurativ und leiten Autorität aus der Vergangenheit ab. Hochzivilisationen, die Methoden zur Aufnahme des Wandels entwickelt haben, weil sie sie entwickeln mussten, benutzen kennzeichnenderweise manche Formen kofigurativen Lernens von Ebenbürtigen, von Spiel- und Studiengefährten sowie im Ausbildungswesen von Lehrlingen. Heute treten wir in eine neue Periode ein – sie ist ein geschichtliches Novum –, in der der Jugend in präfigurativer Auffassung der noch unbekannten Zukunft neue Autorität zuwächst" (Mead 1970 nach: Stecher/Zinnecker 2007, S. 397).

Böhnisch/Blanc zählten Ende der 80er Jahre des 20. Jahrhunderts zwei Erkenntnisse zu den wesentlichen der Dekade: die Austauschbarkeit der Generationen, die als Resultat der Relativierung der Lebensalter einzuordnen ist, und das Ende der sozialen und kulturellen Stilllegung der älteren Menschen, die durch den absehbaren, ansteigenden Anteil an der Gesellschaft zu einer neuen Anspruchshaltung in Bezug auf Teilhabe und Aktivität führen würde. „Die Relativierung der Lebensalter als soziale Tendenz und die konsumtive Fiktion der Austauschbarkeit der Generationen vermengen sich zur Beliebigkeit und damit Unerheblichkeit der Generationenbezüge" (Böhnisch/Blanc 1989, S. 80). Vor dem Hintergrund dieser Überlegungen forderten sie damals eine Neubewertung des Generationenzusammenhangs insgesamt.

Zentrales Problem und somit zentrale Herausforderung der Zukunft wäre dabei, eine Neudefinition des Alters zu finden, die nicht isolierend ist, vielmehr

„[...] integrativ einer gesellschafts- und verteilungspolitischen Neudefinition des gesamten Generationenzusammenhangs – in der Jugend, Erwerbsstatus und Alter auch in einer neuen Gegenseitigkeit verortet werden könnten – Priorität zu geben. Dies verlangt analog der Neubewertung der Jugend eine Neubewertung des Alters“ (Böhnisch/Blanc 1989, S. 120). Als Illustration des Konzepts ihres neuen Generationenverhältnisses weisen Böhnisch/Blanc auf die ökosoziale Bewegung und die Frauenbewegung der 70er bzw. 80er Jahre des 20. Jahrhunderts hin. Anhand dieser Bewegungen lässt sich die neue Betrachtungsweise des Generationen- und Zeitverständnis verdeutlichen, da in der ökosozialen und Frauenbewegung nicht nur Individuen einer Alterskohorte aktiv sind. Vielmehr finden sich anhand von Themenschwerpunkten in der Gesellschaft intergenerative Interessengruppen zusammen. Solche Konstrukte werten Böhnisch/Blanc als bedeutende Entwicklung, da sich die Altersgruppen an neuen Orten, in neuen Konstellationen mit neuen Hintergründen und Interessen begegnen, die sie verbinden. Mit der ökosozialen Bewegung und Frauenbewegung sahen beide ein neues Generationen- und Zeitverständnis, das nicht mehr der traditionellen Generationenlogik folgte. Vielmehr erschienen sie allgemein zeitbezogen und quer durch alle Lebensalter verlaufend. Das neue Generationen- und Zeitverständnis orientiert sich an der Lebensthematik selbst, allerdings zwischen Alltagspragmatik und sozialer Bewegung. „Neben der lebensaltertypischen traditionellen Generationenbildung scheinen sich also heute lebensalterübergreifende ‚Zeitgenerationen‘ im gleichen historischen Erleben der Lebensbedrohung zu formieren“ (ebd., S. 107). Böhnisch/Blanc dachten sehr zukunftsorientiert und sahen die generationenübergreifende gesellschaftliche Dynamik der 80er Jahre als Triebfeder für die Entwicklung eines neuen Generationenverhältnisses und als Sinngebung für Alternsprozesse, die sich ihre Lebensmuster sozusagen aus der Kultur der besetzten Häuser hätten holen sollen. Die seit den Überlegungen Böhnischs/Blancs veränderten Lebensbedingungen bzw. Anforderungen an einen individualisierten Lebenslauf haben auch Einfluss auf das Verhältnis der Generationen, und zwar in inter- und intragenerativer Hinsicht. Hamburger ordnet gegenwartsorientiert ein, es sei zu einer Entstandardisierung und Entkoppelung der Zeitmuster einer Generation im Sinne Mannheims gekommen, durch ihn definiert als Alterskohorte mit einem gemeinsamen Zeitbezug im Hinblick auf Orientierungs- und Handlungsmuster vor dem Hintergrund eines bestimmten gesellschaftlichen Zusammenhangs sowie eines strukturierten Lebenslaufs. Dieser Generationenzusammenhang hat sich aufgrund des sozialen Wandels verändert, was unausweichlich den von Mannheim in den 20er Jahren des letzten Jahrhunderts geprägte Generationenbegriff zu überdenken notwendig macht (vgl. Hamburger 2002, S. 243).

Die Relativierung der Lebensalter (vgl. Böhnisch/Blanc 1989) führt zu einer Relativierung von Generationenzusammenhängen und mündet nach Böhnisch (1998) in einer Gesellschaft, die auf „Generation“ als Wissensvermittler oder

Wertschöpfer einer Alterskohorte verzichten kann, so dass auch eine Integration bzw. Zugehörigkeit zur Gesellschaft eher über eine Biographisierung in Selbstschöpfung stattfindet, die in gewisser Unabhängigkeit von Lebensalteranforderungen gleichermaßen angestrebt und erzwungen wird, sobald industriegesellschaftliche Arbeitsordnungen nicht mehr als Voraussetzung dienen (vgl. Hamburger 2002, S. 243). Generation und Generationenverständnis zählen für Hamburger und Böhnisch zur Organisation und Struktur der Industriegesellschaft und Generation meint im Besonderen, so Böhnisch, den sozialen Kitt im Verhältnis von Individuum und Gesellschaft. Dies bedeutet nunmehr, dass „[...] aus der soziologischen Kategorie eine pädagogische und politische Herausforderung geworden ist, deren gesellschaftliche Funktionalität neu zu klären ist" (Böhnisch 1998, S. 79 nach: Hamburger 2002, S. 243).

Die Auflösung der Generationen und damit der Generationenverhältnisse einerseits und die gleichzeitig nach wie vor bestehende Suche nach Unterschieden in den Generationen und Generationenbezügen andererseits sind für Hamburger zentrale Orientierungen in Bezug auf Lebensphasen und Lebensalter.

> „Einerseits ist die Kindheit verschwunden, die Jugend universalisiert, das Alter ausdifferenziert und der Erwachsene hat sich dazwischen aufgelöst. Entstandardisierung des Lebenslaufs. Andererseits gewinnen Generationen als Bezugspunkte für Orientierung an Bedeutung, das Verschwinden von Unterscheidungen lässt die Suche nach Verbindlichkeiten entstehen. Möglicherweise ist dabei die normative Kraft des Fiktiven noch stärker als die des Faktischen" (Hamburger 2002, S. 246).

Traditionelle Bildungsverhältnisse haben sich umgedreht und die Alten verfügen über große Speicher überholten und entwerteten Wissens, während die Jungen Wissen erworben haben, welches den Alten verborgen bleiben wird. Dennoch ist es erstmalig möglich, generationenübergreifend als Vater, Sohn und Großvater in das gleiche Rockkonzert zu gehen. „Und wer hätte es noch vor einigen Jahren für möglich gehalten, dass Mutter, Tochter und vielleicht auch in diesem Fall die Großmutter das gleiche Fitnessstudio aufsuchen?" (Schweppe 2002, S. 236). Böhnischs/Blancs Vision der Relativierung der Lebensalter und des Endes der Generationen als große Chance lebensalterübergreifenden Lebens hat sich bisher nicht als Selbstverständlichkeit eingestellt, dennoch gibt es Ansätze. Von Bedeutung und besonders vorausschauend wäre es gewesen, Begegnungen viel mehr zu initiieren und nicht auf eine Entwicklung zu setzen, die sich von allein verselbstständigt. In der Relativierung der Generationenstruktur zeigt sich die Möglichkeit, qualitative Veränderungen traditioneller Generationenverhältnisse im Miteinander-Leben und Leben-Gestalten zu fördern. Inzwischen wurden seit 2006 im Bundesmodellprogramm „Aktionsprogramm Mehrgenerationenhaus" des Bundesministeriums für Familie, Senioren, Frauen und Jugend mehr als 500 Mehrgenerationenhäuser des

BMFSFJ institutionalisiert, die auf außerverwandtschaftliche wechselseitige Hilfe- und Unterstützungspotenziale aller Generationen setzen. Menschen aller Lebensalter werden in ihrem unmittelbaren Lebensraum aktiviert, sich mit anderen Menschen zu verbinden und über verbindlichere Beziehungen Hilfepotenziale aller Generationen füreinander zu wecken und zu unterstützen. Diese Aktivierung zuvor familial erwarteter Leistungen kann auch als politisch verordnete wahlverwandtschaftliche Re-Familialisierungsstrategie eingeschätzt werden (vgl. Meyer 2016).

Das BMFSFJ betreibt insgesamt seit längerer Zeit eine Bündelung an Engagementförderung, die unter dem Titel „Miteinander-Füreinander" Impulse zur Anerkennung, Weiterentwicklung und Stärkung des Engagements geben will: Generationenübergreifende und generationenverbindende Modellprogramme (Freiwilligendienste aller Generationen, Mehrgenerationenhäuser) sowie Programme im Schnittpunkt von Alten- und Engagementpolitik (Aktiv im Alter – Alter schafft Neues) gehören dazu (vgl. Zeman 2008, S. 6). Von der rechtlichen Perspektive (z.B. das Pflegezeitengesetz) bis zu Bundesmodellprogrammen (z.B. das Aktionsprogramm Mehrgenerationenhäuser) oder lokale Initiativen im Rahmen von Freiwilligenagenturen (z.B. das Projekt Wunschgroßeltern) lassen sich diese als Re-Familialisierungsstrategien einordnen. Im Kontext des Aktionsprogramms Mehrgenerationenhäuser des BMFSFJ wird sich dabei auf eine romantisierende Vorstellung von wechselseitigem Geben und Nehmen im Falle von Unterstützungsbedarf im inner- bzw. traditionell familiären Kontexten zugeschriebenen Aufgaben bezogen, die für viele Menschen als Teil einer multilokalen Familie oder aufgrund von Scheidungen, Verwitwung oder ähnlichem entweder nur noch einer Vorstellung entspricht und nicht mehr ihrem alltäglichen Leben oder ohnehin bisher eher einer Wunschvorstellung, entlang einsozialisierter Normen, entsprach. Außerfamiliale Hilfe- und Unterstützungspotenziale außerhalb verwandtschaftlicher Kontexte werden als zivil- und bürgerschaftliches Engagement über eine familienähnliche Konstellation innerhalb eines institutionellen Kontextes aktiviert mit dem Anspruch, sich über den institutionellen Anreiz hinaus zu verselbstständigen (vgl. BMFSFJ 2006; Binne et al. 2014).

Lessenich/Otto beziehen sich auf diese Entwicklungen der Aktivierung im Feld der Altenpolitik. Erwerbsaktivierung scheint zurückzutreten hinter große Responsibilisierungserwartungen bezüglich der zwei Komplexe Fremdhilfe, damit ist bürgerschaftliches Engagement gemeint sowie Eigenhilfe, in der von gesundheitsbezogener Prävention bis zur Herausforderung privater Netzwerkpflege viele Bereiche angesprochen werden. Daneben lassen sich weitere Aktivierungsbereiche identifizieren, z.B. politische Partizipation (vgl. ebd. 2005). Die alten Menschen gelten zunehmend als Passiva gesellschaftlicher Wohlfahrtsbilanz, so die Einschätzung Lessenichs/Ottos, und deshalb wird verstärkt nach ihren Ressourcen, Kompetenzen und Potenzialen gesucht sowie nach

Möglichkeiten des „Re-Engagements" älterer Menschen und ihrer „Wiederverpflichtung" im Rahmen eines „neuen Generationenvertrags". Im „active ageing" sieht Naegele den Wechsel vom Versorgungs- zum Aufforderungs- und Verpflichtungsparadigma und damit auch das Erkennen und den Nutzen gewachsener Potenziale älterer Menschen. In der Altenpolitik und -arbeit geht es um die Steigerung der Bereitschaft der Älteren, selbst zu der Sicherung des kleinen wie des großen Generationenvertrags beizutragen und das überkommene Versorgungsparadigma zu überwinden. Ältere Menschen müssten sehr viel stärker bereit sein, mehr Verantwortung für das eigene Leben wie für das anderer sowie nachrückender Generationen zu übernehmen (vgl. Naegele 2011, S. 45). Zeman betont, bürgerschaftliches Engagement nicht als Dienstverpflichtung zu verstehen, da nur freiwillige Selbstverpflichtung die unverwechselbare Qualität ausmache und spezifische Kräfte freisetze. Dafür sind förderliche Rahmenbedingungen der Politik sinnvoll und nötig ohne starke inhaltliche Eingriffe und zu enge Vorgaben, denn diese lähmten die Engagementbereitschaft eher. Insgesamt gehe es um Anregungen und Angebote, bzw. die Schaffung sogenannter Gelegenheitsstrukturen, die die Öffnung von Tätigkeitsfeldern und Institutionen, die Bereitschaft zu Kooperation und eine Kultur der Partizipation und Wertschätzung entstehen lassen (vgl. Zeman 2008, S. 4). Gleichzeitig fehlt eine nachhaltige finanzielle Basis, die über die Förderung einer Vielzahl kurzlebiger Einzelprojekte und Modelle hinausreicht, obwohl aus Sicht Zemans viele Expert*innen den Ausbau und die Sicherung einer Infrastruktur von Agenturen zur Unterstützung und Vermittlung von bürgerschaftlichem Engagement (Selbsthilfekontaktstellen, Seniorenbüros, Freiwilligenagenturen) für besonders wichtig halten. Denn sie bieten Möglichkeiten zum Erfahrungsaustausch, stellen Weiterbildung und Supervision bereit und unterstützen die Selbstorganisation engagierter Älterer. In den Infrastruktureinrichtungen gelten zur Sicherung der Kontinuität und Verlässlichkeit hauptamtliche Mitarbeiter*innen als unverzichtbar (vgl. ebd., S. 5). Diese Einschätzung kann ebenso für das Aktionsprogramm Mehrgenerationenhäuser des BMFSFJ gelten. Von 2006 bis 2011 wurden in einer ersten Förderrunde mehr als 500 Mehrgenerationenhäuser zum Aufbau ihrer Infrastruktur nach innen und außen unterstützt. Von 2012 bis 2016 hatte eine weitere und letzte Förderrunde stattgefunden mit einer veränderten Schwerpunktsetzung für viele Häuser und ungewissem Ausgang bzw. dem Ende für Mehrgenerationenhäuser, für die sich langfristig kein kommunaler Träger oder andere Unterstützer*innen gefunden hat. Die Engagementförderungen im generationsübergreifenden Zusammenhang können dabei als Förderung des Zusammenhalts als Ersatz staatlicher Leistungen oder zuvor familial erwarteter Leistungen eingeschätzt werden.

Dabei geht es über die Ermöglichung generationsübergreifender Bindungen im alltäglichen Leben hinaus um die Vergrößerung von Hilfepotenzialen, die in früheren Zeiten (mit größerer örtlicher Nähe und größerem familialen Netzwerk) selbstverständlich innerhalb familiärer verwandtschaftlicher Kontexte gelöst werden mussten. Oelkers/Richter haben die Entwicklung der Aktivierung, die sich auch im familiären Zusammenhang aufdecken lässt, als Re-Familialisierungsprozess innerhalb postwohlfahrtsstaatlicher Regulierung von Verantwortung eingeordnet. Von Bedeutung für postwohlfahrtsstaatliche Re-Familialisierungsprozesse erscheint dabei der Ausgangspunkt, dass die Orientierung an einem allgemeingültigen Normalitätsmodell von Familie an Bedeutung verloren hat und staatliche Regulierung weniger auf normierende und fürsorgliche Eingriffe in die Lebensführungsweisen gerichtet ist und nunmehr Eigeninitiative und Eigenverantwortung eingefordert werden (vgl. Oelkers/Richter 2010). Mit der Förderung von Mehrgenerationenhäusern wird die Eigeninitiative und Eigenverantwortung auf die Herstellung eines außerverwandtschaftlichen verbindlichen Netzwerks zwischen Generationen gerichtet, die bei Hilfe- und Unterstützungsbedarf füreinander da sind und ein reguläres staatliches Leistungsangebot erst einmal nicht einfordern würden, da sie sich verantwortlich erklärt haben, sich gegenseitig zu unterstützen.

Von Bedeutung für den wahlverwandtschaftlichen Kontext der Mehrgenerationenhäuser ist die zunehmende Berücksichtigung, unter Familie mehr als die biologische Kernfamilie zu fassen. In der Definition von Familie als „soziales Netzwerk" wird ausgehend vom Subjekt über die biologischen Verwandtschaftslinien hinaus ein familiales Wahlnetzwerk definiert, in dem Familie aktiv als wechselseitiges Kooperations- und Solidaritätsverhältnis hergestellt wird. Die Mitgliedschaft erschließt sich über die Wahrnehmung familienspezifischer Funktionen als aktiv hergestelltes subjektives Netzwerk und Familie wird weniger als institutionalisiertes Gebilde betrachtet (vgl. Oelkers 2012). Damit rücken die „voraussetzungsvoller werdenden Aktivitäten und Leistungen" in den Vordergrund,

> „die Frauen, Männer, Kinder, Jugendliche und ältere Menschen erbringen, um in einem – wie auch immer zusammengesetzten – familialen Arrangement zusammen zu leben. Neben dieser Leistung der Familienmitglieder, Familie herzustellen und aufrecht zu erhalten, stehen aber auch immer wieder die von Familien erbrachten Leistungen der Wohlfahrtsproduktion im Fokus. Die Leistungsfähigkeit bezieht sich dann über die Herstellung von Familie hinaus, auf gesellschaftlich benötigte Leistungen der Reproduktion, Sozialisation, Humanvermögensbildung, Regeneration und Solidarisierung" (ebd., S. 142).

Mit der Vervielfältigung familialer Lebensformen kommt also einerseits mehr Freiheit und Unabhängigkeit in die Zuordnungs- und Aufgabenverteilung der Familienmitglieder und andererseits wird eine Einengung vorgenommen entlang dem Verständnis von „Familialismus". Familie erhält die Zuschreibung, füreinander durch Unterstützungen aller Art einzustehen und subsidiarisch erst bei Versagen der Familie nach staatlicher Unterstützung zu rufen. Nach Lessenich hat Familialismus (2003) als eine von drei Säulen des deutschen Sozialstaatsmodells zu gelten, neben Verbundföderalismus und Verhandlungsdemokratie. Familialismus bezieht sich auf die spezifische Form politisch regulierter sozialer Beziehungen, die die Familienordnung, verstanden als die Ordnung der Geschlechterbeziehungen bzw. des Eheverhältnisses, historisch im deutschen Sozialmodell angenommen hat (vgl. Lessenich 2003, S. 158).

Nach Lessenich/Otto kann als zentrale Einsicht der Foucault'schen Gouvernementalitätstheorie gelten,

> „‚Regierung' als reflexives Verhältnis von Fremdführung und Selbstführung zu verstehen, in dessen Rahmen das sich selbst konstituierende Subjekt als aktiver Part einer Machtbeziehung, als ‚Vehikel der Macht', auftritt. [...] Das Gelingen eines Aktivierungsprogramms aber muss sich geradezu daran messen lassen – inwieweit es verfängt in den Köpfen, Herzen und Handlungsweisen der Subjekte, ob jünger oder älter" (Lessenich/Otto 2005).

Damit steht jedoch gleichzeitig die Möglichkeit zur Beschreibung und Reflexion im Mittelpunkt, die benötigt wird, um Aktivierungsprogramme und Re-Familialisierungsstrategien erkennen zu können und sich nicht zu verfangen im Wirrwarr des wohlfahrtsstaatlichen Umbaus. Oelkers wirft in diesem Zusammenhang die Frage nach einem zukunftsorientierten Gesellschaftsentwurf auf, der die Vielzahl familialer Lebensformen über familialistische Traditionen hinaus berücksichtigt und nicht weiter an der Normalfamilie als normativen Bezugspunkt familialer Wohlfahrtsproduktion festhält (vgl. ebd. 2012). Mit dieser Perspektivierung könnten Mehrgenerationenhäuser viel stärker als Vorreiter innovativen Handelns in den Fokus geraten und über die bisherige Wahrnehmung in der Gesellschaft als soziale Institution für alle Lebensalter an Bedeutung gewinnen.

Soziale Arbeit ist gefragt, mangelnde Effektivität der Aktivierungspolitik zu entlarven, die durch die Utopie gelingender Anschubfinanzierungen lebt. Aktivierung heißt dabei, durch befristete Förderung Engagement mit Verselbstständigungscharakter anzuschieben, das langfristig hohe Sozialkosten spart. Erfahrungen gemeinwesenorientierter Sozialer Arbeit zeigen jedoch, unter welchen Bedingungen sich soziale Netzwerke mit Zukunftsperspektiven stabil entwickeln und sich neue Arten von Bindungen bilden können. „Netzwerke sind nur dann leistungsfähig, wenn sie in diesem Sinne dauerhaft gefördert und stabilisiert werden. Eben diese dauerhafte Förderung ist mit dem inhaltlich zu eng geführten Aktivierungsgedanken nur begrenzt vereinbar" (Schönig 2006, S. 31). Die Stärkung außerfamilialer Hilfepotenziale in Mehrgenerationenhäusern, die über „geförderten Zusammenhalt" zu verbindlicheren unterstützenden Bindungen führen können, erscheint aus unterschiedlichen Perspektiven als verheißungsvoll: Als Förderung von Potenzialen, die außerverwandtschaftlich auf familienähnliche Bindungen setzen, in denen Idealvorstellungen von Großfamilie verwirklicht werden und sich damit gleichzeitig langfristig als Einsparmöglichkeit von Angeboten erweisen. Die Palette der Hilfemöglichkeiten erscheint dabei nahezu unendlich und weder komplett entdeckt noch ausgeschöpft. Über die Relativierung von Generationenverhältnissen und daraus folgenden möglichen außerverwandtschaftlichen Verbindungen und staatlich geförderten Re-Familialisierungsdynamiken hinaus zeigen sich im Hinblick auf professionelle Verbindungen Umkehrungen von Generationenverhältnissen.

3.3.1 Die Umkehrung von Generationenverhältnissen als neue Bedingung professionellen Handelns

Die Soziale Arbeit mit älter werdenden Menschen stellt neue Herausforderungen an professionelle Fragen und professionelles Handeln in der Sozialen Arbeit, denn die Frage nach dem Generationenverhältnis in professionellen Verbindungen wird sich verändern. Als eine der Grundfragen in Erziehungs- und Bildungszusammenhängen in der Sozialpädagogik wird unter dem Begriff „umgekehrtes Generationenverhältnis" (Meyer 2013b) verstanden, dass sich sozialpädagogische Beziehungen nicht mehr nur von alt zu jung, sondern auch von jung zu alt gestalten werden. Soziale Institutionen werden sich entlang mehrerer Lebensalter strukturieren und sozialpädagogische Konstellationen mit mehr als einem Lebensalter als Adressat*innen personenbezogener Dienstleistung werden zur Selbstverständlichkeit, die entweder je für sich oder mit unterschiedlichen Lebensaltern gemeinsam Angebote wahrnehmen.

In der Sozialen Altenarbeit begegnen sich unterschiedliche Generationen und die Besonderheit ihrer Begegnung liegt darin, dass ein jüngerer Mensch einem älteren Menschen etwas anbietet, ihn berät, betreut, ihm neue Horizonte oder Erfahrungsräume ermöglicht. Der jüngere Mensch wird jedoch auch von dem älteren Menschen lernen; es können sich ihm*ihr neue Horizonte erschließen, er*sie gewinnt neue Erkenntnisse oder wechselt seine*ihre Perspektiven, die Begegnung birgt diese Möglichkeiten in sich. Wechselseitiges Voneinander-Lernen kann jede professionelle Verbindung mit sich bringen; es beschränkt sich nicht nur auf die Soziale Arbeit mit Älteren.

Die Besonderheit der generationsübergreifenden Begegnung in der Arbeit mit älteren Menschen liegt wohl darin, dass auf einen Menschen aufgrund seines Alters und damit einhergehender Problemlagen ein jüngerer Mensch als professionell Handelnde*r auf ihn zukommt. Ein Mensch lässt sich von jemandem unterstützen, der aus seiner Perspektive vielleicht noch gar nicht alt genug dafür erscheint, weil er*sie auf den Älteren so jung wirkt und wahrscheinlich ist die*der Sozialpädagog*in oder die*der Sozialarbeiter*in auch viele Jahrzehnte jünger. Mit dem Wissen um das Alter eines Menschen ist jedoch nichts über ihre*seine Professionalität oder ihr*sein Vermögen, professionell handeln zu können, ausgesagt. Aber einem älteren Menschen, der auf Unterstützung angewiesen ist, wird es in jedem Fall auffallen.

Der professionell handelnde jüngere Mensch hat zudem mit der Schwierigkeit umzugehen, dass er*sie sich kaum in die Situation des Älteren hineinversetzen kann, da er*sie nicht einmal wenigstens auf seine subjektive Sichtweise zurückgreifen kann, weil das Lebensalter noch nicht erlebt hat. Darüber hinaus erscheint es in einer von Jugend dominierten Gesellschaft ohnehin nicht populär, sich dem älteren Menschen freiwillig zuzuwenden. Es könnte auch sein, dass es einem lediglich einfacher erscheint, in die komplexen Ideen eines*einer pubertierenden Heranwachsenden einzusteigen, weil man diese Phase selbst bereits einmal durchlebt hat – sofort könnte man einwenden, man müsse auch keine Drogen genommen haben, um eine*einen Drogenabhängigen Hilfeleistungen anzubieten. Völlig richtig, dennoch erfordert es besonderes Interesse oder eine Offenheit, die in den letzten Jahrzehnten dem Alter gegenüber kaum jemand aufbrachte. Nicht umsonst hat die Soziale Arbeit die älteren Menschen noch gar nicht so sehr in den Fokus ihres Handelns genommen, obwohl die Ideen und Theorien zur Sozialen Arbeit nicht auf Kindheit und Jugend beschränkt (vgl. Böhnisch 1997) oder aus dem Zusammenleben mit älteren Menschen inspiriert entstanden sind (vgl. Thiersch 2009). Der demographische Wandel zwingt jedoch zunehmend zum Hinsehen und damit stellen sich mehrere Fragen, z. B. wie bereits während des Studiums Männer und Frauen neugierig werden könnten, mit allen Lebensaltern und vor allem auch mit Älteren arbeiten zu wollen; welche Kompetenzen für eine lebensalterbezogene bzw. -übergreifende Soziale Arbeit notwendig sind und welche Inhalte, Theorien und Dienstleistungsangebote bedeutend sein könnten, um ältere Menschen zu erreichen und ihr Interesse zu wecken für Soziale Arbeit, und gleichzeitig Unterstützung für Lebensgestaltungen im Alter bieten.

Es geht nicht nur um die Frage, was den professionell Handelnden ausmachen könnte, die*der sich vor allem mit der Lebenswelt Älterer in seinem beruflichen Alltagshandeln beschäftigen will. Vielmehr dreht es sich um die Gewinnung von Studierenden für das Handlungsfeld und die Frage danach, was diese Person mitbringen muss, damit sie die Älteren für sich gewinnen kann. Darüber hinaus geht es nach wie vor um das Entdecken, was denn aus sozialpädagogischer Sicht bedeutend sein könnte, um die Lebensphase Alter und die Aufgaben, die im Alternsprozess für Ältere auftauchen, sinnvoll und professionell begleiten zu können.

Insgesamt sind bereits mehrere bedeutsame Ebenen angesprochen, die bereits als umgekehrtes Generationenverhältnis bezeichnete professionelle Verbindung von jüngeren zu älteren Menschen und das Wissen und Können der professionell Handelnden, die sich für die Arbeit mit Älteren entscheiden. Diese benötigen bereits im Studium die Möglichkeit, sich mit der Lebensphase Alter und evtl. Besonderheiten im Alternsprozess vertraut zu machen und neugierig zu werden.

Das wechselseitige Interesse unterschiedlicher Generationen zueinander könnte zwischen dem Wissen um das Natalitätsprinzip als einem eigenen Neuanfang liegen und im gemeinsamen Konstruieren kulturell und sozial bedeutsamer Kompetenzen unterschiedlicher Generationen für die Entwicklung der Gesellschaft. Die Aufgabe Sozialer (Alten-)Arbeit würde die Förderung und Herstellung der Verbindungen zwischen den unterschiedlichen Generationen aus den verschiedenen Altersperspektiven ausmachen, die in einander zugewandten Verbindlichkeiten einmünden könnten. Bisher hat sich Soziale Arbeit vor allem auf ihre Verantwortung für die nachwachsenden Generationen bezogen und weniger in Betracht gezogen, Perspektiven für ein Leben im Alter zu entwickeln oder generationsübergreifende Interessen, Verbindungen und Verhältnisse zugunsten sowohl jüngerer als auch älterer Menschen zu betrachten und zu gestalten. Die Generationen leben je für sich und treffen überwiegend entweder in verwandtschaftlichen oder professionellen Verhältnissen aufeinander. „Freundschaften, freiwillig eingegangen, sind fast ausschließlich altershomogen: es ist in der Tat wahrscheinlich, dass für viele Menschen die einzigen engen Beziehungen zu mehr als ein Jahrzehnt älteren Personen Beziehungen zu Eltern oder anderen Verwandten sind“ (Pillemer/Müller-Johnson 2007, S. 139). Über das professionelle Verhältnis von Kindern und Jugendlichen zu Erzieher*innen bzw. pädagogisch Professionellen gibt es eine Vielzahl an Überlegungen, jedoch nicht in generationsübergreifender Perspektive. Die kommt vor allem über den gesellschaftlichen Wandel als Demographischer und somit der Notwendigkeit, sich mit dem gelingenden Hereinwachsen nachwachsender Generationen in eine verkleinerte überalterte Gesellschaft auseinanderzusetzen und der Verhältnismäßigkeit der älteren Generation zur Jüngeren. Die Frage nach der Entstehung, Förderung und Aufrechterhaltung von Verbindungen zwischen den unterschiedlichen Generationen zugunsten einer besseren Lebensqualität vor allem der jüngeren und älteren Lebensalter gehört zur wesentlichen Gestaltungsaufgabe Sozialer Arbeit (vgl. Meyer 2008a). Hilfreich dafür könnte sein, dass Thiersch Neugier als zentrales Element pädagogischen Handelns einbringt, weil Neugier (z.B. auf die Eigenheiten der Anderen) einen Menschen lehrt, zu Lernenden zu werden, da sich (in den Kindern) Möglichkeiten eröffnen, auf die man selbst nicht gekommen wäre. „Also: die Liebe zu den Kindern und Heranwachsenden, sich einlassen auf die Gefühle im Umgang mit Kindern und Heranwachsenden, das ist auch die schöne und immer wieder glückliche Erfahrung von Lebendigkeit eines sich erneuernden Leben – und wir sind mitten drin“ (Thiersch o.J., S. 15). Diese Neugier und die daraus folgende Lernbereitschaft erscheint aus der Perspektive pädagogischen Handelns auf alle Lebensalter erweiterbar, vor allem für jene, die durch ihre Noch-nicht- oder nicht mehr vollständige Teilhabe an gesellschaftlichem Leben über Erwerbsarbeit (vgl. Meyer 2008b) als besonders zu berücksichtigende und zu fördernde Mitglieder der Gesellschaft zu gelten haben. Im Generationenverhältnis liegt ebenfalls die Frage nach der pädagogischen Verbindung der Generationen zueinander, die in der Erweiterung als „umgekehrtes Generationenverhältnis" die Zukunftsaufgabe Sozialer Arbeit darstellt.

Dafür wird es jedoch notwendig, noch einmal genauer pädagogische Beziehungsgestaltung und ihre Bedingungen zu betrachten, so dass das umgekehrte Generationenverhältnis als Beziehungsgestaltung zwischen alt und jung realisiert werden kann. In Bezug auf Beziehungsgestaltung hat Colla wiederkehrend im Kontext der Professionalisierungsdebatte sozialer Berufe geäußert, dass die personenbezogene Dimension der helfenden Berufe nicht in der Perspektive des Wissens um das Gefühl und umgekehrt diskutiert und institutionalisiert wurde, sondern randständig oder auf Formelhaftigkeit beschränkt blieb (vgl. Colla 2006, S. 104). Doch Handeln ohne Gefühle könne nicht verstanden und praktiziert werden, so auch Thiersch, Gefühle würden das Handeln bestimmen und damit gehören auch Liebe, Vertrauen und Neugier als Gefühle zum Repertoire pädagogischen Handelns. Der kritische bzw. selbstkritische Gebrauch von Gefühlen müsste also in beruflicher Hinsicht eingeübt werden. Einerseits bezieht sich die Frage auf die Verhältnismäßigkeit des Fühlens und Denkens sowie ihren Einfluss auf professionelles Handeln insgesamt und andererseits ist durchgängig die konkrete Beziehungsebene zwischen Adressat*innen und Professionellen gemeint.

Mit dem Wissen um die Bedeutung der Gefühle für das Leben und Handeln von Menschen werden Institutionen notwendig, in denen Menschen sich selbstverständlich in ihren Gefühlen und Beziehungen kennenlernen. Es muss Gelegenheiten geben, bei denen Beziehungen, Praxisprobleme, Gefühle aufgearbeitet werden können, um etwas darüber zu erfahren, wie man eigentlich dauernd agiert (vgl. Thiersch o. J., S. 6). Forschungsergebnisse über Hilfen zur Erziehung belegen, dass der Beziehungsaspekt in sozialpädagogisch gestalteten Generationenverhältnissen bedeutend ist. Kinder und Jugendliche in Hilfeprozessen bzw. Angeboten der Jugendhilfe benötigen Sicherheit und Zeit, um ihre früheren Beziehungs- und Konflikterfahrungen prozesshaft aufzulösen. Pädagogische Beziehungen reichen über verbal vermitteltes Normen- und Handlungswissen hinaus; es handelt sich eher um gelungene personenbezogene pädagogische Anerkennungsverhältnisse, die jeweils mehr sind und den Kindern und Jugendlichen mehr bedeuten. Interaktionserfahrungen und Alltagspraktiken werden als Orientierungspunkte in Situationen aktueller Krisenbewältigung eingeschätzt, sie legen Potenziale der jungen Menschen frei und stärken das ‚Selbst'-Bewusstsein. Die Besonderheit (sozial)pädagogischer Beziehungen liegt darin, dass junge Menschen die Pädagog*innen primär als konkrete Personen erleben mit jeweils eigener Expressivität und Wirkung im pädagogischen

Umgang und in ihrem ihnen innewohnenden Balanceakt von Nähe und Distanz (vgl. Colla 2006, S. 105). Ein weiterer zentraler Punkt zeigt sich bei der Wahl der Bezugsperson durch den jungen Menschen; die Fachlichkeit des*der Pädagog*innen gleich zu Beginn der Kontaktaufnahme steht nicht im Vordergrund, denn die damit zugeschriebene Kompetenz der Betreuung in schwierigen Lebenslagen wird erst im Alltag erfahren. Eher wird die Attraktion der*des Erzieher*ins für die Wahl ausschlaggebend sein, neben Freundlichkeit und Sympathie zählt auch die Ähnlichkeit zu eigenen Einstellungen, Vorlieben, Verhaltensweisen sowie die erfahrbare Nähe zu zentralen Themen der Jugendkultur. Damit steht zu Beginn einer (sozial)pädagogischen Bindung eine gefühlsorientierte Auswahl im Vordergrund, die im Verlauf der Beziehung über einen professionellen Bezug zu einem pädagogischen Verhältnis führt (vgl. ebd., S. 115).

Die Herstellung dieses Bezugs zueinander ist Voraussetzung für ein pädagogisches Verhältnis. Der pädagogische Bezug von Nohl als „[...] das leidenschaftliche Verhältnis eines reifen Menschen zu einem werdenden Menschen und zwar um seiner Selbst willen, dass er zu seinem Leben und seiner Form komme" (Nohl 1926 nach: Colla 2005, S. 13) hat Priorität. Der pädagogische Bezug kann nicht erzwungen werden, sondern er baut auf ein wechselseitiges Verhältnis, in das die „schöpferische Kraft" des jungen Menschen als aktives Moment eingeht. Dazu gehört eine pädagogische Grundeinstellung, die mit dem unbedingten Hilfewillen und die Anerkennung der Person des zu Erziehenden beschrieben wird. Beziehungsstrukturen wie Gegenseitigkeit, Nähe, emotionale Wärme, Sich-verstanden-Fühlen und das angestrebte unbedingte Vertrauen des jungen Menschen gegenüber der*dem Erzieher*in gelten als Voraussetzung des besonderen sozialen Verhältnisses eines pädagogischen Bezugs. Das entstehende beiderseitige Vertrauensverhältnis selber kann zum Erziehungsfaktor werden und die Fundierung der pädagogischen Beziehung sei die pädagogische Liebe, so Colla (vgl. ebd. 2005, S. 13). Im pädagogischen Bezug lassen sich unterschiedliche Strukturmerkmale herausarbeiten, z. B. entsteht aus der Individualität und dem ‚Primat der Person' eine spannungsreiche Grundstruktur, die sich über den Generationenunterschied im Erziehungsprozess auswirkt. Oder wie Nohl formulierte, dass das Ziel einer als autonom verstandenen Pädagogik in dem Subjekt und seiner körperlich-geistigen Entfaltung liege, damit das Kind zu seinem Lebensziel kommen könne (vgl. Nohl 1949 nach: Colla 2006, S. 107). Offen bleibt im Konzept der pädagogischen Liebe, was das Lebensziel sein könnte und mit welcher Entwicklung die vollständige Entfaltung abgeschlossen ist. Darüber hinaus gibt Nohl für das Konzept der pädagogischen Liebe keine konkreteren Hinweise auf die Ausgestaltung der Beziehung, dennoch gelten Fürsorge, Verantwortlichkeit, Respekt und Wissen als zentrale Handlungsprämissen gegenüber dem Kind. Nohl wünscht sich für die Persönlichkeit des Pädagogen Optimismus, Humor, Freude an der Produktivität und „sprudelnde Fröhlichkeit" (Colla 2006, S. 107). Die Aufgabe,

Kinder und Jugendliche in für sie herausfordernden Lebenslagen zu erziehen und zu fördern ihrem je eigenen Lebensziel entgegen, stellen sowohl an die Persönlichkeit als auch an die Professionalität des Erziehenden hohe Anforderungen. Denn der pädagogische Bezug bedeutet, emotionale Stützung durch gegenseitiges Geben und Erhalten von Zuneigung durch persönliche Offenheit, Verständnis, Akzeptanz, Selbstachtung und Vertrauen zu geben. Daneben soll eine kognitive Unterstützung zur Entwicklung eines kognitiven Rahmens zur Interpretation und Konstruktion von Realität ermöglicht werden. Die*der Pädagoge*in weiß um die Eigenständigkeit und Eigensinnigkeit, die Unverständlichkeit und Undurchsichtigkeit jener Subjekte, die im pädagogischen Umgang aufeinander treffen und an deren Entschlüsselung und Sichtbarmachung zu arbeiten (vgl. Colla 2005, S. 24).

Das Konzept der pädagogischen Liebe mit ihrem Anspruch sowohl an den pädagogischen Bezug als auch im Hinblick auf das Können der*des Erziehenden, erfordert ein komplexes Bündel an Wissen, Können, methodischem Repertoire und, so ist zu lernen: Gefühle als Qualifikation, das eigene Denken zu justieren. Das Konzept entstand aufgrund der Kindern und Jugendlichen unterstellten Erziehungsmöglichkeit und -notwendigkeit als Voraussetzung, ihr eigenes Lebensziel als ein zu sich selbst kommen, entwickeln zu können. Damit ist gleichzeitig unterstellt, dass dieser Prozess irgendwann zu einem Abschluss kommt und Erziehende überflüssig werden für das jeweilige Subjekt. Colla formuliert, Kinder seien auf den Schutz, die Hilfe, Vorgabe und Planung der älteren Generation angewiesen (vgl. Colla 2006, S. 114).

Nach Auslaufen der Erziehungsbedürftigkeit gibt es (sozial)pädagogisch bisher kaum eine weitere Entwicklungsbedürftigkeit für z.B. andere Lebensalter, die jedoch unter Umständen ebenfalls von dem Konzept der pädagogischen Liebe und des darin enthaltenen pädagogischen Bezugs profitieren könnten, um ihrer „Vervollkommnung" auch in Zeiten subjektiver Unsicherheit und Ungewissheit über neu zu entdeckende Entwicklungspotenziale näher zu kommen. Die Sozialpädagogik hat die anderen Lebensalter, vor allem das dritte und vierte Lebensalter, bisher noch nicht entdeckt, obwohl es in dieser Lebensphase nahezu endlose Unsicherheiten und Entscheidungen über den weiteren Lebensverlauf zu erkennen und zu treffen gibt. Thiersch hat die Neugier als zentrales Element pädagogischen Handelns umschrieben, da Neugier Lernbereitschaft freisetzt, vor allem auch an dem engagiert zu sein, was man nicht selbst ist und dies bildet eine Basis dafür, gespannt zu sein auf Neues, Abenteuerliches, Offenes (vgl. Thiersch o.J., S. 12). Neugier auf gesellschaftliche Entwicklungen, die sich abzeichnen, könnte auch für die sozialpädagogische Berücksichtigung des demographischen Wandels als Leitmotiv in mehrfacher Hinsicht gefördert werden. Die Lebensphase Alter benötigt sozialpädagogische Neugier, da zunehmende Anteile Älterer in der Gesellschaft für die Ausgestaltung ihres ausgeweiteten Lebens Auseinandersetzung und Unterstützung, Eröffnung neuer Perspektiven und Reflexion ihres Wunsches nach Selbstständigkeit, Selbstbestimmung und Unabhängigkeit bis ins hohe Alter hinein benötigen. Dies kommt nicht nur der Vervollkommnung und Vervollständigung eines ganzen Lebens zugute, sondern zielt auch auf die Lebenssituationen nachwachsender Generationen sowie auf die Verbindung unterschiedlicher Lebensalter. Ältere und Jüngere haben bisher wenig Berührungspunkte, sie könnten jedoch, wenn ihre Neugier aufeinander geweckt wäre, selber bestimmen und auswählen, welches Wissen und Kompetenzen die sozial und kulturell Wesentlichen ausmachen, so dass sie an nachwachsende Generationen aktiv weitergegeben werden.

Der pädagogische Bezug könnte, nachdem Neugier aufeinander zu mehr Verbindlichkeit der Generationen untereinander geführt hat, für die ältere Generation ausformuliert werden. Welches wären die pädagogischen Bezüge, auf die insbesondere Ältere in der professionellen Beziehungsgestaltung angewiesen sind und die sie sich wünschen würden. Der pädagogische Bezug und die pädagogische Liebe, wie sie von Colla in Anlehnung an Nohl für Kinder und Jugendliche in pädagogischen Hilfeprozessen formuliert werden, können auch für Ältere als selbstverständlich gelten und müssten für die Lebensaufgabe der Älteren konkretisiert werden. Gleichzeitig müsste stärker eine Auseinandersetzung darüber erfolgen, mit welcher Perspektive sozialpädagogische Arbeit mit älteren Menschen stattfinden kann.

3.3.2 Professionelles Handeln in der Sozialen Altenarbeit als Balancieren zwischen aktivem Tun und aktivem Aushalten

Mit der zunehmend größer werdenden Zuständigkeit Sozialer Arbeit für die Lebensbewältigung und -gestaltung älterer Menschen werden sich zentrale Fragen darum drehen, wie bereits während des Studiums Studierende auf das Themenfeld Alter aufmerksam werden und sich gleichzeitig öffnen und sensibilisieren für Alternsprozesse und somit professionell und persönlich, rational und emotional zuständig werden. Während der Herausbildung eines fachspezifischen und forschungsorientierten Habitus im Studium sollten Auseinandersetzungen dazu stattfinden, was Soziale Arbeit und ganz speziell ein junger Mensch einem alten Menschen anbieten kann für den Alternsprozess, so dass der alte Mensch zugleich Sicherheit und Offenheit für die eigene Lebenssituation erhält. Thiersch zählt z. B. Krankheiten, Vereinsamung, Sterben und Tod zu den negativen Seiten der Lebensphase Alter. Neue Freiheiten einerseits, sichtbar werdendere Begrenzung und Endgültigkeit andererseits fordern Bedeutsamkeiten, Beanspruchungen, Ängste und Verzweiflungen heraus und „[...] die Bereiche von Selbstverständlichkeiten, von Glück und Hoffnung mischen sich neu und geraten neben allen starken, mich okkupierenden und tragenden Erfahrungen ins Offene der ungeklärten und unklärbaren Lebensfragen“ (Thiersch 2009, S. 295).

Mit der Begrenzung des Lebens muss sich ein Mensch damit abfinden, nicht alles für sich klären zu können, nicht jede Frage formulieren und auch keine Antworten auf gestellte Fragen zu bekommen. Für die Perspektive des Alterns bedeutet dies die Ambivalenz, in der Endlichkeit mit dem Ende eins zu werden. Deutlich wird die Herausforderung, die der Alternsprozess eines jeden Menschen für professionell Handelnde in der Sozialen Arbeit darstellt, es erscheint wie die kontinuierliche Herstellung der Balance zwischen aktivem Tun und aktivem Aushalten, da die Lebensphase Alter sich zwischen zwei Polen befindet: Altern als etwas selbst zu gestaltendes und offenes, mit einer gewissen Notwendigkeit und dem Druck, dieses auch zu tun, und damit verbunden die Erwartung auf unendliches Leben. Dennoch rückt der Tod unaufhaltsam näher und das Lebensende erwartet andere Aufmerksamkeit als der Alternsprozess zuvor (vgl. ebd., S. 215).

Die Lebensphase Alter birgt Ambivalenzen, die sich mit fortschreitendem Alter eventuell über zunehmendes Angewiesen-Sein auf andere offenbaren. Die Aufgabe Sozialer Arbeit erscheint für Thiersch im Rahmen dieser Ambivalenzen abgesteckt und fordert dazu heraus, auch vor dem Hintergrund der hohen Kosten familialer Pflege, dem allgemeinen Trend der Familialisierung und Reprivatisierung sozialer Unterstützungen zu widersprechen und auf professionelle Hilfen zu bestehen. Die professionelle Hilfe kann in lebensweltlich arrangierten Formen und den vielfältigen Möglichkeiten liegen, die diese mit sich bringt, wie z.B. sozialräumliche Gestaltung, Unterstützung der Angehörigen. Der Wandel der Lebensverhältnisse und der generationalen Ordnungen wird neue Dramatisierungen erzeugen und somit Herausforderungen an das Verständnis und Selbstverständnis professioneller Hilfe darstellen. Die Feststellung einer verbesserungswürdigen Altenversorgung, der Wandel der Lebensverhältnisse sowie die sich verändernden generationalen Ordnungen bieten für die Auseinandersetzung mit der Lebensphase Alter für die Entwicklung einer sozialpädagogischen Perspektive reichlich Stoff.

Altenarbeit im Sinne Thierschs als Lebensweltorientierte Soziale Altenarbeit, „[...] die an die Verhältnisse mit den darin liegenden Möglichkeiten und Nöten anknüpft, stellt eine Provokation sowohl für ein traditionelles Verständnis sozialer und pädagogischer Arbeit wie auch für eine traditionell orientierte Pflege und Versorgung“ (Thiersch 2009, S. 220). Im Wesentlichen wollen Soziale Arbeit und Pädagogik Entwicklung und Verbesserung. Im Alternsprozess sind sie herausgefordert, sich auf Dasein, Dabei-Sein, Aushalten einzulassen, und zwar auch auf das Aushalten der Hilflosigkeit anderer Menschen sowie der eigenen Hilflosigkeit. Gesellschaftliche und pädagogische Bedingungen können jedoch schwierig und mühsam sein, denn die Gestaltung von Gefühlen ist, so Thiersch, anstrengend und verlangt viel. Dennoch geben Gefühle Erfüllung im Augenblick bzw. im Glück des Gelingens und die Gestaltung „gelingender Gefühle“ könnte, vor dem Hintergrund der schwierigen Gestaltung der Welt, aber vor allem im Hinblick auf das Aushalten absehbarer Pflegeprozesse eine der zentralen Aufgaben eines*einer Pädagogen*in im Bezug zum Alter sein. Diese Erkenntnis schöpft Thiersch aus der Erkenntnis Erich Wenigers, der diese Erfahrung im Horizont von Not und Krieg pointiert hat. „Es könne sein, dass, wenn es so schwierig sei mit der Welt und ihrer Gestaltung, der Pädagoge leben müsse aus dem Glück der unmittelbaren Begegnung im Augenblick, im Hier und Jetzt, mit diesem Kind“ (ebd. 2009, S. 119). (Sozial-)Pädagogische Arbeit, ausgerichtet auf den Augenblick und die Gegenwart, erscheint in mehrfacher Perspektive provokant, denn noch weniger könnte man wohl kaum über die Ziele und den Erfolg berichten oder diskutieren, wenn es um die Zukunft eines hilfe- und pflegebedürftigen Menschen geht, auf die hin gearbeitet werden könnte. Und dennoch erscheint Soziale Arbeit unverzichtbar, weil es um die Qualität des Lebens in jeder Lebenssituation und vor allem schwierigen, herausfordernden Lebenslagen geht. Sozialpädagogik, die auf Entwicklung und Verbesserung angelegt ist, kommt an ihre Grenzen, wenn ältere Menschen zunehmend hilfe- und pflegebedürftig werden, so dass Sozialpädagogik als Gestaltung der Gefühle vielleicht auf den Augenblick beschränkt bleibt und hierin Entfaltung zu finden hat. Diese Ambivalenzen auszuhalten und sich zuständig zu erklären, auch in der Ausgestaltung der Hilfearrangements, gehört zu den wesentlichen Aufgaben der Zukunft.

Ein weiterer Aspekt, der ebenfalls zu den großen sozialpädagogischen Herausforderungen im Alternsprozess entsteht, ist der Umgang mit Ressourcen, erhärteter Erfahrung, gewachsenen Kompetenzen und einem Selbstverständnis von Glück, dass noch nicht von jedem Älteren unbedingt ausformuliert und offensichtlich erscheint: für den einzelnen Menschen nicht und für die unterschiedlichen Alterskohorten, die sich in der Lebensphase Alter versammeln, sowieso nicht.

Vor dem Hintergrund des Wunsches, mit der heutigen Erfahrung noch einmal 40 sein zu wollen, entsteht ein Anknüpfungspunkt an die Ambivalenzen, die die Lebensphase Alter mit sich bringt und von der die derzeit 40-Jährigen keine Ahnung haben (Thiersch 2009, S. 294). Gleichzeitig werden jedoch die 40-Jährigen zukünftig viel mit der Herstellung des Glücks älterer Menschen zu tun haben und dies wird nur gelingen, wenn die Älteren etwas von sich und ihrem Verständnis mitteilen werden. Daraufhin muss es den 40-Jährigen gelingen, den Druck, den der Alternsprozess auf ältere Menschen ausübt, aktiv mit den Älteren auszuhalten oder wo immer möglich, durch aktives Mittun Lebensbedingungen zu verändern. „Aktiv aushalten“ meint dabei nicht nur der Entwicklung in die Zukunft zugewandt zu sein, vielmehr geht es darum, den Prozess des Beendens darin zu begleiten. Die Bedrohung kommt nicht langsam leise schleichend daher, manchmal kann sich ein fitter älterer Menschen an einem Tag dem Tode plötzlich sehr nahe fühlen und dann wieder zurück zum fitten alten Menschen werden. Die Lebensphase Alter erfordert manchmal im

Verlaufe nur eines Tages, vielleicht auch nur einer Stunde von dem älteren Menschen, zu akzeptieren, für das Ende bereit zu werden oder vielleicht sogar schon zu sein. Da stellt sich vor allem die Frage, was jemand wissen, fühlen und können muss, um gut darin zu werden, Balancen zwischen aktivem Tun und aktivem Aushalten professionell zu vollführen.

Fazit

Die Lebensphase Alter gilt als Nebenprodukt der kulturellen Evolution mit ihren Fortschritten in Bildung, Medizin und Wirtschaft, die die Voraussetzungen schufen, die im menschlichen Genom verankerte Plastizität voll auszuschöpfen. Dem Alter stand die Evolution eher „gleichgültig" gegenüber, der Selektions- sowie Optimierungsprozess galt vielmehr der Reproduktionsfähigkeit im frühen Erwachsenenalter (vgl. Baltes 2002). Mit der demographischen Entwicklung potenzieren sich vor allem Gefahren bezüglich einer möglichen Optimierung des ältesten Alters, da das menschliche Genom zunehmend seine Ordnung verliert. Es wird fehlerhaft und büßt an Regulationskraft ein, die in ihm angelegte biologische Plastizität und Präzision schwinden (vgl. ebd.). Diese Entwicklung hat zur Konsequenz, dass die Ermöglichung eines durchschnittlich längeren Lebens bei gleichzeitig gleichbleibender genetischer Ausstattung, ein stetes Mehr an kultureller Entwicklung erfordere. Darin liegt auch das Dilemma. Die biologischen Potenziale erschöpfen sich mit dem Alter und kulturelle Stützen verlieren zunehmend an Wirkung, vor allem im höheren Lebensalter, das zunehmend mehr kulturelle Intervention erfordere (vgl. ebd.). Mit der Relativierung des Generationenverhältnisses eröffnen sich neue Möglichkeiten der Begegnung und außerverwandtschaftlicher Stützen, die als Re-Familialisierungsstrategien einer Aktivierungspolitik entlarvt werden können. Gleichzeitig erfordern umgekehrte Generationenverhältnisse im professionellen Kontext die Entwicklung einer starken Position Sozialer Altenarbeit, in der vor dem Hintergrund eines Gesamtprogramms Lebensgestaltung im Alter möglich wird und differenziert ausgearbeitet dazu führt, Lebensentwürfe für das Alter neu denken und entwickeln zu können.

Übungs- und Reflexionsfragen

1. Für welche Themenbereiche sehen Sie Soziale Arbeit im Lebenslauf zuständig?
2. Inwiefern kann Wissen über das autobiographische Gedächtnis für Alternsprozesse von Bedeutung werden?
3. Wo begegnen sich unterschiedliche Generationen im Alltag?
4. Welche Aufgaben erwachsen aus umgekehrten Generationenverhältnissen für Soziale Arbeit in der Lebensphase Alter bzw. im Alternsprozess?

Literatur für das Selbststudium

Aner, Kirsten/Karl, Ute (Hrsg.) (2008): Lebensalter und Soziale Arbeit Band 6: Ältere und alte Menschen. Hohengehren: Schneider Verlag Hohengehren.

Markowitsch, Hans J./Welzer, Harald (2005): Das autobiographische Gedächtnis. Hirnorganische Grundlagen und biosoziale Entwicklung. Stuttgart: Klett-Cotta.

Meyer, Christine (2008): Altern und Zeit. Der Einfluss des demographischen Wandels auf Zeitstrukturen. Wiesbaden: VS Verlag für Sozialwissenschaften.

Zum Weiterlesen

Halbwachs, Maurice (1985): Das Gedächtnis und seine sozialen Bedingungen. (Original erschienen: 1925). Frankfurt/Main: Suhrkamp.

Lettke, Frank/Lange, Andreas (Hrsg.) (2007): Generationen und Familien. Frankfurt/Main: Suhrkamp.

Wineburg, Sam (2001): Sinn machen: Wie Erinnerung zwischen den Generationen gebildet wird. In: Welzer, H. (2001): Das soziale Gedächtnis. Geschichte, Erinnerung, Tradierung. Hamburg.

Kapitel 4
Alter(n) im Ungleichgewicht körper-leiblicher Verluste und der Kontinuität von Sehnsüchten – Sichtbar bleiben und sich in sozialen Netzen (neu) verfangen

Zusammenfassung

Alter(n)sprozesse machen sich nicht nur durch gesellschaftliche und kulturelle Zuweisungen bemerkbar. Menschen erspüren sie und bemerken Veränderungen an ihrem Körper, die sie mit Alterungsprozessen in Verbindung bringen. Mit zunehmendem Alter und in Abhängigkeit zum Gesundheitszustand führen diese mit absoluter Gewissheit zum Tod. Für Frauen und Männer vollziehen sich Alternsprozesse anders, oft bereits zu unterschiedlichen Zeitpunkten, mit verschiedenen körperlichen Veränderungen und Reaktionen daraus aus der sie umgebenden Gesellschaft. Das Selbstbild, was jemand von sich hat und mal öfter, mal seltener, jedoch kontinuierlich aktualisiert, braucht mit dem äußeren Erscheinungsbild und der Fremdwahrnehmung überhaupt nicht übereinzustimmen. Die Bedeutung von Überzeugungen zu Attraktivität und Schönheit einerseits sowie Verluste, Endlichkeit und Tod andererseits werden im Lebensverlauf vor allem in der Lebensphase Alter mit Alter(n)sprozessen verbunden. Darüber hinaus können sich soziale Beziehungen in der Lebensphase Alter verändern, in Bezug auf wechselseitige Erwartungen anfälliger werden bis hin zu ihrem unwiederbringlichen Verlust durch den Tod. Soziale Beziehungen im Alter(n)sprozess sind einerseits mit lebenslangen, kontinuierlichen Sehnsüchten nach Liebe und Sexualität verbunden und andererseits werden sie sich aufgrund körperlicher Einschränkungen oder Veränderungen in der Selbstwahrnehmung (z. B. Verlust von Attraktivität oder körperliche Einschränkungen) nicht mehr zugetraut. Darüber ist bisher weniger bekannt und wenig thematisiert worden. Diese Erkenntnis lässt sich auch auf die Zurkenntnisnahme von Alternsprozessen der einzelnen Geschlechterausprägungen feststellen. Forscher*innen, die Alternsprozesse von Frauen, Männern oder von Menschen aus der LSBT*IQ-Partnergruppe beforschen, reklamieren nahezu alle für sich die hohe Unsichtbarkeit ihrer jeweiligen Gendergruppe. Thematisierungen und Ergebnisse aus bisher relevanten Studien werden zusammengetragen, um sich ein vielfältigeres und differenzierteres Bild zu den Bedürfnissen und Bedarfen möglichst aller älteren Menschen machen zu können.

4.1 Alternde Körper in der Ambivalenz eines kontinuierlichen Selbstbildes und den Veränderungen ihres Körpers: Attraktivität und Schönheit stehen gegen Verlust, Schmerz und Endlichkeit

Alter(n)sprozesse bringen körperliche Veränderungen mit sich. Körperfunktionen, die jahrzehntelang selbstverständlich waren, lassen mit zunehmendem Alter nach. Der Körper wird als gealterter Körper und im Vergleich zum früheren Körper als unberechenbarer und eigenwilliger erlebt, ohne genau zu wissen, welche Körperfunktionen im weiteren Alternsverlauf noch beeinträchtigt werden und wie sich dieser neue, sehr wahrscheinlich nur vorübergehende Zustand anfühlen wird. Der Körper stellt sich vermehrt als Hindernis heraus, Momente der „leiblich-körperlichen Grenzerfahrungen" nehmen zu (vgl. Gugutzer 2002, S. 271).

Die Lebensphase Alter lässt sich als Verlust von „Körperselbstverständlichkeiten" lesen. Während Menschen in jungen Jahren der Funktionalität des Körpers kaum Beachtung schenken müssen, da sie wie eine zuverlässige Konstante des eigenen Körpererlebens daherkam, zieht der alternde Körper vermehrt Aufmerksamkeit auf sich mit dem Voranschreiten des Alternsprozesses. Der Körper „[...] drängt sich auf, klinkt sich ein, schiebt sich störend zwischen Handlungsabsicht und Handlungsvollzug. Die sukzessive zur Gewissheit werdende Zuverlässigkeit, dass der alte Körper ein unzuverlässiger Körper ist, macht die Generierung eines speziellen Körperwissens notwendig" (Meitzler 2017, S. 54). Als typische Altersbeschwerden werden z.B. nachlassende Leistungsfähigkeit des Bewegungssystems, Leistungsschwäche des Immunsystems oder des Kreislaufs, geringere Konzentrationsfähigkeit, Sehschwäche und Harninkontinenz eingeschätzt (vgl. Gugutzer 2008, S. 186). Der Prozess des Alterns wird leiblich gespürt „[...] als Schwinden körperlicher Kräfte, als Einschränkungen des Bewegungsapparats, als Nachlassen der Arbeitsfähigkeit, als Zunahme von Krankheiten, als Ausdehnung der nach Erkrankungen wie nach Ausschweifungen erforderlichen Regenerationszeit, als Nachlassen sexueller Potenz, als partieller Verlust der Körperkontrolle und der kognitiven Fähigkeiten" (Keller/Meuser 2017, S. 4). Der Körper verändert sich im Lebensverlauf und körperliche Alternsprozesse werden auch leiblich erspürt. Körperliche Veränderungsprozesse und leibliche Erfahrbarkeit werden unterschieden und werden für Alternsprozesse von zunehmender Bedeutung. Je älter ein Mensch wird, desto bedeutender können Körper-Leiblichkeits-Erfahrungen werden und seine Lebensqualität beeinflussen.

Definition

Körper und Leib

Menschen haben einen Körper und es fließen soziale Deutungen am sowie im Körper zusammen, im Reden über und mit dem Körper sowie über sein subjektives, individuelles Erleben. Körperliche Dimensionen werden darüber hinaus in vielen handlungsrelevanten Aspekten bedeutsam, wie z. B. Kognitionen, Biographien, Strategien oder wechselseitige Bezugnahmen der Handelnden. Körperhaben und Körpererleben findet gleichzeitig statt und kann unterschieden werden. Der Anthropologe Helmut Plessner hat für die Gleichzeitigkeit von Körperhaben und Körpererleben mit der (Leib-)Phänomenologie das begriffliche Instrumentarium vorgelegt. Plessner beschreibt den Menschen als ein Wesen, das „exzentrisch" und „zentrisch" zugleich ist (Plessner 1975, S. 291 f. nach: Villa 2008, S. 201 f.). Menschen haben ein reflexives Verhältnis zu sich selbst und sind damit ihrer Umwelt nicht (ausschließlich) unmittelbar ausgesetzt.

> „Tiere leben hingegen ausschließlich in einem ‚zentrischen' Umweltbezug, sie können keine reflexive Distanz zu sich und ihrem Tun herstellen. Die Sozialität des Menschen – als ‚zweite Natur' – ist davon gekennzeichnet, dass wir die zentrische Positionalität zwar beibehalten, zugleich aber exzentrisch positioniert die zentrische Positionalität reflektieren können (vgl. auch Jäger 2004, S. 111–168; Villa 2006, S. 203–252). Aus diesen Perspektiven muss zwischen ‚Körper' einerseits und ‚Leib' andererseits unterschieden werden" (Villa 2008, S. 201 f.).

Menschen haben also über ihren Körper hinaus die Leiblichkeit. Ihren Körper besitzen Menschen und verfügen über ihn, während sie sich gleichzeitig als Leib immer selber spüren: „So ist uns kalt, wir sind müde oder aufgeregt, der Rücken schmerzt oder der Hunger nagt. Aus unserer Haut können wir in gewisser Weise zwar hinaus (etwa durch Phantasie, Erinnerungen, Zukunftsentwürfe oder durch Empathie mit anderen Menschen), aber ohne sie können wir nicht existieren" (ebd.).

Weitere Dimensionen der begrifflichen Unterscheidung zwischen Körper und Leib unterstützen die Bedeutung. Der Körperbegriff umfasst die Dimension des „Körper-Habens" und damit ist die Fähigkeit gemeint, mit dem Körper wie mit einem Gegenstand instrumentell zu handeln. Der Mensch kann sich von seinem Körper distanzieren, über ihn nachdenken und beeinflussen. Mit dem Leibbegriff wird das unmittelbare, nicht-relativierbare innere Erleben bezeichnet und damit die affektiven Qualitäten der zentrischen Positionierung. Gleichzeitig sind Leib und Körper, die zentrische und exzentrische Positionalität, „beim Menschen immer verschränkt, wechselseitig konstitutiv und gleichursprünglich" (ebd.). Für den Körper steht überwiegend die Körperbeherrschung im Vordergrund und soziale bzw. soziomaterielle Strukturen legen eine bestimmte Form der Körperbeherrschung nahe, womit jeweils spezifische Zugänge zur Welt eröffnet und andere verschlossen werden. Bei der Thematisierung des Körpers lässt sich häufig die Differenzierung zwischen Körperkultur und einer Kultur des Körpers erkennen. „Während die Körperkultur die Wirklichkeit des Körpers in seinen positiven wie negativen, in seinen kulturellen sowie kultischen Ausformungen beschreibt, wird die Kultur des Körpers, welche in diesem Zusammenhang häufig mit Leib bezeichnet wird, dem entgegengesetzt“ (Hünersdorf 2015, S. 896).

In der phänomenologischen Tradition wird der Leib im Sinne des „lived body“ als Vermittlung zwischen Bewusstsein und Welt verstanden. „Der Leib ist schlechthin unser Gesichtspunkt zur Welt [...] ohne den wir, nicht mehr weltzugehörig, überhaupt nichts zu sehen vermöchten, und damit zugleich der phänomenale Bereich dafür, daß wir Gesichtspunkte einnehmen müssen, um was auch immer zu sein“ (ebd., S. 897). Der Leib kann als Selbstvorfindlichkeit des Ichs verstanden werden, hinter die er nicht zurück kann (Waldenfels 1980, 39). Merleau-Ponty betont den Leib einerseits als Voraussetzung für die Wahrnehmung und andererseits sein Verschwinden im Augenblick der Wahrnehmung (vgl. Merleau-Ponty 1986, S. 322: nach Hünersdorf 2015, S. 897).

Bluhm-Lehman/Saxl erklären den Unterschied von Körper und Leib vereinfachend über „außen“ und „innen“: Der Körper wird von außen gesehen, der Leib dagegen von innen erfahren. Die körperlichen Vorgänge werden eng mit Gedanken und Gefühlen verknüpft, was umgekehrt die Körperprozesse bedeutsam für das menschliche Denkvermögen, Gefühle und Empfinden werden lässt. Leiberfahrungen stellen alle spürbaren Erfahrungen eines Menschen dar. Über Leiberfahrungen wird das eigene Selbst gespürt und Menschen erfahren sich somit selbst. Mit dem Verb „spüren“ ist die leibliche Erfahrung eng verbunden. Der Leib kann als Spürsinn betrachtet werden und in zahlreichen Redewendungen lässt sich diese Verbindung finden. Das Alter lässt sich „am eigenen Leib spüren“, eine Rolle „ist jemandem auf den Leib geschrieben“ und Menschen sind „mit Leib und Seele dabei“, Schmerzen können „am ganzen Leib“ gespürt werden und bei nachlassendem Schmerz können Menschen „spürbar erleichtert“ sein (vgl. Bluhm-Lehmann/Saxl 2016, S. 50).

Vor allem schmerzliche Leiberfahrungen, die als Folge von z.B. Krankheiten, den Menschen auf sich selbst zurückwerfen und ihm seine Verletzlichkeit und Begrenzung verdeutlichen, werden paradoxerweise gleichzeitig mit der Chance verbunden, sich selbst bewusst zu werden. Der Alternsprozess lässt sich kennzeichnen als stetig zunehmende Häufung von Grenzerfahrungen aufgrund der stetig zunehmenden Veränderungen des Körpers, die am eigenen Leib spürbar werden. Diese mit Vergänglichkeit und Begrenztheit verbundenen leiblichen Erfahrungen können beeinträchtigend wirken. Demgegenüber könnten z. B. die Daseinslust weckende Leiberfahrungen ermöglicht werden, die das Gefühl im „eigenen Körper zu Hause zu sein“ und die Diskrepanz des „jungen Geistes“ in einem „alten Körper“ abmildern (vgl. ebd., S. 51).

Der Leib bringt Menschen in Beziehung zur Welt. Er kann auch als Vermittler und Nahtstelle zur Welt gesehen werden, denn für die meisten zwischenmenschlichen Beziehungen bildet die leibliche Ausstrahlung die Grundlage über „gespürte Kommunikation". Mit ihr werden Situationen oder Befindlichkeiten von Personen in ihrer gesamten Bedeutung erfasst. „Man spürt den anderen am eigenen Leibe, indem man sich eigentümlich berührt fühlt" (Schmitz 1985, S. 89 nach: Bluhm-Lehmann/Saxl 2016, S. 51).

Leib und Körper lassen sich letztendlich nicht trennen, der Leib steht für die Selbsterfahrung und der Körper für seine Fremdwahrnehmung. Der Mensch ist sein Leib und zugleich hat er diesen als Körper. Auf den Körper hat der Mensch wie andere Menschen auch Zugriff. „Als Körper nehmen wir uns wahr, wenn wir zu unserem Leib auf Distanz gehen, z. B. im Spiegel oder auf Fotos. Dann sehen wir ihn mit den Augen des Fremden. Dabei erleben wir es manchmal mit Befremden, dass das Bild auf dem Foto oder im Spiegel (im positiven oder negativen Sinn) ein anderes ist, als das was wir erwarten" (Bluhm-Lehmann/Saxl 2016, S. 51). Das kann zunehmend schwieriger werden im voranschreitenden Alternsprozess, wenn Abweichungen zum gemachten Selbstbild vom Spiegelbild grob abfallen. Der alte Mann oder die alte Frau blicken in den Spiegel und rufen aus: „Das bin nicht ich, das ist ein alter Mensch!" (vgl. ebd.).

Insgesamt scheint die Verbindung zur Leiblichkeit abzunehmen, da gegenwärtig zunehmend weniger zwischen den Begriffen „Leib" und „Körper" unterschieden wird. Vielmehr wird nur noch vom Körper gesprochen und der Körper ist scheinbar nach individuellen und gesellschaftlichen Ansprüchen formbar.

Mit den körperlichen Veränderungen im Aussehen, der Beweglichkeit, Kraft, Leistungsfähigkeit, Sexualität und Gesundheit gehört Altern für Gugutzer zu dem fundamental körperlichen Prozess, der darüber hinaus auch noch endlich ist mit dem physischen Tod. Der Tod kann dabei als das Ende des Alternsprozesses betrachtet werden. Von insgesamt 910 902 Sterbefällen in 2016 waren 818 604 Sterbefälle 60 Jahre und älter, während lediglich 92 298 Sterbefälle zwischen 0 und 59 Jahren alt waren (vgl. Statistisches Bundesamt (Destatis) 2018/ Stand: 24.06.2018). Die Erfahrung des Alterns stellt sich deshalb auch als leibliche Erfahrung der zeitlichen Begrenzung dar. Mit dem Spüren des Alterns, spüren Menschen ihre Vergänglichkeit (vgl. Bluhm-Lehmann/Saxl 2016, S. 52). Zunehmend erfahren ältere Menschen die Endgültigkeit und unwiederbringliche Verluste, wenn der alte Körper nicht mehr selbstverständlich mitmacht wie in all den Jahrzehnten zuvor. Dadurch wird die Endlichkeit auf neue Weise spürbar und mit der sich verringernden Lebenszeit entsteht eine neue Sensibilität für die Zeit, die eventuell das Erleben und Verhalten beeinflussen. „Das intensive Eingebunden-Sein in die Zeit wird zum schmerzlichen Ausgeliefertsein an sie, mit dem man sich abzufinden hat" (ebd.). Wenn Alter(n) auch als ständiger Abschiedsprozess erfahren wird, führt dieses zu Verunsicherungen in der leiblich gespürten Selbstgewissheit. Dennoch kann die leiblich erfahrene Endlichkeit auch dabei unterstützen, Identität zu gewinnen (vgl. ebd.). Die körperlichen Veränderungen verdeutlichen,

> „[…] dass der menschliche Körper ein Teil der Natur ist und nicht, wie sozial- und kulturwissenschaftliche Körpertheorien nahe zu legen scheinen, eine bloße soziale Konstruktion. Der Mensch ist beides: ein biologisches Wesen, das Naturgesetzen unterliegt, und ein soziales Wesen, das seine Natürlichkeit kulturell zu überformen weiß. Dass Menschen altern, ist natürlich, wie sie es tun, hingegen gesellschaftlich und kulturell geprägt" (Gugutzer 2008, S. 182).

Menschliches Leben ist aktuell gekennzeichnet durch die stetig wachsende Verlängerung des biologischen Lebens. Diese Entwicklung zeigt sich an der durchschnittlich wachsenden Lebenserwartung, während gleichzeitig in der spätmodernen Gesellschaft vor allem Werte hohes Ansehen haben, die mit zunehmendem Alter schwer oder gar nicht mehr zu verwirklichen sind. Dazu gehören z. B. Jugendlichkeit, Gesundheit, Sportlichkeit, Fitness, physische Leistung und Mobilität. Diese biologisch kulturelle Ambivalenz, die von jedem Individuum mit zunehmendem Alter fühlbar wird, führt dazu, dass fortschreitende Alternsprozesse Fragen zur eigenen Körperlichkeit und Identität entstehen lassen. Fragen, wie z. B. „Bin ich noch derselbe*dieselbe, der*die ich war, als ich noch rank und schlank, gesund und leistungsstark war, eine glatte Haut, alle Haare und Zähne und keinen Herzschrittmacher hatte, als ich noch ohne Brille lesen, einen Halbmarathon laufen und Sex ohne Viagra*Sex ohne Gleitgel haben konnte?" (ebd., S. 183). Oder: „Bin ich noch derselbe*dieselbe, der*die ich war, als ich mich noch nicht regelmäßig in meiner Nordic Walking-Gruppe fit hielt und keine Zeit für ausgiebige Wellness- und Wanderurlaube mit Freund*innen hatte?" (ebd.). Wenn die beabsichtigte Selbstdarstellung durch Altersbeschwerden beeinträchtigt oder verhindert wird, verändert es auch das eigene Selbstbild, denn es ist unmittelbar davon betroffen,

> „[…] wenn die willentliche Kontrolle körperlicher Vorgänge und Funktionen sowie die absichtsvolle Instrumentalisierung des eigenen Körpers misslingt. Dieses nimmt im Alter zu. In Hinblick auf ein positives Selbstbild besteht die Identitätsarbeit für den alternden Menschen entsprechend darin, den mächtiger werdenden ‚Eigensinn des Körpers' – dessen Nichtkontrollierbarkeit, Widerspenstigkeit, Unlust, Müdigkeit, Last etc. – anzuerkennen. Nur so gelingt die Anerkennung des eigenen Selbst" (ebd., S. 186).

Gugutzer geht davon aus, dass sich körperliche Alter(n)sprozesse für Individuen als lebenslange Prozesse darstellen, bei denen die Auseinandersetzungen mit dem eigenen Körper und damit mit der eigenen Identität verstärkt in den Mittelpunkt rücken (vgl. ebd., S. 183). Aus Perspektive Gugutzers haben Leib und Körper identitätsstiftende Bedeutung für den Prozess des Alterns. Gugutzer unterscheidet vier identitätsrelevante Körper-Kategorien.

Wissensbaustein

Körper-Kategorien

Gugutzer unterscheidet die vier folgenden Körper-Kategorien für die Herstellung und Aufrechterhaltung einer personalen Identität. Dazu gehören die Körperbiographie, das Körperbild, die körperliche Grenzerfahrung und die Körperkontrolle (vgl. Gugutzer 2008, S. 182). Die Identität stellt einen lebenslangen, fundamental leiblich-körperlichen Prozess dar und der Körper besitzt Identitätsrelevanz für Alternsprozesse. Gugutzer unterscheidet begrifflich zwischen Leib und Körper.

> „Leib soll dabei die passiv spürende und spürbare Selbstwahrnehmung bezeichnen, Körper die sicht- und tastbare Fremdwahrnehmung sowie die aktive Instrumentalisierung des eigenen Körpers. Auf dieser begrifflichen Grundlage lassen sich vier allgemeine Leib-Körper-Kategorien personaler Identität konstruieren: Körperbiographie, Körperbild, leiblich-körperliche Grenzerfahrung, Leib-Körper-Kontrolle" (ebd., S. 183).

Die Körpergeschichte stellt sich unter einem narrativen Gesichtspunkt als Produkt bzw. Konstruktion biographischer Selbsterzählungen dar. Durch Selbstnarrationen werden die Veränderungen des eigenen Körpers und die mit ihm gemachten Erfahrungen in eine subjektiv stimmige, konsistente Körperbiographie integriert. Individuen konstruieren sich in lebensgeschichtlicher Hinsicht Körperidentität, weil sie von Geburt an ihren Körper nicht „haben", sondern lediglich ihr Leib „sind" (Plessner nach: Gugutzer 2008, S. 184). „Das Körperhaben impliziert vielmehr einen Entwicklungs- und Kennenlernprozess" (Gugutzer 2008, S. 184). Jede Person lernt im Verlauf ihres Älterwerdens,

> „[...] mit dem eigenen Körper umzugehen, ihn einzusetzen, die Vorgänge im und am Körper zu verstehen, zu verarbeiten und in die eigene Körperbiographie zu integrieren. Die Integration leib- und körperbiographischer Erfahrungen in eine subjektiv konsistente Körperbiographie erstreckt sich von klein auf bis ans Lebensende und führt im positiven Fall nicht nur zu einer gelungenen Körperidentität, sondern ebenso zu einer gelungenen biographischen Selbstidentität. [...] Der Körper wird zunehmend als ein reflexives Identitätsprojekt wahrgenommen, an dem ein Leben lang gearbeitet werden kann (soll oder muss)" (ebd.).

Körperbild bezeichnet die identitätsstiftende Bedeutung des Körpers in kognitiv-evaluativer Hinsicht. Dazu zählen Wahrnehmungen, Vor- und Einstellungen sowie auch Bewertungen des eigenen Körpers. Die Bewertungen beziehen sich auf Merkmals- oder Eigenschaftszuschreibungen, die Individuen bezüglich ihrer Körper vornehmen. „‚Ich bin dick, dünn, schlaff, sportlich, gut aussehend‘ etc. Auch die – je nach Altersphase variierende – Selbsteinschätzung, physisch alt bzw. zu alt geworden zu sein, um dieses oder jenes (noch) tun oder sein zu können, ist eine durchaus gängige Selbstbewertung“ (ebd.). In der spätmodernen Konsum- und Mediengesellschaft sind Idealbilder für das Alter(n) vor allem von den Massenmedien und der Werbung entworfen. Mit den allgegenwärtigen Bildern von konsumfreudigen, fitten, mobilen, attraktiven und ‚jugendlichen‘ älteren und alten Menschen wird es schwer, sich dem Einfluss auf die eigene Selbstkonstruktion zu entziehen. Dabei kontinuierlich ein positives Körperselbstbild zu entwerfen und beizubehalten, wird angesichts der normativen Vorgaben dieser medialen Altersbilder zur Herausforderung für jeden Menschen (vgl. Gugutzer 2008, S. 185).

Die leiblich-körperliche Grenzerfahrung meint eine weitere Kategorie der Identitätsdimensionen, die für das Individuum als leiblich-affektives Betroffen-Sein bemerkbar wird. „Grenzerfahrungen sind Selbsterfahrungen, in denen das Individuum spürbar mit sich selbst konfrontiert wird“ (ebd.). Die Selbsterfahrung über eine Grenzerfahrung stellt eine leiblich-affektive Form der Selbstthematisierung dar, in der die Bedeutung für das Individuum auf dem Kontinuum zwischen Selbstinfragestellung und Selbstaufwertung liegt. Leibkörperliche Grenzerfahrungen nehmen mit dem Älterwerden zu, da verstärkt körperliche Einschränkungen auftreten. Naturbedingt verliert der Körper seinen Status als gewohntes und gewöhnliches Instrument der Fortbewegung, Wahrnehmungsorientierung und Selbstdarstellung. Leiblich spürbare Erfahrungen sind Grenzen der Machbarkeit und Belastbarkeit. „Konkret erfahrbar wird dieser Konflikt für das Individuum als Kampf zwischen seinem Willen und der spürbaren Widerständigkeit seines Leibes“ (ebd.). Grenzerfahrungen als Konflikt zwischen Ich und Leib nehmen mit dem Altern zu, zunehmend als Erfahrung der Niederlage, vor allem dann, wenn der Wille zunehmend den leiblich-körperlichen Anforderungen unterliegt (vgl. ebd.).

„Die Identitätsrelevanz der Leib-Körper-Kontrolle resultiert allgemein daraus, dass sie gleichbedeutend ist mit der Kontrolle des eigenen Selbst. Die Kontrolle von Gestik, Mimik, Motorik, Stimme, Gefühlen und Affekten ist immer auch eine Selbstkontrolle“ (ebd., S. 186). Diese Identitätsdimension betrachtet Leib und Körper vor allem unter normativ-praktischen Gesichtspunkten. Jede Kultur und Gesellschaft entwickelt eigene Werte und Normen, obwohl die Kontrolle von Leib und Körper anthropologische Notwendigkeit darstellt und universell vorfindbar ist. „Der kontrollierende, disziplinierende, beherrschende Umgang mit Leib und Körper erfolgt im Rahmen soziokulturell spezifischer normativer Bindungen und Orientierungen, die wiederum eine bestimmte Körperpraxis ermöglichen bzw. erfordern“ (ebd.). In jeder Gesellschaft sind ebenfalls altersspezifische Normen für „richtige“, sozial erwünschte körperliches Verhaltens- und Erscheinungsweisen vorhanden und ebenfalls für unerwünschte. „Wer diesen zumeist unausgesprochenen Normen widerspricht, muss mit Sanktionen rechnen, wobei die Gefahr, negativ sanktioniert zu werden, typischerweise größer ist als die Chance auf positive Sanktionierung. Eine praktische identitätsstiftende Bedeutung gewinnt die Kontrolle von Leib und Körper besonders in sozialen Interaktionen" (ebd.).

Mit diesen Unterscheidungen zu Körperbiographie, Körperbild, körperliche Grenzerfahrung und Körperkontrolle lässt sich die Relevanz des Körpers für die Identität in Alternsprozessen eher begreifen. Im Falle altersbedingter körperlicher Einschränkungen durch z. B. Krankheiten oder Gebrechen und damit evtl. zunehmendem Verlust der Leib-Körper-Kontrolle wird die Kontinuität der bisherigen Selbstdarstellung verändert. Die Anerkennung des veränderten Selbst gehört zu den wiederkehrenden Herausforderungen im Alternsprozess.

Mit der Neuordnung des Körpers im Alternsprozess kann auch eine Neuordnung des Alltags verbunden sein, wenn z. B. die Nutzung von Körperprothesen eintritt, wie es z. B. beim Einsatz von Brillen, Hörgeräten, Gehstöcken, Rollatoren, Gebissen oder Herzschrittmachern der Fall sein kann. Diese zusätzlichen Geräte, die die selbstverständliche Aufrechterhaltung des bisherigen Alltags absichern, gehören nicht zum eigenen Körper und ihre zunehmende Unverzichtbarkeit erinnert täglich an den Alternsprozess und gleichzeitig findet oft eine nur widerwillige Aneignung statt. Ohne Hilfsmittel wäre der Alternsprozess unaushaltbar und mit Hilfsmitteln wird das Nicht-mehr-Können überdeckt. Jeder kurzzeitige Verlust, z. B. durch das Verlegen der Brille oder das Nicht-Auffinden des Gebisses, führt zu massiven Einschränkungen in der Alltagsbewältigung. Körperliche Veränderungen können noch viel weitreichendere Konsequenzen nach sich ziehen, wenn eine veränderte Wohnsituation notwendig wird und evtl. stärkere Abhängigkeiten von anderen Personen eintreten, da zuvor selbstverständlich ausgeführte Tätigkeiten zur körperlichen Belastung werden.

> „Der Verlust von Alltagskompetenzen und funktioneller Autonomie kann differierende Ausprägungsgrade annehmen und findet seinen Gipfel in einem als Pflegebedürftigkeit deklarierten Zustand, der Betroffene und deren Angehörige vor große Herausforderungen stellt. Sich nicht mehr eigenständig um seinen Körper sorgen zu können, das vermehrte Auftreten hygienischer ‚Missgeschicke' etwa aufgrund von mangelhafter Kontinenz sowie die Tatsache, für den Rest des Lebens (wie kurz es dann auch noch sein mag) permanent auf ein Gegenüber angewiesen und das Gefühl, beinahe nur mehr leere Körperhülle zu sein, zählen zu den gravierendsten Schreckbildern und Bedrohungsszenarien, die mit dem Alter in Verbindung gebracht werden. Das Abhängigkeitsverhältnis macht im Pflegezusammenhang Eingriffe in die eigene Körperintimität unumgänglich" (Meitzler 2017, S. 55).

Neben der Ungewissheit in Bezug auf den Schweregrad des sich verändernden Körpers, können körperliche Veränderungen vor allem auch Erfahrungen des sich verengenden Raums betreffen und als unangenehm empfunden werden. Der Bewegungsraum kann sich zunehmend einschränken aufgrund abnehmender Beweglichkeit, Langsamkeit und Kräfteverlusten bei gleichzeitig zunehmenden Schmerzen und Müdigkeit. Handlungsspielräume begrenzen sich je nach körperlicher Eingeschränktheit in Abhängigkeit vom weiter zunehmenden Alter (vgl. Bluhm-Lehmann/Saxl 2016, S. 52). Je weiter der Alternsprozess voranschreitet, desto möglicher wird die zunehmende Eingeschränktheit durch körperliche Veränderungsprozesse. Obwohl der Körper mit dem Alternsprozess eng verbunden scheint, ist zugleich kaum ein Bereich so unerforscht wie das des Körpererlebens im Alter.

> „Wir wissen fast nichts darüber, wie alternde, ältere und hochaltrige Menschen sich in ihrem Körper fühlen, wie sie ihn (tatsächlich) wahrnehmen, wie sie mit ihm umgehen, was sie mit ihm, durch ihn, für ihn erreichen wollen und welche Sinn gebende Rolle er in ihrem Leben spielt, wie er sich mit ihrem persönlichen Lebenssinn verbindet. Mit anderen Worten: Wir wissen viel über so genannte ‚objektive' (messbare) Erscheinungen des (so genannten) körperlichen ‚Abbaus' – wir wissen aber herzlich wenig über die subjektiven Empfindungen und Bedeutungen, die dem Körper im Alter zukommen" (Abraham 2008, S. 178).

Durch die körperlichen Veränderungen, die individuell in sehr unterschiedlicher Form und Qualität auftreten, wird der Körper zu einer neuen Aufgabe und fordert heraus. Dieser Prozess findet mal eher schleichend und unaufdringlich statt, dann in starken Wellen, oft auch verbunden mit viel Schmerz, entstehenden Ängsten um die eigene Endlichkeit und unumkehrbar.

> „Sicherlich führen das Erleben und die Erfahrung des alternden Körpers zur Infragestellung und Modifikation einer der basalen Grundannahmen des alltäglichen lebensweltlichen Vollzugs, die Alfred Schütz mit dem Modus des ‚Ich kann immer wieder' beschrieben hatte. Körper und auch Geist können eben nicht ‚immer wieder' bzw. sind mit der körperlichen Widerständigkeit des ‚nicht mehr so wie bisher können' konfrontiert, die bspw. Bewegungsrhythmen und -kapazitäten verändert, Aufmerksamkeitshorizonte modifiziert und anderes mehr – zumindest ab einer bestimmten Altersschwelle, und dann eben auch ohne das Hereinbrechen von normalen Sonderereignissen wie Krankheiten und Unfällen. Menschliches Sein ist unweigerlich Sein zum Tode hin und mit entsprechender Sorge verkoppelt, auch wenn dies existenziell überwiegend ausgeblendet wird und werden muss […]" (Keller/Meuser 2017, S. 2).

Der frühere Körper und seine selbstverständliche Leichtigkeit sind nur noch Erinnerungen und der alternde Mensch hat sich um seinen Körper in neuer Weise zu kümmern, für ihn zu sorgen und seine Identität öfter als zuvor im

Lebensverlauf zu aktualisieren. Abgesehen davon ist umstritten, wie natürlich der Körper überhaupt ist und ob nicht doch viel mehr soziale Konstruktion mit ihm verbunden ist. In den (alter(n)sbezogenen) einschlägigen Wissenschaften wird der Körper bisher eher vernachlässigt, obwohl er immer dabei ist.

Wissensbaustein

Körper-Dimensionen und disziplinäre Thematisierungen

Auffällig ist in den verschiedenen erziehungs- und sozialwissenschaftlichen Disziplinen, z. B. der Soziologie, Gerontologie wie auch der Sozialen Arbeit, wie wenig Berücksichtigung Fragen rund um den Körper finden, obwohl „[...] Menschen keine abstrakten Geister oder ‚Akteure', sondern – salopp gesprochen – auch aus Fleisch und Blut sind" (Villa 2008, S. 201). In den einschlägigen Handbüchern der Sozialen Arbeit tauchen die Begriffe Körper und Leib kaum auf. In verschiedenen Ansätzen der Sozialen Arbeit, die auch Bezüge zum Körper über die phänomenologische Tradition herstellen sollten, wie z. B. die lebensweltorientierte Sozialpädagogik, finden keine expliziten Auseinandersetzungen statt. Zunehmend gewinnt der Körper an Relevanz im Anschluss in der an Bourdieu, Foucault und Butler anschließenden poststrukturalistischen Theoriebildung der Sozialen Arbeit bzw. Pädagogik (vgl. Hünersdorf 2015, S. 896). Die sozialwissenschaftliche Alter(n)sforschung hat den Körper bislang kaum zum Gegenstand gemacht, obwohl „[...] der Prozess des Alterns den Individuen recht unmittelbar als eine körperliche Erfahrungsmodalität präsent ist und ‚das Alter auch über den Körper repräsentiert wird' (Backes/Wolfinger 2008, S. 153)" (Keller/Meuser 2017, S. 2). Perspektiven auf Körperwissen rücken Verflechtungsverhältnisse in den Vordergrund, „[...] die zwischen der phänomenologisch rekonstruierbaren Ebene der erfahrenen Körperlichkeit des alternden Körpers und den gesellschaftlichen Diskursen, Normalitäts- und Habitusformationen bestehen, innerhalb derer solche Erfahrungen situiert sind" (ebd.).

In Bezug auf Alter(n)sprozesse und Körper sind bisher vor allem überwiegend biologische Entwicklungsverläufe, gesundheitliche und psychosomatische Beeinträchtigungen und damit verbundene Funktionsverluste in das Zentrum der Betrachtung geraten und weniger Fragen in Bezug auf den (alternden) Körper als Beitrag zur gesellschaftlichen Strukturbildung (vgl. Backes 2008, S. 189). In der typischen „mechanischen Trilogie" physischer, psychischer und sozialer Dimensionen des Alterns bleiben die physischen vor allem der Geriatrie vorbehalten. Obwohl das Wissen um Wechselbeziehungen von Körper, Psyche und Sozialem selbstverständlich sind, gibt es das (sozial)gerontologische Paradox des „absent body", das geradewegs der impliziten Gleichsetzung von Alter(n) und Krankheit gleichkommt.

> „Körper erst gar nicht zu thematisieren, mag mit darauf zurückzuführen sein, dass (Soziale) Gerontologie sich gegenüber einer biologisch-naturalistischen Perspektive, wie sie eher in der Geriatrie vorherrschte, abgrenzen musste und somit dem Diskurs um ‚biolo-

gische Grundbefindlichkeiten' (Schelsky), als was Alter(n), Geschlecht und Körper lange Zeit (zumindest primär) gesehen wurden, eher distanziert begegnete (und begegnet). Eine Thematisierung des alternden und an Kräften nachlassenden Körpers hätte womöglich die in der Gerontologie überwunden geglaubten Vorstellungen eines defizitären Alter(n)s neu belebt, was ein Schritt zurück in Richtung biologischer Determinismen bedeutet hätte" (ebd.).

(Soziale) Gerontologie hingegen wollte die bis dahin vorherrschende Meinung durchbrechen, höhere Lebensalter überwiegend als Phase körperlichen Abbaus und Rückzugs zu sehen. Mit der stärkeren Berücksichtigung des Körpers könnte ein unbeabsichtigter wissenschaftlicher Rückfall in überwunden geglaubte Defizitperspektiven stattfinden. Der alternde Körper war dominant dem instrumentellen und medizinischen Blick ausgeliefert (vgl. Backes 2008, S. 189; Hahmann i. E., S. 4). Entlang des Ausspruchs des Soziologen Erving Goffman: „Den Körper haben wir immer dabei" (Goffman 1994, S. 152) entfaltet Villa das soziologische Interesse am Körper. Der Körper ist zwar nicht omnirelevant, vor allem jedoch im Rahmen von Handlungen omnipräsent. Das macht ihn soziologisch interessant und noch interessanter, da Körper eine individuelle wie auch gesellschaftliche Geschichte haben. In dieser Betrachtung sind Körper veränderlich, dynamisch, nicht universal gleich und lebenslang veränderliche „Dinge".

> „Wir haben also nicht immer denselben Körper dabei. Vielmehr ist davon auszugehen, dass individuelle Körper und ihre komplexen Details – Formen, Sinne oder individuelles Eigenerleben z. B. – geschichtlich konstituiert und damit dynamisch bzw. prozessual sind. Auch tief ‚unter der Haut' nistet sich die Gesellschaft also ein. Somit ist der Körper auch politisch und kulturell gleichermaßen bedeutsam wie mit Bedeutung versehen" (Villa 2008, S. 215).

Die (Körper-)Soziologie kann Bedingungen und Möglichkeiten, Grenzen und Spielräume des Handelns rekonstruieren und vor allem zeigen, „[...] wie sehr die Gesellschaft uns unter die Haut geht" (ebd.), indem sowohl die Verkörperung sozialer Normen aufgedeckt werden kann als auch performative Neuschöpfungen dieser sozialen Deutungen.

Körperliche Dimensionen finden sich in der Individualisierung, wie in der Verkörperung der bildungsbürgerlichen Kultur, ebenso sind auch mit der Postmoderne spezifische Körpernormen und -praxen verbunden. Dies gilt auch für die Sozialstruktur einer Gesellschaft. Im Sinne von Klassenlagen und/oder Milieus werden diese ganz wesentlich als Körperpraxis real und als jeweilige Hexis gespürt. Zur Vergesellschaftung in spezifischen sozialen Feldern, wie z. B. der Wissenschaft, gehört selbstverständlich das Einüben angemessener Körperpraxen, die nicht gleichzusetzen sind mit dem Präsentieren von Kompetenz. Die mimetische Aneignung einer entsprechenden Hexis stellt sich als überaus komplex und implizit dar. Gebrauchsanweisungen oder explizite Einführungen gibt es nicht. Für die genannten

Bereiche zeichnet gerade die Intransparenz in Bezug auf feldspezifische Habitusformen aus, dass sich ihre kompetente Inkorporierung als soziale Kompetenz darstellt. „Je undurchsichtiger die Regeln, umso voraussetzungsreicher ihre Befolgung. Nicht zuletzt diese Dynamik macht den Körper als ‚Speicher' sozialen Wissens (Bourdieu 1993: 127)" (Villa 2008, S. 207).

Angeblich „natürliche Tatsachen", die als Differenzen im Alltag vor allem als körpergebunden wahrgenommen werden, z.B. Geschlecht, ethnische Zugehörigkeit/‚race', Sexualität oder Alter zeigen aus handlungstheoretischer Sicht, dass eben jene naturalisierten Differenzen (alt/jung, männlich/weiblich, gesund/krank usw.) sozial gemachte sind. Der Körper dient in der Herstellung als zentrales Mittel. „Überhaupt werden soziale Zugehörigkeiten wie etwa zu einem Geschlecht, zu einer Subkultur oder zu einer Generation wesentlich durch die Verwendung des Körpers im Alltag performativ hervorgebracht. Sie werden also immer und immer wieder performativ inszeniert, sind nicht einfach ‚da'" (ebd., S. 210). Die Soziologie kann aus Sicht Villas nicht hinter die Einsicht zurück, die menschliche Natur als sozial gemachte einzuschätzen. „DER Körper ist eine Abstraktion, die eher im Dienste statistischer Regulierung steht, als dass dieser als Objekt und im Singular der Realität lebensweltlicher Praxen zwischen normierenden Diskursen und praxeologischem Eigensinn entspräche" (ebd., S. 214). Gesellschaftliche Strukturen sind also in den Körper eingeschrieben und lassen sich dort ausmachen. Von Bedeutung erscheint darüber hinaus, dass die physischen Dimensionen und damit verbunden auch die leiblichen Fähigkeiten im Alternsprozess der Geriatrie überlassen wurden, um nicht noch Defizitperspektiven in körperlicher Perspektive verstärken zu wollen. Gleichzeitig kann sich Gesellschaft nahezu unbemerkt mit ihren Ansprüchen und Anforderungen einnisten und den Körpern in unterschiedlichen Lebensphasen unterschiedliche Anpassungsleistungen abverlangen.

Körperliche Alternsprozesse werden inzwischen stärker besetzt in Bezug auf körperliche Potenziale und Ressourcen sowie ihre individuelle und soziale Gestaltbarkeit. Einerseits im Zusammenhang mit der wachsenden Bedeutung der Rehabilitation und Gesundheitsförderung und andererseits über die Anforderungen an alternde Körper, sich „verjüngend" wirkender Kosmetik, Ernährung bis hin zur Chirurgie auszusetzen, die massive Eingriffe mit irreversiblen und oft unabschätzbaren Folgen für Körper und Körperbiographien darstellen können (vgl. Backes 2008, S. 189). Jenseits aller Altersklassen verweisen vor allem auch populärkulturelle Dramatisierungen von Körperpraxen, wie z.B. plastische Chirurgie, Extremsport, Diät, Model- und Tanzsendungen auf die nahezu freie Verfügbarkeit des „Rohstoffs Körper". Gegenwärtig wird es zunehmend unmöglich,

„[...] sich nicht um seinen Körper zu kümmern und ihn entsprechend sozialen Imperativen zu ‚tunen'. Denn bei der Jobsuche oder der Partnerinnenwahl ist, wie gezeigt, unser Körper auch unsere Visitenkarte. An den Zähnen, dem Bauch und der Kleidung lassen sich nicht nur Status, Milieuzugehörigkeit, Bildungsgrad oder schlicht das Geschlecht ablesen – es lässt sich (zunehmend?) sehen, wer welche Arbeit in die Optimierung seines oder ihres Körpers investiert“ (Villa 2008, S. 2014).

Die allgegenwärtige Norm perfektionierter Körperlichkeit in der Gesellschaft nimmt den Körperleib nicht mehr länger als physiologische Gegebenheit hin und entlastet dahingehend. Die Beherrschung des Körperleibs wird stärker zu einer zentralen sozialen Tugend. Diese übersteigerte Hinwendung zum Körper bei gleichzeitiger Vernachlässigung des Leibes führt zu Unbehagen bei vielen Menschen (vgl. Aner 2014, S. 20). Der alternde Körper ist von dem Anspruch der perfektionierten Körperlichkeit ebenfalls betroffen, denn die gegenwärtige Gesellschaft setzt in allen Ebenen auf Leistung, Produktivität und Effizienz und entscheidet abhängig von dem Einsatz eines Menschen über seinen Wert. Doch alternde Körper lassen sich als natürlicher Vorgang nur begrenzt vom Geist oder den Errungenschaften unserer Kultur (z.B. vom Anti-Aging über die Technik bis zur Medizin) kontrollieren (vgl. Bluhm-Lehmann/Saxl 2016, S. 52).

Für Individuen wird die Vergänglichkeit ihrer Körper mit fortschreitendem Alter zunehmend fühlbarer und nach außen hin sichtbarer in einer Gesellschaft, die wiederum stärker auf Äußerlichkeiten und Inszenierung setzt. Dem fitten und funktionstüchtigen Körper kommt hohe Bedeutung für soziale Anerkennung zu, so dass sich Individuen in wachsendem Maße aufgefordert fühlen, aktiv gegen ihre drohende körperliche Beeinträchtigung anzugehen. „Sie werden für den Zustand ihrer Körper verantwortlich gemacht. In den Anrufungen des Anti-Aging oder den Verheißungen und Verpflichtungen eines ‚successful aging‘ kommt in verdichteter Weise zum Ausdruck, dass die Auseinandersetzung mit dem (eigenen) Körper ein zentrales Element spätmoderner Identitätsarbeit ist: der Körper als lebenslanges Projekt, an dem ständig gearbeitet werden muss, damit er gemäß den Intentionen der Individuen und den Erwartungen Anderer ‚eingesetzt‘ werden kann. Dies erfolgt vor dem Hintergrund von an der mittleren Lebensphase orientierten kulturellen Funktions-, Aktivitäts- und Gesundheitsnormen“ (Keller/Meuser 2017, S. 4). Dem alternden Körper kann mit dieser Sichtweise relativ problemlos „pathologische Abweichung von einem quasi alterslosen Funktions- und Leistungsideal“ (Backes 2008, S. 193 nach: Keller/Meuser 2017, S. 4) attestiert und mehr Anpassung über Leistung abgefordert werden. Da den Anrufungen zur Körperarbeit niemand entrinnen kann, wird die Gegensteuerung unumgänglich. Der von Zygmunt Baumann (1995, S. 16) ausgesprochenen „lebenslänglichen Belagerung“ des Körpers, mit der der Körper zum Objekt der Dauerbeobachtung geworden ist (vgl. Keller/Meuser 2017, S. 4), hat der Körper die Einschätzung, eine Naturtatsache zu sein, längst hinter sich gelassen. Homfeldt spitzt diese Erkenntnis vor allem in Bezug auf Gesundheit für die Kinder- und Jugendphase zu.

„Der Körper ist schon lange keine Naturtatsache mehr. Durch Fitnessprogramme und sportliche Aktivitäten ist er immer gestaltbarer, disziplinierter und machbarer geworden, aber auch gesünder? Während der Leib spürt, müde und wach ist sowie sich gesund bzw. krank anfühlt, lernt der Mensch, seinen Körper zu beherrschen, zu kontrollieren, zu pflegen, zu manipulieren und auch einzusetzen" (Homfeldt 2014, S. 33).

Aufgaben einer körper-/leibbezogenen Kinder- und Jugendhilfe sieht Homfeldt vor allem in der Unterstützung von Kindern und Jugendlichen, die für sie passende Balance zwischen Leibsein und Körperhaben herstellen zu lernen (vgl. ebd.), da stetig wiederkehrende Identitätsfragen zu „Wer bin ich und wer will ich sein?" im Lebenslauf wiederkehrend auftauchen und nicht losgelöst von leiblichen Empfindungen und körperlichen Funktionen, Praktiken und Zuschreibungen beantwortet werden können. Wahrscheinlich werden bei der Vielzahl und Intensität der leiblich-körperlichen Veränderungen im Verlauf des Älterwerdens die Fragen eher mehr und dringlicher als unbedeutender (vgl. Gugutzer 2008, S. 186). Die Forderungen Homfeldts die Herausbildung einer Balance zwischen Leibsein und Körperhaben zu unterstützen, kann ebenfalls vor allem auch für ältere Menschen höhere Bedeutung bekommen.

Homfeldt fordert für die Soziale Arbeit in allen Handlungsfeldern die Einführung Körper-Leib-bezogener Standards, da sich sowohl das Heranwachsen körper- und leibbezogen vollzieht als auch Körper und Leib in allen sozialen Interaktionen beteiligt sind. In der Sozialen Arbeit z. B. im Gesundheitswesen, in der Behindertenhilfe oder der Klinischen Sozialarbeit wie auch in anderen Handlungsfeldern der Sozialen Arbeit bis hin zur Sozialen Arbeit mit alten Menschen erscheint der Körper- und Leibbezug unhintergehbar präsent (vgl. Homfeldt 2014, S. 36). Darüber hinaus werden auch Sozialräume durch die Präsentation und Beobachtung von Körpern konstruiert. Jugendliche werden wie auch Migrant*innen über Inszenierungen ihrer Körper präsent und identifiziert. Für Fachkräfte wie Adressat*innen der Sozialen Arbeit werden Fragen nach den Wechselwirkungen von neuen Medien und Körperlichkeit stärker in den Fokus rücken. Sozialpädagogische Arbeitsbündnisse vernachlässigen bisher Fragen der Leiblichkeit, obwohl doch gerade der Leib die Stellung zur Welt wahrnehmend vermittelt. Daraus ergeben sich Konsequenzen für das Arbeitsbündnis und dem darin eingelagerten Fallverstehen. Beispiele, wie z. B. unruhiger Schlaf, düsteres Wetter, Gerüche, Wortwahl, Körperberührungen, anstehende Hilfeplangespräche, bestimmtes Personal während einer Schicht, Verlust einer nahestehenden Person, bevorstehendes Ende einer Maßnahme, könnten eine Person leibphänomenologisch in einen Engezustand versetzen und relevant für die Beziehungsgestaltung sein. Die alltäglich erfahrbaren, leibphänomenologisch bedeutsamen Situationen benötigen darüber hinaus im Beziehungsgefüge stetige Aktualisierung (vgl. Grosse 2014, S. 24).

Körper und Leib haben hohe Bedeutung für Alternsprozesse mit einer bisher zu geringen Sichtbarkeit und Berücksichtigung. Für ältere Menschen gilt vor allem die Anforderung, ihren Körper fit und jungaussehend zu halten, während ihre körper-/leibbezogenen Erfahrungen viel stärker andere Empfindungen verspüren. Diese werden angesichts der körperlichen Jugendzentriertheit weder sicht-, vielleicht nicht einmal formulierbar und dennoch finden sie statt in einer Vielfalt an Empfindungen. Alternsprozesse präsentieren sich über das körperliche Aussehen und werden sichtbar. Vor allem dann, wenn es im Bemühen um Kontinuitäten z. B. um die Aufrechterhaltung der Attraktivität und Schönheit geht, die sich am Aussehen, wie z. B. der Frisur, Mode oder Farbauswahl festmachen lässt.

4.1.1 Frisur, Mode, Farbe – Das Bemühen um Sichtbarkeit oder Attraktivität im Alter

Der Körper, seine Form, der Geruch, die Stimme, die Mimik des Gesichts oder die Kleidung, die ihn umgibt, gilt selbst als Akteur in Handlungen mit sozial außerordentlichen Bedeutungen auf zwei Ebenen. In Interaktionen muss der Körper ‚gelesen' und verstanden werden können, Voraussetzung dafür bildet die dem vorausgegangene soziale Kodierung des Körpers.

> „Personen wollen (und müssen) sich ihren Mitmenschen andauernd präsentieren, anders ist Handeln unmöglich. Dies tun Menschen vor allem mit und anhand ihres Körpers. Denn dieser ist das sichtbarste und gewissermaßen mitteilungsfreudigste Element einer Handlung. Wir lesen unsere Körper wechselseitig in Interaktionen und bekommen dadurch viele wesentliche ‚Eindrücke' über unsere Mithandelnden: Die Kleidung verweist auf den sozialen Status, auf das Geschlecht, auf den Beruf bzw. die jeweilige Tätigkeit (z. B. Uniform, Kittel), der Haarschnitt auf das Alter oder eine subkulturelle Zugehörigkeit, die Gesten auf einen professionellen oder durch Hierarchien geprägten Habitus etc." (Villa 2008, S. 208).

Menschen inszenieren sich durch ihren Körper und versuchen den Eindruck zu steuern, den sie machen wollen. Die so vermittelten und gesteuerten Informationen definieren die Situation, in der Menschen jeweils handeln, und sie bieten eine Art Sicherheitsgerüst, auf dem die Handlungen gelingen können (vgl. Goffman 1989, S. 5 nach: Villa 2008, S. 208).

Der Körper ist in der individualisierten Gesellschaft stärker als jemals zuvor zum Medium der Selbstdarstellung und der Identitätsgestaltung geworden. Mit den in den letzten Jahren dazugekommenen neoliberalen Ansprüchen wird auch der Körper noch im Alter als Aushängeschild für die eigene Person eingeschätzt. Damit entstehen körperliche Gestaltungsnotwendigkeiten für alle Lebensalter und insbesondere auch für ältere Menschen, für die Denninger sich mit der Frage befasst hat, ob ältere Körper schön sein können (vgl. Denninger 2018, S. 11).

In der soziologischen Forschung wird die Gesellschaft beschrieben als „[...] somatische Gesellschaft mit zunehmender Bedeutung der Symbolhaftigkeit des Körpers“ (Schroeter 2008, S. 252), als „Fun- und Fitnesskultur“ (Meuser 2000, S. 211) oder als dem Körperkult und Schönheitswahn unterworfene (Gugutzer 2007). Diese Entwicklungen haben auch Auswirkungen gehabt auf die Konzepte vom Alter(n) und Körper. Politische Aktivierungsversuche, die auf die Potenziale der neuen vitalen Alten abzielten oder die gerontologische bzw. soziologische Betonung der gesunden und sportlichen Generation „junger Alter“ (van Dyk/Lessenich 2009) verfehlten jedoch ihr Ziel. Die Aufwertung der jungen Alten hat nicht eingemündet in höhere Wertschätzungen des Alters, im Gegenteil wurden jugendliche Eigenschaften und Ideale auf die Lebensphase Alter ausgeweitet. „Anerkannt wird damit also vor allem die Vermeidung dessen, was früher als alt galt. Vermeintlich richtig gealtert ist der Mensch, der es schafft, den jugendlichen Idealen nahe zu bleiben“ (Denninger 2018, S. 13). Das Bild des jungen Alters, verbunden mit aktiven, gesunden und konsumfreudigen Alten, hängt eng mit der Veränderung der Sicht auf den Körper zusammen. „Im Spannungsfeld zwischen der neuen scheinbaren Machbarkeit des idealen, schlanken und jugendlichen Körpers und der daraus folgenden moralischen Verpflichtung, diese Möglichkeiten zur Modifizierung auch zu nutzen, steht deshalb auch die Legitimität des alten Körpers in Frage“ (ebd.). Jugendlichkeit wird als entscheidender Gradmesser gesellschaftlichen Ansehens betrachtet und so drängen sich Fragen auf nach dem alternden Körper und seinem Platz in der alternden Gesellschaft (vgl. ebd.). Die Alters- und die Körpersoziologie haben die Konzepte Körper, Alter und Schönheit bisher kaum miteinander verknüpft trotz des entwickelten Potenzials zur Analyse gesellschaftlicher Normen bezüglich Körper und Alter (vgl. ebd., S. 15). Der Grund kann in den Bestrebungen liegen, zur Aufwertung des bestehenden Defizitmodells des Alterns zugunsten eines aktiveren und positiveren Altersbildes beizutragen. Die mit den Alternsprozessen verbundenen körperlichen Veränderungen wurden ausgeklammert, um weder auf vermeintlich unvermeidbare körperliche Defizite zurückkommen zu müssen noch in Abgrenzungsbedrängnis gegenüber der Geriatrie zu geraten (vgl. ebd.). Die unscheinbaren Verbindungen von Körper und Alter verstärken sich noch, wenn Schönheit als weitere Betrachtung hinzukommt, obwohl internationale Studien bereits hohe Relevanzen für die Verbindung von Alter, Schönheit und vor allem Körperarbeit gezeigt haben. Diese lassen sich insbesondere für Frauen zeigen (vgl. ebd., S. 16).

Schönheit ist geprägt durch gesellschaftlich normative Vorstellungen dessen, was als schön oder hässlich gilt. Das Tun, Wissen und die Einstellungen der Menschen ihrem Körper gegenüber, wird geprägt von der Kultur, Gesellschaft und Epoche, in der diese Körperpraktiken, -vorstellungen und -bewertungen auftreten. Der Begriff der Schönheit orientiert sich an einem Maßstab, der generell für alle das Gleiche oder zumindest etwas Ähnliches bedeutet (vgl. Degele 2004, S. 11). Und er kann nur existieren, wenn es gleichzeitig einen Gegenbegriff gibt, auf den er bezogen werden kann. Der Gegenbegriff zur Schönheit ist die Hässlichkeit. „Bezeichnen wir etwas als schön, muss es auch etwas geben, das wir hässlich finden. Wir brauchen einen Bezugsrahmen, um etwas beurteilen zu können" (Denninger 2018, S. 28).

Da Schönheit in der Gesellschaft immer auch als anzustrebende Normalität gilt, ist der schöne Körper Gegenstand von Normalisierungsprozessen und vermutlich überwiegend das Ergebnis harter Arbeit. Der Charakter der harten Arbeit muss dabei verschleiert werden, damit Schönheit als natürlich und authentisch erscheinen kann. Wenn Schönheit künstlich oder erarbeitet aussieht, wird sie nicht als schön anerkannt (vgl. Degele 2004, S. 123 ff.; Koppetsch 200, S. 109 f. nach: Denninger 2018, S. 28). „Was zu welchen Zeiten als schön oder hässlich gilt, ist entscheidend von gesellschaftlichen Herrschaftsstrukturen geprägt. So ist die Tatsache, dass der alternde Körper in der deutschen Gegenwartsgesellschaft als nicht dem Schönheitsideal entsprechend gilt, Ausdruck gesellschaftlicher Kräfte- und Machtverhältnisse und kann als Merkmal einer ageistischen Gesellschaft gewertet werden" (Denninger 2018, S. 28). Schönheit bedient kein rein ästhetisches Konzept, sie kann als Mittel zum Zweck gesehen werden, z. B. als Erhalt von Anerkennung oder zur Erreichung von Normalität (vgl. ebd.).

Das Alter wurde bislang nicht mit Schönheit in Verbindung gebracht. Im Gegenteil: Das Alter gilt als der größte Feind der Schönheit und muss mit allen Mitteln bekämpft werden (vgl. Degele 2004, S. 207 nach: Meitzler 2017, S. 60). Alles Handeln zugunsten der Schönheit könnte somit als Verneinen des Alterns verstanden und als Jugendlichkeitshandeln gedeutet werden. Meitzler stellt die Sanktionierungen für ein zu viel bzw. zu wenig solcher „Altersverschleierungstechniken" hervor: „Ein Zuviel wird mindestens so stark sanktioniert wie ein Zuwenig. Ein ‚zu sehr' geschminktes oder ‚unnatürlich' straff wirkendes Gesicht, ein zu tiefes Dekolleté oder ein zu kurzes Kleid ziehen irritierte oder belustigende Blicke und lästerliche Nachreden auf sich" (Meitzler 2017, S. 60). Das „kaschierte" Alter wird umso sichtbarer, weil Betroffenen ihr Aufwand für ihre Verjüngung anzusehen ist und umso augenfälliger wird. Unter dem Schlagwort „Anti-Aging" wird eine Vielfalt an Produkten gehandelt, die zur Aufgabe haben, Alter(n)sprozesse entweder zu regulieren, zu entschleunigen oder vielleicht sogar ganz abzuschaffen (vgl. ebd.).

Denninger hat für die Auseinandersetzung mit der Frage, wie alternde Menschen mit ihren Körpern umgehen, wie sie diese deuten und neue Deutungen produzieren, eine qualitative Studie durchgeführt mit älteren Männern und Frauen (vgl. Denninger 2018, S. 21). Als wesentliche Erkenntnis zeigte sich die

Kontinuität der hohen Wichtigkeit von Schönheit auch bis ins hohe Alter hinein. Die Befragten setzen sich auf verschiedenste Art und Weise mit ihrem Aussehen auseinander, schätzen sich selbst und andere ein. Vor dem Hintergrund gesellschaftlicher Alters-, Körper- und Schönheitsnormen nehmen sie Bewertungen des Aussehens des eigenen Körpers sowie der Körper anderer vor. Der alternde Körper ist keineswegs nur hinsichtlich gesundheitlicher Probleme und körperlicher Schwächen von Bedeutung, wie die gerontologische Forschung oft vermuten lässt (vgl. ebd., S. 196).

Die befragten Alten zeigen sich als starke Gratwanderer, denn „[...] unterschiedliche Anforderungen an die Subjekte kollidieren miteinander und führen – zusammen mit der stetigen Veränderung des Körpers – zu einer permanenten Neuverhandlung der Inszenierung sowie des eigenen Körperverhältnisses" (ebd., S. 192). In der Lebensphase Alter findet keine Lockerung normativer Erwartungshaltungen statt oder ein mehr an Verhaltensspielräumen, vielmehr verengen sich normative Anforderungen (vgl. ebd.). Die Auseinandersetzungen der älteren Menschen mit dem alternden Körper zeigen über die angenommene Jugendzentriertheit oder Aktivierung hinaus vielfältige Einblicke.

> „Bezüglich der Zufriedenheit mit dem eigenen Körper zeigen sich (auf den ersten Blick) ambivalente Ergebnisse. Einige der Befragten sind zutiefst unglücklich mit ihrem alternden Körper und dem Verlust von dessen Schönheit. Anderen bereiten körperliche Veränderungen in dieser Hinsicht weniger oder keine Probleme. Sie entwickeln Strategien ihren alten Körper zu akzeptieren, ungeliebte Körperteile als individuelle Merkmale aufzuwerten oder schlicht andere Körpereigenschaften (wie zum Beispiel eine gute Figur) höher zu bewerten als Anzeichen des Alters. [...] Gerade das körperliche Älterwerden kann offenbar durch alternative Strategien bewältigt werden. Dass es aber überhaupt etwas ist, was bewältigt werden muss, zeigt trotz allen positiven Umgangs, dass das Alter stets als negative Hintergrundfolie vorhanden ist. Auch denen, die mit sich zufrieden sind, ist bewusst, dass das gesellschaftliche Schönheitsideal junger Körper hegemonial ist" (Denninger 2018, S. 193).

Nahezu alle Befragten beschreiben ihren alternden Körper als weniger schön im Vergleich zu ihrem jungen Körper. Darüber hinaus werden Bilder von Schönheit durchgängig, unabhängig ob bewusst oder unbewusst, in das Verhältnis zum Prozess des Alterns gebracht und an diesen angepasst. „Für dein Alter siehst du gut" drückt den dabei vorgenommenen Relationierungsprozess aus (vgl. ebd.).

Darüber hinaus hat Denninger Erkenntnisse gewonnen zur (Un-)Sichtbarkeit älterer Menschen im Horizont des jugendlichen Blickregimes. Das subjektiv empfundene Gefühl, zunehmend unsichtbarer zu werden, bildet einen zentralen Moment in der Frage nach dem Zusammenspiel von Alter, Körper und Schönheit. Wesentliche Merkmale der gesellschaftlichen Abwertung älterer

Körper bilden sich in diesem Phänomen ab. „Mit steigendem Lebensalter scheint die eigene gesellschaftliche Präsenz zu verblassen, die Sichtbarkeit des Alterungsprozesses führt paradoxerweise zu einer Unsichtbarkeit der Person" (ebd., S. 195). In der Studie von Denninger zeigt sich die Bedeutung des Gesehen-Werdens durch Blicke von anderen als Möglichkeit, das Subjekt dadurch existent werden zu lassen oder unsichtbar zu machen. Der alternde Mensch wird in dieser Perspektive von den Blicken anderer abhängig, um existent zu sein.

> „Subjektivierung findet über Blicke statt und ausbleibende Blicke führen demnach zu Unsichtbarkeit oder Abwertung. Daraus folgt, dass eine seitens der Subjekte empfundene Unsichtbarwerdung qua Alter als Ausdruck einer Gesellschaft gewertet werden kann, in der Altern nicht zuletzt über den alternden Körper und dessen schwindender Schönheit oder Attraktivität marginalisiert bzw. abgewertet wird. Gleichzeitig weisen die Ergebnisse der vorliegenden Arbeit aber über die Einschätzung einer altersbedingten Unsichtbarkeit aufgrund des Verlusts an Schönheit hinaus. Neoliberale Anrufungen an die Subjekte, sich selbst gestalten zu können, finden auch hier ihren Niederschlag. Sichtbarkeit wird auch als Ergebnis eigener Arbeit, eigener Charakterstärke oder als Frage der persönlichen Einstellung erzählt. Körperarbeit sowie die Arbeit am Selbst werden als erfolgreiche Mittel für eine erhöhte Sichtbarkeit beschrieben" (ebd.).

Die Verantwortung für die eigene Sichtbarkeit wird über die neoliberale Körperlogik in das Subjekt verlagert. Daraus ergibt sich für alternde Menschen die paradoxe Situation, sich einerseits für ihre kontinuierliche Sichtbarkeit inszenieren zu müssen über z. B. jugendliches Auftreten, die „richtige Figur" oder entsprechendes Selbstbewusstsein. Dieser Inszenierung sind jedoch andererseits genaue Grenzen gesetzt, z. B. wenn sie als altersunangemessen eingeschätzt werden und damit sofort ins vermeintlich Lächerliche abgleiten (vgl. ebd.).

Die Angemessenheit der Inszenierung wird durch die Blicke der anderen erkennbar und hat Konsequenzen in Bezug auf das Bedecken alternder Körperteile oder dem Verzicht des Nägel Lackierens, damit Blicke nicht auf die gealterten Hände gelenkt werden. Die befragten Älteren bemühen sich um Normalität und damit eher um Unauffälligkeit. Die Einschätzung von Schönheit ist mit Normalität verbunden und Streben nach Schönheit bedeutet für die Befragten vor allem, „[…] dazuzugehören, nicht zu extrem zu sein, weder zu dünn noch zu dick, zu extravagant oder zu langweilig" (ebd., S. 192). Ältere Menschen werden jedoch zu Gratwanderer*innen, denn im Alternsprozess wirkt der Grat der Normalität besonders schmal: Einerseits lautet die gesellschaftliche Anforderung, sich aktiviert entlang des Jugendlichkeitsideals auszurichten und für Verjüngung zu sorgen, andererseits bestehen gleichzeitig Vorstellungen vom alten Menschen, für den Körperlichkeit, Schönheit oder auch Sexualität unbedeutend geworden sind. „Die Anforderung erscheint ganz einfach: Einerseits gilt es, zu den jungen Alten zu zählen und nicht auszusehen wie die eigene Großmutter, andererseits aber sollte man auch nicht aussehen wollen wie die eigene Tochter“ (ebd.). Für die Lebensphase Alter gilt mehr als für andere die Verringerung der zur Auswahl stehenden Subjektpositionen, die zudem nur schwer in angemessener Weise zu besetzen sind. Vielleicht könnte auch Normalität im Plural gelten, die mit einer komplexen Verstehens- und Kommunikationsleistung einhergeht (vgl. Willems 2003, S. 75 nach: Denninger 2018, S. 192). Der Begriff Protonormalismus passt ebenso auf die Ergebnisse in Bezug auf die Verbindung von Schönheit im Alter, denn die Gleichzeitigkeit von (rigider) Normativität und flexibler Normalisierung erleben die älteren Befragten auch, indem sie dem „Normalitätsregime“ mit entsprechenden Selbsttechnologien folgen, um sich in dieses Regime einzupassen, eher nicht aufzufallen und entsprechend herauszufallen (vgl. Engel 2002, S. 76 nach: Denninger 2018, S. 192).

Die beschriebene neoliberale, aktivierende und jugendzentrierte Gesellschaft führt jedoch keineswegs durchgängig zu einem Mehr an Körperarbeit, zu steigenden Schönheitsoperationen oder negativen Körperbildern. Die befragten Älteren haben Strategien oder Selbstbilder entwickelt, mit denen sie zufrieden leben und älter werden (vgl. Denninger 2018, S. 193).

> „Die Befragten ziehen deutliche Grenzen dessen, was sie für angemessen halten, insbesondere im Bereich der Kleidung. Bezüglich dieser grenzziehenden Mechanismen lassen sich keine geschlechtsspezifischen Unterschiede finden. Nackte Beine, ein zu freizügiges Dekolleté oder ein zu dicker Bauch führen geschlechtsübergreifend zu Abwertungen seitens blickender Männer und Frauen. Deutliche Unterschiede zeigen sich jedoch bei der Beurteilung von allzu jugendlich aufgemachter Inszenierung. Der Vorwurf, sich absichtsvoll und vor allem erfolglos jung machen zu wollen, trifft ausschließlich Frauen, deren zu jugendliche Aufmachung als ‚peinlich‘ oder ‚lächerlich‘ bewertet wird“ (ebd., S. 191).

Denninger geht für die Zukunft jedoch von einer weiteren Zunahme des Spannungsverhältnisses „Alter und Schönheit“ aus. Die Ergebnisse ihrer Studie zeigen über konkrete Körper- und Schönheitspraktiken hinaus, wie tiefgreifend zentrale soziale Mechanismen beeinflusst sind. Prozesse der Normalisierung sind davon genauso betroffen wie auch eine nach wie vor hartnäckige gesamtgesellschaftliche Missachtung des Alters, entgegen aller Versuche der Aufwertung (vgl. ebd., S. 196). Schön-Sein im Alter gilt als nahezu uneinlösbare soziale und biographische Herausforderung. Schönheitsideale und Alter, angesichts des nicht mehr straffen Körpers, der grau/weißen Haare, deren Verlust für Männer wie Frauen gleichermaßen zum Thema wird, schrumpeliger Haut inklusive Altersflecken stehen im Widerspruch zu einer Gesellschaft, die auf

Jung-Sein setzt. „Schönheit im Alter gibt's eigentlich nicht!", so eine plakative Aussage aus dem Sample von Buchner-Fuhs in ihrer explorativen Studie zu Schönheitshandeln im Friseursalon (vgl. Buchner-Fuhs 2011, S. 215).

Denningers Ergebnisse zu Alter und Schönheit decken sich mit den Ergebnissen der explorativen Studie von Buchner-Fuhs, die jedoch aus der Perspektive der Bedeutung für Soziale Arbeit konkreter nachgefragt hat. Der Friseursalon wurde als Untersuchungsort ausgewählt, weil er als Ort für Schönheit und Attraktivität im Alternsprozess betrachtet werden kann und explizit als Ort Sozialer Arbeit in den Mittelpunkt der Betrachtung gerückt werden sollte. Zugrunde liegt dabei die Annahme, dass sich Frauen mit dem Alter(n) neue Freiräume erschließen können, da der Körper der Frauen in neuer Weise sichtbar wird. Der weibliche Körper und seine Schönheit muss nicht mehr vorrangig in seiner Funktion und Attraktivität in einer heterosexuellen, jugendlichen, von Männern dominierten Sexualität definiert werden. Buchner-Fuhs fragt nach den Schönheitsbildern, an denen sich die Frauen im Alter orientieren, wie und wo Frauen im Alter an der ästhetischen Form ihres Körpers arbeiten und welche sozialen Beziehungen, kulturellen Muster und Werte in ihre Schönheitskultur einfließen (vgl. ebd. 2017, S. 60).

Beispiel

Schönheitshandeln im Friseursalon

Besondere Bedeutung bekommen im Prozess der Herstellung eines schönen alten Körpers vor allem die figürliche Gestalt, die sie umgebende Kleidung, die Haut, die Nägel und vor allem die Haare (vgl. Buchner-Fuhs 2017, S. 62). Das Bemühen um Schönheit im Alter und das Sich-schön-machen-im-Alter erscheinen angesichts der Dominanz jugend-kultureller Praxen herausfordernd, denn dem Alter werden wenig schöne Seiten oder kaum eigene Formen von Schönheit zugestanden. Im Rahmen ihrer Studie hat Buchner-Fuhs den bedeutenden Ort für Schönheit im Alter ausgemacht und aufgesucht: den Friseursalon! „In der Auseinandersetzung mit den Veränderungen des alternden und alten Körpers kommt den Haaren besondere Bedeutung zu. Mit Haaren sind Schönheitsvorstellungen, -handlungen und Körperpraktiken verbunden" (ebd., S. 60). Haare gehören zur Ästhetik des Begehrens und im Alter erhalten sie neue Materialität und Qualität. Dabei geht es vor allem um die Herstellung unauffälliger Normalität. Die Frisuren, die ältere Frauen verlangen, sind unspektakulär und für die Frauen das Gewohnte, auch in Bezug auf die Kontinuität der bekannten Farbe. „Im biografischen Ringen um die Haarfarbe im Alter werden Schönheitsvorstellungen verhandelt, die sich hinter dem Wunsch nach Gepflegtheit verbergen, wobei sich der Friseursalon als ein legitimer Ort körperlicher Berührungen erweist" (ebd.). Es rückt neben dem Wissen und Wollen um das Gewohnte und Bekannte im Friseursalon die Möglichkeit legitimen Berührt-Werdens in den Fokus. Neue Formen der Körperlust und des Eigensinns entstehen, denn für ältere

Menschen ist es über das eigene Wohlbefinden in Bezug auf Schönheitsempfinden von besonderer Bedeutung, Berührungen zu erleben, die in der Studie mit „schön angefasst zu werden" umschrieben werden (vgl. ebd., S. 67 f.).

> „Die Lust, die im Umgang mit den Haaren liegt, sollte keineswegs als analytische Deutung aufgefasst werden, als Verschiebung etwa oder als Form des Fetischs. In einem weiteren Sinne von umfassender Körperlichkeit ist dieser lustvolle Umgang mit Haaren ein zentraler Moment von Eigensinn und Freiheit im Alter, was bisher von der Sozialen Arbeit nur unzureichend wahrgenommen wurde. Im Kontext Sozialer Arbeit aber bekommen gerade das Thema Haare und ihre Pflege beim Friseur als sozial legitime Praxis der Körperberührung eine besondere Bedeutung, die durch keinen anderen Bereich der (körperlichen) Begegnungen ohne Weiteres zu ersetzen ist" (ebd., S. 63).

Buchner-Fuhs sieht Soziale Arbeit herausgefordert, durchgängig Bedingungen zu schaffen, die Frauen (und Männer) in jeder Lebensphase unterstützen, ihre Formen der Schönheit und Körperlichkeit leben zu können und zu dürfen. „Soziale Arbeit ist hier gefordert, neu und anders über ältere Frauen, ihre Körper und ihre eigensinnigen Schönheitskulturen nachzudenken" (ebd., S. 65). Freiheit im Alter bedeutet in dieser Perspektive so lange wie möglich selbstbestimmt und selbstständig mit den eigenen Haaren umgehen zu können. Damit würde ein wesentlicher Beitrag zur subjektiven Erweiterung der eigenen Spielräume im Umgang mit Schönheit geleistet werden. Der Friseursalon gilt für heute ältere Menschen als Ort der Arbeit am Körper, an der Identität, der Würde und an der sozialen Bewältigung. Soziale Arbeit könnte ihn nutzen als selbstverständlichen Ort der Sozialen Arbeit, um Ansatzpunkte für mehr Selbstbestimmung und Selbstständigkeit im Alternsprozess anzubieten (vgl. ebd., S. 67 f.). Schönheitshandeln geschieht stets in Auseinandersetzung mit den Veränderungen des eigenen Körpers und diese subjektbezogenen erlebten, gefühlten und gesehenen körperlichen Veränderungen werden im sozialen Austausch bewertet. Dafür bietet der Friseursalon als sozialer Ort vielfältige Möglichkeiten, das Praktizieren des Schönheitshandeln und den Austausch bzw. die Bewertung mit sowohl Fachkräften wie auch anderen Kund*innen als positiven Verstärker für eigene Alternsprozesse vorzunehmen (vgl. ebd., S. 65). Der Friseursalon ist für die derzeitige Generation älterer Menschen der zentrale Ort, an dem Schönheit im Alter verhandelt und gleichzeitig hergestellt wird.

Das Beispiel „Friseursalon" stellt über die Studie von Denninger hinaus einen direkten, eher ortsbezogenen Bezug zu Körper, Alter und Schönheit her. In diesen Zusammenhang gehören ebenfalls als weitere zu bearbeitende Dimensionen Fragen nach der Kleidung Älterer und ihrer Farbauswahl. Vor allem in Bezug auf die Farbauswahl wird älteren Menschen zugeschrieben, sich überwiegend in Beige und insgesamt eher unscheinbar zu kleiden. Die folgende Aussage stellt plakativ das Unverständnis eines älteren Mannes über die scheinbar dominante getragene Kleiderfarbe und gleichzeitig so unauffällige Farbe Beige in den Vordergrund.

> „Je mehr ich mich mit dieser Materie befasse, desto weniger kann ich nachvollziehen, wieso meine Altersliga als Generation Beige tituliert wird. Zumal Braun, Beige und ähnlich erdfarbene Töne explizit zu den unbeliebtesten Farben gehören, auch bei den Senioren. Weder Evolutionsspezialisten noch Psychologen oder meine Berufskollegen aus der Markt- und Sozialforschung berichten von einer besonderen Vorliebe zugunsten Beiges. Weshalb, zum empirischen Teufel, tragen dann so viele der reiferen Leutchen all diese schrecklichen beigefarbenen Klamotten, wohin man dieser Tage auch schaut?!" (Fargel 2013, www.magazin66.de/2013/10/das-blaue-wunder-im-alter-warum-tragen-senioren-beige/, Abfrage: 24.07.2018).

Fargel betont sein Unverständnis gegenüber der überwiegend getragenen beigefarbenen Kleidung älterer Menschen und gleichzeitig bleibt offen, welche Farben inklusive Kleidung er für angemessener halten würde. Ob ihm lediglich die Unauffälligkeit oder auch z.B. die Schnitte missfallen, wird nicht thematisiert. Die Erwartung an ältere Menschen, in welchen Farben sie sich kleiden sollten und welche Kleidung ansonsten für altersgemäß eingeschätzt würde, bleibt über diesen Kommentar aus dem Internet ansonsten auch völlig unbeantwortet. Bisher gibt es keine Modeindustrie, inklusive Modehäuser, Designer*innen, Modejournale, die explizit für ältere Menschen Mode herstellen und vertreiben. Es gibt daneben auch kaum eine Auseinandersetzung in weiteren unterschiedlichen Bereichen, die sich mit älteren Menschen befassen oder auch alter(n)sforschungsorientierten Disziplinen. Kleidung gerät eher in den Fokus, wenn alterskleidungsgemäße Normen von „zu viel an Jugendlichkeit" oder „zu viel Haut zeigen" überschritten werden und sie als nicht mehr altersangemessen für die*den Träger*in erscheint. Die „Grenzüberschreitungen" werden jedoch nur im Augenblick ihrer Wahrnehmung bewertet und nicht darüber hinaus generalisiert weit verbreitet.

Sozialer Druck lastet auf älteren Menschen, vor allem jedoch auf älteren Frauen, die von mindestens doppelter Benachteiligung betroffen sind. „The age-specificity […] again highlights the social pressure on older people, especially on older women […]" (Hahmann i.E., S. 4). Die Kleidung älterer Menschen verstärkt entweder Unsichtbarkeit oder verhilft zu einem Zuviel an Sichtbarkeit, wenn sie von dem Gegenüber als zu übertrieben und altersunangemessen bewertet wird. Der Zusammenhang von Kleidung (auch Schnitte und Farben), Alter und Schönheit wurde bisher kaum betrachtet, obwohl Kleidung zu den wichtigsten (konsumierbaren) Dingen gehört. Kleidung wird täglich unmittelbar auf dem Körper getragen, verändert das Körpergefühl und dominiert die Wahrnehmung von Menschen stärker als alle anderen Äußerlichkeiten (vgl. Lehnert 2015, S. 32). Hahmann betont die Bedeutung von Kleidung als Erkennungszeichen für Zugehörigkeiten z. B. zu sozialen Gruppen. Traditionelle theoretische Perspektiven betrachten Kleidung und Mode im Hinblick auf soziale Zugehörigkeiten und sozialen Wandel hin, während die praxeologische Herangehensweise eine Erweiterung auf alle möglichen mit Kleidung verbundenen Praktiken eröffnet, wie z. B. die verwendeten Materialien, die gekleideten Körper oder den Umgang mit Mode. Denn diese verraten etwas darüber, wie Individuen ihre soziale Zugehörigkeit produzieren oder reproduzieren, wie sie z. B. mit ihnen zugewiesenen Körpernormen umgehen.

> „Clothes are important signifiers to show belonging to social groups and so is the act of clothing. While traditional structural perspectives on clothes and especially on fashion offer insights on social stratification and social change, a praxeological approach allows for the implementation of the used material of clothes, the clothed body and other practices that reveal how individuals produce and reproduce their social affiliation or deal with for example societal norms that are related to their body“ (Hahmann i. E., S. 1).

Kleidung auf dem Bügel ist nur Material und ein bloßes, von der Modeindustrie gemachtes, Angebot. Zu Mode wird sie durch die Bedeutungszuschreibung und die Akzeptanz der Konsumierenden, indem Mode getragen und als Inszenierung für die Konsumierenden genutzt wird.

> „Aus der Perspektive des Performativen werden Kleider also in bestimmten – auch diskursiven – Praktiken zu Mode, und sie drücken z. B. Identität oder Geschlecht nicht aus, sondern bringen sie im Vollzug erst hervor. [...] Kleider brauchen Körper und möglichst auch Bewegung. Sie müssen getragen, sie müssen inszeniert werden. Umgekehrt brauchen die Körper Kleider. Die Körper werden ihrerseits von den Kleidern inszeniert“ (Lehnert 2015, S. 30).

Kleidung als Mode bedeutet Distinktion und die dazugehörige Lust zur individuellen Mode. Selbstgestaltung ist die treibende Kraft, obwohl Mode mehr denn je in Nachahmung konstituiert wird. Mode bedeutet Veränderung. Mode ist dabei zeitlicher Dynamik unterworfen, indem schnell Neues als Überkommenes eingeschätzt wird und zum Konsumieren ständig neuer Produkte und Möglichkeiten auffordert (vgl. ebd., S. 31). „Mode lebt von der Idee des Neuen: Alle paar Monate soll die alte Mode der neuen Mode weichen. Mode wird folglich nur, was das Versprechen der Neuheit macht“ (ebd., S. 32). Das Neue in der Mode ist zumeist Behauptung, eher diskursive Hervorbringung über neu auf den Markt geworfene Produkte, deren ästhetischer bzw. sinnlicher Reiz eher nicht neu ist. „Neuheit ist eine Behauptung des Fashion Systems, unterstützt von den Konsumierenden. Neuheit impliziert notwendigerweise Vergänglichkeit“ (ebd.). Gerade noch aktuelle Mode muss zur alten Mode erklärt und entwertet werden, um der neuen Platz zu schaffen. Vor allem solche Kleider werden Mode, wenn sie mit einem gewissen ästhetischen Überschuss ausgestattet sind, und dieser wird oft suggeriert durch die bloße „Neuheit" (vgl. ebd.). Die Schnelligkeit von Mode, um wiederkehrend in zunehmend kürzeren Abständen Neues hervorzubringen und gerade erst Gewohntes hinter sich zu lassen, ist als Aufforderung an die Konsumierenden zu verstehen, sich mit jedem Wechsel ebenfalls neu zu erfinden und extrem flexibel zu sein.

Mode gilt als Spielraum, in dem Neues entstehen oder ebenso gut das Alte affirmiert werden kann. „Mode im Sinne des Umgangs mit Kleidung ist Vollzug, Inszenierung – ist Spiel. Mit Hilfe der Mode situieren und re-situieren Menschen sich – und sei es noch so flüchtig – einerseits sozial, als Individuen in einer Gemeinschaft, aber auch ästhetisch, als Formen in Raum und Zeit" (ebd., S. 34). Mode ist jedoch auch eingebettet in kulturelle und individuelle Zuschreibungsprozesse und den Kleidern wird sozialer, symbolischer und emotionaler Wert zugesprochen. Diese können politisch, ökonomisch und/oder ästhetisch gesteuert sein (vgl. ebd., S. 32). Und dennoch entsteht für kurze Zeit an der Schnittstelle zwischen dem Artefakt, dem Körper, den kulturellen Codes und Imaginationen sowie den individuellen Phantasien eine ganz bestimmte Persönlichkeit. „Mit dem Kleid verkörpern wir uns" (ebd., S. 41).

Hahmann hebt die Bedeutung von Kleidung, sich kleiden und Mode für die Identität hervor. „Clothes, clothing and fashion not only express social class and are symbols of distinction but also reflect and are intertwined with identity" (Hahmann i.E., S. 1). Ihre Perspektive hebt ab auf Kleidung und Mode als soziale Praxis, in der über strukturelle Perspektiven hinaus Verkörperungsprozesse in den Fokus geraten können ebenso wie Materialien, das konkrete Kleidungsstück im Verhältnis zur Struktur, Kultur und dem Individuum. „The paper seeks to strengthen a third way of looking at fashion that has already been established by other authors: the social practices of clothing and fashion. This perspective focuses on embodied processes as well as the material, the actual garment, and its relation to structure, culture, and the individual" (ebd.). Hahmann vermisst die Auseinandersetzung mit der Bedeutung des Körpers in der Mode. Damit sind körperliche Maße, die Vielheit der körperlichen Formen und körperliche Bewegungen gemeint sowie die individuelle Handlung des Kleidens. „We also miss the society's influence on dressing practices, the act of getting dressed. This is especially true for older people and even more for older women who might face several obstacles when it comes to their own needs and wishes but also cultural norms on age-specific fashion and clothing practices" (ebd., S. 3). Außerdem wird die Betrachtung des gesellschaftlichen Einflusses auf Kleidungspraktiken vernachlässigt, vor allem in Bezug auf ältere Menschen. Ältere Frauen sind davon auch noch einmal mehr betroffen, wenn sie bezüglich ihrer kleidungs- und modebezogenen Bedürfnisse und Wünsche auf Hindernisse stoßen, die die gesellschaftlichen Normen ihnen vorgeben.

Beispiel

Die Modeflüsterin

Die „Modeflüsterin" berät im Internet ältere Frauen bezüglich kommender Modetrends und darüber, welche davon für Frauen über 50 Jahren tragbar sind:

> „Bald kommt der Sommer. Und damit kommen kurze Röcke, Spaghetti-Tops und so manche andere, recht freizügige Kleidungsstücke und hippe Trends wieder ins Spiel. Da fragt sich so manche Frau über 50, welche der angebotenen Schnitte und Stile für sie noch tragbar sind. Was geht noch bei Mode 50 plus und was sollte man besser meiden, wenn ein bestimmtes Alter überschritten ist? Was macht alt und was sieht zu jung aus? Gibt es eine Art modische Richtschnur, mit der man stilistische Fettnäpfchen vermeidet?" (vgl. //modefluesterin.de/2016/06/12/8-tipps-fuer-altersgerechte-kleidung-40plus-2/, Abfrage: 18. 05. 2018).

Die „Modeflüsterin" spricht sich gegen jede Form starrer Regelwerke aus und sie hält viele der gängigen Fashionregeln für nur eingeschränkt gültig aufgrund der hohen Individualität von Mode für über 50-jährige Frauen. Viel zu stark würde es von der Persönlichkeit der einzelnen Frau abhängen, welche Looks in welchem Alter noch authentisch wirken. Dennoch behandelt sie die wiederkehrende Frage, welche modischen Ausschweifungen in welchem Alter noch angemessen sind. Vor allem der Sommer bereitet Frauen über 50 Jahren Kopfzerbrechen über altersgerechte Kleidung.

> „Gehören Sie auch zu den Frauen, die mit ärmellosem Top oder kurzem Rock vor dem Spiegel stehen und sich unsicher sind: Kann ich das noch tragen? Dahinter lauert die Angst vieler reiferer Frauen über 50 oder 60 Jahren, sich durch zu viele modische Anleihen in der Jugendabteilung lächerlich zu machen. Oder – im Gegenteil – sich im reiferen Alter in die Unsichtbarkeitsfalle zu manövrieren. Damit Sie nicht ungewollt zum Modeopfer werden, habe ich mir Gedanken gemacht, welche Ratschläge ich Ihnen für altersgerechte Kleidung an die Hand geben kann. Dabei ist mir sehr wohl bewusst, dass jede Frau in diesem Bereich ihre eigenen Regeln festlegt – und immer einmal wieder überprüfen sollte. Denn letztendlich sieht altersgerechte Kleidung bei jeder Frau anders aus" (vgl. ebd.).

Überlegen Sie einmal, welche Tipps Sie einer älteren Frau über 50 Jahren geben würden bezüglich der gestellten Fragen. Sind Ihnen im Sommer schon einmal ältere Frauen als unangenehm oder aufdringlich aufgefallen, weil sie ihre Arme frei zur Schau gestellt oder einen zu kurzen Rock getragen haben? Und es lässt sich berechtigt die Frage stellen: Warum beginnt die Altersgrenze für angemessenes Kleiden bei der „Modeflüsterin" bereits bei 50 Jahren?

Kleidung und auch Mode sind altersabhängig. Am Beispiel von Kinderkleidung lässt sich das sehr leicht zeigen. Größe, Form, Muster und vor allem Farben (z. B. pink für Mädchen und blau für Jungen) lassen sich sofort als typische Kinderkleidung erkennen (vgl. Twigg 2009 nach: Hahmann i. E., S. 7). In den 1950ern konnte der Wechsel vom Jungen zum Mann an der Hosenlänge abgelesen werden: Jungen trugen kurze und Männer lange Hosen. In religiöser Hinsicht lässt sich ähnliches am Kopftuch bzw. Hijab bei Musliminnen erkennen. Sie bedecken ihr Haar mit der Wandlung vom Mädchen zur Frau. Das Tragen eines Kleides ist Frauen vorbehalten, ihre Kleidung ist bunt und überwiegend figurbetont geschnitten. Männer-Kleidung hingegen erscheint funktionaler und insgesamt weniger farbenfroh. „Furthermore, clothes accentuate body parts that are associated with sex differences: The body is so frequently evoked through clothing that we tend to take for granted that the jacket worn by men exaggerates his broad shoulders and décolletage emphasizes a woman's throat and breasts" (Hahmann i. E., S. 6).

Farbvorgaben existieren kulturell bedingt z. B. für die Witwenschaft: Schwarz zeigt an, dass der Ehemann gestorben ist und eine Frau in Trauer lebt. Ein bzw. zwei Generationen vorher war es üblich bei vielen älteren Frauen, das Schwarz auch nicht mehr abzulegen bis zu ihrem eigenen Lebensende. Frauen kleiden sich in der Gegenwart Weiß, um zu heiraten. „Cultural limitations for clothes relate for example to colour schemes with a preference for muted, neutral tones that do not grab attention, such as a bright red would for older adults" (ebd., S. 7). Von älteren Menschen wird eine eher gedeckte, nicht auffällige Farbauswahl erwartet. Ebenso gibt es körperbedingte Vorgaben für alternde Körper: vor allem Arme und Beine sollten bedeckter sein (vgl. Twigg 2009, S. 5 f. nach: Hahmann i. E., S. 7). Damit werden nicht nur soziale Normen in Bezug auf Schönheit repräsentiert, vielmehr werden kulturell hervorgebrachte Reflexionen individueller Einstellungen auf den alternden Körper deutlich. „However, changing clothing practices not only represent social norms of beauty but also (culturally produced) reflections of individual adjustment to the ageing body" (Hahmann i. E., S. 7). Die Farbauswahl älterer Menschen hat jedoch auch noch weitere Gründe.

Wissensbaustein

Alter und Farben

Die Wahrnehmung der Farben verändert sich mit zunehmendem Alter. Die Beziehung zwischen Alter und Farbe ist nicht defizit- oder normorientiert. Ältere Menschen nehmen Farben altersbezogen anders wahr, da aus physiologischer Perspektive die Sehkraft nachlässt und damit die Schärfe der Auflösung. Hintergrund für die Verschlechterung des Sehens im Alter ist das Nachlassen der Optik der Augen. Die Linse verhärtet sich, trübt sich ein und filtert bestimmte Teile des Spektrums heraus. Ältere Menschen können warme rote und orange Töne weniger stark wahrnehmen. „Die Umwelt wirkt dadurch immer kühler. Um die Wärme zu erhalten, suchen alte Menschen daher vermehrt rötliche Braun- und Beigetöne und bevorzugen warme Naturmaterialien wie Hölzer, Sande, Lehme und Ziegel" (Buether 2016, o. S.). Gleichzeitig besitzt jeder Mensch eine Farbherkunft, die über seinen Lebensverlauf bestehen bleibt und mit den Erfahrungen angereichert wird, die er im Verlauf seines Lebens macht. Mit den Erfahrungen verändert sich die Wahrnehmung von Farben. „Wer viel in die Ferne reist oder sich lange Zeit in fremden Ländern aufhält, wird neue Farbkulturen für sich entdecken und wertschätzen. Aber die Kindheitsfarben bleiben immer besondere Farben" (ebd.). Jedes Land und jede Zeit hat ihren eigenen Farb-Kanon, von denen Menschen geprägt werden. Während sie sich Farbwelten aus anderen Kulturen und Ländern gegenüber öffnen können und diese in sich aufnehmen, sind sie der Zeit, in die sie hineingeboren werden, erst einmal ausgeliefert. „Jede Zeit hat ihren eigenen Farben-Kanon. Wir verbinden beispielsweise mit den dreißiger, vierziger und fünfziger Jahren ganz bestimmte Farben, die mit Moden, Trends etc. in Zusammenhang stehen" (ebd.). Gegenwärtig ist mehr Dynamik über das Marketing drin, so dass Farbkollektionen und Moden einander schneller abwechseln. Die herausragende Bedeutung der Farbe zeigt sich auch hier, denn 70 bis 80 % ihrer Energien verwenden Modemarke auf die Farbauswahl. „Menschen kaufen sich etwas Neues, weil sie den Eindruck haben, dass die alten Farben nicht mehr passen – nicht so sehr, weil die alten Sachen abgewetzt sind" (ebd.). Farben gelten als riesige Triebkraft für Veränderung. Farben wirken auf den körperlichen und emotionalen Zustand, auf das Wohlbefinden insgesamt und beeinflussen damit Hormonhaushalt, Stoffwechsel, Atmung, Verdauung, Appetit, Stimmung und Motivation. Farben vermitteln auch Orientierung in sozialen Hierarchien.

Buether hat das Rentnerbeige empirisch nachgewiesen, indem er „Farbmilieus" erstellt hat. Ältere meiden Schwarz und suchen hellere Naturfarben bzw. edlere Versionen von Beige, Violett, Chromoxid, „Schlösser-Farben", leuchtend, aber nicht grell. „Ältere Menschen wollten optisch nicht so laut sein und trügen deshalb gebrochene, ‚abwartende' Farben." Außerdem bestimmt die Branche den Dresscode: Buether berichtet von Student*innen, die ihr Studium bunt beginnen und dann in den jeweiligen Dress-Code ihrer Branche hineinwachsen: gedeckt und dezent für geistige Tätigkeiten, bunter für kommunikative, Wissenschaftler*innen seien in der Regel ‚sehr entfärbt'. Ja, das sei auch Gruppendruck. Nur die Trotzigen bleiben bunt. In der Pubertät, sagt Buether, gebe es oft knallige Fehlgriffe beim Kleiderkauf, Symptom der Suche und der Rebellion. Dann sagt er den schönen Satz: „Erwachsensein ist auch eine Art der Entfärbung" (Diening, www.tagesspiegel.de/themen/reportage/berlinale-100-jahre-technicolor-das-rentnerbeige-ist-wissenschaftlich-belegbar/11328582-2.html, Abfrage: 24. 07. 2018)

Mit der ausgewählten Kleidung inklusive Farbauswahl lässt sich damit einschätzen, in welcher Kultur ältere Menschen leben, ihre angenommene Zugehörigkeit zur Generation Älterer und die Wirksamkeit altersbezogener Kleider- und Farbauswahlnormen. Twigg unterscheidet noch einmal mehr zwischen dem dritten und vierten Lebensalter. Ältere Menschen lassen sich körperbezogen und mit entsprechenden Kleidungsanforderungen unterscheiden in diejenigen nach der Verrentung, deren Muskeln nicht mehr so stark aussehen, deren Haut gealtert ist mit vielen Pigmentflecken und Falten sowie einer Körperschrumpfung und dickeren, formloseren Körpern, während im vierten Lebensalter noch einmal deutlicher altersgesundheitsbezogene Einschränkungen sichtbar werden, wie z. B. Schwierigkeiten beim aufrechten Gehen, steifere und verzögerte Bewegungen und sichtbare Zeichen operativer Eingriffe durch das Entfernen von Körperteilen, z. B. nach einer Brustoperation (vgl. Twigg 2007, S. 290 nach: Hahmann i. E., S. 7).

Moden sagen viel aus über die Kultur, ihr Selbstverständnis und ihre Geschichte, auch über die Konzepte von Geschlecht, Individualität und Privatheit sowie ästhetische Vorlieben. „Mode macht das kulturell variable Menschenbild anschaulich und auf dem Leib spürbar. Insofern ist Mode ein kulturelles Zeichensystem in einem sehr weiten Sinne; sie wird immer ‚gelesen'" (Lehnert 2015, S. 29). Über modisches Handeln bieten sich Spielräume der Selbstgestaltung, so dass Mode nicht zuletzt auch ein ästhetisches Ereignis darstellt (vgl. ebd.). Die Mode gibt jedoch die gesellschaftlichen, kulturell erwarteten Körpermaße vor. Wenn Körper als Folge von Genetik, Alternsprozessen oder Krankheit nicht den vorgegebenen erwarteten Körpermaßen entsprechen, entsteht Abweichung.

> „Non-conform – ‚deviant' – bodies in particular illustrate how the materialistic reality shapes social practices of dressing, for example when they do not fit to standardized sizes for several reasons. But non-fitting clothes are not only uncomfortable; due to the cultural meaning of clothes, non-conformity has social consequences: Bodies that do not conform, bodies that flout the conventions of their culture and go without the appropriate clothes are subversive of the most basic social codes, and risk exclusion, scorn or ridicule" (Entwistle 2000, S. 324).

In den engen Vorgaben von vorgegebenen Kleidermaßen fallen sofort diejenigen auf, denen aufgrund ihrer Körpermaße die Kleidung nicht richtig passt und sie nicht sitzt. Schlecht sitzende oder von der Größe her zu kleine Kleidung hat jedoch zur Folge, Ausschluss, Verachtung oder Lächerlichkeit zu riskieren. Die Anforderungen vervielfältigen sich mit dem Anspruch an modische Kleidung, die mit zunehmend beschleunigten Wechseln in Kleider- und daraus folgend Identitätsfragen aufkommen.

Hahmann hat in ihrer Studie Blogs und Blogspots rund ums „Nähen/Kleidung selber nähen" bezogen auf die Thematisierung der Schwerpunkte „Alter",

„Körpermaße", „Passformen" untersucht und unterschiedliche Strategien zum Nähen und Kleiden älterer Frauen herausgearbeitet (vgl. ebd., i. E., S. 11). Dem älteren Körper wird mit zwei Strategien begegnet. Die eine verfolgt das Konzept des würdevollen Alterns inklusive altersangemessener Kleidung, z. B. längere Säume oder elegantere Kleider, Hosen und Blusen, die in formellen Arbeitsbezügen erwartet werden. Die zweite Strategie setzt auf neutrale, eher unscheinbare Farben und Formen, die gleichzeitig Würde und Eleganz mit Komfort in einer modischen Weise vereint. Beide Strategien lehnen sich nicht gegen vorherrschende alternsbezogene Moderegimes auf. „Home dressmaking in this sense is a way to copy and alter existing dress codes. Alterations includes for example the adjustment of modern sewing patterns with longer sleeves to cover perceived deficits of the ‚ageing flesh' but also personal colour and print choices that explicitly not follow age norms for example by wearing pink, orange, or red" (ebd., S. 14). Aus der Perspektive Hahmanns gilt das Alter als einer von vielen Faktoren, der körperliche Präsens formt und verändert. Daneben gibt es in jedem Alter die Herausforderung, dem eigenen Körper und seinen Formen mit Kleidung zu begegnen, die nicht passt. „In general, the body is conceptualised as something that changes regularly. The processes of change have nonlinear causes and effects. They are for example produced by pregnancies, changing work conditions, diets, chronical diseases and result in weight gain and loss and diverse physical shapes" (ebd., S. 16). In jedem Lebensalter kann sich der Körper verändern und damit die Anforderungen an Kleidung, vor allem auch an modische Kleidung. Wenn der Körper, der gekleidet wird, sich zusehends geltenden Anforderungen an Schönheit und Attraktivität entzieht, stehen ältere Menschen, vor allem Frauen, vor der Entscheidung, welche Anforderungen Kleidung für sie im Alternsprozess erfüllen soll: z. B. Identitätsstiftung, Zugehörigkeit, Würde, saisonales modisches Neu-Erfinden des eigenen Selbst oder das Bedecken alterszugeschriebener Äußerlichkeiten und das möglichst stilvoll.

In einem Interview der „Brigitte Woman" mit Fanny Karst, Modedesignerin für „Mode für ältere Frauen", geht es auch um die Kontinuität von Schönheit und das Bemühen, weiterhin sichtbar zu sein in einer jugendzentrierten Gesellschaft.

Beispiel

Interview mit einer Modedesignerin für ältere Frauen

„*Fanny Karst:* Schon immer hatte ich großen Respekt vor der älteren Generation. Stilvoll gekleidete Frauen fortgeschrittenen Alters faszinieren mich. Oftmals finde ich sogar, dass sie schöne Kleider viel eleganter und mit mehr Anmut tragen, als es jüngere Frauen tun. Insofern wurde mir während meines Studium relativ schnell klar, dass ich für genau diese Damen Mode entwerfen möchte.

Brigitte Woman: Wie sind Ihre Kundinnen?
Fanny Karst: Meine Kundinnen sind sehr cool, selbstbewusst, modemutig und fallen gern mit ihrer Kleidung auf. Sie haben ihre innere Mitte gefunden und sagen: ‚Ich trage, was ich will!'
Brigitte Woman: Leider ist Mode für ältere Frauen oftmals alles andere als modisch und modern, sondern vor allem unscheinbar.
Fanny Karst: Ich glaube, wir befinden uns gerade mitten im modischen Umbruch. Meine Großmutter, die natürlich zur Nachkriegsgeneration gehört, hat sich mit 50 Jahren bereits wie eine alte Dame angezogen. Mit unter der Trockenhaube in Wellen gelegten Haaren und allem Drum und Dran. Meine Mutter wiederum ist mit den Rolling Stones aufgewachsen und hat schon eine ganz andere, viel offenere Einstellung gegenüber Mode und zieht jetzt, wo sie 50 ist, komplett andere Sachen an als ihre Mutter. Die Modeindustrie wiederum ist oftmals noch nicht so weit, das zu erkennen. Leider, denn ich hasse so traurige Farben wie Beige.
Brigitte Woman: Wissen Sie schon, was Sie tragen wollen, wenn Sie 60 Jahre alt sind?
Fanny Karst: Ehrlich gesagt freue ich mich jetzt schon tierisch darauf, 60 zu sein. Ich stelle es mir wie eine Art zweite Freiheit vor: die Kinder sind aus dem Haus und ich kann noch mal neu durchstarten. Schöne, extravagante Kleider werden meine Uniform sein, so dass niemand auf die Idee kommen wird, mich als alte Schachtel zu bezeichnen!" (vgl. Karst/van Houtem 2009 in: www.brigitte.de/woman/mode/stil/interview--fanny-karst-entwirft-junge-mode-fuer-alte-damen-10147118.html, Abfrage: 18.05.2018).

Die Bedeutung der Kleidung bzw. Mode für den Körper, Identität, Attraktivität, gesellschaftliche Zugehörigkeit, Wahrnehmung etc. über alle Lebensalter und Körperformen ist mehr als deutlich geworden. Gleichzeitig hat sich gezeigt, wie stark altersbezogene Dress Codes und das Angebot der Mode-Industrie Alternsprozesse und ihre Sichtweisen auf das Alter verstärken. Die Farbauswahl älterer Menschen, die einerseits mit der physiologisch verändernden Farbwahrnehmung zu tun hat, die Bedeutung der Farbherkunft bzw. dem Farb-Lebenslauf eines jeden Menschen sowie gesellschaftlich zugeschriebener Unauffälligkeit erschweren das Sichtbarbleiben zusätzlich. Mit dem Wissen um die hohe Vielfalt von Körperformen und -veränderungen über den Lebensverlauf könnten Dresscodes stärker in Frage gestellt werden, während die Schnelllebigkeit der Fashion Industrie vor dem Hintergrund von Nachhaltigkeitsfragen noch einmal neu in den Fokus gerät. Mit diesen Perspektiven könnten auch die bestehenden altersbezogenen Modenormen kritisch hinterfragt, abgeschafft und neue geschaffen werden. Zum Körpererleben gehört mehr als zuvor im Leben das Spüren der Endlichkeit, vielleicht auch wiederkehrend für viele gegenwärtig ältere Menschen verbunden mit (Lebens-)Schmerzen.

4.1.2 „Der Tod ist ein absoluter Skandal. Es gibt nur das Leben." (Claude Lanzmann 2018) – (Lebens-)Schmerz und Endlichkeit als ständige Begleiter im Alternsprozess

Der Alternsprozess ist mit körperbezogenen Verlusten verbunden, die neben dem zunehmenden Verlust an Attraktivität, Schönheit und Jugendlichkeit auch den Verlust der selbstverständlichen Leichtigkeit bzw. das „geräuschlose Funktionieren" des Körpers spürbar werden lassen. Mit dem Tod endet der Alterns- und Lebensprozess eines jeden Menschen und die Auseinandersetzung mit dem Tod bzw. dem Sterben als Prozess hin zum Tod kann ebenfalls mit zunehmenden Verlusten beschrieben werden. Die körperlichen Veränderungen bringen Schmerzen mit sich, die biographisch in das tägliche Bewältigen des Alternsprozesses des älteren Menschen integriert werden.

In einer qualitativen Studie zur Schmerzversorgung hochaltriger geriatrischer Patient*innen wurden 68 Personen der Jahrgänge 1920 bis 1935 interviewt und Schmerzbiographien rekonstruiert, die durch die Erinnerungs- und Deutungsarbeit der Befragten sowie die interpretierende Analyse des Erzählmaterials entstanden sind. Die interviewten Männer und Frauen haben die außerordentlichen historischen Umstände der 1940er Jahre erlebt und in ihrer Kindheit und Jugend wurden sie bereits stark körperlich beansprucht. Sie leiden in ihrem hohen Alter an vielfältigen, mit Schmerzen einhergehenden Krankheiten und Behinderungen (vgl. Dreßke/Ayalp 2014, S. 29). Ausgangspunkt der Untersuchung war die Idee, dass sich Lebenserfahrungen auch am Körper wiederfinden lassen als Körpergeschichten und als eingekörperte Ablagerungen von Erfahrungen. Schmerzen dienen dabei als Medium, um biographische Erfahrungen in den Körper einzuschreiben.

> „Erlittene und durchstandene Schmerzen gehen als bedeutsame Markierungen in die Lebensgeschichten Hochaltriger ein. Schmerzen bilden im Körper ein Gegenüber, mit dem Zwiesprache gehalten wird und Erfahrungen aktualisiert werden. […] Das biographisch Erfahrene wird durch Schmerzen markiert und materialisiert sich in den Schmerzen. Schmerzen erhalten aber erst diese Bedeutung, wenn sie ein Gegenüber finden, dass sie versteht, denn hier haben sie einen Sinn, sogar eine Funktion, nämlich Biographisches als Leistung sichtbar zu machen und Vergangenes gegenwärtig zu halten. Der Körper ist ein Erinnerungsort, aber auch ein Ort sozialer Praxis. Das kann er aber nur sein, wenn er erfahren wird, und das heißt, wenn er aktiv ist" (ebd. 2017, S. 227).

Soziologisch betrachtet, sind Schmerzen als Bestandteil eines Interaktionsprogramms zu begreifen, als Schmerzhandeln. Schmerzen gelten als unangenehme Erfahrungen und Sinneswahrnehmungen und mit ihnen wird die Aufmerksamkeit auf den Körper gerichtet. Mit der Möglichkeit zum Schmerzempfinden wird das Überleben des menschlichen Organismus physiologisch bedingt gesichert. Schmerz ist jedoch sozial überformt und unterliegt sozialen Normierungen und Disziplinierungen des Körpers, die sozialisiert werden und kulturellen Deutungen entsprechen. Schmerzen können als spezifisch interpretierter Modus der Körperwahrnehmung und Körperaufmerksamkeit betrachtet werden und sie sind als Grundformen des Wissens über unseren Körper in Handlungs- und Deutungsfelder eingewoben. Schmerzen sind alltäglich stattfindende Bewertungen körperlicher Sensationen und werden entsprechend sozialer Normen ihres Ausdrucks wahrnehmbar. Entsprechend den situativ gebotenen Gefühlsnormen werden sie in alltäglichen Interaktionen durch die Reaktionen des Gegenübers kontextualisiert (vgl. ebd., S. 209).

Lebensgeschichtlich und biographisch Erfahrenes wird als Körpererfahrung inkorporiert und sammelt sich im Körper als explizites und implizites Wissen an.

> „Zu diesen Körpererfahrungen zählen insbesondere Schmerzerfahrungen, die im Laufe des Lebens kumulieren. Schmerzen repräsentieren lebensgeschichtliche Markierungen, die hier zum heuristischen Begriff des Lebensschmerzes zusammengeführt werden. Gegenstand des Lebensschmerzes sind biographische Bilanzierungen und retrospektive Deutungen, die sich in der aktuellen Lebenssituation und auf Lebensentwürfe niederschlagen. Lebensschmerz steht am Schnittpunkt von individueller Körpergeschichte und sozialem Körper und verbindet Vergangenheit, Gegenwart und Zukunft mit kollektiven Anbindungen und kollektiven Deutungen“ (ebd., S. 211).

Die Schmerzbiographien zeigen in Bezug auf die Schmerzsozialisation vom Körper vor allem im Alltag abgeforderte Leistungen. Diese wurden von klein auf erbracht und dafür wurden Schmerzen ausgehalten. Überwiegend wurde in der Familie gearbeitet und der Körper stand im Dienste des Familienkollektivs und generativer Einbindung (vgl. ebd., S. 213). „Der Erwachsenenkörper dagegen ist geformt, hart und stabil – Schmerzen werden zu einem ständigen Begleiter. Schmerz ist an soziale Umstände, an Aufwachsen und Sozialisation in Milieus gebunden. Der Körper wird schon früh trainiert, um Leistungen zu erbringen, und Schmerzen begleiten dessen Formierung“ (ebd., S. 215). Wenn die aktuellen Schmerzen bis hinein in die Kindheit verfolgt werden, erfolgt eine positive biographische Sinndeutung von Schmerzen. Der Schmerz steht als Ausdruck von Lebensleistungen. „Schmerzen werden auch unter widrigen Umständen ertragen. Gerade die Notwendigkeiten harter Arbeit sind es dann, mit denen Schmerzen identifiziert werden und die dem Schmerz seinen kollektiven und sinnstiftenden Charakter verleihen“ (ebd.).

Bei den interviewten Hochaltrigen ging es vor allem in ihren jüngeren Jahren um das Überleben und der Körper musste dafür mitmachen und funktionieren. Dem Körper selbst konnte keine Aufmerksamkeit geschenkt werden und erst im Nachhinein wurden die Schmerzen spürbar. „Aushalten" als Strategie gerät dabei in den Vordergrund eines erzählten Kollektivs, denn in den Erfahrungsberichten fällt das wiederkehrende „Wir" auf. Die männlichen Interviewten beziehen sich vor allem auf Soldatenkollektive, in denen das „Aushalten" gegenüber Gefahren und Härten gefordert und eingeübt wurde (vgl. ebd., S. 216). Mit diesen Bedingungen des Jung-Seins bzw. Aufwachsens fallen die wenigen Berichte über prägnante Episoden, von Wendepunkten oder von Konflikten kaum auf. Die Frauen halten z. B. Geburtsschmerzen für nicht besonders erwähnenswert. „Die Härten der Kindheit, die auch meist als glücklich gesehen wurde, die Notzeiten und Verluste wurden dagegen gut erinnert sowie dann wiederum die aktuellen Situationen als Patienten einer geriatrischen Abteilung" (ebd., S. 222). Die befragten Hochaltrigen verstehen Schmerzen mehr als nur körperlich, sie sehen ihn umfassender als Leid an. Das Leid an den schwierigen Verhältnissen und an Verlusten hat seine konkreten Markierungen am Körper hinterlassen, mit denen das Leben gedeutet werden kann. Deshalb haben Dreßke/Ayalp die Konzeptionierung des Lebensschmerzes vorgenommen.

> „Schmerzmarkierungen werden in der Retrospektive durchaus positiv gedeutet, als Mitgliedschaft, als Aushalten, als Auszeichnung und als Überleben. Denn vieles, was es nicht mehr gibt, findet seinen Niederschlag in den Deutungen des Körpers: das Haus der Kindheit in Schlesien, verlorene Familienangehörige, die Firma, in der jahrzehntelang gearbeitet wurde oder der Ehepartner. Aber vieles konnte auch neu aufgebaut werden, trotz der Verluste. Aushalten kann zu Anerkennung und Gratifikation führen und bedeutet nicht zuletzt die Mitgliedschaft in einem Kollektiv, dessen Werte und Normen geteilt werden. Lebensschmerzen sind die Form der Verkörperung in den biographischen Selbstdarstellungen. Symbolisierungen verlangen auch immer nach materiellen Substraten – das ist in diesen Fällen der eigene Körper, an dem Biographie und Lebenserfahrung gespürt und erinnert werden" (ebd., S. 228).

Mit dem Voranschreiten des Alters häufen sich die Krankenhausaufenthalte, Verletzungen heilen nicht mehr so schnell wie in jüngeren Lebensaltern. Das hohe Alter ist besonders anfällig für Schmerzen und für Gebrechlichkeit. „Gebrechlichkeit aber ist die Not der Inaktivität und eine Krise des Bewegungsregimes des Alltags. Damit besteht die Gefahr, dass Schmerz nicht mehr relativiert wird. Tatsächlich müssen sich Hochaltrige der Herausforderung stellen, sich immer weniger bewegen zu können, ihren Handlungsradius einzuschränken und körperliche Fähigkeiten einzubüßen" (ebd., S. 224). Die untersuchten hochaltrigen Männer und Frauen schließen in der Bewältigung im Umgang mit Krankheit und Gebrechlichkeit an bereits Bekanntes an, indem sie weitermachen und versuchen, Normalität so weit wie möglich aufrechtzuerhalten.

> „Die Motive sind Kontinuität und Gebrauchtwerden. Verständigt wird sich über Schmerzen durch die Fähigkeit, Bewegungen auszuüben, über Können und über Körpertechniken. Schmerz wird dem Bewegungsregime des Alltags untergeordnet. Diese robuste Einstellung gegenüber Schmerzen ist integriert in Vorstellungen über den alternden Körper. Genauso, wie der junge Körper des Kindes und des Jugendlichen wächst, sich aufbaut, widerstandsfähig und flexibel ist, ist der alte Körper durch seinen zunehmenden Verbrauch gezeichnet. Der alternde Körper ist endlich und wird immer weniger, seine Kräfte sind begrenzt, man spürt ihn unangenehm und er wird zunehmend unbeweglich" (ebd., S. 225).

Schmerzen werden dabei nicht unterschieden von den Hochaltrigen zwischen „psychischen" und „physischen" Schmerzen. Vielmehr betrachten sie ihre Schmerzen ganzheitlich als Inkorporation und Erfahrungen des Sozialen. Ihr Schmerz bedeutet für sie Alltag und Alltagsfähigkeit wird dokumentiert. In dieser Deutung wird der Leistungsschmerz hervorgehoben.

> „Leistungsschmerz wird entsprechend der Normen von Belastungskollektiven sozialisiert, ausgehalten, ausgedrückt und sanktioniert. Der Körper und das zugehörige Gefühlskostüm werden so formiert, dass milieutypischen Anforderungen nachgekommen und Tätigkeiten durchgeführt werden können. In diesem Gleichklang der Körper und der Körpererfahrung erfährt sich der Einzelne als bedeutendes Mitglied der Gruppe" (ebd., S. 229).

Das Fehlen von unterstützenden Netzwerken und der Verlust der Alltagsfähigkeiten führen zu einem problematischeren Umgang mit Schmerzen, sie werden z. B. stärker oder sind eben nicht mehr auszuhalten als Dauerzustand. Für die überwiegende Anzahl der Interviewpartner*innen ist der biographische Resonanzraum der verstehenden anderen Menschen um sie herum bereits verloren gegangen. Ehepartner*innen sind gestorben, der Freundeskreis ebenfalls oder aufgelöst, die Kinder kommen selten und die Pfleger*innen des Pflegeheims interessieren sich nicht für die Lebenserzählungen oder haben keine Zeit. Schmerzen können bedeutungsvolle biographische Phasen des Leidens und des Überstehens repräsentieren (vgl. ebd., S. 227). Mit der Lebensphase der Hochaltrigkeit spüren die Interviewten vor dem Hintergrund der zunehmenden Gebrechlichkeit und mit dem näher kommenden Sterben vielleicht zum zweiten Mal sehr konkret die Vergänglichkeit der eigenen Körper. In ihrer Bilanzierung greifen sie auf die Fähigkeiten des Überlebens zurück und aktualisieren die Erinnerungen, weil sie mit dem Existentiellen des Lebens vertraut sind, dessen Grenzen kennen und über seine Abgründe geschaut haben (vgl. ebd., S. 230).

Mit dem Alternsprozess rückt die eigene Endlichkeit und Vergänglichkeit zunehmend näher und näher heran. Die Lebensjahre, die vor einem liegen, sind definitiv unumkehrbar viel weniger an Jahren als die bereits gelebten. Versuche, den Alternsprozess hinaus zu zögern und sich an das „Jung-Sein" zu halten, ermöglicht vielleicht die Verdrängung des eigenen Todes um eine gewisse Zeit, jedoch nicht das Sterben und den Tod selber. Lanzmann, kürzlich verstorbener Regisseur, äußerte sich ganz offen und ehrlich angesichts der eigenen Endlichkeit. „Der Tod ist ein absoluter Skandal", sagte Lanzmann kürzlich. „Es gibt nur das Leben" (www.welt.de/newsticker/news1/article178796936/Todesfaelle-Shoah-Regisseur-Claude-Lanzmann-mit-92-Jahren-gestorben.html, Abfrage: 06.07.2018). Vom Leben aus gesehen, erscheint die Endlichkeit gleichzeitig unvorstellbar und doch unabwendbar. Während mit dem Alternsprozess zunehmend Veränderungen des Körpers als Verluste körper-leiblich spürbar werden, kündigt sich die Möglichkeit der eigenen Endlichkeit zunehmend stärker an. In den letzten Jahrzehnten hat sich das durchschnittliche Sterbealter zwar allmählich nach hinten verschoben, dennoch steht am Ende der letzten Lebensphase, unabhängig davon wie lange sie dauert, wann sie beginnt oder wie sie bewältigt und gestaltet wird, der Tod. Tabelle 4.1 zeigt den Anstieg des durchschnittlichen Sterbealters der letzten 16 Jahre bei den Männern um ca. 5 Jahren und Frauen um ca. 2 Jahre an.

Tab. 4.1: Durchschnittliches Sterbealter seit dem Jahr 2000

Jahr	männlich	Weiblich	Insgesamt
2000	70,73	79,48	75,41
2001	70,9	79,72	75,63
2002	71,18	79,94	75,89
2003	71,42	80,16	76,1
2004	71,53	80,11	76,09
2005	71,91	80,33	76,39
2006	72,18	80,43	76,55
2007	72,49	80,58	76,75
2008	72,89	80,78	77,06
2009	73,2	80,88	77,24
2010	73,45	80,97	77,39
2011	73,74	80,98	77,52
2012	74,21	81,3	77,9
2013	74,55	81,38	78,1
2014	74,71	81,4	78,14
2015	75,06	81,64	78,44
2016	75,19	81,53	78,41

Copyright Statistisches Bundesamt (Destatis) 2018, Abfrage: 24.06.2018

Augustinus hat im 4. Jahrhundert den Tod als die einzige Gewissheit im Leben der Menschen hervorgehoben. Alles andere sei ungewiss.

> „Das Wissen, dass das Leben endet, ist eine universale, kultur- und zeitüberdauernde, anthropologische Grundkonstante, die Individuen und die Gesellschaften, in denen sie leben, in ihrer Existenz bestimmen. Das Dilemma des Menschen als Individuum besteht nun darin, dass er zwar weiß, dass er sterblich ist, aber so lebt, als wäre er unsterblich. Mit dem Tod kann keine Erfahrung gemacht werden, er ist keiner wissenschaftlichen Methode zugänglich" (Colla/Krüger 2013, S. 254).

Benkel betont die Lebensphase zwischen Leben und Tod und hält sie für bisher zu wenig beachtet: die Todesnähe – das Sterben. Aus seiner Sicht wird bei der häufig bemühten dichotomen Gegenüberstellung von Leben und Tod die Phase des Sterbens völlig übergangen. Die Alterung und Vergänglichkeit körperlicher Handlungsbefähigungen machen das Lebensende von einem bestimmten Punkt an auf physiologische, also durchaus spürbare Weise antizipierbar. Mit dem Begriff des Sterbens werden die in unmittelbarer Todesnähe gemachten Erfahrungen und (körperlichen) Erlebnisse terminologisch zusammengeführt unter der Voraussetzung, ein hohes Alter zu erreichen mit einem Körper, der tatsächlich an die Grenzen seiner Vitalität gelangt (vgl. Benkel 2017, S. 277).

Der Mensch lebt und stirbt nur einmal. „Zwischen der Zeit davor und der Zeit danach fungiert der Tod im individuellen Einzelfall als ‚radikale Neuigkeit' (Benjamin 1974, S. 668), bei der sich alle Aspekte der Lebenswelt verändern, weil Lebenswelt selbst zur Sterbens- bzw. Todeswelt gerinnt" (ebd., S. 283). Aus soziologischer Perspektive liegt das Problem in dem Wissen um das Sterben-„Müssen", denn es ist eine nicht-spürbare Tatsache.

> „Selbst ein sehr alter Mensch, der sich womöglich dem Tod nahe fühlt, ist ein lebendiger Mensch, dem das ‚Totsein' fehlt. Seine Antizipation, bald zu sterben, baut auf Erwartungswissen auf, nicht auf einem Körperwissen, das klare Verbindungslinien zieht zwischen dem subjektivem Erleben und einem faktischen Sterbensverlauf. Einen ‚Körperzustand' oder eine ‚Lebensphase' namens Sterben, der/die anhand eines medizinischen Kriterienkatalogs bestimmbar ist, hält die Wissensgesellschaft nicht parat. […] Denn so unbestreitbar gestorben wird, so uneindeutig scheint das Sterben zu verlaufen. Zu dem im Lebensverlauf erlernten Wissen über das Sterben gehört, dass es einen selbst betrifft, weil es andere bereits betroffen hat" (ebd.).

Der Tod betrifft lange überwiegend die anderen Menschen, während er gleichzeitig nur einmal selbst erlebt werden kann, und zwar im Moment des eigenen Sterbens. Der Tod inklusive Sterben findet mit der Zunahme des durchschnittlichen Sterbealters für viele im Zusammenhang von Alter und älter werden statt, so dass über lange Phasen im eigenen Leben vor allem die anderen sterben.

„Die Rolle des selbst Sterbenden wird für gewöhnlich nur eingeübt, wenn sie bis zum buchstäblichen Ende durchgespielt wird; die Rolle eines/einer Hinterbliebenen kann dagegen mehrfach aufgeführt werden. Wenn tatsächlich eine Person des sozialen Umfeldes stirbt, bewirkt dies oft eine Erschütterung der Rahmenkonstellation, dank derer der Alltag ansonsten stabil gehalten wird. Dieser Verlust schwebt dialektisch zwischen Fremdheit und Nähe: fremd ist er, weil man selber überlebt und ein Mitmensch geht, während dieser doch nah genug ist (war?), um dieses Überleben zumindest temporär ‚in den Schatten' zu ziehen" (ebd., S. 283)

Aus der Perspektive der Sozialen Arbeit stellen insbesondere sterbende Menschen und ihre Angehörigen eine notwendige Zielgruppe der Sozialpädagogik dar. Sterbende Menschen sind in ihrer Subjektivität hoch gefährdet und können Probleme haben, sich ihre eigene Situation anzueignen (Winkler 1988 nach: Colla/Krüger 2013, S. 264).

„Auch die Bedeutung des Todes, und vor allem der prozesshafte Vorgang des Sterbens, für die Lebenswelt und den Alltag der Sterbenden, aber auch ihrer Angehöriger und Freunde, lässt sich unschwer erahnen. Soziale Beziehungen erodieren, Räume werden schwerer erreichbar. Die Zeit stellt sich sowohl in der Vergangenheit, die eventuell in bestimmten Aspekten noch nicht verarbeitet ist, als auch in der Gegenwart, die durch gravierende Krankheiten bestimmt ist und der Zukunft, die sich auf den eigenen Tod zu verengen scheint, als problematisch dar (Grunwald/Thiersch 2008, S. 2011)" (ebd.).

Mit der Perspektivierung von Böhnischs Ansatz zur Lebensbewältigung konkretisiert sich das Problem des Sterbens als Herausforderung für die eigene Lebensbewältigung. Möglichkeiten der Bewältigung erschließen sich nicht mehr von alleine, sondern müssen möglich gemacht werden, weil z. B. wichtige soziale Kontakte in der Phase des Sterbens verloren gehen oder die soziale Orientierung schwindet. „Der Wunsch nach sozialer Integration und ‚Normalität' erlischt dennoch in der Regel auch in dieser Lebensphase nicht (Böhnisch u. a. 2004)" (ebd.). Gleichzeitig tritt in Bezug auf Martin Bubers „Der Mensch wird am Du zum Ich" für die*den Sozialpädagogen*in die eigene Sterblichkeit hervor mit Befürchtungen z. B. im Hinblick auf Ungewissheit, Vereinsamung, Erschöpfung, Schmerzen und Krankheitsbildern (vgl. ebd.). Bisher verweigert die Sozialpädagogik jedoch, gleichsam der gesellschaftlich weit verbreiteten, diffusen Berührungsangst mit Sterbenden, die Auseinandersetzung mit Sterben und Tod. Colla/Krüger sehen darin ein Versäumnis und erhebliche Wertminderung der Sozialpädagogik mit ihrem Beitrag zu sozialer Gerechtigkeit und Subjektivität. Die beschworene ganzheitliche Herangehensweise der Sozialpädagogik sollte sich allerdings in genau diesem Punkt bewähren. Ihr Vorschlag für einen ganzheitlichen Ansatz schließt die Integration subjektiver Lebensumstände Sterbender ein, da in der Folge von Säkularisierung, Individualisierung und Pluralisierung individueller Lebensgeschichten der Tod und das vorangehende Sterben als Phase des Lebens betrachtet werden muss. Tod und Sterben sind mit den vorangehenden Lebensphasen verwoben und als solche selbstverständlich sozialpädagogische Aufgabe (vgl. ebd., S. 265).

Körperwissen in Bezug auf Sterben und Tod im Sinne einer Bewusstwerdung körperlicher Mechanismen und ihrer kultureller Einrahmungen beinhaltet über das unvermeidliche wie unerwünschte „Sterben müssen" hinaus eine dem Tod vorgelagerte Phase des hohen Alters. Jugend und mittleres Lebensalter scheinen von der Bedrohung des Sterbens durch ihre relative Distanz zu den späteren ‚todesnahen' Altersphasen abgeschirmt zu sein. Mit dem empirisch abgesicherten Wissen um die zunehmend späteren durchschnittlichen Sterbealter verwandelt sich der Hoffnungsschimmer, erst im hohen Alter zu sterben, mit jedem erreichten Lebensjahr im Alter in die Hoffnung, noch älter zu werden. Benkel fragt sich, ob die ‚Lebenshungrigen' überhaupt je an den Bilanzierungspunkt kommen, an dem es genug ist und ausreicht (vgl. Benkel 2017, S. 286).

Den Tod als ‚Körperzustand' oder sogar als Ablöseinstanz der Lebenswelt in die Gesellschaft zu integrieren, gehört zu einem weiteren wesentlichen Punkt in den Überlegungen Benkels. Aus seiner Sicht wird Sterben traditionell weitaus stärker als Thema der Medizin oder Religionen bzw. Theologien verstanden und weniger als Problem des sozialen Umgangs. Das hat mit der Stellung des Körpers zu tun, da er im medizinischen Zusammenhang vollständig ins Zentrum gerückt und z. B. im postreformatorischen Christentum für eine gewisse lange Frist „ausgeschaltet" wird, da mit dem Lebensende der Seele Vorrang eingeräumt wird gegenüber dem Körper. Der Körper ist in jedem Fall deutlich positioniert. Routinen im Umgang mit dem alternden/kranken/sterbenden und erst recht mit dem toten Körper stehen jedoch nur bedingt fest und werfen deshalb regelmäßig neue Fragen auf. Keineswegs „eindeutig" erscheint der Umgang mit dem Tod z. B. im Krankenhausalltag (vgl. ebd., S. 291).

> „Besonders bemerkenswert ist das Hospiz, da es als eine Domäne rational eingestandener Todesnähe auftritt. Wer hier lebt, wird woanders nicht mehr leben – und die Patienten sind sich der Sackgasse bewusst, in der sie, oft hochbetagt, ihre letzten Lebenschancen aufbrauchen. Nirgends wird deutlicher als hier, dass es zum Wissen über den Körper dazugehört, dieses Wissen auch ignorieren zu können" (ebd., S. 292).

Die Soziologie bezeichnet Situationen als die Produktivkraft des Nichtwissens, wenn extreme Umstände, unabhängig davon, ob subjektiver oder gesellschaftlicher Natur, in denen relativ verlässliches Wissen unbewusst oder absichtsvoll aus dem Fokus gerät. Der Tod eines Mitmenschen z. B. wird von einem Kanon sozialer Normen begleitet, während es kaum Strategien gibt, die als „angemessener" Umgang mit dem eigenen Sterben bekannt sind. Nur eines scheint sicher festzustehen. Die Sterbenden stammen zumeist aus der Gruppe der Alten (vgl. ebd.). „Das Altern und der alternde Körper stellen die Weichen für das Sterben. Das hohe Alter leitet indes nicht über in die ‚neue' Phase der Todesnähe, sondern aktualisiert immer schon vorhandene Bezugspunkte" (ebd., S. 298). In Rückbezug auf Max Schelers Befund zum Zusammenhang von „Tod und Fortleben", steht der Tod nicht am realen Ende des Lebens. Vielmehr begleitet er das ganze Leben als Bestandteil all seiner Momente (vgl. Scheler 1957, S. 26 nach: Benkel 2017, S. 298). Dabei findet Sterben und Verstorbensein in gesellschaftlichen Rahmungen statt, deren Referenzcharakter über Wissensvermittlungsprozeduren erlernt wird.

> „Das Wissen, welches mit den körperlichen Vorgängen des Lebensendes abgerufen, angewendet, zunehmend aber auch in Frage gestellt wird, ist gleichsam nicht ein ‚Bilanzwissen' mit letztgültiger Richtigkeit, sondern ein notwendig flexibles, notwendig revidierbares Vorläufig-Wissen; es wird nicht am toten oder sterbenden Körper abgelesen, sondern ihm zugeschrieben" (Benkel 2017, S. 298).

Jeder Mensch wird es erst als Wissen erkennen, wenn er in die Situation des Sterbens konkret hineingerät.

Nach dem Sterben und mit dem Eintreten des Todes gilt der Körper als Leiche. Als solches ist sie Überrest und wird deshalb beerdigt. „Sie ist nicht genügend weit weg vom Menschen, um einzig als Sache betrachtet zu werden, aber auch nicht mehr nah genug, um noch physische Präsenz zu erhalten" (ebd., S. 297). Leichen finden unter der Erde ihre letzte Ruhestätte und lösen sich unter der Erde aufgrund biochemischer Vorgänge auf oder sie werden eingeäschert.

> „Diesem ersten Körper steht der zweite Körper gegenüber. Dabei handelt es sich um den lebendigen Leib, der in der Erinnerung der Hinterbliebenen visualisiert und erfahren wird. Sein aktives Handeln, seine Bewegungen, die Berührungen, Geruch und Stimmfarbe, körpersprachliche Eigenheiten usw. sind ein Gegenentwurf. Kognitiv konstituiert oder auch durch Bilder, Texte und andere Referenzen gegenwärtig gemacht, stellen die Erscheinungsformen des zweiten Körpers eine mehr als nur physiologische Präsenz provisorisch wieder her. Im Rückblick auf die Lebenswelten der Toten erscheinen diese nämlich nicht als Tote, sondern als lebendige Akteure. Der zweite Körper ist somit mehr als nur Körper: Er bündelt die (ohnehin hochgradig unzuverlässige, weil subjektiv-prozesshafte) Erinnerung an eine Person (genauer: an intersubjektive Erfahrungen) an ihre leibhaftige Gegenwart. Der zweite Körper ist, als Image der Lebendigkeit, die Stellvertretung der Person selbst" (ebd.).

Dabei werden Fotografien, Zeichnungen, Gravuren, Statuen der Verstorbenen an Grabsteinen oder als Grabsteine eingesetzt. All diese Stellvertreter illustrieren die Unsichtbarmachung eines Körpers, der so ausgesehen hat und nun angesehen werden kann. Körper können gewissermaßen als soziale Adresse eines Menschen betrachtet werden, so dass das Abbild des zweiten Körpers die Unsichtbarkeit des ersten verhindert und die vergangene Gegenwärtigkeit der verstorbenen Person sinnbildlich hervorgebracht wird (vgl. ebd.).

Der Zusammenhang von Körper und Altern hat Schwerpunktsetzungen im Bereich Umgang mit Verlusten aufgezeigt, die vom Verlust körperlicher Selbstverständlichkeiten, wie z.B. Attraktivität, Schönheit bis hin zum Sterben und Tod reichen, bei dem Schmerz als ständiger Begleiter dabei sein kann. Die Begriffskategorie „Verlust" scheint für Soziale Arbeit grundlegend als theoretische Herausforderung und dieser sollte vor allem in der Lebensphase Alter mehr sozialpädagogische Beachtung geschenkt werden, wenn Verluste gehäufter allmählich selbstverständliche Begleiter werden und im Alltag zu balancieren sind (vgl. Krüger 2017, S. 523). Die Netzwerke und sozialen Kontakte älterer Menschen und ihre Ideen, Wünsche und Erfahrungen schließen sich direkt an, da Leib-Körper Vorstellungen mit Ansprüchen an Liebe, Sexualität und Geselligkeit verbunden werden können.

4.2 Soziale Netzwerke älterer Menschen – Ansprüche und Wünsche an Partner*innen, Freund*innen, Nachbar*innen in Bezug auf Geselligkeit, Liebe, Sexualität und Unterstützung

Vor einigen Jahren stachen folgende Geburtstags- und Kontaktanzeigen in zwei unterschiedlichen Zeitungen außerordentlich heraus. Die Geburtstagsanzeige tauchte in einer kleinstädtischen Tageszeitung anonym mit folgendem Inhalt auf: „Ich gratuliere mir heute zu meinem 74. Geburtstag" (Lüneburger Landeszeitung, 17.12.2011). Einige Jahre früher fiel eine Kontaktanzeige in einer überregionalen Wochenzeitung mit folgendem Text auf:

> „Intellektueller, antikonservativoid, 170 cm, 69 kg, 79 Jahre, verwitwet, sehr einsam, promov., veritabl. Journalist, witzig und sanft (Krebs), mit dieser letzten Offerte im Schlussverkauf (Sale) günstig abzugeben an Sie, schlau, herzenswarm, gutmütig, mit Sinn für Satire und andere Weisheit, die zu mir ziehen in schö. Haus Raum N. erwägen könnte (nicht Bed.)" (Die ZEIT 2007).

Beide Anzeigen sind außergewöhnlich. In der Geburtstagsanzeige macht ein älterer Mensch öffentlich auf seinen Geburtstag aufmerksam. Eigentlich gratulieren einem eher Menschen aus dem sozialen Netzwerk über eine Zeitungsanzeige und für gewöhnlich nicht anonym. In der Kontaktanzeige aus dem Jahr 2007 sucht ein Mann an der Schwelle zur Hochaltrigkeit in der Wochenzeitung

„Die Zeit" nach einer letzten Liebe bzw. preist er sich als „letzte Offerte im Schlussverkauf" und hofft auf einen gemeinsamen Lebensabend, gemeinsam verbrachte Zeit mit Satire und Weisheit im Sinn. Vielleicht hat er einfach keine Lust mehr auf das Single-Dasein oder vielleicht setzt er auf Versorgung durch eine Frau im Falle eintretender Hilfe- und Pflegebedürftigkeit. Auf jeden Fall jemand, der mutig voran sich als sehr einsam bezeichnet und für seine letzten Lebensjahre nach einer Gefährtin sucht, die mit ihm das Leben in der Hochaltrigkeit (80+) gemeinsam bewältigt und gestaltet.

Zwischen der Möglichkeit, sich selber eine Geburtstagsanzeige in der Regionalzeitung zu schenken oder sich als sehr einsamer älterer Mann aktiv um eine Partnerin zu bemühen, zeigen sich auf zweierlei Art die Bedeutung von Netzwerken im Alter. „Soziale Netzwerke begleiten die Entwicklung eines Menschen ein Leben lang" (Lang 2005, S. 41). Menschen zeigen von Geburt an und lebenslang ein hohes Streben nach sozialen Bindungen und dennoch erscheint ungeklärt, in welcher Weise Individuen ihre soziale Umwelt über den Lebensverlauf hinweg beeinflussen und gestalten können. Beziehungsgestaltung bezieht sich auf Verhaltens- und Erlebensweisen, Auswahl, Aktivierung, Fortsetzung, Veränderung oder Beendigung der Beziehung (vgl. ebd., S. 50). Ziele und Beziehungsorientierungen beziehen sich einerseits auf Ziele der sozialen Wirksamkeit, die auf die Autonomie, Selbstbestimmung, Individualität und Kontrolle sozialer Ereignisse gerichtet sind und andererseits auf soziale Integration und Verbundenheit des Individuums (vgl. ebd., S. 53). Die Zusammensetzung persönlicher Netzwerke lässt sich als Ergebnis individueller Anpassung von Individuen an die Aufgaben und Anforderungen ihrer jeweiligen Lebensphasen darstellen. Menschen lernen im Laufe des Lebens, ihre Beziehungsumwelten so zu gestalten, dass diese in Einklang stehen mit eigenen Bedürfnissen und Zielen (vgl. ebd., S. 49). Soziale Beziehungen bilden für Individuen den Bezugsrahmen des Vergleichs und der Bewertung des eigenen Erlebens und Verhaltens, denn durch die Menschen, von denen jemand umgeben ist, kommt die Welt zu ihm und durch die Beziehungen lernt man die Welt kennen. Sie lassen sich als persönliche Netzwerke kennzeichnen, die ihrerseits eingebettet sind in soziale Netzwerkstrukturen (vgl. ebd., S. 56).

Veränderungen sozialer Beziehungen des Menschen bringen bedeutsame Herausforderungen für deren weitere Entwicklung im Lebenslauf mit sich. Übergänge und Ereignisse im Lebenslauf werden häufig überhaupt erst durch die damit einhergehenden Netzwerkveränderungen definiert. Eheschließung, erste Elternschaft, Scheidung oder Verwitwung, jedoch auch andere Entwicklungsübergänge, wie etwa die Einschulung, Berufseintritt oder auch Verrentung, bewirken erhebliche und unausweichliche Netzwerkveränderungen. Die Bewältigung dieser Lebensereignisse besteht in der Aufgabe, die Sozialbeziehungen in der Folge neu organisieren oder strukturieren zu müssen (vgl. ebd., S. 41). Familiale und außerfamiliale soziale Beziehungen nehmen grundsätzlich eine zentrale Rolle ein bei der Flankierung von Bruchstellen oder Neuorientierungen mit Blick auf normative und non-normative Lebensereignisse im Lebenslauf für Menschen jeden Alters. Soziale Beziehungen stellen einerseits Bewältigungsressourcen dar, eröffnen (Handlungs-)Möglichkeiten und transportieren soziale Unterstützung. Otto betont die hohe Konstanz sozialer Netzwerke, die im Sinne des social convoy (Kahn/Antonucci 1980 nach: Otto 2011, S. 1381) auch über lebensgeschichtliche Brüche und Altersgrenzen hinausweisen. Sie können jedoch auch als Verpflichtungen und als Einschränkungen des Bewegungsspielraums (z.B. bei Pflegeverantwortlichkeit) erlebt werden, wobei hier starke geschlechtsspezifische Unterschiede zu berücksichtigen sind (vgl. Otto 2011, S. 1381). Soziale Beziehungen können kollegiale, freundschaftliche, partnerschaftliche oder verwandtschaftliche Beziehungen sein, die alle anfechtbar und verletzbar sind. Doch selbst unter widrigsten Umständen erweisen sie sich häufig als stabil und beständig. Viele Beziehungen, so Lang, bestehen sogar nur fiktiv, ohne dass der andere Beziehungspartner davon Kenntnis hat oder dass es den anderen Partner überhaupt gibt. Diese fiktive Beziehung kann dennoch sehr real erlebt werden.

Im Lebenslauf gibt es einen kontinuierlichen Wandel in Bezug darauf, ob Individuen in spezifischen Sozialbeziehungen an Wirksamkeits- oder an Bindungszielen orientiert sind. Diese beiden sind die zentralen Inhalte menschlicher Motivation, sie stehen im dynamischen Wechselspiel zueinander und sind abhängig von den persönlichen Ressourcen des Individuums (vgl. Lang 2005, S. 55). Wenn die Wirksamkeitsorientierung im Vordergrund steht, zieht dies größere Netzwerke nach sich, die Zukunft erscheint offen und unbegrenzt. Die Bindungsorientierung zeigt sich überwiegend bei älteren Menschen, die kleinere Netzwerke bevorzugen (vgl. ebd., S. 58). In der ersten Lebenshälfte nimmt die Anzahl der Sozialbeziehungen stetig zu und in der zweiten Lebenshälfte stetig ab (vgl. ebd., S. 44).

Das Interesse Sozialer Arbeit liegt in der Frage, durch professionelle netzwerkbezogene Interventionen lebensweltliche Unterstützungspotenziale, insbesondere von Individuen, Gruppen oder dem Gemeinwesen zu stärken. Das soziale Netzwerk bezieht von informellen bis zu formellen sozialen Beziehungen sowohl strukturelle wie auch inhaltliche Formen mit ein. Zentrale Frage dabei ist, ob und in welcher Weise und unter welchen Bedingungen soziale Netzwerke ein Potenzial an sozialer Unterstützung für Personen darstellen, ob Unterstützungsleistungen zustande kommen und welche Wirkungen registriert werden können. Die soziale Unterstützung kann dabei auf unterschiedlichste Inhalte und Situationen bezogen sein (vgl. Otto 2011, S. 1377). Sozialer Arbeit kommt dabei eine zentrale Funktion zu, da sie Angebote macht, die über ein an Biographie, Lebenslage und Lebensweisen orientiertem Zusammenspiel versucht, Hilfen zu vernetzen, Kontinuitäten und Ansprechbarkeit zu sichern und somit die Anschlussfähigkeit an Lebenswelt und Alltag zu gewährleisten (vgl.

Kardorff 2002, S. 356 nach: Otto 2005, S. 89). Lebensweltbezogene Konzepte weisen Bezüge zu sozialen Räumen auf. Die Lebenswelt hat ihren Ausgangspunkt im Alltag als einem wiederkehrenden eingeschliffenen Ablauf, so dass die Möglichkeit, in sozialer Alltäglichkeit routinemäßig handeln zu können, unter Inanspruchnahme materieller und sozialer Unterstützung entsteht sowie im Wissen um die Verlässlichkeit der Lebensbedingungen. Soziale Arbeit trägt dazu bei, soziale Unterstützung im sozialen Nahraum und in der Alltäglichkeit des Einzelnen herzustellen und zu sichern (vgl. Otto 2005, S. 87). Otto bezeichnet dies als Vermittlung netzwerkbezogener Kompetenz und darunter ist die Fähigkeit zu verstehen, tragfähige Netzwerkstrukturen aufbauen zu können, diese im Zusammenhang sich verändernder Möglichkeiten und Bedürfnisse zu pflegen und im Sinne eines Unterstützungsnetzwerks als Ressource aktiv und pfleglich zugleich zu nutzen (vgl. ebd., S. 98).

4.2.1 Soziale Netzwerke älterer Menschen – Partner*in, Kinder, Verwandte, Freund*innen, Nachbar*innen und Bekannte

Mit dem Sozialen Netzwerk älterer Menschen ist die Vielzahl ihrer sozialen Beziehungen gemeint, die sie in unterschiedlicher Art und Weise zu Partner*innen, Kindern, Nachbar*innen, Freund*innen und ehemaligen Arbeitskolleg*innen in unmittelbarer Nähe und über größere Entfernungen hinweg haben und mit unterschiedlicher Intensität gestalten und pflegen. Soziale Beziehungen haben für Menschen eine hohe Bedeutung. Sie entscheiden über Eingebunden Sein und Austausch eines jeden in einer Gemeinschaft. Zudem sind in sozialen Beziehungen gegenseitige Entlastungs- und Unterstützungsfunktionen enthalten. Mit fortschreitendem Alter wird das soziale Netzwerk kleiner, die Anzahl und Intensität sozialer Beziehungen nimmt unter Umständen ab.

Wissensbaustein

Primäre und sekundäre Netzwerke

Soziale Beziehungen eines Menschen lassen sich in primäre und sekundäre Netzwerke einteilen: Zum primären Netzwerk gehört das familiäre Netzwerk, bestehend aus Eltern, Kindern und/oder Geschwistern, das verwandtschaftliche Netzwerk, das Großeltern, Enkel, Tanten, Onkel, Kusinen und Verwandtschaftsmitglieder dritten und vierten Grades umfasst, das freundschaftliche Netzwerk sowie das nachbarschaftliche Netzwerk.

Sekundäre Netzwerke umfassen soziale Institutionen wie z. B. Kindergarten, Schule, Hochschule, Arbeitsstelle, Geschäfte, Vereine, Freizeiteinrichtungen. Netzwerke haben hohe Bedeutung für Menschen, da sie Kontaktmöglichkeiten und Unterstützungspotenziale beinhalten und somit Garanten für eine hohe Lebensqualität sein können (vgl. Bullinger/Nowak 1998). Bei der Betrachtung von Netzwerken wird der Fokus auch auf organisationelle Netzwerke gerichtet. In der Netzwerkforschung wird über das personenzentrierte Netzwerk hinaus das organisierte Netzwerk eines Gemeinwesens betrachtet, um über die Binnenwirkungen sozialer Unterstützung Notwendigkeiten zur Einschätzung und bei Bedarf die Gestaltung neuer Angebote und Maßnahmen in den Blick zu bekommen (vgl. Otto 2005, S. 101). Grundlegende Bedürfnisse werden durch soziale Netzwerke aufgefangen. Sie reduzieren Belastungen, beeinflussen Stressbewältigungsprozesse positiv und ermöglichen Bindungen zu anderen Personen. Sie geben Sicherheit, fördern das Selbstwertgefühl und die Identität. Ein qualitativ hochwertiges Netzwerk hat aktive Beziehungsgestaltung zur Voraussetzung (vgl. Röhrle 1994; Stimmer 2000).

In Bezug auf den Zusammenhang sozialer Beziehungen und Alternsprozesse war bisher bekannt, dass sie sich mit zunehmendem Alter verändern: Ältere Menschen verlieren mit zunehmendem Lebensalter Kontakte und Beziehungen, die für sie seit vielen Jahren und Jahrzehnten selbstverständlich waren. Verschiedene Untersuchungen zeigen, dass die Netzwerke älter werdender Menschen kleiner werden: 35- bis 49-Jährige unterhalten etwa 20 bis 35 Sozialbeziehungen, 65- bis 84-Jährige etwa 9 bis 18 Beziehungen und über 85-Jährige etwa 5 bis 8 Beziehungen (vgl. Lang et al. 2005 nach: BMFSFJ 2005). Lang et al. gehen davon aus, dass sich der Freundeskreis reduziert und weniger eine lebenslange Kontinuität eines kleineren Freundes- und Bekanntenkreis die Ursache darstellt. „Die Anzahl der Kontakte zu Freunden und Bekannten nimmt, als Durchschnittswert gesehen, im hohen Alter ab. Dafür gibt es mehr oder weniger banale Gründe: Tod Gleichaltriger, Pensionierung, Einschränkung des Aktionsradius (Gesundheit, Finanzen etc.)“ (Lang 2000, S. 143). Dazu kommen Faktoren, die sowohl theoretisch wie sozialpolitisch als solche gelten, die objektive soziale Isolation und subjektive Vereinsamung befördern, z. B. unfreiwilliges Alleinleben durch Verwitwung oder Scheidung, Kinderlosigkeit, Heimaufenthalt oder Hochaltrigkeit (vgl. Mayer/Baltes 1996; Lang 2000, S. 142). In einer Schweizer Studie, die an zwei unterschiedlichen Standorten durchgeführt wurde, zeigt sich jedoch eine signifikante Ausweitung des Freundschaftsnetzes zwischen 1979 und 1994; während 1979 38 % der 65-Jährigen und älteren Menschen keine engen Freunde nannten, waren es 1994 nur noch 23 % im Zentralwallis; in Genf ließ sich ähnliches beobachten: Der Anteil älterer Menschen ohne enge Freunde fiel dort von 37 % auf 19 % im gleichen Zeitraum. Der Trend im Alter geht also zu einer Aufwertung von Freundschaftsbeziehungen, denn der Anteil an 75- bis 79-Jährigen ohne enge Freunde sank von 1999 bis 2007 von 26 % auf 16 % (vgl. Höpflinger 2009, S. 13). Höpflinger erwartet, dass Freundschaftsbeziehungen im höheren Lebensalter weiter an Bedeutung gewinnen werden (vgl. ebd. 2009, S. 14). Die Erkenntnisse der Berliner Altersstudie brachten 1996 hervor, dass 64 % der alten Menschen mindestens einen Freund haben, 49 % haben Bekannte und 29 % rechnen mindestens einen Nachbarn zu ihrem Netzwerk. Auffällig ist, dass lediglich der Anteil alter Menschen, die mindestens einen Freund haben, mit dem Alter und den Lebensbedingungen deutlich variiert. So haben 69 % der 70- bis 84-Jährigen mindestens einen Freund, aber nur 43 % der 85-Jährigen und Älteren. Heimbewohner haben deutlich seltener Freunde als alte Menschen, die in Privathaushalten leben (34 % versus 66 %). In Bezug zum Familienstand zeigt sich, dass Ledige am häufigsten einen Freund in ihrem Netzwerk angaben (76 %), gefolgt von den Verheirateten (67 %) sowie den Verwitweten (61 %) und Geschiedenen (61 %). Die Kontakthäufigkeiten zeigen die große Bedeutung von Freund*innen im Alter, denn die Freund*innen werden im Durchschnitt alle neun Tage getroffen (vgl. Mayer/Baltes 1996). Untersuchungen zeigen eine durchschnittliche Netzwerkgröße von acht bis elf Personen bei älteren Menschen, dabei verfügen ältere Frauen über größere Netze als Männer.

Die Erkenntnisse bezüglich der abnehmenden Netzwerkgröße mit zunehmendem Alter erscheinen uneinheitlich. Je nach Rollenaktivität wird der jeweilige Kontakt kontinuierlich weitergeführt oder abgebrochen. An der Reduktion sind ältere Menschen selbst beteiligt, sie entscheiden über den Wegfall der Beziehungen, und zwar mit Blick auf die Bedeutsamkeit und Emotionalität der Beziehung. Für Hochbetagte 85- bis 104-Jährige zeigt sich, dass emotional bedeutsame Beziehungen wichtiger sind als funktionale und eher emotional unbedeutende. Durchschnittlich vier Personen werden genannt, zu denen eine enge Beziehung besteht. „Alte Menschen geben diese emotional weniger wichtigen Beziehungen eher auf und konzentrieren sich auf die bedeutenden, so dass sie letztendlich ein kleineres soziales Netz als jüngere Ältere (70- bis 84-Jährige) haben" (Otto 2005, S. 455). Beachtenswert erscheint die Erkenntnis, dass ältere Menschen häufig Kontakte zu emotional nahestehenden Familienangehörigen oder Freunden im Alter bevorzugen, während andere Kontakte und Beziehungen mit weniger nahestehenden Personen freiwillig aufgegeben werden (vgl. Lang 2000, S. 142). Für ältere Menschen müssen Kontakte als emotional gehaltvoll oder sinnstiftend erlebt werden und wenn dies nicht zutrifft, wird der Kontakt mit anderen als belastend empfunden. Ältere Menschen orientieren sich, so Langs Vermutung, an unmittelbaren Erfahrungen und Gewinnen des Umgangs mit anderen und stellen andere soziale Kontakte zurück. Dieser Rückzug könnte in der Umgebung als sozialer Rückzug gedeutet werden.

> „Eine gute soziale Einbindung und soziale Wirksamkeit älterer Menschen kann insbesondere dort erreicht werden, wo die bestehenden sozialen Beziehungen durch emotionale Nähe, Intimität, Vertrauen und Gegenseitigkeit gekennzeichnet sind. Entscheidend ist hierbei, dass die geleistete soziale Unterstützung dazu geeignet ist, die Selbstständigkeit und Wirksamkeit der älteren Menschen zu fördern" (ebd., S. 146).

Die Anzahl des angenommenen verlässlichen Hilfepotenzials wird bei den 50- bis 54-Jährigen auf 2,1 reale Helfer*innen und ab 70-Jährigen auf 1,6 Personen eingeschätzt (vgl. Otto 2005, S. 456). Wichtige Differenzierungen richten sich auf den familialen Anteil der Netzwerkbeziehungen und die Generationenzusammensetzung. Fast alle Analysen sozialer Stützsysteme kommen zu dem Ergebnis, dass fast immer Familienangehörige zu den wichtigen Personen des sozialen Unterstützungsnetzes zählen. In ihnen liegt ein ganz besonderes Potenzial, weil sie mehrheitlich mehrere Generationen und unterschiedliche Erfahrungsräume einbeziehen. Familienexterne Netzwerke Älterer dagegen sind sehr stark altershomogene Netzwerke und bauen auf Ähnlichkeit oder Gleichheit bezüglich des Bildungsniveaus, Geschlechts und der sozialen Stellung (vgl. ebd., S. 457). Ältere Menschen, unabhängig ihres Alters, haben Bedürfnisse nach sozialen Beziehungen und Bindungen mit Gleichaltrigen, die sie suchen und leben wollen. Darüber hinaus könnten sich diese sozialen Bindungen auch zu wechselseitigen Hilfe- und Unterstützungspotenzialen entwickeln, doch diese Möglichkeit steht nicht bewusst im Vordergrund. Informelle soziale Beziehungen sind nicht einfach substituierbar, so die These der funktionalen Spezifität. Hilfeleistungen haben bestimmte zeitliche und räumliche Merkmale, die wiederum für bestimmte Beziehungen typisch sind. Verwandte helfen angemessen bei Aufgaben, die die Lebensgeschichte des Hilfebedürftigen voraussetzen bzw. die den Intimbereich des Hilfebedürftigen betreffen. Nachbarn sind für Aufgaben geeignet, die Präsenz in und Wissen über die Wohngegend sowie schnelle Reaktionszeit erfordern. Freunde sind bei Aufgaben geeignet, für die der „peer group status" und Gemeinsamkeiten bzw. Ähnlichkeiten von Erfahrung eine Rolle spielen (vgl. Hollstein 2001 nach: Petermann 2005, S. 203). Im Fünften Altenbericht wurde 2005 die Bedeutung flüchtigerer Beziehungen wie Bekanntschaften für die zweite Lebenshälfte hervorgehoben. Bekanntschaften, die im frühen oder mittleren Erwachsenenalter als mögliche Freundschaften erlebt werden, stellen für älter werdende Menschen über Alltagskontakte hinaus Möglichkeiten dar, sich als kontinuierlich zu erleben, indem über Erinnerungen an die eigene Vergangenheit das Erleben persönlicher Kontinuität eröffnet wird (vgl. BMFSFJ 2005).

Kompensationsüberlegungen zu verloren gegangenen sozialen Beziehungen sieht Lang als problematisch an, da Menschen ihre jeweiligen alltäglichen sozialen Beziehungen, ihre Freundschaften, Bekanntschaften oder Verwandtschaften als einzigartig und einmalig wahrnehmen.

> „Dabei spielt insbesondere eine Rolle, dass die Lebenszeit begrenzt ist und mit zunehmender zeitlicher Dauer eine Beziehung zu einem unverwechselbaren und konstituierenden Element der Biographie der Beteiligten wird, welches nicht durch andere Beziehungserfahrungen ausgetauscht werden kann. Zum zweiten werden soziale Beziehungen auch durch ihre sozialen Rollen definiert (z. B. Elternschaft, Ar-

beitskollege, Schulkamerad), ganz ungeachtet davon, ob die mit diesen Rollen einhergehenden Rollenerwartungen bzw. Funktionen eingehalten werden oder nicht (z. B. bei Vernachlässigung der Kinder durch die Eltern). Drittens schließlich sind Beziehungen auch über Merkmale des Interaktionsverhaltens zwischen den Partnern beschreibbar, also im Hinblick auf deren Kontakthäufigkeit, Wechselseitigkeit oder funktionale Vielfalt" (Lang 2005, S. 49).

Otto betont, dass die sozialen Netzwerke auf der Ressourcenseite des älteren Menschen stehen und deren Veränderung quantitativ-strukturell als Ausdünnung und zugleich als veränderte Komposition beschrieben werden können, die jedoch in Verbindung mit qualitativen Veränderungen des älteren Menschen in Bezug auf veränderte persönliche Bedürfnisse oder einen Wandel bei den kulturell-sozial präformierten Verpflichtungen einzuschätzen sind (vgl. Otto 2008, S. 111). Für (fast) alle sozialen Beziehungen gilt gleichermaßen, dass sie auf Basis von Freiwilligkeit und wechselseitiger Übereinstimmung beruhen. Im Prinzip kann jede Beziehung, auch innerhalb der Kernfamilie, jederzeit aufgekündigt werden. Viele Beziehungen werden im Laufe des Lebens für eine begrenzte Zeit abgebrochen, um zu einem späteren Zeitpunkt wieder aufgenommen zu werden. Die Zusammensetzung persönlicher Netzwerke lässt sich als Ergebnis individueller Anpassung von Individuen an die Aufgaben und Anforderungen ihrer jeweiligen Lebensphasen darstellen (vgl. Lang 2005, S. 47–49).

Zukünftig wird es jedoch zu Veränderungen im Bereich sozialer Beziehungen älterer Menschen kommen aufgrund der sich perspektivisch ausdifferenzierenden und pluralisierenden Lebens- und Wohnformen Älterer: Selbst gewählte Lebensgemeinschaften, gemeinsam alt und sehr alt werdende Ehepaare, Ehepaare ohne Kinder sowie allein lebende Männer und Frauen wird es als Möglichkeiten des Lebens geben. „In dem Maße allerdings, in dem sich mit vielfältigen Modernisierungsprozessen herkömmliche Sozialstrukturen, wie Familie, Verwandtschaft und Nachbarschaft auflösen, ergeben sich neue Zwänge und Chancen zu größeren und weiter verzweigten ‚interpersonalen Umgebungen', die mit dem Netzwerkkonstrukt angemessen begriffen werden können" (Otto 2011, S. 1379). Gegenwärtig ist die Mehrzahl der Männer verheiratet bis in die höchsten Altersgruppen der über 80-Jährigen, etwa zwei Drittel aller Männer in diesem Alter sind verheiratet. Der Anteil lediger und geschiedener Männer ist relativ klein. Die Situation für Frauen stellt sich grundlegend anders dar: Der Anteil verwitweter Frauen steigt mit dem Alter erheblich an, so sind bei den über 80-jährigen Frauen fast drei Viertel aller Frauen verwitwet. Der Anteil der ledigen und geschiedenen Frauen ist im Vergleich zu den Männern etwas höher. Ab einem bestimmten Alter wird es dabei für Frauen nahezu unmöglich, eine neue heterosexuelle Beziehung einzugehen, denn von den über 65-jährigen verwitweten Menschen sind 82,7 % Frauen und ihre Chance verringert sich rapide, eine neue Zweierbeziehung einzugehen (vgl. Bamler 2009, S. 531). Mit

Blick auf die Prognosen wird davon ausgegangen, dass sich in den nächsten 25 Jahren die Familienstandstrukturen der Geschlechter etwas annähern. Das Verwitwungsrisiko für Frauen wird weiter ansteigen und die Wahrscheinlichkeit, verheiratet zu sein, weiter abnehmen. Nicht-eheliche Lebensgemeinschaften werden in der Bedeutung in den nächsten Jahrzehnten kaum eine größere Rolle spielen als gegenwärtig, so die Vorhersagen. Die Familienstandstrukturen der Männer werden eine erhebliche Veränderung erleben, denn der Anteil verheirateter Männer wird je nach Altersgruppe um bis zu ein Viertel absinken und der Anteil lediger Männer wird stärker zunehmen als die Zahl lediger Frauen. Die Anteile geschiedener Männer und Frauen werden sich in allen Altersgruppen verdoppeln, dabei werden Männer anteilig mehr in festen, vor allem in ehelichen Partnerschaften leben als Frauen. Im Jahr 2030 werden voraussichtlich 72,2 % der 65- bis 69-jährigen Männer und 95,4 % der Frauen dieses Alters in Partnerschaften leben. Die über 80-jährigen Männer werden zu 58,4 % und die Frauen zu 12,3 % in festen Partnerschaften leben (vgl. BMFSFJ 2005, S. 173 f.).

Der Anteil der in Einpersonenhaushalten lebenden älteren Menschen wird sich erhöhen: Von derzeitig 5,2 Millionen auf ca. 9,2 Millionen. Dies trifft bis 2030 insbesondere Westdeutschland mit einem Anstieg der Einpersonenhaushalte Älterer um 81 %, während diese Entwicklung in Ostdeutschland mit einer Steigerung um 56 % nicht ganz so stark ausfallen wird. Männer wie auch Frauen werden in Zukunft vermehrt allein einen Haushalt führen, wobei die Zahl alleinlebender Männer gegenüber heute im letzten Prognosejahr auf fast das Dreifache anwachsen wird und die der Frauen um 55 % (vgl. ebd., S. 176). Mit einem kleiner werdenden Netzwerk und sich weiter ausdifferenzierenden Lebens- und Wohnformen hin zu einer Zunahme von Alleinlebenden und Einpersonenhaushalten führt diese Entwicklung dazu, dass sich Ältere entscheiden, entweder zu vereinsamen oder aber in neu zu knüpfenden Verbindungen Nähe und Austausch zu anderen Menschen herzustellen und zu leben. Mit einer Ausrichtung an der Gleichaltrigengruppe entsteht ein gemeinsames Erproben unterschiedlicher lebbarer sozialer Muster im Alter und ein Austesten der Grenzen sowie die Entwicklung verschiedener Altenkulturen, die bis in das hohe Alter tragen, auch wenn Hilfe- und Pflegebedürftigkeit eventuell zunehmen. Das Leben im Alter wird nicht mehr, wie bisher üblich, überwiegend privat-familiar geregelt. Dennoch bleibt die Sehnsucht der Älteren danach, beim Auftreten zunehmender Hilfe- und Pflegebedürftigkeit, eher von jemandem aus dem engen familiären Umfeld betreut zu werden. Nachbar*innen, Freund*innen und Bekannte sind wichtige soziale Netzwerkpartner*innen und dennoch würde nahezu jede und jeder Ältere eher Hilfe und Unterstützung von Verwandten im engeren sowie weiteren Umfeld annehmen und weniger die Freund*innen in Anspruch nehmen wollen. Dies könnte ein Hinweis darauf sein, dass eine Lebenspartnerin oder ein Lebenspartner mehr Verantwortung, Verbindlichkeit,

Vertrautheit und Selbstverständlichkeit verspricht und sich deshalb niemand scheut, von demjenigen Hilfe zu erwarten.

Familienkonstellationen werden sich verändern mit der Konsequenz, sich wiederkehrend auf Partnersuche zu begeben oder auf potenzielle Helfer*innen im näheren Umkreis zu setzen. Dafür wird jedoch bedeutend, wo ältere Menschen leben und wie erreichbar ihr Netzwerk für sie ist. Ältere Menschen auf dem Land z.B. leben derzeit in größeren familialen Netzwerken als die älteren Menschen in urbanen Regionen. Auf dem Land bestehen mehr und engere Verwandtschaftsbeziehungen und dieser Aspekt wirkt sich auf das Wohlbefinden aus (vgl. Otto 2005, S. 458), während freundschaftliche Netzwerke in städtischen Räumen (vgl. Beetz/Müller et al. 2009, S. 73) und in bestimmten Gruppierungen bzw. Subkulturen, wie z.B. schwule und lesbische Subkulturen (BMFSFJ 2005, S. 181), bedeutender sind. Für die Zukunft wird freundschaftlichen Netzwerken, unabhängig vom Lebensort, größere Bedeutung beigemessen in den sozialen Beziehungen älterer Menschen, und zwar vor allem als wichtiges Unterstützungspotenzial außerhalb familiärer Konstellationen.

4.2.2 Freundschaften im Alter und ihr Potenzial für wechselseitige Unterstützung im Alternsprozess

Aus den gegenwärtigen Erkenntnissen und Prognosen zur Entwicklung von Beziehungen und Lebensformen im Alter lässt sich zusammenfassen: Je älter ein Mensch wird, desto kleiner wird sein Netzwerk und mit der Vorhersage, dass sich Lebens- und Wohnformen weiter ausdifferenzieren hin zu einer Zunahme von Alleinlebenden und Einpersonenhaushalten. Diese Entwicklung kann dazu führen, als Älterer der Gefahr von Vereinsamung ausgesetzt zu sein oder sich aufzumachen und in neu zu knüpfenden Verbindungen Nähe und Austausch zu anderen Menschen herzustellen und zu leben. In dieser Perspektive wird die Gleichaltrigengruppe im Sinne der Herausbildung von Peergroups für ältere Menschen zur notwendigen Herausforderung.

Die Gleichaltrigengruppe bzw. die „Peers“, bisher deutlich mehr als Begriff für junge Menschen benutzt und in dem Verständnis, dass sich Jugendliche an Menschen ähnlichen Alters als bedeutende Sozialisationsfunktion ausrichten bei gleichzeitig notwendiger Emanzipation vom Elternhaus, könnte für ältere Menschen mit der Zunahme der Anteile Älterer an der Gesellschaft ebenfalls an Bedeutung gewinnen: Die Ausrichtung an der Gleichaltrigengruppe als gemeinsames Erproben unterschiedlicher lebbarer sozialer Muster im Alter und einem Austesten der Grenzen sowie gegenseitigem Austausch der Entwicklung verschiedener Altenkulturen, die bis in das hohe Alter tragen, auch wenn evtl. Hilfe- und Pflegebedürftigkeit zunehmen. Peergroups werden als Spielfeld betrachtet, auf dem eigene Grenzen ausgetestet werden können, der Umgang mit anderen gelernt werden kann und ein geschützter Raum Gleichaltriger erfahren wird sowie der Austausch von Problemen stattfindet. Dies scheint für Ältere ebenso bedeutender zu werden vor dem Hintergrund, dass traditionelle Lebensformen, wie z.B. die Ehe als gemeinschaftliches Zusammenleben, zukünftig weniger Bedeutung haben wird. Damit geht auch familiäres Hilfe- und Pflegepotenzial verloren, so dass der nähere Beziehungskreis älterer Menschen nach neuen Möglichkeiten abgesucht wird.

Persönliche Beziehungen, wie z.B. Freundschaften, dienen dabei nicht nur der Befriedigung privater Bedürfnisse, vielmehr gelten sie als Ausdruck bzw. Ergänzung der sozialen Struktur. Eine „perfekte soziale Struktur", die auf persönliche Beziehungen verzichten könnte, würde in einer sehr einfachen, also kaum differenzierten Gesellschaft vorkommen, die im Verwandtschaftsverband alle sozialen Funktionen und Rollen nahtlos und völlig zweckvoll erfüllen kann, so die Einschätzung Tenbrucks zur Bedeutung von Freundschaft in Gesellschaft (vgl. ebd. 1962, S. 455). Und wenn gegebene soziale Rollen nicht mehr zur Orientierung des Individuums in der ganzen Breite seines Handelns ausreichen, kommt persönlichen Beziehungen größere Bedeutung zu und unter ihnen wird insbesondere die Freundschaft wichtig. „Denn eben im Freunde nun findet man seine Ergänzung und Bestätigung" (ebd., S. 440).

Wissensbaustein

Freundschaften

Nötzoldt-Linden bezieht sich auf den lebenspraktischen Sinn von Freundschaften in makro- wie mikrosoziologischer Hinsicht: Freundschaft gilt als dynamische soziale Ressource neben und mit anderen sozialen Quellen, wie sie Familie, Arbeitskolleg*innen, Nachbar*innen, Bekannte, professionelle Helfer*innen darstellen. Und mit jedem gesellschaftlichen Wandel von Ehe, Familie, Arbeit würde dies auch Auswirkungen auf die Erscheinungsform, Inhaltlichkeit und Funktionalität von Freundschaft haben. Freundschaft bedeutet Zusammenhalt, Vernetzung und Fortgang von Gesellschaft und sie gilt als Beitrag zur Bewältigung des Lebensalltags (vgl. Nötzoldt-Linden 1997, S. 4). Nach Nötzoldt-Linden stellt das Label „Freundschaft" eine Qualitätsaussage dar, denn damit würde die gemeinsame Beziehungsarbeit von innen her bewertet und definiert: Handlungen in Freundschaften sind wenig institutionalisiert, freiwillig, inhaltlich und raum-zeitlich nicht sicher vorhersehbar, neu, intern und sanktionierbar. Der*die Freund*in richtet sich primär auf den anderen als ungeteiltes Individuum aus und Freundschaft lässt sich kennzeichnen durch aktive Selbstverantwortlichkeit, innerhalb derer die Chance auf symmetrische Reziprozität bestehe (vgl. ebd., S. 7). Nötzoldt-Linden als Freundschaftsforscherin fragt danach, ob nicht Freundschaften in Zeiten sich wandelnder oder auch auflösender Familienbindungen Möglichkeiten eröffnen, einen Ausgleich für persönliche wie materielle Bedürfnisse zu schaffen, die bisher traditionell in familiären Beziehungen erbracht wurden. Freundschaften könnten für steigende Anforderungen zur Partizipation in verschiedenen Gesellschaftsbereichen notwendiger werden und vor allem bietet sich mit ihnen die Möglichkeit, Vertrauensnischen, Orientierungs- und Unterstützungsnetzwerke zu bilden, die räumlich-soziale Expansion zulassen, jedoch gleichzeitig soziale Integration und Vernetzung auf mehreren Ebenen nicht ausschließen (vgl. ebd., S. 12). Simmel vertrat bereits 1908 die Ansicht, dass Menschen in komplexen Gesellschaften vielfältige, thematisch unterschiedliche und notwendig kürzerfristige Freundschaften leben müssten, die er als „differenzierte Freundschaften" bezeichnete (vgl. Simmel 1908 nach: Nötzoldt-Linden 1997, S. 4).

Als subjektiv hoch relevante Beziehungsform gilt die Freundschaft und Freundschaften erhöhen die individuelle Lebenszufriedenheit. Freundschaften lassen sich kennzeichnen durch z. B. die gesellschaftliche Ungebundenheit, sie sind nicht-institutionalisiert und werden weder durch räumliche Nähe noch durch Blutsverwandtschaft oder einen Vertrag definiert. Freundschaften finden ungeschützt im Raum zwischen Privatem und Öffentlichkeit statt und sie sind im gesellschaftlichen Verständnis eher nicht direkt mit Unterstützungsleistungen assoziiert.

> „Die individuell definierbare Nähe bzw. Distanz zwischen befreundeten Personen erlaubt ganz unterschiedliche Ausprägungen von Hilfestellungen, die von geteilter Zeit bis zu körpernaher Langzeitpflege variieren können. Damit stellt Freundschaft eine Beziehungsform dar, die in Zeiten wandelnder Familien- und Sozialstrukturen aber auch sich verändernder Altersbilder eine zunehmend wichtige Unterstützungsquelle darstellen könnte. Wenn Familienmitglieder keine Alltagshilfe (im Sinne einer Lebenszufriedenheit steigernden Einbindung) bereitstellen können, weil sie entweder kaum vorhanden sind oder räumlich verstreut leben und zusätzlich wohlfahrtstaatliche Angebote minimiert werden, können nonfamiliale Beziehungsformen an Relevanz gewinnen. Ihr Einfluss wird sich verstärken, wenn die Beschäftigung mit Gemeinschaftsformen des Alters weniger unter dem Aspekt der Morbidität und Hilfsbedürftigkeit als in der Perspektive einer Lebensphase mit heterogenen Lebensentwürfen und diversen altersbedingten Herausforderungen stattfindet" (Hahmann 2013, S. 305).

Mit dieser soziologischen Perspektive auf Freundschaften bietet sich die Chance für Ältere, dem demographischen Wandel mit den sich ausdifferenzierenden Lebensformen gelassener entgegenzublicken.

Hahmann hat in einer qualitativen Studie mit 37 Interviews zu Freundschaften im Alter als wesentliche Erkenntnis gezeigt, dass Freundschaften sehr aktiv gepflegt und als Familienersatz in das Leben integriert werden. Gleichzeitig fehlt es an Rollenvorbildern in diesem Bereich und damit verbundene mögliche alternative Lebensformen werden nicht angemessen wahrgenommen. Eine lebenslange Partnerschaft und ein Alterungsprozess im Kreis der Familie gehören nach wie vor zum gesellschaftlichen und politischen Ziel (vgl. Hahmann 2013, S. 305). Sechs Freundschaftstypen im Alter konnten herausgearbeitet werden, deren Diversität insbesondere durch Ereignisse im Lebensverlauf verursacht wird; z. B. Veränderungen im familiären Beziehungssystem beeinflussen die individuelle Wertigkeit von Freundschaft. „Die Existenz einer Partnerschaft moderiert ebenso wie die allgemeine Verortung der Freundschaftsrolle im Hierarchiebündel der weiteren Beziehungen und die Handlungsorientierung, zu welchem Typ Personen gehören" (ebd., S. 306).

Die Orientierung älterer Menschen an der Gleichaltrigengruppe zeigt sich in weiteren Untersuchungen zu der Bedeutung von Freundschaften und ihrem möglichen Hilfepotenzial ähnlich. Potenziale werden nicht ausgeschöpft, vielleicht sogar nicht einmal ausprobiert. Ältere Menschen verlassen sich mit höherer Wahrscheinlichkeit eher auf ihre*n Ehepartner*in oder ihre erwachsenen Kinder als auf Freunde, um den Wunsch nach Unterstützung und Sicherheit zu befriedigen. Diese Hilfe durch Familie wird der von Freunden, Bekannten oder Nachbarn vorgezogen. Wenn Ehepartner oder Kinder fehlen, stellen jedoch enge Freundschaftsbeziehungen oder der Kontakt zu Geschwistern am ehesten Kompensation dar (vgl. Schmidt-Deuter 1996, S. 197).

Gleichzeitig nimmt die Bedeutsamkeit von weniger engen, als „einseitig" oder unausgeglichen erlebten Freundschaftsbeziehungen und Bekanntschaften im Alter ab, während langjährige, gegenseitige und enge Freundschaften im hohen Alter dagegen fortgeführt und nicht selten sogar noch intensiviert werden (vgl. Lehr/Minnemann 1987 nach: Lang 2000, S. 143). Dabei erscheint darüber hinaus von Bedeutung zu sein, dass Freunde im Netzwerk älterer Menschen stärker zur sozialen Zufriedenheit beitragen als Familienbeziehungen. Lang vermutet in Familienbeziehungen häufiger konflikthafte oder belastende Interaktionen und Situationen, während Freunde meist im Kontext geselliger Aktivitäten oder auch als enge Vertraute benannt sind (vgl. Lang 2000, S. 143). Dies zeigt sich auch in den Ergebnissen der Befragung 70- bis 85-Jähriger nach Personen, an die sie sich bei Bedarf nach Unterstützung wenden würden: Zu 83 % werden der*die Partner*in genannt, zu 59 % die Kinder und nur zu 10 % Freunde. Danach folgen in der Nennung die Geschwister zu etwa 9 %, Nachbarn zu 8 %, Enkel zu 7 %, andere Verwandte zu 4 % (vgl. BMFSFJ 2001, S. 226; eigene Berechnungen). Bei der Befragung kinderloser 70- bis 85-Jähriger, nach Personen, an die sie sich bei Bedarf nach Unterstützung wendeten, werden zu 79 % der*die Partner*in genannt, zu 21 % Geschwister und zu 15 % Freunde benannt. Danach folgen in der Nennung andere Verwandte zu 17 % und Nachbarn zu 10 % (vgl. BMFSFJ 2001, S. 230; eigene Berechnungen). Nachbarn, Freunde und Bekannte sind wichtige soziale Netzwerkpartner und dennoch würde nahezu jede und jeder Ältere eher Hilfe und Unterstützung von Verwandten im engeren und dann weiteren Umfeld annehmen und weniger die Freunde in Anspruch nehmen wollen.

Kohli/Künemund haben 2000 im Alters-Survey herausgefunden, dass Ältere deutlich seltener Freunde haben als die Jüngeren: Mehr als 75 % der 40- bis 54-Jährigen haben Freunde und nur rund die Hälfte der 70- bis 85-Jährigen. Zudem haben ältere Männer seltener Freunde als ältere Frauen. Offen bleibt, ob die Älteren lebenslang weniger Freunde hatten, ob sie eine engere Definition von Freundschaft verwenden oder ob sich der Freundeskreis im höheren Alter aus unterschiedlichen Gründen verkleinert (vgl. ebd. 2000, S. 18).

Lang et al. hingegen stellen hervor, dass sich das private Netzwerk in der zweiten Lebenshälfte in struktureller und funktioneller Hinsicht verändert. Verschiedene Untersuchungen zeigen, dass die Netzwerke älter werdender Menschen kleiner werden: 35- bis 49-Jährige unterhalten etwa 20 bis 35 Sozialbeziehungen, 65- bis 84-Jährige etwa 9 bis 18 Beziehungen und über 85-Jährige etwa 5 bis 8 Beziehungen (Lang et al. 2005 nach: BMFSFJ 2005). Lang et al. gehen davon aus, dass sich der Freundeskreis reduziert und weniger die lebenslange Kontinuität in Bezug auf einen kleineren Freundes- und Bekanntenkreis die Ursache darstellt. „Die Anzahl der Kontakte zu Freunden und Bekannten nimmt, als Durchschnittswert gesehen, im hohen Alter ab. Dafür gibt es mehr oder weniger banale Gründe: Tod Gleichaltriger, Pensionierung, Einschränkung des Aktionsradius (Gesundheit, Finanzen etc.)“ (Lang 2000, S. 143). Es gibt jedoch auch Ältere, die überhaupt keine Beziehungen mehr pflegen, ältere Studien weisen daraufhin: 25 % der Befragten in einer Untersuchung von 1962 (Blume nach: ebd. 2000, S. 143) haben überhaupt keinen Kontakt zu Freunden oder Bekannten. Blaschke/Franke (1982) befragten 66- bis 75-Jährige nach ihren Kontakten und Beziehungen und fanden heraus, dass 14,6 % keine Besuche machten und 32,5 % keine Gäste einluden. Zudem gingen 85 % in der Woche abends nie weg und das Fernsehgerät ersetzte ihnen die personale Kommunikation. Die Wochenenden beinhalteten mehr soziale Kontakte. Etwa die Hälfte der Älteren pflegte häufigen und regelmäßigen Kontakt mit Personen außerhalb der Familie, ein Drittel gelegentlich, ein Viertel selten oder nie. Die Kontaktpflege ist jedoch abhängig von Voraussetzungen, wie z. B. das Geschlecht, das Alter und der Gesundheitszustand (vgl. Lang 2000, S. 143).

Die zukünftige Bedeutung von Freund*innen, Nachbar*innen und Bekannten in Bezug auf wechselseitige Unterstützungsleistungen wird ansteigen aufgrund sich ausdifferenzierender Lebensformen, zu denen weniger dauerhafte Partnerschaften gehören, die Zunahme Alleinlebender in Einpersonenhaushalten und die Anzahl Kinderloser. Größere Verbindlichkeiten innerhalb von Freund- und Nachbarschaften werden im Alltag aus der Hilfenotwendigkeit entstehen. Wenn Kontakte nicht als emotional gehaltvoll oder sinnstiftend erlebt werden, dann wird der Kontakt mit anderen als belastend empfunden. Ältere Menschen orientieren sich, so Langs Vermutung, an unmittelbaren Erfahrungen und Gewinnen des Umgangs mit anderen und stellen andere soziale Kontakte zurück. Dieser Rückzug könnte in der Umgebung als sozialer Rückzug gedeutet werden.

> „Eine gute soziale Einbindung und soziale Wirksamkeit älterer Menschen kann insbesondere dort erreicht werden, wo die bestehenden sozialen Beziehungen durch emotionale Nähe, Intimität, Vertrauen und Gegenseitigkeit gekennzeichnet sind. Entscheidend ist hierbei, dass die geleistete soziale Unterstützung dazu geeignet ist, die Selbstständigkeit und Wirksamkeit der älteren Menschen zu fördern" (Lang 2000, S. 146).

Beziehungen zu Menschen in der Nachbarschaft werden für die Zukunft ebenfalls als stärkere Möglichkeit für Kontakte und als Unterstützungspotenzial betrachtet. Dafür sind zwei unterschiedliche Prinzipien zu berücksichtigen: In familialen Beziehungen liegt das Prinzip der bedürfnisorientierten Solidarität zugrunde, d.h. langfristige Hilfe und Unterstützung wird auch ohne Aussicht auf Gegenleistung erbracht, während Freundschaften stärker auf dem ausgleichsorientierten Reziprozitätsprinzip beruhen, das für alle erhaltenen oder gegebenen Leistungen einen entsprechenden Ausgleich verlangt (vgl. Ingersoll-Dayton/Antonucci 1988 nach: BMFSFJ 2005, S. 173). Bisher lassen sich Freundschaften, Nachbarschaften und Bekanntschaften eher durch gemeinsame Aktivitäten und Unternehmungen als durch die Übernahme bindender Unterstützungsleistungen charakterisieren.

> „Dennoch übernehmen Freunde und Nachbarn nicht selten wichtige Aufgaben in der Betreuung und Pflege alter Menschen, deren Bedeutung sich in der Zukunft auf Grund der Veränderungen von Familienstrukturen noch verstärken könnte. Demzufolge kann davon ausgegangen werden, dass private Netzwerke älterer Menschen, zumal diese nicht nur nützlich sind, sondern – als freiwillige Beziehungen zu Bekannten, Freunden und Nachbarn – zugleich Nähe, Vertrautheit, Emotionalität und Sicherheit erzeugen, auch künftig eine zentrale Bedeutung für die Lebenslage und Lebensqualität im Alter haben werden" (BMFSFJ 2005, S. 173).

Die mit dem Bereich freundschaftlicher und nachbarschaftlicher Hilfe verknüpften Hoffnungen auf Nutzung von Potenzialen älterer Frauen und Männer verlangen nach Diskussionen und Unterstützung darin, wie die bestehende Reziprozitätsnorm so ausgestaltet werden könnte, dass darin auch Hilfen freiwillig stattfinden können, die zur Abmilderung oder Abwendung von Risiken im Alter hilfreich wären.

Insgesamt ist über die Lebensbedingungen von Menschen, die in gleichgeschlechtlichen Partnerschaften alt werden, wenig bekannt. Dennoch wird davon ausgegangen, dass gleichgeschlechtliche Partnerschaften häufig eingebettet sind in Unterstützungsnetzwerke lesbischer und schwuler Subkulturen. Auf diese Netzwerke können sie im Bedarfsfall relativ zuverlässig zurückgreifen (vgl. ebd., S. 181). Auch wenn viele Homosexuelle wenig bis moderat an der schwulen Subkultur teilnehmen, so die Erkenntnis von Kelly (1977 nach: Reiman/Lasch 2006, S. 19), erlebt sich keiner losgelöst von der Subkultur:

> „63 % derjenigen zwischen 56 und 65 gaben an, dass sie in Bars gehen und dabei gewöhnlich Orte ihrer Peer-Gruppe aufsuchen. Während die ältesten und die jüngsten Befragten insgesamt etwas weniger ihre schwulen Kontakte pflegen, ist die generelle soziale Einbindung mit anderen Homosexuellen in dieser Studie sehr hoch. Nur der Kontakt mit Heterosexuellen nimmt nach Kelly mit zunehmendem Alter extrem ab" (Reimann/Lasch 2006, S. 19).

Als Problem der Freundschaftsnetzwerke von Homosexuellen wird ihre überwiegende Altershomogenität benannt. Die Homosexuellen sind bisher die einzige Gruppe, die aufgrund ihrer Subkultur als Peergroup wahrgenommen werden und dies auch im Hinblick auf den Alternsprozess. In der homosexuellen Subkultur erscheint Freundschaft als Wahlfamilie bereits über die Freiwilligkeit zur notwendigen Verpflichtung geworden zu sein. Darum sind sie Ausgangspunkt folgender Überlegungen: Während jedoch die Altershomogenität für die Lebensphase Alter in der Literatur als Chance auf wechselseitig zu initiierende Entwicklungs- wie auch Hilfe- und Unterstützungsprozesse im Alter eingeschätzt wird, werden altershomogene Freundschaftsnetzwerke Homosexueller problematisiert, vor dem Hintergrund, dass mit zunehmendem Alter Kontakte mit Heterosexuellen extrem abnehmen (vgl. Reimann/Lasch 2006, S. 19). Peers bzw. das Vorhandensein von Peers und ihre Bedeutung werden im Kontext homosexueller Lebensweisen eingeordnet, so als gäbe es bisher keine anderen Gruppen Älterer, die als solche eine starke Peergroup bilden oder darstellen. Von Bedeutung der homosexuellen Subkultur ist ihre Verschlossenheit gegenüber anderen gesellschaftlichen Gruppen, so dass auch nur sehr wenig nach außen dringt über bereits eingelebte Hilfe- und Unterstützungsleistungen, die in dieser Peergroup entwickelt wurden. Vor dem Hintergrund des demographischen Wandels bleibt der Weg des Nachdenkens über die Chancen, die in einer Peer-Orientierung bzw. Gleichaltrigenorientierung für ältere Menschen liegen könnten (vgl. Lottmann et al. 2016).

Noch 1975 formulierte Schmitz-Scherzer, dass sich Möglichkeiten für Ältere auf neue Kontakte und Freund*innen im Alter in Altenclubs böten. Hier würden Aktivitäten stattfinden, die vor allem Geselligkeit und Teilnahme an gemeinsamen Aktivitäten wie Ausflügen, Filmvorführungen, Vorträgen, Handarbeiten oder Kartenspielen zum Ziel hätten. Die meisten älteren Menschen allerdings kämen in der Erwartung, dass ihnen etwas geboten würde und ein Programm, das mehr Engagement abverlangt, stieße häufig auf Desinteresse und bei den über 65-Jährigen sei eine Mobilisierung zur Teilnahme schwieriger (vgl. ebd. Schmitz-Scherzer 1975; Tews 1979 nach: Schmidt-Deuter 1996, S. 192). Seitdem hat sich jedoch einiges verändert, denn die Altengenerationen von heute verlangen mehr von ihrem Leben im Alter als noch 40 bis 45 Jahre zuvor. Kohli/Künemund haben herausgefunden, dass sich 40 % der 55- bis 69-Jährigen und noch 32 % der 70- bis 85-Jährigen regelmäßig mit einem festen Kreis von Personen zu gemeinsamen Aktivitäten treffen, und oft gehören ältere Menschen mehrerer solcher Kreise an, deren Zusammentreffen überwiegend ein- bis viermal im Monat stattfinden (Kohli/Künemund 1999 nach: BMFSFJ 2001, S. 231).

Als derzeit eher noch Randphänomene aktiver gesellschaftlicher Beteiligung Älterer zeigen sich die neueren Formen gesellschaftlicher Partizipation, wie die Beteiligung an politischen Interessenvertretungen Älterer etwa in Senior*innenbeiräten bzw. -vertretungen oder Senior*innenarbeit in Parteien und Gewerkschaften, an Senior*innenakademien, Weiterbildungsgruppen oder an Senior*innengenossenschaften und -selbsthilfegruppen. Insgesamt zeigt sich eher, dass Aktivitäten und Engagement älterer Menschen mit zunehmendem Lebensalter zurückgehen und da Beteiligung an Bildung, Kultur und Sozialem lebenslang von großer Bedeutung für die Integration und Lebensqualität gelten und im Kinder- und Jugendalter als zentrale Sozialisationsfaktoren und „Werkzeuge des Weltzugangs“ außer Frage stehen, werden Angebote nötig, die sowohl für das dritte wie das vierte Lebensalter für Ältere altersspezifische Entwicklungsanforderungen anbieten und befördern (vgl. de Groote/Nebauer 2008, S. 16). Bedarfe sehen de Groote/Nebauer im Bereich des Anpassungswissens an neue Kulturtechniken oder an Kulturformen zur Bewältigung von Krisen sowie körperlichen Veränderungen im Alter oder Qualifizierungen für ehrenamtliches Engagement. „Themen bewegen sich zwischen der Freiheit von der konkreten Verwertbarkeit des Wissens im Beruf, der Schere im Kopf, was im Alter wohl noch erlernbar ist und was sich ‚noch zu lernen‘ lohnt, dem Wunsch, aufgeschobene Bildungswünsche zu realisieren und Neugier zu befriedigen“ (ebd., S. 17). Weiterhin von Bedeutung für diesen Bereich ist die Wende von dem*der Konsument*in hin zur selbstorganisierten Form, in der Ältere selbstbestimmt gestalten und aktiv werden wollen. Mit dem Hinweinwachsen neuer Generationen in den Alternsprozess werden diejenigen mit einem insgesamt höheren Bildungsstand, besseren gesundheitlichen Voraussetzungen sowie einer gewissen materiellen Absicherung auch den Radius an Aktivitäten vergrößern, die weder an traditionelle Aktivitäten anknüpfen noch die neu entstandenen Formen gesellschaftlicher Beteiligung bedienen. Diese Entwicklung ist weitgehend offen und sollte gestärkt, unterstützt und gefördert werden: so entstehen Kreise und Netzwerke, in denen sich Ältere als Peers ausprobieren können im Hinblick auf die Herausforderungen des Alternsprozesses.

Die Bedeutung wächst, eigenständige, aktive und selbstbestimmte Wege ins Alter zu konkretisieren, um nicht nach gesellschaftlicher Notwendigkeit oder Belieben für z. B. Hilfen, Pflege oder Betreuung sowie anderen Betätigungen unfreiwillig aktiviert zu werden, ohne die Bedingungen mitformulieren zu können, unter denen derartiges Engagement stattfinden könnte (vgl. Kohli/Künemund 2003). Im Alternsprozess liegt die Chance, frei von den Zwängen der ökonomisch ausgerichteten Erwerbsarbeitsgesellschaft „neue“ Lebensformen zu entwickeln. An den 23 % der Älteren, die nach Bröscher et al. erst ab dem 50. Lebensjahr ihr Engagement in unterschiedlichen Bereichen des Ehrenamts begonnen haben, zeigt sich das Potenzial, durchweg an unterschiedlichen Punkten im Lebensverlauf bereit für neue Entwicklungen zu sein sowie die Offenheit, Neues zu lernen (vgl. ebd. 2000).

Beispiel

Graffitisprühende Senior*innen

Seit 2010 gibt es graffitisprühende Senior*innen in Berlin. Seitdem haben sich in größeren Städten mehrere Initiativen zusammengefunden, in denen ältere Menschen ihre Stadt mit der Spraydose bearbeiten (vgl. Meyer 2010). „Man ist nie zu alt, um sich für Kunst zu begeistern. Street-Art galt bisher als Stilmittel der Jugend, doch eine Handvoll Berliner Senioren greift zur Spray-Dose, um es selbst bunt zu treiben und sich mit Graffitis auszudrücken. Und das auf Bezirksbeschluss!“ (www.qiez.de/street-art-graffiti-kurs-berliner-senioren-vhs/, Abfrage: 05.09.2018). Neun ältere Menschen haben das Senior*innenheim am Heckerdamm, unter der Leitung von Urban-Artist Till Grafe, mit Graffiti gestaltet. Die zu besprühenden Orte müssen für ältere Sprayer frei zugänglich sein, das ist der größte Gegensatz des Graffiti-Nachwuchses im gehobenen Alter zu den üblichen jungen Sprayer*innen. „Während also die jüngere Street-Art-Szene nach dem Kick sucht, um beeindruckende Locations für ihre Kunst zu finden, die für Normal-Berliner unmöglich zu erreichen scheinen, bedienen sich die Senioren höchstens mal einer Leiter, um den oberen Rand bequemer besprühen zu können“ (ebd., Abfrage: 05.09.2018). Dieser zunächst kostenfreie VHS-Kurs war ein Pilot nach dem Vorbild in Lissabon. Ziel der portugiesischen Lata 65 ist es, die älteren Menschen aus ihrem Alltag zu holen und gleichzeitig für die junge Kunstart zu begeistern (www.qiez.de/street-art-graffiti-kurs-berliner-senioren-vhs/, Abfrage: 05.09.2018). Neues auszuprobieren, hängt von den Möglichkeiten ab, die älteren Menschen geboten werden und von der Zumutung, sich entweder selbst etwas Neues zuzutrauen oder es von anderen zugemutet zu bekommen.

Im Denken um Lebenslanges Lernen bzw. lebenslange Entwicklung liegen Chancen auf Neugestaltung einer Phase im Leben von Menschen, die vieles an Entwicklungs- sowie Gestaltungsmöglichkeiten bietet, die zunächst jedoch als solche begriffen werden müssen. Und so viele Menschen, wie in das Alter hineinwachsen, so viele unterschiedliche Möglichkeiten und Wege gibt es für Alternsprozesse, die jedoch an bestimmte Bedingungen gebunden sind: Selbstbestimmung und Selbstständigkeit, aktive Teilhabe an Sozialem, Bildung und

Kultur, Förderung von Peer-Verbindungen, die über die Freiwilligkeit freundschaftlicher Verbindungen hinaus evtl. Chancen bieten, Belastungen und Gefahren des Alternsprozesses gemeinsam abzumildern. Mit neuen Aktivitäten oder vielleicht erst einmal nur dem Ausprobieren können auch neue Bindungen entstehen, entweder als Freundschaften oder über Freundschaft hinaus Menschen Bedürfnisse nach Liebe, Partnerschaft und Sexualität befriedigen. Sehnsüchte nach Verbindungen bleiben für viele Menschen bis in das hohe Alter bestehen.

4.2.3 Die Sehnsucht nach Sex, Liebe und Zärtlichkeit im Alter(n)sprozess

Die Sexualität alternder Menschen wird tabuisiert und gerät nach wie vor selten in den Mittelpunkt der Betrachtung, denn die mit dem Altern verbundenen Veränderungen werden stärker unter medizinischen, physiologischen oder sozio-ökonomischen Aspekten diskutiert. Vorstellungen vom Altern, die die Auseinandersetzung mit der Sexualität behindern, sind implizit an der Defizit-Hypothese orientiert. Die sich verschlechternden körperlichen und intellektuellen Funktionen in nahezu allen Bereichen können nur ein inaktiveres Sexualverhalten nach sich ziehen. Gleichzeitig wirkt die Selbstzuschreibung des negativen Altersstereotyps genauso stark wie die Wahrnehmung der Altersveränderungen selbst. Alternde Menschen beschreiben sich demzufolge aufgrund gesellschaftlicher Bilder als asexuell, obwohl ihre Empfindungen andere sind. „Altern wird mit einer kontinuierlichen sexuellen Entwertung erfahren, die von Sorgen um die eigene Attraktivität, abnehmender Leistungsfähigkeit, diversen Erkrankungen und Beschwerden begleitet ist" (Schultz-Zehden 2013, S. 3). Sexualität kranker und alter Menschen wird oft auf den üblichen Koitus reduziert, während die vielfältigen Bedürfnisse ignoriert werden. So gibt es nur geringe Möglichkeiten zum Austausch von Zärtlichkeiten, zu liebevoller Zuwendung, zu Körperkontakt oder intimer Kommunikation. Vor allem in Krankenhäusern, Alters- und Pflegeheimen finden diese Bedürfnisse wenig Berücksichtigung und Erfüllung (vgl. ebd., S. 4).

Beispiel

Wolke 9

Der Kinofilm „Wolke 9" von Andreas Dresen aus dem Jahr 2008, in dem sich eine ältere Frau nicht zwischen zwei Männern entscheiden kann, mit sehr offen dargestellten Sexszenen, zeigt vor allem, dass sich Menschen unabhängig ihres Lebensalters als sexuelle Wesen verstehen und ihre Sexualität auch leben wollen. Der Regisseur Andreas Dresen äußerte dazu in einem der zahlreichen Interviews: „Es hat mich angeödet, dass die Gesellschaft immer älter wird, es aber nicht die dazugehörigen Bilder gibt – Liebe und Sex hören ab einem bestimmten Alter scheinbar auf zu existieren" (//de.wikipedia.org/wiki/Wolke_9, Abfrage: 06.09.2018). Der Film wurde bei seiner Premiere in Cannes begeistert aufgenommen inklusive zehnminütigen Beifalls im Stehen. Unterschiedliche Meinungen in der Presse beschrieben z.B. in der Süddeutschen Zeitung den Film als „mutig und bewegend", der „eine leidenschaftliche und tragische Liebesgeschichte zwischen alten Menschen in Berlin" erzählt, und die Kronen Zeitung hob hervor, „dass Liebeskummer keine Teeniekrankheit sei" (ebd., Abfrage: 06.09.2018). Das Lexikon des internationalen Films hebt den Film Wolke 9 als „ebenso radikales wie ergreifendes Meisterwerk mit vorzüglichen Darstellern, die das Tabuthema Sex im Alter mit großer Natürlichkeit, ohne Scheu und Hemmungen angehen" (ebd., Abfrage: 06.09.2018). Der Film beendet mit großer Radikalität die bisher angenommene Asexualität oder sexuelle Neutralität des Alters.

Neben dem Film führt das Buch „Nacktbadestrand" unverblümt und schonungslos offen in das Thema Sexualität im Alter ein.

Beispiel

Nacktbadestrand

Ende Februar 2010 war eine etwas über 80-jährige Frau in einer Freitagabend-Talkshow und berichtete über ihr erst kürzlich neu begonnenes Sexleben. Sie stellte ihr zu diesen Erfahrungen veröffentlichtes Buch „Nacktbadestrand" vor. Am darauf folgenden Samstag schlenderte ich durch eine Buchhandlung und bekam ein Gespräch zwischen zwei Buchhändlerinnen mit, die sich über eben jenen Fernsehauftritt der alten Frau unterhielten. Sie trauten der alten Frau und ihren Erzählungen nicht wirklich, dennoch gingen sie davon aus, dass demnächst viele Interessierte die Buchhandlung stürmen und das Buch Elfriede Vavriks bestellen würden. Frau Vavrik hatte sich, ihrer Erzählung zufolge, aufgrund ihrer Schlafstörungen an einen Arzt gewendet, der ihr riet, sich lieber auf die Suche nach einem Mann und damit erschöpfende Abwechslung zu machen. Diesem Vorgehen sei eher zuzuraten, als unnötig Tabletten zu konsumieren. Sie folgte dem Rat und gab eine Kontaktanzeige auf. Dies war der Beginn, sich in das Liebesleben zurückzutasten, das bald turbulenter und intensiver wurde, als es für sie je war, so aus der Beschreibung des Buchs. Das Buch „Nacktbadestrand" gewährt sehr intensive und offensive Einblicke in das Liebesleben einer 1929 geborenen Frau, die dieses im Austausch gegen Schlaflosigkeit wieder aufgenommen hat und ausprobiert.

Der sexuellen Aktivität älterer Menschen wurde mit diesen beiden Veröffentlichungen beinahe aus dem Nichts hohe öffentliche Aufmerksamkeit zuteil. Das Buch „Nacktbadestrand" von Elfriede Vavrik war nach ihrem Talkshowbesuch in Buchhandlungen nur noch mit Vorbestellung zu erwerben. Diese Veröffentlichungen können ein Hinweis darauf sein, dass ältere Menschen, entgegen herkömmlichen Stereotypen, auch im höheren Lebensalter sexuell aktiv sind und sein möchten. Klaiberg et al. (2001) zeigten in ihrer Untersuchung, dass die Mehrzahl der Männer und Frauen auch mit höherem Lebensalter sexuell aktiv sind. Ab 26 Jahren steigt sexuelle Aktivität an und bleibt auf einem relativ konstanten Niveau und beginnt ab 55 Jahren kontinuierlich abzusinken. Die 56- bis 65-Jährigen sind dabei noch sexuell aktiver als die 18- bis 25-Jährigen (vgl. Klaiberg et al. 2001 nach: Merbach et al. 2005). Sexuelle Aktivität hängt jedoch, insbesondere bei den Frauen, von ihrer Eingebundenheit in eine Partnerschaft ab. Bei den 50- bis 60-jährigen Frauen liegt der Prozentsatz der sexuellen Aktivität der in Partnerschaft lebenden dreimal so hoch wie der in der Gruppe der ohne Partner lebenden Frauen. Bei den 60- bis 70-jährigen Frauen steigt der Unterschied auf das Achtfache an. „Die Unterschiede in der sexuellen Aktivität zwischen den in und ohne Partnerschaft lebenden Männern sind nicht so groß, aber auch bei den über 70-jährigen Männern liegt der Prozentsatz der sexuell Aktiven, die in Partnerschaft leben, viermal höher als jener der Männer, die ohne Partner leben" (Merbach et al. 2005). Sexuelle Aktivität im Alter hängt also maßgeblich von dem Vorhandensein eines Partners bzw. einer Partnerin ab.

Weitere Einflüsse bestimmen die sexuelle Aktivität im Alter, z. B. das sexuelle Verhalten in jüngeren Jahren, die subjektive und objektive Gesundheit, aber es werden auch psychische Faktoren, Partnerschaftsfaktoren, soziodemographische, historisch-kulturelle und religiöse Bedingungen und schließlich der ökologische Kontext für eine sexuell geringere Aktivität im Alter als Bedingungsfaktoren eingeschätzt (vgl. Sydow 2001 nach: Merbach et al. 2005). Klaiberg et al. (2001) heben hervor, dass die sexuell zufriedeneren unter den über 50-jährigen Frauen und Männern diejenigen sind, die mehr sexuelle Kontakte angaben für das vergangene Jahr, eher in einer Partnerschaft lebten und über einen besseren Gesundheitszustand verfügten. Diese Älteren beschrieben sich eher als fähig, in der Liebe Wünsche zu äußern, Liebe schenken zu können und viel von sich preiszugeben, aufgeschlossen und vertrauensselig zu sein (Klaiberg et al. 2001 nach: Merbach et al. 2005).

Der Wunsch nach Geschlechtsverkehr bleibt bei den Männern bis zu den 75-Jährigen erhalten; erst bei den über 75-jährigen Männern kommt es zu einem Abfall. Bei den Frauen hingegen liegt die Abnahme des Wunsches nach Geschlechtsverkehr etwas früher und ist deutlicher als bei den Männern. Ähnliche Ergebnisse zeigten auch die Fragen nach dem sexuellen Verlangen, dem Wunsch nach Petting, nach Zärtlichkeit und sexuellen Fantasien (vgl. ebd. 2005).

Sexualität im Alter hängt von mehreren Faktoren ab und wird im Alter nicht einfacher. Probleme, die in einer Partnerschaft über lange Jahre bestehen, können die Sexualität ebenfalls im Alter beeinträchtigen. Darüber hinaus können die Beziehungsdauer, körperliche Veränderungen, gesellschaftliche Wertmaßstäbe, die Auswirkungen des Lebensstiles, die Zunahme von Krankheiten und Auswirkungen der Behandlung von Krankheiten starken Einfluss auf die Sexualität haben.

> „So hat die Beziehungsdauer einen gravierenden Einfluss auf die Sexualität eines Paares. Eine 60-jährige Frau, die seit zwei Jahren mit ihrem Partner zusammen ist, ist – gemessen an der Häufigkeit des Geschlechtsverkehrs – sexuell aktiver als ein 30-Jähriger, der zehn Jahre lang liiert ist. Zu einer deutlichen Abnahme der Koitusfrequenz kommt es nach drei bis fünf Beziehungsjahren" (Schultz-Zehden 2013, S. 4).

Die Sexualität eines Paares bleibt nach dem zehnten Beziehungsjahr jedoch über 20 bis 25 Jahre erstaunlich stabil (vgl. ebd.).

Schultz-Zehden hat Frauen zwischen 50 und 70 Jahren zu Sexualität, aktuellem Sexualleben, sexuellem Verhalten und Erleben sowie nach den Veränderungen gelebter Sexualität befragt. Wesentliche Erkenntnis erscheint, dass im Durchschnitt sexuelle Interessen und Bedürfnisse im Alter erhalten und Frauen bis ins hohe Alter sexuell genuss- und orgasmusfähig bleiben. Ein Rückgang der Libido und der sexuellen Aktivität mit zunehmendem Alter scheinen jedoch unstrittig und bisher wurde dies auf Veränderungen während der hormonellen Umstellungsprozesse zurückgeführt. Weitere Ursachen können ebenfalls verantwortlich sein, die über körperliche Gründe hinaus vor allem psychologische und soziologische Gründe sowie die Partnerschaft allgemein betreffen (vgl. ebd. 2004):

- „Internalisierte Vorurteile gegenüber der Sexualität der älteren Frau.
- Befangenheit, Hemmung der Lust durch das Erleben des körperlichen Alterungsprozesses, Scham und sexueller Rückzug als mögliche Reaktion auf eine Kränkung durch das gesellschaftliche Schönheitsideal der jungen und sexuell attraktiven Frau.
- Gründe seitens des Partners (z. B. sexuelle Funktionsstörungen, gesundheitliche Probleme, Libidoverlust, Kränkungen), wobei Frauen häufig dazu neigen, die Gründe für sexuelle Probleme zunächst bei sich selbst und nicht beim Partner zu suchen.
- Die Abnahme der Verfügbarkeit eines Sexualpartners, bedingt durch die demographische Entwicklung.
- Libidoverlust im Zusammenhang mit Depressionen sowie depressiver Verstimmtheit.
- Hormonelle Veränderungen in der Postmenopause, die z. B. zu einer Atrophie der Genitale und somit zu Lubrikationsmangel und Schmerzen beim Geschlechtsverkehr führen können.

- Andere gesundheitliche Probleme bei der Frau oder beim Partner, die mit dem Alter zunehmen“ (Schultz-Zehden 2004).

Darüber hinaus weist Schultz-Zehden darauf hin, dass sexuelle Bedürfnisse von älteren Menschen mitunter als schamhaft oder unpassend erlebt werden, vor allem wenn der Partner altersbedingte Schwierigkeiten hat. Fehlende Gespräche der Partner*innen führen oft zur Aufgabe sexueller Begegnungen, obwohl befriedigende Kontakte für beide Partner*innen möglich wären. Diese Ergebnisse zeigen, entgegen der weit verbreiteten Ansicht, dass das sexuelle Verlangen nicht mit Beginn der hormonellen Umstellung deutlich abnimmt. Vielmehr reicht das Spektrum der sexuellen Bedürfnisse vom täglichen Wunsch bis hin zur völligen Ablehnung sexueller Kontakte. „Zwischen dem 50. und 60. Lebensjahr wünschen sich die befragten Frauen durchschnittlich mehrmals im Monat Sex, zwischen 65 und 70 Jahren hingegen möchte die Hälfte aller Frauen gar keine sexuelle Beziehung mehr“ (ebd.). Der Wunsch nach sexuellen Kontakten ist bei älteren Frauen größer als die tatsächlich gelebte Sexualität, so dass vorhandene sexuelle Bedürfnisse bei einigen Frauen nicht befriedigt werden. „Mit zunehmendem Alter nimmt nicht nur die Häufigkeit, sondern auch die Anzahl der Frauen mit sexuellem Verkehr ab. So erlebt ein Viertel der 50- bis 55-Jährigen nach eigenen Angaben keine aktive Sexualität, bei den 65- bis 70-Jährigen waren es bereits 66 Prozent. In diesem Alter gibt nur noch jede dritte Frau an, sexuell aktiv zu sein“ (ebd.). Gründe sind Partnerlosigkeit und die Schwierigkeit, einen Partner zu finden aufgrund der kürzeren Lebenserwartung der Männer und der Bereitschaft der Frauen, sich erneut zu binden (nur ein Drittel möchte sich wieder binden). Erkrankungen, der Verlust des Partners sowie generelle Beziehungsprobleme reduzieren die Libido der Frauen, eben mit der Folge, dass einige Frauen in ihrer sexuellen Beziehung unbefriedigt bleiben. Sexuelle Aktivitäten in langjährigen Partnerschaften können sich abgenutzt haben, werden nicht mehr als lustvoll empfunden und so bietet sich das Älterwerden für einige Frauen an, sich von der Verpflichtung zu sexuellen Aktivitäten zu befreien. Sexuelle Lust und ein befriedigendes Sexualleben stehen in Abhängigkeit zu der Qualität der Partnerschaft und der Qualität des Sexuallebens in früheren Jahren. Befriedigung für die Frauen in der Sexualität hängt vor allem von der Qualität der sexuellen Begegnung ab und nicht von der Häufigkeit der Aktivitäten.

In der Sexualität älterer Frauen wird sich zunehmend etwas ändern, gegenwärtig rückt die Generation von Frauen in das mittlere und höhere Lebensalter vor, die sich von traditionellen Verhaltensmustern stark distanzieren konnten. Diese Frauen haben die Einführung der „Pille“ in den 1960er Jahren miterlebt und mitgemacht und ihre reproduktive Biographie selbstbestimmter gestaltet, ihre vermehrte Beteiligung am Berufsleben, die sie unabhängiger leben ließ, sowie die sexuelle Befreiung. Und diese gilt auch für den Alternsprozess, Frauen zwischen 50 und 65 Jahren berichteten von ihrem äußerst erfüllten und befriedigenden Sexualleben. In der Studie erscheinen sie als sexuell besonders aktiv, initiativ und sie ergreifen anstelle des passiven Parts zunehmend eine aktive Rolle. „Bei dieser Gruppe von Frauen fiel auf, dass sie mit ihrem Partner über ihre Sexualität, eigene Bedürfnisse, Wünsche oder Probleme besser sprechen konnten als die übrigen Frauen in der Untersuchungsgruppe. Laut eigener Angaben hatte sich im Sexualleben dieses insgesamt sehr offenen und kommunikativen Frauentyps im Vergleich zu jüngeren Jahren nichts verändert“ (Schultz-Zehden 2004).

Der demographische und gesellschaftliche Wandel ermöglicht eine neue Perspektive auf Sexualität im Alter bzw. insbesondere auf die von Frauen und Männern, ihren Wünschen und Sehnsüchten. Diese neuen Perspektiven bedeuten jedoch auch, über sexuelle Entfaltungsmöglichkeiten älterer Frauen und Männer nachzudenken und neue Wertmaßstäbe zu entwickeln. Jeder Mensch hat eine individuelle Sexualbiographie, Erfahrungen, die über viele Jahre angesammelt wurden und über die sexuelle Aktivität im Alter mitentscheidend sind. Ob neue Entwicklungen und Erfahrungen im Alter im sexuellen Bereich gesammelt werden können, hängt davon ab, wie Älteren ihre sexuelle Selbstbestimmung auch zugestanden wird. Einfühlsame Aufklärung zur Entwicklung von mehr sexueller Selbstbestimmung macht für Frauen bis ins hohe Alter Sinn und ist unabdingbar, um auch im Alter Sexualität lustvoll und befriedigend zu erleben (vgl. ebd.).

Die Zunahme der Anteile Alleinlebender und von Partnerschaften auf Zeit führt zugleich dazu, dass sich Ältere wieder neu verbinden können und anders als dem Stereotyp vom Alter „dem zurückgezogenen und zunehmend bindungsloseren Älteren“ folgend, die sich ihnen bietenden Chancen und Möglichkeiten nutzen werden. Denn Frauen und Männer wollen sich bis in das hohe Alter hinein begegnen und die Erkenntnisse aus der vorliegenden Untersuchung zum Einander-Näher-Kommen über Kontaktanzeigen in den Printmedien konkretisieren diesen Wunsch. Die Ergebnisse der vorliegenden Studie im Bereich Kontaktanzeigen, Bekanntschafts- und Heiratsgesuche bringen Sehnsüchte Älterer nach Liebe und Freundschaft in unterschiedlichsten Weisen hervor und sie bieten Chancen auf neue Verbindlichkeiten in Richtung Liebe, Sex und Partnerschaft.

Davon ausgehend, dass die Lebensphase Alter vielfältiger und auffälliger geworden ist, gestaltungsnotwendig und gestaltungsoffen, eröffnet dies sozialpädagogischem Nachdenken über Alternsprozesse die Möglichkeit, alte Menschen darin zu bestärken, ihr individuelles Lebensprojekt weiterverfolgen zu können. Es werden Unterstützungsarrangements benötigt, die an den jeweiligen Selbstdeutungen und individuellen Handlungsmustern und den je spezifischen sozialen, materiellen, milieuspezifischen und kulturellen Bezügen und Kontexten ansetzen und mögliche Begrenzungen verändern. Auf diese Weise können individuell entworfene Lebensentwürfe mit sozialen, kulturellen und gesellschaftlichen

Strukturen und Gelegenheiten der Lebensumwelt in Verbindung gesetzt und abgesichert werden. Ältere Menschen sollen selbst bestimmte, subjektiv befriedigende, als kontinuierlich und sinnvoll erlebte Lebensentwürfe gestalten können (vgl. Schweppe 2005). So geht es in der Sozialen (Alten-)Arbeit um die Unterstützung zur Herstellung biographischer Anschlussfähigkeit an sich verändernde Umwelten durch die Bewältigung der ambivalenten und paradoxen Anforderungen moderner Lebensführung im Alter. Damit wird eine Positionierung in neuen Bezügen sowie eine Aneignung der Umwelt unter sich verändernden Bedingungen möglich. Böhnisch verlangt ein Konzept von Lebenszufriedenheit, das die Balance von selbst gewähltem Rückzug und selbstbestimmter Aktivität zum Hintergrund nimmt, denn aus der Balance von Aktivität und selbstbestimmten Rückzug definiere sich die Handlungsfähigkeit im Alter (Böhnisch 2005, S. 79). Eine der Herausforderungen des Alters könnte jedoch sein, sich neuen sozialen Beziehungen stellen zu müssen und aus ihnen heraus sozialbiographische Perspektiven für das Alter zu entwickeln (vgl. ebd. 2005). In einer exemplarischen Studie zu Kontaktanzeigen älterer Menschen suchen in die Lebensphase Alter hineinwachsende Menschen zwischen 50 und 70 Jahren sogar sehr rege nach einer neuen Partnerschaft. Vor allem in diesen Altersgruppen werden Kontaktgesuche aufgegeben, während die jenseits der 70 Jahre alten Männer und Frauen kaum mehr in ihrem Bedürfnis nach einer Partnerschaft auftauchen (dabei muss die Möglichkeit bedacht werden, dass sich die Kontaktsuchenden vorsätzlich verjüngen und sich davon Vorteile versprechen) (vgl. Meyer 2011b). Doch auch im höheren Lebensalter wünschen sich Ältere jemandem, mit dem sie noch einige Jahre verbringen, dem sie nahekommen können und der sie unterstützt, mit dem sie ihre Wünsche nach Nähe und Sexualität ausleben können. Der Film „Wolke 9“ und Elfriede Vavriks „Nacktbadestrand“ zeigen beispielhaft, dass Wünsche und Sehnsucht nach Sexualität im Lebensverlauf bis in das hohe Alter mitkommen und mit dem demographischen Wandel sowie steigenden Anteilen Älterer an der Gesellschaft zukünftig expliziter thematisiert werden. Damit steigt auch der Bedarf nach Such- und Findemöglichkeiten für potenzielle Partner, die sowohl Freundschaft, Liebe und Sexualität wie auch Unterstützungs- und Hilfemöglichkeiten bieten. Dazu gehört dann auch, Älteren Möglichkeiten und Unterstützungen zu eröffnen, Bindung, Nähe, Liebe und Sexualität befriedigend leben zu können, auch wenn Hilfe- und Unterstützungsbedarfe im Alternsprozess kontinuierlich zunehmen. Die Vorstellung vom asexuellen Altern ist zu korrigieren und es sind Bilder einer Alterssexualität zu vermitteln, die vor allem auch jugendliche sexuelle Leistungsnormen relativieren. Für Soziale (Alten-)Arbeit bedeutet es kontinuierlich, aktuelles Wissen über das Sexualleben und Veränderungen in der Sexualität alternder Menschen zu kennen und Sexualität im Alter zu fördern.

Schultz-Zehden sieht die in das Alter hineinwachsende Generation erneut als Vermittler für „eine Art zweite sexuelle Revolution“ an. Diese Frauen und

Männer haben viel dazu beigetragen, die Sexualität aus den engen Zwängen und Moralvorstellungen der1950er und 1960er Jahre zu befreien und neue Vorstellungen über Sexualität und Alter zu entwerfen und dazu könnten sie ein weiteres Mal beitragen (vgl. Schultz-Zehden 2013, S. 7).

4.3 Geschlechtsspezifische Perspektiven auf Alternsprozesse von Frauen, Männern, L(esben), S(chwulen), B(isexuellen), T*(ransgender), I(ntersexuellen) und Q(ueeren)

81,2 Millionen Menschen leben Ende 2014 in Deutschland, davon 41,7 Millionen Frauen (51%) und 39,5 Millionen Männer (49%) (vgl. Statistisches Bundesamt 2016, S. 10), darunter schätzungsweise 80000 bis 100000 Intersexuelle, 4% aller Männer und 2% aller Frauen, die als schwul oder lesbisch gelten und leben, unbekannten Anteilen vorwiegend heterosexuell lebender Menschen mit gelegentlichen homosexuellen Kontakten, bisexuellen Menschen (vgl. www.spiegel.de 2008) und Menschen, die als Transgender ihre Geschlechtsidentität jenseits binärer Geschlechterordnung leben und sich entweder über hormonelle Behandlungen oder Operationen dem jeweils anderen Geschlecht annähern oder als Individuen leben, für die das gelebte Geschlecht keine zwingende Folge des bei Geburt zugewiesenen Geschlechts ist (vgl. Czollek et al. 2009, S. 36). 2014 waren ca. 22,2 Millionen Menschen mindestens 60 Jahre alt (56% Frauen und 44% Männer) (vgl. ebd. 2016, S. 10) und es wird von ca. 1,8 Millionen in Deutschland lebender homosexueller Senior_innen im Alter über 60 Jahren ausgegangen. Dabei gibt es weder weitere konkretere Zahlen zu Anteilen z.B. älterer Intersexueller, bisexueller oder Transgender-Menschen und entsprechend wenig Wissen zu ihren Lebenslagen und -möglichkeiten im Alternsprozess (vgl. Schröder/Scheffler 2016, S. 9).

Die in den Gender Studies etablierte queere Idee von Gender und Sexualität, die Geschlecht, Zweigeschlechtlichkeit und Heterosexualität denaturalisiert und historisiert und mithin als diskursiv hergestellt betrachtet, wird bisher viel zu wenig für ältere Menschen thematisiert (vgl. Lottmann/Castro Varela 2016, S. 13). Für den gesamten Bereich, der sich professionell mit älteren Menschen beschäftigt, besteht die Herausforderung, Heteronormativität nicht als „Norm der/zur Zweigeschlechtlichkeit“ zu verstehen, sondern als dynamische, machtkritische ‚Lesart‘ im historischen Wandel. Doch das erweist sich als gar nicht so leicht, weder in der Theorie noch in der Praxis. Die Perspektive der Geschlechtervielfalt ist vor allem für älter werdende Menschen aufgrund jahrelanger (Straf-)Verfolgung und damit verbundener Diskriminierung und erst in jüngerer Vergangenheit aufkommender größer werdender Toleranz und Sichtbarkeit mit einem hohen Maß an Misstrauen, Verletzbarkeit und Demütigung verbunden. Viele ältere LSBT*IQ-Menschen haben sich jahrzehntelang versteckt und subkulturell strukturierte Lebensweisen entwickelt. Doch mit dem demographischen Wandel werden nicht alle im Alternsprozess entstehenden Hilfe- und Unterstützungsbedarfe in der eigenen Szene abgedeckt werden. Gleichzeitig gibt es relativ wenige Forschungen in diesem Bereich zu Bedürfnissen und Bedarfen im Alter und damit verbunden ist auch wiederkehrend die Frage nach neuen Diskriminierungen.

Im folgenden Verlauf werden bedeutsame, bisher bekannte Erkenntnisse zu geschlechtsspezifischen Besonderheiten für Frauen, Männer und LSBT*IQ-Menschen im Alternsprozess zusammengefasst, die aus Sicht Sozialer (Alten-) Arbeit zu berücksichtigen sind. Gleichzeitig wird Heteronormativität damit nicht überwunden, vielmehr bleibt die heteronormative Unterteilung der Geschlechter vorerst bestehen, doch solange die Kategorie Frauen und Männer nicht aufgelöst wird in Richtung sexueller Vielfalt bzw. darüber hinaus entsorgt und unbrauchbar wird, steht im Vordergrund, über alle alternden Menschen, unabhängig von ihrer sexuellen Orientierung etwas zu ihren besonderen Lebenslagen und Bedürfnissen im Alternsprozess hervorzuheben, jedoch immer noch basierend auf ihren ihnen zugeschriebenen sexuellen Rollen und Orientierungen. Wenn im Kapitel zu alternden Frauen und alternden Männern heteronormativ vorgegangen wird, kann durchaus nicht ausgeschlossen werden, dass ebenso auch lesbische, schwule, bisexuelle oder weitere Perspektiven ebenfalls eingeschlossen sein können, da in den Studien nicht explizit danach gefragt wurde oder die sexuelle Orientierung keine Rolle spielte oder von einer/m heteronormativen Forscher*in nicht bedacht wurde.

4.3.1 Erkenntnisse zu Alternsprozessen von Frauen und ihre Bedeutung für Soziale (Alten-)Arbeit

Frauen-Alter(n) in der Selbst- und Fremdwahrnehmung findet zwischen der letzten Menstruation und dem letzten Geschlechtsverkehr statt. Von beidem ist jedoch ungewiss, ob das Erleben eines weiteren Mals vielleicht nicht das letzte Mal sein wird. Helke Sander hat in einer ihrer 2011 veröffentlichten Kurzgeschichten genau die ungewissen letzten Male aufgegriffen. Mit dem Ende der Fruchtbarkeit der Frauen erscheint individuell und gesellschaftlich der gleichzeitige Beginn des Alters festgelegt.

> „Die erste Menstruation und die letzte, die oft auch nicht die letzte ist, sondern nebenbei allerlei Begleiterscheinungen so allmählich abebbt, versiegt, kläglich wiederkommt oder ganz undramatisch plötzlich weg ist, jede Frau könnte ein Lied davon singen. Es endet immer damit, dass etwas, was verlässlich war, nicht immer erwünscht da war, zum falschen Zeitpunkt da war oder aussetzte und dann heiß herbeigesehnt wurde, eines Tages einfach verschwunden war. Damals hatte sie mit Be-

schwerden reagiert, vielleicht weil sie so heftig mit der ablaufenden Zeit und zum ersten Mal richtig mit dem Alter konfrontiert wurde“ (Sander 2011, S. 52).

Ähnlich verhält es sich mit dem Geschlechtsverkehr bei Frauen im Alter, von dem ebenso wenig bekannt ist, ob es nicht der letzte sei, so dass Abschied genommen werden könnte von einer wichtigen und großen „Sache“, die den Menschen lebenslang alltäglich begleitet. Dieses Nichtwissen führt zu großen Unsicherheiten bezüglich der eigenen Geschlechtsrolle, Attraktivität, Begehrtheit und vielleicht auch als Antrieb, weiterhin aktiv am Leben teilzuhaben.

> „Der letzte Geschlechtsverkehr – ein Unterschied zum ersten ist zum Beispiel, dass man sich an den ersten Beischlaf meist erinnern kann, wohin gegen man beim letzten oft nicht weiß, dass es der letzte war, und also, während er geschieht, nicht weiß, dass die Umstände besondere sind und sich ein Abschied vollzieht, der im Moment nicht als Abschied begriffen wird. Erst viel später wird klar, dass das ein Ende war“ (ebd., S. 51).

Der in Kapitel 2 beschriebene Strukturwandel des Alterns umfasst mindestens drei Aspekte, die mit hohen Anteilen vor allem die Frauen und ihre Lebenssituationen im Alter betreffen. Entberuflichung und damit eine Verjüngung des Alters, Singularisierung aufgrund von Verwitwung und Erhöhung der Scheidungsquote, Feminisierung aufgrund der höheren Lebenserwartung von Frauen und Auswirkungen der Kriegsjahre sowie die Hochaltrigkeit, die mit der verlängerten Lebenserwartung und medizinischem Fortschritt starke Zuwächse erwarten lässt (vgl. Tews/Naegele 1993). Viel ist seitdem zu der Lebensphase Alter geforscht und erarbeitet worden. Und obwohl der demographische Wandel ein weibliches Gesicht hat, sind die Erkenntnisse seltsam genderunspezifisch geblieben. Das Alter(n) wirkt beinahe androgyn oder geschlechtslos, obwohl mit Blick auf Konstruktion und Dekonstruktion der Geschlechter und damit verbundenen sozialen Rollen viel stärker auch Alternsprozesse unterschieden werden sollten, ob für Frauen oder Männer oder selbstverständlich darüber hinaus für weitere Geschlechterkonstruktionen. Wissen ist zu erarbeiten, Angebote sind zu planen und die Verbesserung der Lebensqualität müsste geschlechtsspezifisch in den Blick genommen werden. Der Alternsprozess verändert sich, wird vielfältiger und auffälliger, bringt zuvor unbekannte und unbefragte Wünsche und Sehnsüchte älter werdender Männer und Frauen hervor. Altern findet inmitten sozialer Räume und Möglichkeiten statt, die im Hinblick auf Tätigkeiten, Wohnformen, Lebensstile, Lebenssinn, Freizeitgestaltung, partnerschaftliche sowie Familienbeziehungen nicht mehr durch verbindliche und kollektiv gültige Muster festgelegt und standardisiert sind. Die Lebensphase Alter ist mit einem Entstandardisierungsschub und erheblicher innerer Differenzierung, Pluralisierung und Entstrukturierung verbunden und damit über die Gestaltbarkeitsmöglichkeit gestaltungsnotwendig geworden (vgl. Schweppe 2005, S. 35). Diese Erkenntnisse sind auch geschlechtsspezifisch unterscheidbar.

Gleichzeitig blicken die jeweils zum Alternsprozess Forschenden aus einer antizipierenden Perspektive. Die jeweils gegenwärtig gebildeten Erkenntnisse in Bezug auf die Lebenslagen von Frauen im Alter haben begrenzte Haltbarkeiten, denn mit dem eigenen Hineinwachsen in die Altersphase wird es sich anders anfühlen, werden neue Bedingungen vorhanden sein und neue Anforderungen. Dennoch wird der Blick auf die Möglichkeit „antizipatorischer Lebensentwürfe“ gelenkt, die individuell und professionell für sozialpädagogische oder gerontologische Einmischung nützlich sein könnte: Wissen über das Alter, ohne im Alter zu sein, Aufmerksamkeit und Vorwegnahme herausbilden, die zu Verschiebungen des negativen Frauenalterns führt und für Frauenalternsprozesse sensibel machen. Wie könnten, so lautet die Grundfrage, ältere Frauen in vorausschauender Perspektive in ihren Vorstellungen eines Lebens im Alter wahrgenommen und respektiert, ihre Ideen und Wünsche realisierbar gemacht werden?

Die längere Lebenserwartung der Frauen ist ein Phänomen des 20. Jahrhunderts. Mit steigender industrieller Entwicklung und verstärkter Urbanisierung vergrößerten sich die geschlechtsspezifischen Unterschiede der Lebenserwartung. Die relative Langlebigkeit der Frauen ist ein wichtiges Phänomen jeder modernen Gesellschaft. Die Sterberaten der Männer sind in allen Lebensaltern höher als die der Frauen und Männer weisen bei allen Todesursachen, sofern sie nicht geschlechtsspezifisch sind, größere Risiken auf (vgl. Höpflinger 2000, S. 65). Im langjährigen Durchschnitt werden etwa 105 Jungen pro 100 Mädchen geboren, doch das Geschlechterverhältnis verändert sich mit zunehmendem Alter. Im Jahr 2003 kamen in Deutschland auf 70 Männer im Alter von 65 bis 84 Jahren 100 Frauen. Doch je höher das Alter, desto größer wird der Anteil der Frauen: Unter den über 85-Jährigen finden sich nur 30 % Männer, unter den über 100-Jährigen sogar nur 15 % Männer (vgl. mortality.org nach: Doblhammer 2006, S. 346). Die generell höhere Lebenserwartung der Frauen führt also dazu, dass im höheren Lebensalter zunächst zwei Drittel, später sogar drei Viertel weibliche Personen vorhanden sind. Männer sind bis zum 60. Lebensjahr in der Überzahl, dann erst beginnt sich die Relation zu wenden (vgl. Wacker 2003, S. 35).

Die Gründe für die höhere Lebenserwartung von Frauen sind vielfältig. Frauen weisen konstitutionelle und immunbiologische Vorteile auf, die jedoch nur bei guter Ernährung hervortreten. Geschlechtsspezifisch geprägtes Gesundheits- und Risikoverhalten sowie Unterschiede in der Lebenswelt von Männern und Frauen gelten als weitere bedeutsame Erklärungsfaktoren. Frauen sind aufgrund ihres Monatszyklus stärker für körperliche Unregelmäßigkeiten sensibilisiert, gekoppelt mit der Tendenz in ihrer Sozialisation, Emotionen äußern zu können und zu dürfen. Dies führt zu einer besseren Gesundheitsvorsorge, die Frauen ohnehin stärker als Männer betreiben, d. h. Frauen gehen öfter zur Vorsorge und suchen häufiger Ärzte auf. Frauen werden seltener in tödliche Unfälle verwickelt und zeigen seltener stark gesundheitsschädigendes Verhalten (vgl. Höpflinger 2000, S. 65). Ein als Verweiblichung des Alters bezeichnetes Phänomen wird dabei jedoch bislang nicht explizit thematisiert, obwohl demographische Modellrechnungen in Deutschland schon seit längerer Zeit mit zunehmendem Alter immer höhere Frauenanteile zeigen (vgl. Wacker 2003, S. 35). Wacker fragt, ob das Mehr an weiblicher Lebenszeit einer angemessenen Lebensqualität gegenübersteht, da Frauen in besonderer Weise vom Altern betroffen sind (vgl. ebd.). Tews (1993) und Kohli (1990) benennen bereits Anfang der 1990er Jahre das „feminisierte Alter", das sie ebenfalls nicht nur durch den weitaus höheren Frauenanteil quantitativ begründet sehen, vielmehr scheinen weibliche Vergesellschaftungsformen das Leben im Alter zu bestimmen. Männern würde sogar eine Angleichung an weibliche Vergesellschaftungsformen im Alter zugeschrieben, da die männliche geschlechtstypische Vergesellschaftung über Erwerbsarbeit mit dem Eintritt ins Alter beendet werde (vgl. ebd. nach: Backes 2007, S. 152). C.G. Jung brachte die Angleichung beider Geschlechter im Alter als Androgynitätsthese bereits 1931 hervor. Im Alter würde es zu einer Konvergenz der Geschlechtsrollen kommen, bei vielen Menschen sogar zu einer Rollenumkehrung: Der alte Mann wird beschrieben als jemand, der seine Abhängigkeits- und Versorgungsbedürfnisse akzeptiert hat und die alte Frau als jene, die ihre egozentrischen, durchsetzungswilligen und aggressiven Impulse endlich realisiert. Die Maskulinisierung der älter werdenden Frau zeigt sich nicht nur in vermehrt auftretenden männlichen Verhaltensweisen (aggressives, hartnäckiges, durchsetzendes Auftreten), auch das äußere Erscheinungsbild passe sich daran an (tiefere Stimme, Oberlippenbart, dünnerer Haarwuchs) (vgl. Jung 1931 nach: Perrig-Chiello 2000, S. 21). Diese Crossover-Annahme wurde über eine langzeitliche Veränderung der Selbsteinschätzung von Persönlichkeitsmerkmalen von Frauen und Männern überprüft. Die Ergebnisse zeigen, dass die Frauen weniger körperliche Beschwerden hatten, weniger irritierbar und depressiv, weniger neurotisch waren mit 75 Jahren und signifikant höhere Werte hinsichtlich reaktiver Aggressivität mit im Vergleich zu ihrem 50. Lebensjahr zeigten. Geschlechtsspezifische Rollenumkehrung, wie von Jung angenommen, ließ sich finden, geschlechtstypische Unterschiede verändern sich jedoch nicht und nehmen eher mit dem Alter zu. Die Befunde zeigen eine hohe Stabilität von Persönlichkeitsmerkmalen und sind bedeutend für das psychische Wohlbefinden im Alter (vgl. Perrig-Chiello 2000, S. 24).

Trotz anwachsender quantitativer und damit auch qualitativer Ungleichheit zwischen Männern und Frauen im Alternsprozess steht eine tiefer gehende Analyse der Geschlechter, Geschlechterverhältnisse im Lebens(ver)lauf und ihrer Auswirkungen auf die Lebenslagen beider Geschlechter bis in das Alter weitgehend aus (vgl. Backes 2007, S. 152). Forschungen zum Alter und Alternsprozess sind überwiegend geschlechtsneutral und nehmen die unterschiedlichen Quantitäten und die Vielfalt an Lebenslagen der Überzahl an Frauen kaum wahr. Die Annahme, ältere Frauen und Männer würden sich im Alter zunehmend ähnlicher, scheint im gesellschaftlichen Zusammenhang wirkmächtiger zu sein als zuvor angenommen.

Wissensbaustein

Unterschiedlicher Beginn der Lebensphase Alter

Der Beginn der Lebensphase Alter beginnt für Frauen früh: Mit 40, 45, 50 oder 60?! Für Frauen und Männer beginnt das Alter bzw. der Alternsprozess zu unterschiedlichen Zeitpunkten, dabei erscheint bedeutend, dass unterschiedliche Markierungspunkte körperlicher, individueller oder gesellschaftlicher Art der Bestimmung gelten und sich entsprechend auf das Altersbild, die Selbst- und Fremdwahrnehmung auswirken. Menschen fühlen sich im Durchschnitt zehn Jahre jünger, als sie ihrem chronologischen Alter nach sind. Diese Differenz nimmt mit zunehmendem Alter nur ganz leicht zu. Alterstypisierungen entsprechen nicht mehr den Selbsteinschätzungen und erscheinen überholt. Frauen fühlen sich, mit Ausnahme der ältesten Gruppe, etwas jünger als gleichaltrige Männer. Frauen betrachten die anderen Menschen als jünger und fühlen sich selbst auch jünger (vgl. Kohli/Künemund 2000, S. 54). „Frauen schätzen sich bedeutsam jünger ein als Männer dies tun. Dies steht allerdings in fataler Kontraindiktion zur Fremdeinschätzung: Sowohl junge Männer und Frauen als auch alte Männer schätzen Frauen viel früher als alt ein als sie selber es tun" (Perrig-Chiello 2000, S. 15). Fooken hebt hervor, dass sich im verschrifteten Material der Kulturgeschichte unseres Kulturkreises nur wenige Spuren älterer Frauen finden lassen. Diese wenigen Quellen akzentuieren überwiegend ein negatives Bild. Älter werden erscheint für Frauen als traurige und bedauernswerte Erfahrung. In den Vorstellungen vieler dominiert das Bild alter Frauen, die als Hexen oder geldgierige Kupplerinnen auftreten oder die lächerlichen, ihr Alter nicht wahrhabenden alten Frauen (vgl. Fooken 2000, S. 173). Frauen sind weit stärker vom negativen Altersbild betroffen als Männer, obwohl alte Frauen eine Mehrheit in der Gesellschaft repräsentieren. Da Frauen nach wie vor weniger Platz in der Öffentlichkeit einnehmen, stellt die Mehrheit älterer Frauen eher die schweigende Mehrheit dar. Sie profilieren sich gegenwärtig noch nicht für jedermann sichtbar in der Öffentlichkeit und werden folglich kaum wahrgenommen. Deshalb wirken sie als homogene und anonyme Gruppe und bieten Projektionsfläche für Ängste und Aggressionen in der Gesellschaft. Gelingt es älteren Frauen in der Öffentlichkeit Aufmerksamkeit auf sich zu lenken, werden diese als zänkisch, maskulin usw. eingeschätzt (vgl. Perrig-Chiello 2000, S. 35). Bereits 1972 hat Susan Sontag darauf hingewiesen, dass eine Doppelmoral des Alterns existiere, den „double standard of aging". Für Männer gebe es zwei Schönheitsideale, den jungen Mann und den Herren mit grauen Schläfen, für Frauen jedoch nur eins: das Mädchen. Indizien des Alters werden bei Männern anders bewertet als bei Frauen, während die Falten eines Mannes als Charakter, emotionale Stärke und Reife gedeutet werden, gelten Falten bei Frauen als Makel und werten sie ab (vgl. Sontag 1972/1977 nach: von Sydow 1993, S. 55). Mit dem von Sontag beschriebenen „double standard of aging" werden Frauen im Vergleich zu Männern viel früher als älter bzw. alt definiert. Damit entsteht eine zweifache, sexistische wie ageistische Benachteiligung älterer Frauen (vgl. Amrhein/Backes 2008, S. 385). Das Alter bei Frauen beginnt mit der Menopause, die häufig als Gliederungszeitpunkt verwendet wird und um das 50. Lebensjahr einsetzt. Der Beginn des Alters allgemein wird mit dem Verrentungszeitpunkt gleichgesetzt und liegt rund 10 bis 15 Jahre später, während der Beginn des Alternsprozesses bei Frauen mit dem Ende ihrer Reproduktionsfähigkeit einsetzt.

In der Konsequenz bedeutet dies, dass Frauen Entwertungsprozesse über den Alternsprozess lange erleben, da der Alternsprozess früher beginnt und mit ihrer längeren Lebenserwartung lange andauert. „Das mittlere und höhere Lebensalter umfasst, wenn man die Menopause als Gliederungszeitpunkt verwendet, die Zeit von etwa 50 Jahren bis hin zum Tod, der bei Frauen durchschnittlich mit knapp 80 Jahren eintritt" (von Sydow 1993, S. 105). Wolf betont, dass der individuelle Alterungsprozess mit Hilfe vorgegebener Zeitpunkte und Zeiträume gemessen wird. In dieser institutionalisierten Form strukturiert das chronologische Alter die Lebenszyklen der Individuen „Mit 18 werden Kinder erwachsen, der Renteneintritt und damit der Einstieg ins Alter erfolgt zum 65. Lebensjahr – und Frauen erleben ihr biologisches Altern, den Verlust der Fruchtbarkeit, zwischen 45 und 55" (Wolf 2007, S. 135). Damit setzt Wolf den Eintritt der Frauen in den Alternsprozess fünf Jahre herab. Hartung legt den Zeitpunkt auf etwa 40 Jahre fest, wenn die weibliche Reproduktionsfähigkeit zunehmend eingeschränkt ist und endet (vgl. Hartung 2005, S. 10). Mit dem Eintritt der Menopause werden Frauen daran erinnert, so betont von Sydow, dass ihr Leben endlich ist (vgl. ebd. 1993, S. 108). Diese Endlichkeitswahrnehmung kann von Frauen vielleicht als Hinweis auf den Alternsprozess eingeschätzt werden. Dabei lässt sich der Beginn der Wechseljahre erst retrospektiv feststellen. Eine Frau, deren letzte Menstruation zwölf Monate und länger zurückliegt, durchlebt ihre Menopause (vgl. Wolf 2007, S. 142), so dass längere Zeit für die Frau selber unklar bleibt, in welchem Stadium sie sich befindet. Vor allem gibt es keine äußeren Anzeichen, nach denen sie als in der Menopause sich befindend eingeschätzt und damit als alt gelten kann.

Bis heute ist keine Einigung darüber erzielt, weder innerhalb biomedizinischer Erklärungsansätze noch unter medizinischen Laien oder betroffenen Frauen, wie sich dieser Lebensabschnitt genau definieren lässt, weder zu welchem Zeitpunkt er beginnt noch wann er endet und was die Menopause bedeutet.

„Die Begriffe Menopause und Klimakterium werden weitgehend analog verwendet, auch wenn dies nicht der medizinischen Lesart entspricht. Diese versteht unter Menopause den Zeitpunkt der letzten Menstruation, der ein Jahr lang keine Monatsblutung mehr folgt, während das Klimakterium die Bezeichnung für die Übergangszeit von dem Nachlassen der Ovarialfunktion zum (weiblichen) Alter darstellt" (Wolf 2007, S. 131).

Das Alter(n) der Frauen wird an ihre körperlichen Veränderungen gebunden, die sich jedoch an keinen äußerlich sichtbaren Anzeichen festmachen lassen. Dennoch fühlen sich Frauen stärker an ihren, häufig als unzureichend erlebten Körper, gebunden (vgl. Amrhein/Backes 2008, S. 385). Viele Frauen erleben Altern mit einer kontinuierlichen sexuellen Entwertung, die von Sorgen um die eigene Attraktivität, abnehmender Leistungsfähigkeit, verschiedenen Erkrankungen und Beschwerden begleitet wird. Frauen werden im Sinne des von Sontag formulierten „double standard of aging" früher als unattraktiv, alt und asexuell wahrgenommen (vgl. Schultz-Zehden 2004), während sie sich selber entsprechend ihres Alters eigentlich jünger fühlen. Dadurch entsteht eine Diskrepanz zwischen individueller und gesellschaftlicher Wahrnehmung, die größer ist als die vermeintliche Zahlenangabe des Alters. Wolf betont, dass insbesondere bei alternden Frauen das vermeintlich selbstverständliche Wissen über den Körper und seine Funktionsweise, seine hormonellen Steuerungsmechanismen kein universelles Wissen darstellen. Vielmehr bildet es nur einen Baustein in der Konstruktion kultureller Realitäten, die zeitlich, räumlich und kulturell gebundenes Wissen über den weiblichen Alterungsprozess annehmen. Die Aussicht für Frauen, zwischen zugeschriebenem früheren Alternsbeginn aufgrund abnehmender Reproduktionsmöglichkeit ab ca. 40 Jahren, der eigenen positiveren Alterswahrnehmung und der gleichzeitig höheren gesellschaftlichen Aufmerksamkeit ihrem Aussehen gegenüber, bedeutet mit der Länge der Lebenserwartung, etwa die Hälfte des Lebens im eher negativ zugeschriebenen Alter zu verbringen (vgl. Wolf 2007, S. 135). Neue Vorstellungen vom Alternsprozess insgesamt hängen also stark von der Perspektive ab, über welches Geschlecht nachgedacht wird. Mit der Überzahl der Frauen im Alter und dem frühen Beginn ihres Alterns sollte es möglich werden, ihnen stärkere Stimmen zu verleihen, die ihre Bedürfnisse und Wünsche stärker berücksichtigt. Dafür wird es notwendig, auf Grundlage des Wissens über Lebenslagen und daraus entstehenden Perspektiven, die Gestaltung der Lebensqualität für Frauen im Alter zu entwickeln.

Mit der durchschnittlich höheren Lebenserwartung und dem frühen Beginn haben Frauen eine lange (Alters-)Phase auszufüllen, in der sie Kontinuitäten und Erfahrungen aus ihrem bisherigen Leben mitbringen und wenige geschlechtsspezifische sowie auf ihre Lebenssituationen zugeschnittene Angebote vorfinden. Obwohl die Lebensphase Alter überwiegend weiblich ist, erscheint sie nicht weiblich ausgeprägt, da Frauen bisher vielleicht zu wenig auf sich aufmerksam gemacht und für sich eingefordert haben. Backes betont mit Verweis auf Calasanti 2006, dass Geschlecht als gerontologisches Spezialthema (miss-) verstanden würde, obwohl damit eine grundlegende theoretische Perspektive auf die ganze Alternsforschung verbunden sei. Die damit verbundenen Fragestellungen würden marginalisiert und aus dem Mainstream abgedrängt, obwohl das Thema Eingang finden müsste in die großen Fachjournals, da es nicht als fundamentales gesellschaftliches Ordnungsprinzip erkannt würde. Vielmehr erschöpfe sich das Themengebiet in statistisch-demographischen Perspektiven und nicht als grundlegend zu betrachtende Beziehungs- und Machtverhältnisse zwischen den Geschlechtern und in Verbindung mit anderen sozialen Ungleichheitskategorien (vgl. Backes 2006, S. 1). Calasanti/Slevin verstehen Geschlecht und Alter als miteinander verwobene gesellschaftliche Prinzipien und sie wollen untersuchen, wie diese Geschlechterstrukturen das individuelle Leben von Männern und Frauen bestimmen (vgl. ebd. nach: Backes 2006, S. 2). Mit Blick auf postmoderne Erkenntnistheorien wird deutlich, dass die Dekonstruktion der Entgegensetzung von Natur und Kultur, einem Grundelement modernen Denkens, dem weitere hierarchisch konnotierte Dichotomien wie Objekt/Subjekt und Körper/Geist zugrunde liegen, auch für die Analyse von Alternsprozessen zu gelten hat. Dichotome Vorstellungen körperlicher Geschlechts- und Altersmerkmale einerseits und gesellschaftliche, kulturelle Geschlechts- und Alterszuschreibungen andererseits wirken sich auf Geschlecht und Alter aus. In Abgrenzung zu bis dahin dominanten biologischen Vorstellungen von Geschlecht und Alter wurde sowohl in sozialgerontologischen wie auch in feministischen Diskussionen die Bedeutung von kulturellen und sozialen Dimensionen hervorgehoben (vgl. Spindler 2007, S. 81). Diese Perspektiven sind weiterzuverfolgen und fordern heraus, die Lebensphase Alter zukünftig deutlich mehr bezogen auf geschlechtsspezifische Konstruktionen und damit verbundene Wünsche und Bedürfnisse hin auszurichten und zu gestalten.

Frauen werden über körperliche Attribute und Attraktivität bewertet und mit angenommener zunehmender Unfruchtbarkeit abgewertet. Im Zusammenhang damit steht die zunehmende Unsichtbarkeit, der älter werdende Frauen ausgesetzt sind. Mit diesen Erkenntnissen sind Fragen verbunden, wie Frauen weiterhin sichtbar bleiben können und wahrgenommen werden mit ihren Bedürfnissen nach Verbindungen und sozialen Beziehungen sowie einer aktiven Sexualität bis in das hohe Alter hinein. Mit dem Eintritt in die Lebensphase Alter bringen Frauen langjährige Kontinuitäten und Eingelebtes mit. Ihre Lebenslagen werden erstmals nach einer langen Phase des Alltäglichen, Routinierten und Selbstverständlichen neu herausgefordert. Gleichzeitig zeigen die Erkenntnisse in Bezug auf die Mobilitäts- und Zeitverwendungserfahrungen größere Wendigkeit und mehr Spielräume im nahen Wohnumfeld. Frauen haben (noch mehrheitlich) durch ihre Erfahrungs- und Lebensmuster einen starken Bezug auf die eigene Häuslichkeit und den Nahbereich. Das kann ihnen für den im Alternsprozess kleiner werdenden Radius Vorteile für ihre Lebensqualität und

-zufriedenheit verschaffen. Lern- und Erfahrungsspielräume werden durch Entwicklungsmöglichkeiten und Interessen bestimmt, die durch Sozialisation, schulische und berufliche Bildung, Erfahrungen in der Arbeitswelt, durch das Ausmaß sozialer und räumlicher Mobilität und jeweilige Wohnumweltbedingungen geprägt sind. Einkommen, Vermögen, Haus- und Grundbesitz, PKW- oder Führerscheinbesitz, Besitz langlebiger Konsumgüter, Bildungs- und Berufsqualifikation, berufliche Erfahrungen, Gesundheitszustand bestimmen den Alternsprozess wesentlich mit. Diese Lebenslagen und Zufriedenheit bedingenden Aspekte werden mit dem Übergang in die Altersphase herausgefordert, um zur Gestaltung und Bewältigung der Alternssituationen beizutragen (vgl. Backes 2003, S. 27).

Die Selbstwahrnehmung und Fremdwahrnehmung gehen, vor allem bei der Betrachtung älter werdender Frauen, sehr weit auseinander. Mit dem Hineinwachsen in die Lebensphase Alter erscheint bedeutungsvoll, vermehrt Vorstellungen zu entwickeln, wie das Leben aussehen sollte, welche Tätigkeiten weitergeführt werden sollen, welche vielleicht neu hinzukommen oder welche beendet werden sollen. Frauen haben mit einigen Faktoren, wie z. B. körperlichen Beschwerden, Zeitverwendung bzw. Sinnerfüllung, bezogen auf die eigene Häuslichkeit oder den Nahraum weniger Schwierigkeiten und finden sich deshalb im alltäglichen Leben mit dem Alternsprozess zurecht, weil ihr Lebenskreis das nahe Umfeld bereits seit langem einschließt. Doch je mehr jüngere Frauen einer Erwerbstätigkeit nachgehen, desto weniger gibt es diesen Vorteil in der Zukunft und vor allem erscheint wenig darüber bekannt, ob Frauen diese Faktoren überhaupt als Vorteil einschätzen würden. Brüchige Erwerbsarbeitsverläufe, Hausfrauen- und Familientätigkeiten haben das Leben der Frauen geprägt, die gegenwärtig in das Alter hineinwachsen. So entstehen bezüglich der Sinnstiftung im Alter Fragen danach, welche Tätigkeiten und Rollen in das Alter mitgenommen werden wollen oder müssen. Im Alter muss für Frauen berücksichtigt werden, dass so etwas wie ein Neuanfang, der nicht auf der Weiterführung haushaltsnaher familiennaher Tätigkeiten basiert, stärker betont werden könnte. Frauen sollten jenseits von Familie und Beruf danach fragen, was sie schon längst einmal gemacht haben wollten, während sie in der sog. „rush hour of life" in Familie und Beruf verstrickt waren und wenig Möglichkeiten hatten, ihre eigenen Bedürfnisse zu entdecken und nachzugehen. Damit verbunden werden können Fragen, ob im Leben etwas nachgeholt oder auf einen späteren Zeitpunkt verschoben werden kann (vgl. Meyer 2008b). Dennoch könnte der Beginn der Altersphase mit einer neuen Beschäftigung gekennzeichnet oder eine lange aufgeschobene Auseinandersetzung mit etwas bereits Bekanntem fortgesetzt werden. Ausgehend von den besonderen Lebenslagen im Alter von Frauen wird es von Bedeutung sein, die Spezifika weiblichen Alters herauszuarbeiten und Wege in das Alter von Frauen nachzuzeichnen sowie Alternsprozesse endlich dort stärker zu verweiblichen, wo sie vorher unbeachtet geblieben sind.

4.3.2 Erkenntnisse zu Alternsprozessen von Männern und ihre Bedeutung für Soziale (Alten-)Arbeit

Wenn es um Alternsprozesse von Männern geht, werden auch in neueren Veröffentlichungen wiederkehrend Defizite in der gerontologischen Forschung ausgemacht (vgl. Reichert/Leibner 2017, S. 157). Im anglo-amerikanischen Raum gibt es themenrelevante Studien (z. B. Davidson et al. 2010; Smith et al. 2007), während es in Deutschland bisher vor allem zunehmend sozialwissenschaftliche Untersuchungen mit dem expliziten Fokus auf ältere Männer gibt (vgl. Denninger et al. 2014; Hammer 2012). Dennoch stellen Reichert/Leibner die Frage, warum die vielfältigen Schattierungen der Lebenslagen alternder Männer, inklusive ihrer Einstellungen, Wünsche und Bedürfnisse erst nach und nach entdeckt werden (vgl. Reichert/Leibner 2017, S. 157). Lehner stellt den Blick auf alternde Männer in Bezug auf Thompson (1994, S. 1 nach: Lehner 2018, S. 53) als „older men as invisible men" hervor, da die Gerontologie wie auch die kritische Männerforschung die Lebenssituationen älter werdender Männern nur sehr zögerlich als Gegenstand ihrer Forschung begreifen.

Dabei galt über lange Zeit hinweg die Lebensphase Alter vor allem für Männer als besondere Herausforderung mit ihrem Ausschluss aus dem öffentlichen Leben aufgrund von Pensionierung bzw. Verrentung und der damit in der Regel verbundenen Identitätskrise aufgrund des Verlusts der Arbeit. Selbstverständlich standen ausschließlich die Männer im Fokus der (angloamerikanischen) Forschung, während die Frauen vorerst außer Acht gelassen werden konnten aufgrund ihrer überwiegend in Haushalt und Familie verorteten Identität. Gleichzeitig wurde ebenso die Unsichtbarkeit der Vielfalt der Lebenslagen von Männern kritisiert und thematisiert. Wenn Männer nicht dem konventionellen Lebenslauf von Angehörigen der Mittelklasse folgten, inklusive beruflicher Karriere, Ehe und Pension, wurden sie nicht von der Forschung berücksichtigt. Zunehmend hinterfragten Forscher diese idealisierte Sicht auf alternde Männer. Damit wurden nicht nur die Unterschiede zwischen Männern und Frauen voneinander abgegrenzt, vielmehr geriet zunehmend die Vielfalt der Lebenssituationen alternder Männer in den Mittelpunkt.

Im Verlauf der 1970er Jahre begannen feministische Wissenschaftlerinnen und Wissenschaftler, die dominant männliche Schwerpunktsetzung der Altersforschung zu hinterfragen (vgl. Backes 2010, S. 454 nach: Lehner 2018, S. 53). Inzwischen ist die Geschlechterdominanz in der Forschung von einem männlichen zu einer eher weiblichen Schwerpunktsetzung gewechselt und beide Geschlechterdimensionen geraten in Konkurrenz um Sichtbarkeit (Russel 2007, S. 178 nach: Lehner 2018, S. 54). Im deutschen Sprachraum wurde der Themenschwerpunkt um Alter(n) und Geschlechterdimensionen jedoch weder in der Alter(n)swissenschaft noch in der Frauen- und Geschlechterforschung bisher angemessen hinreichend bearbeitet (vgl. Backes 2010, S. 454 nach: Lehner 2018, S. 54).

Bisherige Thematisierungen rund um die vielfältigen Lebenslagen alternder Männer drehen sich, ausgehend von Attraktivitätsverlusten und körperlichen Veränderungen, in diesem Zusammenhang auch um Gesundheit und Krankheit, um die Bedeutung für ihre Selbst- und Fremdwahrnehmung älterer Männer. Ein weiterer Schwerpunkt bearbeitet vor allem die Bedeutung der Entberuflichung für die Männlichkeit im Hinblick auf die damit verbundenen Rollenverluste, um soziale Beziehungen und Partnerschaft sowie pflegende Männer. Die erhöhte Suizidrate und die damit in Verbindung stehenden Depressionen bei alternden Männern stehen ebenfalls im Fokus der wissenschaftlichen Aufmerksamkeit.

(Männliche) Alternsprozesse können über die Wahrnehmung körperlicher Veränderungen erfahren werden und Teising legt bei Männern eine Altersgrenze für den Beginn des Alternsprozesses relativ früh im Lebenslauf fest: „[...] spätestens mit etwa 45 Jahren werden körperlich verursachte Veränderungen unübersehbar, man muss seine körperlichen Grenzen anerkennen" (Teising 2005, S. 76 nach: Reichert/Leibner 2017, S. 161). Diese Grenzen werden jedoch weder individuell noch gesellschaftlich wahrgenommen und thematisiert. Einsetzende Veränderungen des Sehens und Hörens z.B. können allmählich stärker werden mit der Folge, dass z.B. das Autofahren erschwert wird. Für Männer eine schwierige Situation, denn sie können sich in ihrer Identität und Selbständigkeit bedroht fühlen. Die weithin häufigste Todesursache bei Männern stellen Herz-Kreislauf-Erkrankungen dar und bei Überleben eines Schlaganfalls und/oder eines Herzinfarkts ist eventuell mit starken physischen und psychischen Einschränkungen zu rechnen, so dass Hilfe- und Pflegebedürftigkeit dauerhafte Hilfestellungen notwendig macht. Rheumatische Erkrankungen können ebenfalls die Mobilität massiv einschränken und Unterstützungen durch andere erforderlich machen. Störungen der sexuellen Funktionen, insbesondere die „erektile Dysfunktion", gelten als typische Alterserscheinung und erfordern Integration in ein neues Selbstbild. Von den 60- bis 69-Jährigen sind ca. 34,4% betroffen und bei den 70- bis 80-Jährigen wird sie als normale Alterserscheinung eingeschätzt. Männer befürchten jedoch nichts so sehr wie den Verlust der sexuellen Potenz (vgl. Zeier 2002, S. 17 nach: Reichert/Leibner 2017, S. 161). Den sexuellen Funktionsstörungen muss besondere Aufmerksamkeit gewidmet werden, denn diese Störungen bedrohen die Geschlechtsidentität bzw. das Selbstwertgefühl von Männern in hohem Maße. Sexuelle Potenz kann als wesentliches Merkmal von Männlichkeit betrachtet werden (vgl. Connell 1999) und die Einschränkungen der sexuellen Leistungsfähigkeit betreffen auch die Beziehungen zu ihren Partnerinnen. Zudem werden sexuelle Probleme im Alter überwiegend tabuisiert (vgl. Reichert/Leibner 2017, S. 177). Der „Horror vor der Impotenz" ist jedoch nur vordergründig ein sexuelles Problem. Vor allem Männer mit traditionellem männlichem Selbstbild erleben diesen Verlust als narzisstische Kränkung (vgl. Peters 2011, S. 56 nach: Reichert/Leibner 2017, S. 161).

Die Bewältigung von körperlichen Veränderungen und gesundheitlichen Einschränkungen hängt von einer Vielzahl von Faktoren ab, z. B. der Körperbiographie, deren Entwicklung u. a. Radebold (2012) für über 60-Jährige entsprechend ausformuliert. Parallel zu der persönlichen und zeitgeschichtlichen Biographie besitzen Menschen eine Körperbiographie, die in Kindheit und Jugendzeit geprägt wird durch familiäre und gesellschaftliche Erziehung, durch eigene Erfahrungen mit Gesundheit und Krankheit sowie die männlichen Vorbilder der vorangehenden Generation (Radebold 2012, S. 33 nach: Reichert/Leibner 2017, S. 178 f.). „Gerade in der Lebensphase Alter müssen in Bezug auf Krankheitsverarbeitung und Gesundheitsverhalten jene Männer Beachtung finden, die in ‚typisch männlicher' Art und Weise mit körperlichen Veränderungen umgehen bzw. deren Verhalten durch fehlende Rücksichtnahme auf den eigenen Körper gekennzeichnet ist" (Reichert/Leibner 2017, S. 178 f.). Die Erarbeitung eines neuen, gesundheitsfördernden Selbstkonzepts sollte vorhandene, für die Gesundheit wichtige Ressourcen stärken und Defizite ausgleichen. Darüber hinaus ist die Forschung gefordert in der sozialen Gerontologie, Gesundheits- und/oder in der Geschlechtersoziologie die nach wie vor vorhandenen Informationsdefizite zu Themen rund um älter werdende Männer und ihre Bewältigung von Krankheit und Behinderung zu verringern (vgl. ebd., S. 178 f.). Bisher ist vor allem Wissen vorhanden bezüglich des leichtfertigen Umgangs von Männern mit ihrem Körper und ihren wenig gesundheitsbewussten Umgang mit sich. Forschungsergebnisse zeigen einen riskanteren Umgang von Männern im Vergleich zu Frauen in Bezug auf Alkohol-, Tabak- und Drogenkonsum, im Straßenverkehr und/oder in Bezug auf gefährliche Sportarten (Perrig-Chiello 2012; RKI 2014). Gleichzeitig üben sie jedoch auch im weitaus höheren Maße gesundheitsgefährdende Berufe aus. Männer nehmen im Falle physischer und psychischer Erkrankungen ärztliche Behandlungen weit weniger in Anspruch. Dasselbe gilt auch für Angebote der Gesundheitsvorsorge. Dahinter verstecken sich z. T. auch strukturelle Ursachen, denn die Hauptadressat*innen von Angeboten der Gesundheitsaufklärung und Prävention sind mit weitem Abstand Frauen. Männer fühlen sich häufig nicht angesprochen oder vermissen besondere männerspezifische Angebote. „Das männliche (Risiko-)Verhalten lässt sich zum einen auf ein spezifisches Männlichkeitsmuster zurückführen. Demnach bedeutet Gesundheit für viele Männer vor allem Leistungsfähigkeit, d. h. der Körper soll – ähnlich einer Maschine – möglichst problemlos funktionieren" (Reichert/Leibner 2017, S. 163).

Im Hinblick auf den Umgang mit Multimorbidität und Chronizität von Krankheiten im höheren Erwachsenenalter wird Männern vor dem Hintergrund ihres Selbstbildes ein hohes Maß an Bewältigungskompetenz abgefordert. Ältere betroffene Männer zeigen in einer Studie das Bestreben,

> „[…] im Sinne des traditionellen Männerbildes Kontrolle über die Entwicklung von gesundheitlichen Beeinträchtigungen zu behalten, ‚Herr der Lage' zu bleiben und den Körper wie ein Maschinist wieder zu reparieren bzw. durch eigenes Handeln positiv zu beeinflussen. Andererseits werden aber auch Strategien erkennbar, die als Verdrängung angesehen werden können und die dazu dienen, das männliche Selbstbild als mehr oder minder ‚unverwundbar' aufrechtzuerhalten" (ebd., S. 177).

Böhnisch berücksichtigt in seinem theoretischen Entwurf zur „Sozialpädagogik der Lebensalter" alle Lebensalter mit Blick auf ihre spezifischen Herausforderungen. Für die Lebensphase Alter legt er insbesondere einen genderspezifischen Schwerpunkt auf die Situation älterer Männer. Dabei gerät vor allem die „Rollenlosigkeit" der Männer in den Mittelpunkt der Betrachtung.

> „Alter bedeutet für Männer einen gravierenden ‚biographischen Bruch', der sie mit neuen Herausforderungen konfrontiert. Ihre ‚nach außen gerichtete biographische Integrität' (Böhnisch 2016, S. 260), die unter den Prämissen eines Männerbildes, das Durchsetzungsvermögen, Konkurrenz und Hierarchie forciert, konstruiert wurde, erfährt durch die Verluste des Alters eine tiefgehende Bedrohung" (Lehner 2018, S. 71).

In einer Studie zeigte sich direkt nach dem Übergang in den Ruhestand ein Anstieg des Wohlbefindens. Dieser positive Effekt wurde im Zusammenhang mit einer Befreiung von der Last der Arbeit eingeschätzt. Ob dieses gehobene Wohlbefinden auch längere Zeit andauerte, war von den jeweiligen Ressourcen abhängig. Als ausschlaggebender Faktor erwies sich Bildung. Personen mit geringer Bildung äußerten einen Verlust an Lebensqualität. Dies ist dadurch erklärbar, dass niedrige Bildung meist mit geringerem Einkommen, mehr gesundheitlichen Problemen, weniger Freizeitaktivitäten und einem kleineren sozialen Netzwerk verbunden ist (vgl. Wetzel et al. 2016, S. 102 nach: Lehner 2018, S. 55).

Alte Männer sind herausgefordert, sich jenseits ihrer vorrangig über Erwerbstätigkeit festgelegten Identität, neuen sozialen Beziehungen zu stellen und aus ihnen heraus sozialbiographische Perspektiven für das Alter zu entwickeln (vgl. Böhnisch 2005, S. 83). Dies fällt Männern jedoch leichter, wenn sie während der Erwerbsarbeitszeit nicht nur auf Arbeit und Funktionieren fixiert waren. Beziehungen außerhalb der Erwerbsarbeit und der Familie, soziales oder kulturelles Engagement werden im Alter zu Voraussetzungen, um nicht isoliert zu werden und um die Lebensspanne für sich „bunt und aufregend" gestalten zu können (vgl. Böhnisch 2009). Dennoch gibt es alte Männer,

> „[…] die mit dem Verlust des sozialen Außen auch für sich eine radikale Trennung nach außen vollziehen, sozial abweisend werden, um so die Kontrolle über sich und

> die Welt subjektiv behalten zu können. So kompensieren sie ihren Machtverlust, den sie dem sozialen Umfeld gegenüber erleiden. Man könnte also auch sagen: Das Alter dekonstruiert den männlichen Sozialisationstypus" (Böhnisch 2005, S. 81).

Dieser Dekonstruktion des männlichen Sozialisationstypus gilt es zu begegnen und etwas entgegenzusetzen. „Oft ist es so, dass die Männer, die ihren Selbstwert, ihre Anerkennung, ihre soziale Rolle und familiäre Macht zeitlebens nur über ihre Arbeit oder ihren Beruf erhalten und stützen konnten, nach der Entberuflichung, der Pensionierung in ein tiefes Loch fallen. Sie haben ihre Kontrollmacht nachhaltig eingebüßt. So suchen sie einen Weg, diese irgendwie aufrechtzuerhalten" (Böhnisch 2009, S. 81). Vor allem alleinstehende Männer, die ihr ganzes Leben nach außen auf ihr Funktionieren fixiert waren, werden mit dem Übergang in die Rentenphase auf sich selbst zurückgeworfen, können mit der neuen Situation nicht umgehen und sind sich selbst ausgeliefert.

Dies lässt sich, Böhnisch zufolge, an den deutlich höheren Selbstmordraten der Männer gegenüber denen gleichaltriger Frauen nachweisen. Vor allem belassen es Männer nicht bei dem Versuch, einen Hilferuf abzusetzen, sondern sie setzen auf Erfolg mit ihrem Suizid. „Ein auffälliges Merkmal ist der vermehrte Suizid von Männern im Alter. Die Suizidrate steigt mit dem Alter an. Das Suizidrisiko ist ab dem 75. Lebensjahr doppelt und ab dem 85. Lebensjahr dreimal so hoch wie das der Gesamtbevölkerung" (Grabenhofer-Eggerth/Kapusta 2016, S. 11). Dem Suizid geht oft eine Depression voraus, bei etwa 80 % der Suizide litten die Menschen zuvor an einer Depression. Dabei lassen sich männliche und weibliche Formen von Depressionen unterscheiden. Depressive Symptome bei Männern müssen nicht dieselben sein wie jene von Frauen. „Männliche Depressivität kann sich in einem aggressiven, antisozialen, ‚psychopathischen' klinischen Bild und/oder in einem Suchtverhalten manifestieren, das nicht als Depression erkannt wird" (Rutz 2010, S. 46). Gendersensible Diagnostik erscheint bedeutend, um die vom herkömmlichen Bild abweichende Form der Depression auch als solche zu erkennen. Die Depression bei Männern geht offenbar mit einem erhöhten Suizidrisiko einhergeht (vgl. Lehner 2018, S. 61).

Böhnisch sieht vor allem solche Männer als gefährdet an, die ihr Leben lang Beziehungen eher abgewehrt und nicht gelernt haben, aus eigener Initiative heraus Beziehungen zu knüpfen. Selbstverständlich trifft diese schlechte Prognose nicht auf alle alten alleinstehenden Männer zu, denn es gibt auch diejenigen, die ohne viele soziale Kontakte Lebenszufriedenheit entwickeln können. Diese betrachtet Böhnisch als diejenigen, die sich in ihr Lese- und Fernsehschneckenhaus zurückziehen, sich als überlegene Kommentatoren und Kritiker des Zeitgeschehens stilisieren; aber auch sie leben in der Illusion der Kontrollmacht.

Soziale Beziehungen mit gemeinsam geteilten Interessen und Aktivitäten auf der Basis von Kameradschaft stellen eine wesentliche Bewältigungsressource für das Altern dar, wie die Studie von Barnes/Perry zeigt (vgl. ebd. nach: Lehner 2018, S. 65). Männer verlieren mit der Aufgabe der Erwerbstätigkeit ihren Status als alleiniger bzw. hauptsächlicher Ernährer der Familie und ihr Ansehen als beruflicher Experte. Er muss hinnehmen, wie sein öffentliches und soziales Ansehen wegbricht und nicht mehr selbstverständlich ist. Haltungen und Einstellungen, die sich unter dem Einfluss eines gesellschaftlich dominanten Männerbildes biographisch aufgebaut und verfestigt haben, werden nun in Frage gestellt. Dazu gehört nach Böhnisch z.B. „[...] die Fixierung auf das Außen, das Funktionieren-Müssen, die Abspaltung der inneren Hilflosigkeit, das erlernte Dominanzstreben, die Leistungsorientierung" (Böhnisch 2016, S. 260f. nach: Lehner 2018, S. 56). In Ermangelung spezifischer Männlichkeitsbilder für Männer im Alter halten sie auch im Alter fest an den dominanten Männlichkeitskonzepten ihrer Jugend und ihres früheren Selbst. In einer Studie zu Gender im Altenheim zeigte sich die Kontinuität der Berufs- und Ernährerrolle, denn der Beruf war Ausgangs- und Bezugspunkt ihrer biographischen Erzählungen. Die berufliche Tätigkeit stellt die kontinuierliche Basis der männlichen Identität bis ins hohe Alter dar. „Geschlechterrollen im Allgemeinen und die lebenslang erlernten Muster der Männlichkeit im Besonderen, so lässt sich aus diesen Befunden erschließen, sind bis ins hohe Alter wirksam" (Lehner 2018, S. 70).

Erstrebenswert für die Zukunft der zahlreicher werdenden älteren und alten Männer wäre, sich von ihrem Kontrollzwang zu befreien und sich in die Gesellschaft einbringen zu können, denn das würde auch Einfluss auf den Fortbestand und die Qualität von Demokratie haben. Denn nur, wenn es den Älteren gelänge, ohne Angst vor sich selbst ihr spätes Leben gestalten zu können, würden sie auch weiter Verantwortung für andere, für die Zukunft der Gesellschaft übernehmen können, welche vor dem Hintergrund des demographischen Wandels für Böhnisch zentralen Stellenwert bekommen wird (vgl. Böhnisch 2009).

In der Studie von Jackson (2016) wurden unterschiedliche Wege differenziert nachgezeichnet, mit denen Männer auf die altersbedingten Verluste reagierten, Veränderungen und Anpassungen erfüllten das Leben der Männer in seinem Sample. Doch eine Auflösung bisheriger Geschlechterrollenkonzepte im Alter anzunehmen, erscheint als zu optimistisch. Dennoch zeichnen sich „biographische Selbstthematisierungen" ab (Böhnisch 2016, S. 216), in der ältere Männer ihre Beziehung zu sich selbst und zu anderen reflektieren, sich neu ausrichten können und sich für sie neue Chancen eröffnen, ihr Leben sinnvoll zu gestalten (vgl. Lehner 2018, S. 71).

Gleichzeitig kommen auf die Männer auch neue Situationen zu, die sie zu bewältigen und an die sie sich anzupassen haben. In ersten Studien zu pflegenden Männern zeigte sich z.B. ein „männlicher Stil" der Pflege, geprägt von einer möglichst aufgabenorientierten und effektiv zu verrichtenden Pflege, die gleichzeitig ein eigenes Leben, z.B. in Form sozialer Kontakte zu anderen Männern, ermöglicht (vgl. Schneekloth 2006, S. 408 nach: Lehner 2018, S. 67). Männer wählen eher einen „pragmatischen, problemlösungsorientierten Zugang" zur Pflege (Zulehner 2009, S. 60 nach: Lehner 2018, S. 67), indem sie dabei einen inneren Abstand wahren, Belastungsgrenzen setzen und sich selten für Schwerstpflege entscheiden. „In quantitativen Untersuchungen zeigt sich, dass sie weniger depressive Symptomatik, weniger emotionale Belastungen und Burnout erleben und auch weniger durch Stress belastet werden" (Lehner 2018, S. 66). Die Pflege Angehöriger betrachten Männer sowohl als Teil des Beziehungsgeschehens und füllen es mit emotionaler Verbundenheit und Hingabe aus, während sie die Pflege ganz nüchtern als zu organisierende und bewältigende Tätigkeit betrachten (vgl. ebd., S. 67). Eine Studie zum Umgang mit Gefühlen verwitweter Männer brachte vor allem das Bemühen der Männer hervor, ihre Erfahrungen und ihr emotionales Erleben mit den Idealen einer dominanten Männlichkeit zu verbinden. Die Trauer und damit verbundene Hoffnungslosigkeit, das Weinen und die Depression stellten für die männlichen Ideale der Selbständigkeit, Kontrolle, Stärke und Unabhängigkeit eine große Herausforderung dar. Die befragten Männer erzählten von diesen Erfahrungen und Gefühlen, indem sie sie rahmten in ihre gewohnten männlich akzentuierte Sprache, zu der Begriffe, wie z. B. Kontrolle, Rationalität, erfolgreiches Handeln, Verantwortung, gehören (vgl. Bennett 2007, S. 354 nach: Lehner 2018, S. 67). Die Überlegungen Kate Bennetts machen verständlich, wie Männer unter den Voraussetzungen eines dominanten Männlichkeitsbildes mit ihrem inneren Erleben in Beziehung zu sich und zu anderen umgehen. Wenngleich dieses Männlichkeitsbild Stärke, Durchsetzungsfähigkeit, Unabhängigkeit forciert und Männer zueinander in Konkurrenz setzt, sind pflegende Männer doch nicht distanziert oder emotionslos, sondern sie stehen in einem Aushandlungsprozess mit sich selbst (vgl. Lehner 2018, S. 67).

Männer, die in Partnerschaften leben, werden nicht so starken Kontrollverlust bemerken, vor allem, wenn sie mit einer abhängigen Partnerin zusammenleben, die dem Mann weiterhin die Dominanz der Entscheidung überlässt, sozusagen als die Selbstverständlichkeit des eingefahrenen Rituals. Die männliche Ernährerrolle wird nun an dem Rentenbezug festgemacht und die Frau hat sich unterzuordnen. Dennoch wird ein Konflikt entstehen, da der Mann in die Machtsphäre des Haushalts eindringt und das ausbalancierte Beziehungsgefüge aus dem Gleichgewicht bringt. Die Frauen werden sich fragen, so Böhnischs Überlegungen, was nun mit dem Mann anzufangen sei, etwa ihn in den Garten „auszulagern"?! „Schrebergärten sind voll von alten Männern, die ihren verloren gegangenen Arbeits- und Kontrollstatus neu aufbeeten. Falsche Tritte und Grenzverletzungen werden streng geahndet" (Böhnisch 2009). Partnerschaften, in denen beide im Beruf standen und sich evtl. den Haushalt einigermaßen aufgeteilt haben, müsste ein gleichberechtigteres Leben im Alter möglich sein, vor allem im gemeinsamen Engagement und mit gemeinsamen Unternehmungen, so Böhnischs Überlegungen, und dies vor allem, da Studien aus den 1990ern gezeigt hätten, dass der Geschlechterdualismus im Alter nicht mehr so stark ausgeprägt sei wie er es im Erwerbsleben noch war. Dies könnte in die Zukunft weisen und ist doch bisher vielleicht eher Erwartung denn Wirklichkeit. Böhnisch wünscht sich im Alter mehr offene Bedeutungen von Männlichkeit, die sich mit hoffentlich erreichter biographischer Gelassenheit produktiv verbinden können und weg von dem Zwanghaften des männlichen Lebens in Erwerbsarbeit und Entgrenzung zeigen (vgl. Böhnisch 2005, S. 85). Aus Lehners Sicht sollte genderorientierte Forschung stärker vorangetrieben und vielmehr im intersektionalen Verbund erfolgen und weniger durch kompetitives Aufrechnen von Benachteiligungen als bloßes „sex counting" erscheinen. Für Lehner scheint es vielversprechender, Fragen nach den Herausforderungen im Alter zu stellen und Bewältigungsformen im Zusammenspiel verschiedener struktureller und individueller Bedingungskonstellationen zu entwickeln (vgl. Lehner 2018, S. 72).

4.3.3 Erkenntnisse zu Alternsprozessen von Lesben, Schwulen, Bisexuellen, Transgender, Intersexuellen, queere Menschen: Alt werden als LSBT*IQ-Mensch

Von ca. 1,8 Millionen in Deutschland lebender homosexueller Senior_innen im Alter über 60 Jahren wird ausgegangen. „Nur leben es diese Menschen wenn, dann versteckt, denn sie haben jahrzehntelange Diskriminierung erlebt" (Schröder/Scheffler 2016, S. 9). Ältere lesbische, schwule bi*-, trans*- und intersexuelle (LSBT*I) Menschen sind in unserer Gesellschaft wenig sichtbar und werden kaum gesehen. Ihr Gesamtanteil an der Bevölkerung und an der älteren Bevölkerung ist ungewiss. Es gibt fast keine öffentlichen Vorbilder und meist noch weniger Beispiele im privaten Umfeld. Diese Unsichtbarkeit wird u.a. auf die erlebte Diskriminierung in der jüngeren deutschen Geschichte zurückgeführt (vgl. ebd., S. 3). In den öffentlichen Diskursen stehen mehrheitlich Jugendliche oder familiäre Themen im Zentrum und weniger LSBT*I im Alter. „Normalität ist aus dieser Sicht nicht von vornherein gegeben, sondern muss über politisches Handeln erzeugt bzw. langfristig gesichert werden" (ebd., S. 9). LSBT*I-Senior_innen werden aufgrund ihrer Erfahrungen des Versteckens eher nicht in der Altenhilfe für ihre individuelle Lebensgestaltung und ihre Bedürfnisse einstehen. Homosexualität und Transgeschlechtlichkeit stellen bei älteren Menschen mehrheitlich Tabuthemen dar. Daraus folgt die Nichtbeachtung in der Gesellschaft bei heterosexuellen älteren Frauen und Männern sowie auch bei politischen AkteurInnen (vgl. ebd.).

> „Die etablierte Alternsforschung interessiert sich einstweilen nicht für diese Fragestellungen. Auch wenn beispielsweise der deutsche Alterssurvey (DEAS) explizit

‚Lebensformen und Partnerschaft' untersucht, erfolgte dies noch lange nicht mit Bezug auf sexuelle oder geschlechtliche Identitäten; auch das Kapitel ‚Familiale Generationenbeziehungen' kennt keine Lesben und Schwulen. [...] Es muss schon verwundern, mit welcher Hartnäckigkeit die Alternsforschung Heternormativität stabilisiert. Alternde Menschen scheinen in dieser Perspektive alle heterosexuell zu sein. [...] Die Menschen, die nicht dem normativen Diktat entsprechen, können im Grunde nicht mit einer adäquaten Pflege rechnen. Stattdessen ist diskriminierende Praxis eher die Regel" (Lottmann/Castro Varela 2016, S. 12).

Neben der Etablierung geschlechter- bzw. queersensibler Forschungen wird in der Praxis die Einführung von Diversitätskonzepten und Konzepten kultursensibler Pflege für diese Personengruppen eingefordert mit dem Ziel guter Pflege und der grundsätzlichen Infragestellung von „Normalitäten". Dazu gehören auch längerfristige Strategien mit überprüfbaren Zielen, Meilensteinen und Leitbildern für Aktivitäten und Maßnahmen im Bereich der Altenhilfe, um Kontinuitäten in den Lebensstilen und Verbesserungen für die Lebenslagen für LSBT*IQ-Menschen zu erreichen (vgl. Schröder/Scheffler 2016, S. 9 f.).

Beispiel

Forderungen von Rehabilitierung und Entschädigung

Die Bundesinteressenvertretung schwuler Senioren e. V. (BISS) fordert 2016 im Rahmen der Neuauflage des „Nationalen Aktionsplans gegen Rassismus, Fremdenfeindlichkeit, Antisemitismus und darauf bezogene Intoleranz" eine Erweiterung um Homo- und Transphobie. Damit verbunden werden ebenfalls Forderungen nach Zielvorgaben zur Seniorenpolitik der Bundesregierung – vor allem die Rehabilitierung und Entschädigung der Opfer nach § 175 StGB nach 1945 und Maßnahmen in seniorenpolitisch relevanten Bereichen wie Gesundheit, Pflege und Versorgung, Partizipation und Teilhabe, Wohnen und Quartiersarbeit insbesondere für homosexuelle Menschen (vgl. BISS e. V. 2016, S. 1).

Die Forderungen begründen sich mit den nach wie vor wirkenden Folgen der Verfolgung schwuler Männer durch den § 175 StGB. „Razzien, Denunziation und ständige Angst gehörten für schwule Männer zum Alltag. Ein offen schwules Leben war nicht möglich. Denunziation reichte vielfach für den Verlust der bürgerlichen Existenz aus" (BISS e. V. 2016, S. 2). Schwule, in der Bundesrepublik verurteilte Männer nach § 175, wurden erst im Juni 2017 rehabilitiert mit der Aufhebung der Urteile (vgl. www.tagesspiegel.de/berlin/queerspiegel/opfer-des-paragrafen-175-bundestag-beschliesst-rehabilitierung-von-schwulen/19965618.html, Abfrage: 10.09.2018).

Die gegenwärtig hochbetagten schwulen Männer, die sich ihr ganzes Leben entweder vor der strafrechtlichen Verfolgung homosexueller Handlungen verstecken mussten, gleichzeitig jahrzehntelange Diskriminierung erlebt und internalisiert haben, eventuell von ihren Familien gemieden wurden und somit Ausgrenzung für den Normalfall halten, leben weiterhin vorzugsweise versteckt und fallen oft nicht auf mit ihren Bedürfnissen und Bedarfen in Einrichtungen der Altenhilfe und -pflege (vgl. BISS e.V. 2016, S. 2). Alternsprozesse homosexueller Männer unterscheiden sich vor diesem Hintergrund von heterosexuellen männlichen Alternsprozessen durch besondere Faktoren der Lebensgeschichte und der sozialen Lage (vgl. ebd.).

Gleichzeitig sind auch viele aus der Gruppe der älter werdenden Homosexuellen wichtige Akteure, die das Thema Homosexualität seit den 1960er Jahren in die Öffentlichkeit gebracht haben und sich für die gesellschaftliche Wahrnehmung, für Gleichberechtigung und soziale Anerkennung von Homosexualität stark gemacht und sich gegen gesellschaftliche Diskriminierung und Stigmatisierung gestellt haben (vgl. Misoch 2017, S. 241). Dennoch ist ihnen wiederkehrend und langanhaltend Diskriminierung und Ausgrenzung entgegengeschlagen. Neben diskriminierenden Gesetzen und Politiken haben Homosexuelle unter feindseligen Programmen und Gewalt gelitten. Die gemachten Opfererfahrungen und der resultierende Minderheitenstress haben bei vielen älteren LSBT*-Menschen den Gesundheitszustand und das Gesundheitsverhalten, das seelische Wohlbefinden, die Herausbildung einer Identität sowie die interpersonellen Beziehungen stark beeinflusst. Im Bereich der Gesetze und Politiken haben die Menschen beinahe lebenslang Pathologisierung, Strafbarkeit, Berufsverbote im Militär und Kirchenbereich sowie Verpartnerungsverbote erlitten.

> „Unter den feindseligen Programmen wird das Klima des Unwillkommenseins in den sozialen Einrichtungen verstanden, darunter der Rat, die LSBT-Orientierung geheim zu halten – wirksam in nahezu sämtlichen Lebensbereichen. Als gesundheitliche Belastungen wurden Nikotingebrauch, Alkoholmissbrauch und Übergewicht (bei Lesbisch/Bisexuellen Frauen) aufgezeigt. Gesteigerte Beeinträchtigungen fanden sich bezüglich Krebs, Herz, Diabetes, Asthma und Depression. Für Schwule kam noch HIV hinzu“ (Lautmann 2016, S. 21).

Der Kampf in all diesen Bereichen um Wahrnehmung, Anerkennung und Gleichberechtigung hat sie lebenslang begleitet und hält bis in das hohe Alter an, entweder nach wie vor als erlebte Diskriminierung oder Nachwirkung der jahrzehntelangen Benachteiligung.

Die besonderen Faktoren der Lebensgeschichte und der sozialen Lage haben auch ältere Lesben, Bisexuelle, Trans*Menschen und Intersexuelle erlebt. Sie weisen als Partnergruppen im LSBT*I-Verbund viele Gemeinsamkeiten wie auch Besonderheiten auf und werden im folgenden Verlauf entlang der Einschätzung von Lautmann zu dem bisherigen Forschungsstand kurz vorgestellt. Dabei wird vor allem der Stand der anglo-amerikanischen Forschung herangezogen, denn homosexuelle Männer bilden (als gay gerontology seit den 1980er in den USA beschrieben: vgl. Misoch 2017, S. 239) forschungsgeschichtlich den ältesten Fall und haben von daher beinahe paradigmatischen Charakter: Homosexuelle Männer sind derzeit noch am häufigsten erforscht (vgl. Lautmann 2016, S. 39). Insgesamt gibt es jedoch eher kaum verlässliche Daten zur Lebensqualität älterer LSBT*I-Menschen.

> „Auf einen entwickelten Forschungsstand lässt sich bei unserem Thema nicht zugreifen, schon gar nicht für Mitteleuropa. Andere Länder, die hier zehn, zwanzig Jahre voraus sind, können zwar Anregungen geben; aber schlichtweg übertragen lassen sich die Erkenntnisse nicht. Erste Erhebungen, die hierzulande unternommen worden sind, können ebenfalls nicht auf das ganze Land verallgemeinert werden" (ebd., S. 16).

Im folgenden Verlauf erfolgt ein kurzer Überblick über Forschungsthemen entlang der Erkenntnisse von Lautmann in Bezug auf die einzelnen Partner im LSBT*I-Verbund.

Wissensbaustein

Forschungsüberblick

In Bezug auf die Forschung zu der Lebenssituation älterer Lesben kam ein Literaturüberblick aus dem Jahre 2002 mit 68 zusammengefassten Artikeln über allgemeine Einschätzungen nicht hinaus. Neueste Überblicke treffen mehr spezifische Aussagen, z. B. einer nationalen Zählung in den USA zufolge, macht der Anteil der Lesben 53 Prozent der gesamten LSBT*-Population aus. Es mangelt an Studien, so dass ältere Lesben fortwährend mit älteren Schwulen verglichen werden.

> „Für die Integration der Queer-Population, also ein geschlechtspolitisches Anliegen, mag das nützen, für einen genauen Blick auf das lesbische Alter allerdings kaum. Neben Literaturberichten müssten dazu mehr Feldstudien angesetzt werden. [...] Eine Älteren-Initiative in einer größeren Stadt im USA-Nordwesten baute eine Unterstützungsgemeinschaft für alternde Lesben auf und konnte innerhalb von drei Jahren über 550 Mitglieder gewinnen. Auch verfügen die LB-Frauen über eine längere Tradition beim Versuch, Formen des gemeinsamen Wohnens im Alter zu entwickeln" (Lautmann 2016, S. 40).

Die Lebenssituationen älter werdender Bisexueller sind bisher noch gar nicht in den Mittelpunkt der Betrachtung gerückt, da vor allem die Begehrensfigur Bisexualität nach wie vor Schwierigkeiten hat, ernst genommen zu werden. „Immer noch müssen überaus viele der aktuellen Studien zur Bisexualität konstatieren, dass diese Begehrensfigur nicht ernst genommen wird, dass beispielsweise der Buchstabe B in der LSBT*I-Allianz nur pro forma dasteht. Innerhalb der LSBT*I-Allianz gilt Bisexualität als die unsichtbarste Variante, und dies besonders im Alter" (ebd.). Aus Lautmanns Einschätzung heraus gibt es eine gewisse Reihenfolge der Wahrnehmung für „besondere Sexualitäten". Zuerst wird jeweilig die Begrifflichkeit, Seriosität und Häufigkeit betrachtet, es folgen Erklärungsversuche, Vorurteile und Lasten. Erst wenn sich die Gesellschaft an das Vorhandensein der Abweichung gewöhnt hat, kommen Details der Lebensführung und Biographie in den Vordergrund der Betrachtung und damit auch das Altern. „So verhält es sich bei B, T* und I, wohingegen für L und S längst eine ‚normale' Forschungsagenda gilt" (ebd.). Darüber hinaus haben Bisexuelle noch mit sozialer Ablehnung zu kämpfen, die über die Normalwelt hinaus auch aus Lesbisch/Schwulen-Kreisen kommt. Die Forschungslage ist insgesamt dünn.

> „Als wichtige Themen bezüglich älterer Bisexueller werden genannt: Coming-out, Isolation, Mangel an unterstützenden sozialen Netzen, Belastung durch Homo- und Biphobie sowie durch Bi-Verleugnung. Weitgehend mutet das von LS her vertraut an; gleichwohl bestehen besondere und recht verzwickte Fragen, sodass die Problemlage für B eben doch eigens und genau aufgerollt werden muss. Viele ältere Bisexuelle kommen aus einer Zeit, den 1970ern, als in den SL-Subkulturen eine rigide Tendenz zur Festlegung auf eine der beiden Optionen bestand" (ebd., S. 41).

Über die Lebenssituationen älterer Transgender und Intersex-Menschen ist bisher ebenfalls sehr wenig bekannt oder beforscht worden. Lautmanns Einschätzung nach kann das höhere Lebensalter Transgender und Intersexuelle vor Diskriminierung deutlicher schützen. Belästigende Vorkommnisse z. B. beim Betreten eines öffentlichen WC nehmen proportional zum Alter ab. Gegenwärtig ältere Trans*-Menschen mussten größere Einschnitte in ihren Berufs- und Familienverhältnissen verkraften. Das wirkt sich auf ihr Einkommen und das Netzwerk sehr negativ aus. Wenn Transitionen erst in späteren Lebensjahren erfolgen, sind damit besondere Herausforderungen und Veränderungen im Lebenslauf verbunden im Vergleich zu Transitionen in früheren Lebensjahren (vgl. ebd., S. 42).

Die verschiedenen Partnergruppen in der LSBT*I-Allianz gelten nicht unbedingt als gleichberechtigt. Unsichtbare hierarchische Bande existieren und führen in dieser Verbindung auch zu Vorbehalten bis hin zu heteronormativen Vorstellungen innerhalb dieser fünf Gruppierungen. Sie wollen Verbündete sein und können gleichzeitig auch bi-, trans- oder homophobe Vorstellungen haben (vgl. ebd., S. 41). „Wer heute als LSBT*I-Mensch gealtert ist, hat atemberaubende, historisch einmalige Wandlungsprozesse durchlebt: von der extremen Stigmatisierung als Außenseiter über den erfolgreichen Auftritt der Frauen- und Schwulenbewegungen hin zu einem nahezu mehrheitsverträglichen Dasein" (ebd., S. 15). Gleichzeitig existieren Vorbehalte, Diskriminierung, Benachteiligungen nach wie vor, z. B. unter älteren Menschen, in bestimmten Milieus und vor allem auch außerhalb der Metropolen und Großstädte, in denen sich explizite LSBT*-Communities gebildet haben.

Misoch hat auf der Basis aktueller internationaler Forschungsdaten über alternde Lesben und Schwule sensible Punkte ausgemacht, die Homosexuelle in der Lebensphase Alter vor spezielle Herausforderungen stellen können und im Alternsprozess relevant für die Lebensqualität werden könnten. Zu den Besonderheiten, die für gelingende Alter(n)sprozesse von Homosexuellen in modernen Gesellschaften zu berücksichtigen sind, gehören der Lebensstil, die Wohnsituation, der Gesundheitszustand, die Diskriminierung und Stigmatisierung (vgl. ebd. 2017, S. 241). BISS hat 2016 auf ganz ähnliche Bereiche verwiesen als bedeutend für die Lebenssituationen älterer Schwuler: Gesundheit, Pflege und Versorgung, Partizipation und Teilhabe, Wohnen und Quartiersarbeit. Lautmann verweist auf sieben Bereiche, in denen ältere LSBT*s ihre besonderen Bedürfnisse artikulierten auf der Basis einer Zusammenschau verschiedener Studien. Medizinische und gesundheitliche Hilfe, psychische Gesundheit, Unterbringung, Wohnung und soziale Einbettung, familiäre Verhältnisse, spirituelle Anliegen sowie juristischer Beistand (vgl. Lautmann 2016, S. 26).

Die Hierarchical Compensatory Theory of Social Support zeigt die Reihenfolge von Personen bzw. Personengruppen, an die sich ältere Menschen im Fall eines Unterstützungsbedarfs wenden. Ältere Menschen wenden sich im Falle von Unterstützungsbedarf zuerst an nahe Familienmitglieder (Partner/in, danach Kinder), an entferntere Verwandte sowie an Freunde und Nachbarn sowie formelle Unterstützung durch die Gemeinde. Die Beziehungsstärke bestimmt die Reihenfolge der Personen/Personengruppen. Das familiale soziale Netz wird in der Lebensphase Alter zum zentralen Unterstützungsnetzwerk. Für die Situation homosexueller Frauen und Männer zeigt sich ein anderes soziales Unterstützungsnetzwerk (vgl. Misoch 2017, S. 242). Die nahen Familienmitglieder haben noch bis vor wenigen Jahrzehnten oft geradezu panisch auf ein LSBT*I-Mitglied in ihrer Familie reagiert und z.T. haben subtile Mechanismen schmerzliche Distanzen geschaffen.

> „Da wurde nach dem Arzt gerufen, Sünde beschworen, ein Aids-Risiko befürchtet usw. Eltern sahen sich als Versager und zitterten um ihr Ansehen. Die Lebenspartner_innen wurden ignoriert oder als bloße ‚Bekannte' eingestuft; als Überlebende sahen diese sich von der Bestattungsfeier ausgeschlossen. Als Pat_innen und Trauzeugen kamen die nunmehrigen Außenseiter nicht mehr in Betracht. Testamente wurden geändert. […] bei Offenheit gerieten die Verwandtenbeziehungen aus dem Lot, bei Verborgenbleiben wurden sie von dem Geheimnis überschattet. Die Wunde, von den eigenen Eltern abgelehnt worden zu sein, verletzt in frühen Erwachsenenjahren nahezu unheilbar und mit oftmals fatalen Folgen. Auch wird eine Nähe zu den Geschwistern, Geschwisterkindern und anderen Verwandten verhindert" (Lautmann 2016, S. 30).

Mit solchen oder ähnlichen Erfahrungen im Hintergrund erhalten ältere Homosexuelle beiderlei Geschlechts zu 77 % von Freunden Unterstützungen und nicht von Familienangehörigen. Ein soziales Unterstützungsnetzwerk aus Freunden ist überwiegend altershomogen und kann sich als sehr fragil erweisen, wenn alle Akteure im Netzwerk die gleich hohe Wahrscheinlichkeit haben, altersbedingte Hilfe- und Unterstützungsbedürftigkeiten zu entwickeln. Homosexuelle Männer sind auch bei bestehender Verwandtschaft kaum in familiäre Netzwerke eingebunden, während lesbische Frauen eher in das Verwandtschaftsnetz eingebunden sind und auf dieses im Fall von Unterstützungsbedarf zurückgreifen können. Lesbische Beziehungen erleben eher innerhalb von Familien Anerkennung oder zumindest Duldung, diese Erfahrung machen schwule Männer innerhalb ihrer Familien weniger (vgl. Misoch 2017, S. 242). Lesben haben zudem eher eigene Nachkommen, da sich in ihrem Lebensweg öfter auch Phasen mit heterosexuellen Beziehungen zeigen. Viele schwule Männer haben keinen oder nur sehr geringen Kontakt zur Herkunftsfamilien. Der Freundeskreis wird als Wahlfamilie zur bedeutsamen Ressource in der sozialen Integration. Offen bleibt bisher, welche Rolle (eigene) Kinder und Pflegekinder von schwulen und lesbischen Frauen bei der sozialen Integration älterer Homo- und Bisexueller haben (vgl. Gerlach/Szillat 2016, S. 189). In der Studie „Männerliebende Männer 50plus in Hamburg…" wurden mit 75 % am häufigsten der enge Freundeskreis genannt, mit dem die teilnehmenden Befragten mindestens einmal wöchentlich bis beinahe täglich in Kontakt stehen. Darauf folgen an zweiter Stelle eigene Kinder (56,5 %), gefolgt von den Nachbar_innen (50 %) und Bekannten (47,5 %). „Nur gut ein Fünftel der Befragten hat einen wöchentlichen bis täglichen Austausch mit Enkeln und anderen Familienangehörigen" (ebd., S. 183). Freunde, eigene Kinder (wenn es denn welche gibt), Nachbar_innen oder Bekannte gehören zu dem sozialen Netz, auf das in eventuell entstehenden Notlagen zurückgegriffen werden könnte.

In den Freundschaften findet der Austausch von Erfahrungen und Gedanken, die Gestaltung gemeinsamer Aktivitäten sowie das Gefühl der Geborgenheit, unter Gleichgesinnten zu sein, statt und das eigene männerliebende Umfeld wird auch als Ressource wahrgenommen, im Falle einer hilfebedürftigen Situation oder Lebensphase möchten sie ebenfalls von schwulen und bisexuellen Männern unterstützt werden. Schwule und bisexuelle Männer können meistens auf kein vorhandenes Hilfesystem innerhalb der Familie zurückgreifen, so dass die gewählte Familie, der engere Freundeskreis und falls vorhanden der eigene Partner diese Aufgaben übernehmen (vgl. ebd., S. 184).

Mit dem jeweiligen Coming-out vor der Normalwelt hatte sich für alle älteren LSBT zu dem jeweiligen Zeitpunkt die Nahgruppe neu sortiert. Für die heute alten LSBT hatte das Coming-Out überwiegend unüberwindbare Risse in den Verwandtenbeziehungen zur Folge. Die vorherrschende Homophobie hat das Verhältnis zu Verwandten oft getrübt hat und auch das Vertraut werden mit der nächsten Generationen gehemmt.

Eigene Familiengründungen waren nicht möglich, so dass die heutige Altengeneration zu Ersatzformen gegriffen hat, z. B.

- Partnerschaft (bis hin zur ‚Eingetragenen gleichgeschlechtlichen Lebenspartnerschaft')
- Freundschaft mit früheren Lebenspartner*innen – die ‚Ex'
- Randfigur in der Herkunftsfamilie, bei den Geschwistern, als Onkel, Großtante usw.
- nacheheliche Beziehungen (überdurchschnittlich häufig waren die heute Älteren früher verheiratet oder sind es noch)
- eigene Kinder und Enkel aus einer früheren Ehe
- Adoption einer jüngeren Partnerperson
- ‚Wahlfamilie' oder
- ausdrücklicher Verzicht auf familienähnliche Formen (vgl. Lautmann 2016, S. 30).

Die Befürchtungen um ein zu altershomogenes Netzwerk, das in eventuell entstehenden Notlagen selbst nicht mehr in der Lage ist, ausreichend Unterstützung zu geben, bleibt bis in das hohe Alter bestehen.

Neben Erkenntnissen zu dem sozialen Netzwerk haben Bochow et al. zwei qualitative Studien mit zeitlichem Abstand (2010, 2013) durchgeführt zu einer möglichen „Enthomosexualisierung" im Alter. Damit verbunden war die Befürchtung einer befürchteten Abnahme sexueller Kontakte mit zunehmendem Alter. Die sexuellen Kontakte nehmen zwar bei älteren Homosexuellen feststellbar ab. Doch damit ist kein Leben in Abstinenz verbunden (vgl. Bochow et al. 2016, S. 158).

> „Kontakte zur schwulen Szene, zu denen der Besuch von Treffpunkten von Schwulengruppen, Bars und Cafés, schwulen Saunen, Porno-Kinos und Cruising-Orten in beiden Erhebungen gezählt wurde, fallen bei über 59-Jährigen nicht deutlich geringer aus als bei den 20- bis 59-Jährigen. Ungefähr ein Viertel der Befragten in allen Altersgruppen geben regelmäßige Besuche bestimmter Szeneorte in der Erhebung von 2013 an, etwas mehr als die Hälfte sporadische Kontakte. Ungefähr ein Fünftel teilt in allen Altersgruppen mit, dass sie keine solchen Szenekontakte pflegen" (ebd., S. 155).

Für die Studie wurden die Befragten je nach Frequentierung der Szeneorte in vier Gruppen unterteilt. Zu den Szeneorten schwuler Lebenswelten gehören Orte „schwuler Geselligkeit" (Schwulenzentren, Schwulengruppen-Treffen, Cafés und Bars für Schwule, Diskos und Clubs für Schwule), Treffpunkte, die sich besonders für „schnellen Sex" eignen (Darkrooms, Sex-Clubs, private und öffentliche Sexpartys, Schwulensaunen, Pornokinos und Cruising-Orte), und drittens Orte mit schwächerem Szenebezug. Über eine schwächere Szenenähe berichten 65 % aller Befragten und 67 % der über 59-Jährigen. Die über 59-Jährigen weisen mit 12 % Prozent den niedrigsten Anteil von Männern mit einem häufigeren Besuch der Orte schwuler Geselligkeit auf, während sie am häufigsten Treffpunkte für den schnellen Sex (13 %) frequentieren (vgl. ebd.). In einer Studie von 2010 geben über 90 % der Befragten an, mutuelle Masturbation, rezeptiven wie auch insertiven Oralverkehr (in den zwölf Monaten vor der Befragung) praktiziert zu haben. Insertiver Analverkehr nimmt jedoch mit zunehmendem Alter ab, 45 % der über 59-Jährigen praktizieren ihn nicht, während es nur 27 % der 20- bis 29-Jährigen und 25 % der 30- bis 44-Jährigen nicht tun. Auf rezeptiven Analverkehr verzichten 26 % der 20- bis 29-Jährigen und 41 % der über 59-Jährigen. Die Ergebnisse können gedeutet werden im Hinblick auf die Abnahme der sexuellen Potenz mit zunehmendem Alter. Gleichzeitig steigt der Gebrauch erektionserhaltender Mittel. In der Studie von 2013 zeigt sich die Zunahme des Gebrauchs, denn 12 % aller Befragten nutzen gelegentlich erektionserhaltende Mittel (z. B. Viagra oder Levitra), 4 % regelmäßig und bei den über 59-Jährigen nehmen 27 % gelegentlich und 11 % regelmäßig erektionserhaltende Mittel ein (vgl. ebd.). Lautmann fasst zusammen, dass ein im Lebenslauf spätes Coming-out zu verstärktem „Nachholen“ im sexuellen Bereich führt, während andere ältere Menschen „das Sexuelle“ irgendwann für sich abhaken, vor allem rechnet er diejenigen dazu, die in ihrer Erwachsenenphase wenig glücklich mit ihrer Sexualität waren. Sexualität ist den ganzen Lebenslauf hindurch für Menschen bedeutsam, ganz entgegen dem Vorurteil, Sexualität spiele im Alter keine große Rolle oder körperliche Sexualität werde von Schwulen übermäßig fokussiert. In der Studie zu älteren schwulen und bisexuellen Männern wird der Sexualität im Kontakt zu anderen männerliebenden Männern eine bedeutsame Rolle zugeteilt. Dabei steht die Sexualität nicht im Vordergrund und dennoch bleibt sie auch im Alter ein wesentlicher Bestandteil der Lebensweise (vgl. Gerlach/Szillat 2016, S. 189).

Für die Lebensphase Alter wird bedeutender, sich auch jenseits der Szene als LSBT*I verstehen zu können. Kontakte zu entsprechenden Einrichtungen sind deshalb notwendig, die die Zugehörigkeit zur Community aufrechterhalten, doch diese muss immer wieder errungen und bestätigt werden.

> „Lesben, Transidente und Intersexe diskriminieren ihre Alten vergleichsweise wenig, Schwule allerdings heftig. Die Selbstorganisationen haben hier ein breites Aktionsfeld vor sich, das zu beackern nicht allein der Sozialen Arbeit überlassen werden sollte. Um die generationsspezifischen Erfahrungen darzustellen, auszutauschen und zu nutzen, erweisen sich altersspezifische Angebote als wirksam“ (Lautmann 2016, S. 35).

Lautmann sieht ganz klar die Verantwortlichkeit und Zuständigkeit, neben den Selbstorganisationen der LSBT*I-Communities, bei der Sozialen Arbeit für die Einbindung älterer Menschen in die Gesellschaft. Neben der kontinuierlich bleibenden Frage nach Sexualität kommt auch die Frage der Attraktivität und dem eventuellen Verlust dieser in den Mittelpunkt.

> „Schwule teilen mit allen Frauen die Sorge, mit zunehmendem Alter ihre physische Attraktivität einzubüßen. Das beginnt bereits in den mittleren Jahren, wenn sie eine Verschlechterung ihrer körperlichen Erscheinung befürchten, wie vergleichende Tiefeninterviews ergaben (je 15 schwule und heterosexuelle Männer im Alter zwischen 40 und 60 Jahren, Lodge et al. 2013). Die abnehmende Funktionalität ihrer Körper bedauern alle Männer, den Verlust des guten Aussehens aber vor allem die Schwulen. Folglich wird das Gewicht kontrolliert und Diät eingehalten. Nicht wenige trainieren weiterhin im Fitnessstudio, und kosmetisch-chirurgische Korrekturen werden immerhin erwogen" (ebd.).

Studien zeigen, dass auch Lesben mit ihrem Körpergewicht befasst sind und sich nicht völlig dem Diktat des hegemonial-männlichen Blicks entziehen, doch sie hadern seltener mit dem Altern und ihrem Aussehen. Slevins Intensivinterviews mit 19 Lesben und Schwulen zwischen 60 und 85 Jahren zeigten, wie wenig sich die Frauen um jugendliches Aussehen bekümmert zeigten (Slevin 2012, S. 272 nach: Lautmann 216, S. 35).

Homosexuelle alte Menschen sind häufiger alleinstehend und können in Isolation geraten, wenn sie nicht auf ihre ihnen vertrauten Zugänge zu sozialen Netzen setzen. Lesbischen und schwulen Alten ist oft der Zugang zu traditionellen Quellen des Kontakts und der Unterstützung versperrt. LSBT*Q-Ältere finden für sich keinen sozial vorgegebenen Typus sozialer Netze vor, die sie auch im Alter auffangen. „Die gesellschaftliche Entwertung hat von Jugend an einen unverkrampft verlaufenden Aufbau sozialer Beziehungen subtil zu stören vermocht. Am ehesten gelang den Selbstbejahenden die Nähe zu Menschen aus der Community, zu treffen bei der Partnersuche, in der Subkultur, in einschlägigen Organisationen usw." (ebd., S. 29). In der LSBT*-Infrastruktur gibt es bisher nicht unbedingt Angebote bzw. Orte für ältere Menschen, sie sind dort nicht überall erwünscht. Die LSBT*-Subkultur hat bisher versäumt, für die Älteren Möglichkeiten zu schaffen, in denen wechselseitige Unterstützung und Lebensqualität auch im Alternsprozess angestrebt wird. Gleichzeitig wird von Lautmann die Forderung laut, dass die Kommunen vor Ort für ältere LSB-Menschen zuständig sind und Sozialräume einrichten sollten, so wie sie auch anderen Minderheitsgruppen angeboten werden. „Ein solches Projekt wird zuvor den tatsächlichen Bedarf prüfen und für die Akzeptanz sorgen müssen. Ein Anfang wird gemacht, wenn die allgemeinen Einrichtungen gewährleisten, dass LSBT-Besuch willkommen ist; diese Inklusion fällt nicht eben leicht, denn auch die älteren Nicht-LSBTs unterliegen den Vorurteilen der präemanzipativen Epoche“ (ebd.).

Ältere homosexuelle Frauen und Männer wohnen auch signifikant häufiger alleine als Heterosexuelle gleichen Alters. Zwei Drittel der älteren homosexuellen Frauen und Männer leben allein, während eine Vergleichsstudie von homo- und heterosexuellen Personen im Alter von über 55 Jahren ergab, dass 40 % der Homosexuellen und nur 15 % der Heterosexuellen alleinstehend sind, 41 % allein leben und nur 28 % bei den Heterosexuellen. Alleinlebende ältere homosexuelle Frauen und Männer können bei eventuell einsetzender Hilfe- und Pflegebedürftigkeit nicht auf Unterstützung aus ihren unmittelbaren Umfeld setzen und sind darauf angewiesen, eher externe Unterstützungsleistungen in Anspruch zu nehmen. Alleine wohnen kann darüber hinaus Vereinsamung und soziale Isolierung bzw. Einsamkeit im Alter begünstigen. Alleine wohnen ist nicht mit Einsamkeit gleichzusetzen, dennoch ist unter jenen älteren Personen mit hohen Werten sozialer Isolation der Anteil Alleinwohnender hoch (vgl. Misoch 2017, S. 243). LSBT*-Menschen müssen aufgrund mangelnder hilfs- und pflegebereiter naher Familienangehöriger besonders gut darauf achten, nicht allein auf sich gestellt zu sein oder in einer unsensiblen Pflegeeinrichtung zu landen, in der sie ihr bisheriges schwules oder lesbisches Leben verstecken aus Angst vor Diskriminierung. Selbstständig-gemeinschaftliche Wohnanlagen entstehen zunehmend und bieten Möglichkeiten zur Erweiterung des Netzwerks und Entwicklung familienähnlicher Nähe zu Nachbar*innen (vgl. Lautmann 2016, S. 27).

Gesundheitliche Probleme sind eher bei homosexuellen Männern und Frauen erkennbar als bei altersgleichen Heterosexuellen. Homosexuelle Frauen und Männer in den USA zeigten u. a. ein erhöhtes Risiko für Bluthochdruck, Diabetes sowie psychische Belastungen und Erkrankungen. Schwule Männer haben ein vermehrtes Lungenkrebsrisiko aufgrund erhöhter Quoten an Rauchern, während bei den lesbischen Frauen ein erhöhtes Risiko besteht für Übergewicht, psychische Belastungen und Belastungsstörungen. Erhöhte Depressionswerte, vermehrter Konsum von Alkohol oder andere Drogen können dazukommen. „Dieser signifikant schlechtere Gesundheitszustand kann u. a. auf den permanenten sozialen Stress zurückgeführt werden, dem homosexuelle Frauen und Männer aufgrund ihrer Normabweichung in modernen Gesellschaften ausgesetzt sind“ (Misoch 2017, S. 243). Zu den schwerwiegendsten gesundheitlichen Beeinträchtigungen älterer Homosexueller gehört die Infektion mit dem HI-Virus oder eine Erkrankung an Aids (als Folge der HIV-Infektion). Die am weiterhin stärksten betroffene Gruppe sind homosexuelle Männer (45 % aktueller Neuinfektionen und 68 % der insgesamt Infizierten). Mit der retroviralen Therapie hat sich die Lebenserwartung stark erhöht für mit dem HI-Virus infizierte oder an Aids erkrankte Menschen. In einer Schweizer Studie zu HIV-Infizierten waren 26 % des Samples zwischen 50 und 64 Jahren alt und 5 % 65 Jahre und älter. Mit dem älter werden HIV-Infizierter können altersbezogene Komorbiditäten vorkommen, jedoch auch vorzeitig und vermehrt auftreten.

> „Dieses vermehrte Auftreten von bestimmten Erkrankungen, die nicht im Kontext der HIV-Infektion stehen, führen neben der Infektion und deren medizinischer Betreuung dazu, dass ältere HIV-Positive früher und stärker auf pflegerische und medizinische Unterstützung angewiesen sind. Es zeigt sich, dass HIV-Positive häufiger ein Case Management benötigen (61 % gegenüber 12 % der Nichtinfizierten) und dass sich diese Zahl auch in der höheren Inanspruchnahme von pflegerischen Diensten widerspiegelt" (ebd.).

Homosexuelle im Alter brauchen eventuell aufgrund des insgesamt schlechteren Gesundheitszustandes vermehrt soziale und gesundheitliche Unterstützung.

> „Es wurde deutlich, dass die Pflegebedürftigkeit von älteren männlichen Homosexuellen durch die Raten der HIV-Positiven zunahm – dies nicht nur, weil diese mehr Pflege benötigen, sondern auch, weil diese selbst weniger Unterstützungsleistungen in das soziale Netzwerk einzubringen vermögen. Durch die altershomogene Struktur ihres Beziehungsnetzwerkes ist es dann umso wahrscheinlicher, dass sie professionelle Hilfe und Unterstützung in Anspruch nehmen" (ebd.).

Seit den Sterbewellen durch Aids gibt es Beerdigungs-Gemeinschaften, die sich in LSBT*I-Kreisen vielfach weiter verbreiten. Beerdigungskollektive, die an einer vorab bestimmten Stelle mehrere Urnen bzw. Särge beisetzt.

Beispiel

Aids-Gemeinschaftsgräber

Die Grabstätte und zugleich Denkmal für an Aids Verstorbene auf dem alten St.-Matthäus-Kirchhof in Berlin-Schöneberg gehört zu den Sammelgräbern.

> „Unser Anliegen ist es, dem Gedenken an Menschen, die mit HIV gelebt haben und an den Folgen von Aids gestorben sind, einen Ort zu widmen. Entstanden im Kontext der ökumenischen Aids-Initiative Kirche positHIV, soll dieser Ort für Menschen unterschiedlicher Religiosität und Weltanschauung offen sein. So sind Menschen mit sehr verschiedenen Lebensgeschichten und ganz unterschiedlichen Umgehensweisen mit Aids an diesem Ort begraben. Im Gedenken an diese einzelnen Menschen erinnern wir uns der vielen Männer und Frauen, die an den Folgen von Aids gestorben sind und auch noch über den Tod hinaus von der Tabuisierung der Krankheit betroffen sind" (www.denk-mal-posithiv.de/, Abfrage: 12.09.2018).

Derzeit gibt es drei Aids-Gemeinschaftsgräber auf dem Ohlsdorfer Friedhof in Hamburg, dem Hauptfriedhof in Frankfurt/Main und eben dem St.-Matthäus-Kirchhof in Berlin-Schöneberg. Historische Grabfelder wurden jeweils zu einer Gemeinschaftsgrabstätte umgestaltet (vgl. Schock, //magazin.hiv/2014/03/15/vom-grabmal-zum-denkmal/ 2014, Abfrage: 12.09.2018).

LSBT*-Menschen erleben nicht selten nach ihrem Tod eine Heterosexualisierung. Wenn die Familienangehörigen nicht sensibel sind oder das Netzwerk nicht präsent genug ist, ist oft auch die Geistlichkeit an vielen Orten nicht vorbereitet auf die Trauerfeier für einen LSBT*-Toten und verhält sich entsprechend heteronormativ. Oft wollen Familienangehörige „Schande" von ihrer Familie fernhalten. „Überaus bittere Fälle, in denen formal berechtigte Verwandte den überlebenden Beziehungspartner von allem ausschließen, sind nach wie vor an der Tagesordnung. Wer rechtzeitig in der Sterbewohnung war, hatte Zugriff auf nicht notariell hinterlegte Urkunden – da geschieht heftiges Unrecht" (Lautmann 2016, S. 38).

Mit zunehmendem Alter kann die religiöse Offenheit der Menschen wachsen und auch der Wunsch, sich mit spirituellen Überzeugungen stärker auseinandersetzen zu wollen. Eine Studie mit Fokusgruppen (LSBT über 65 Jahre alt) brachte diese Bedürfnisse hervor, denen jedoch eher nicht nachgegangen würde, aufgrund von Befürchtungen in religiösen Organisationen, Homo- und Transfeindschaft zu erleben und sich dem nicht aussetzen zu wollen (vgl. Lautmann 2016, S. 38).

Die meisten homosexuellen Menschen haben im Laufe ihres Lebens Erfahrung mit sozialer Ausgrenzung und Diskriminierung gemacht. Personen, die heute im vierten Lebensalter sind und die ihre Homosexualität vor den 1960er/1970er Jahren, vor beginnender gesellschaftlicher Sensibilisierung für gleichgeschlechtliche Lebensformen (aus-)lebten, sahen sich vor allem mit offener gesellschaftlicher Ausgrenzung und Diskriminierung konfrontiert:

> „Diskriminierend wirksam sind dann nicht nur Prozesse der sozialen Ausgrenzung, sondern auch das langzeitliche Fehlen juristischer Anerkennung und Gleichstellung gleichgeschlechtlicher Lebensgemeinschaften, die ihrerseits auch als Motor für gesellschaftliche Veränderung angesehen werden kann. Die schwerste Form ist hierbei die Kriminalisierung und staatliche Verfolgung und systematische Ermordung von Homosexuellen (v.a. männlichen Geschlechts), so wie dies z.B. im Nationalsozialismus in Deutschland der Fall war" (Misoch 2017, S. 244).

Die bundesdeutsche Diskriminierungsgeschichte hat auch im Nachkriegsdeutschland vorerst eine Kriminalisierung homosexueller Handlungen vorgenommen. Erst 1994 wurde mit der juristischen Entstigmatisierung die vollständige Aufhebung der Strafbarkeit homosexueller Handlungen durchgeführt.

Im Alter fühlen sich viele Homosexuelle doppelt diskriminiert, da sie neben dem hohen Lebensalter, das sich als diskriminierend erweist durch ihre Homosexualität über ein weiteres Merkmal verfügen, dass in sozialen Kontexten diskriminierend wirksam werden kann. Trotz zunehmender gesellschaftlicher Akzeptanz haben viele ältere Homosexuelle die Sorge, aufgrund ihrer bereits gemachten Erfahrungen mit sozialer Ausgrenzung, dass sie z. B. im Fall der Pflegebedürftigkeit erneut stigmatisiert werden. Homosexuelle nehmen deshalb externe Unterstützungsleistungen eher seltener in Anspruch (z. B. im Pflegebereich), obwohl sie diese benötigen (vgl. ebd.).

Die Angst vor einer „Enthomosexualisierung“ bzw. weiterer Stigmatisierung oder Retraumatisierung ist durchweg für alle Angebote im Bereich der Sozialen (Alten-)Arbeit sowie sämtliche Altenhilfe- und -pflegeangebote ernst zu nehmen. Folgendes Zitat verdeutlicht die Befürchtungen:

> „Also ich stelle es mir furchtbar vor, als schwuler Mann in so ein ‚Hetenhospital‘ [gemeint ist ein Altersheim, M. B.] zu gehen, wo du vielleicht noch nicht mal deine Liebhaber auf die Frisiertoilette oder Kommode stellen kannst. Meinen Freund oder meine Freunde oder so! Oder kein Journal [Pornohefte, M. B.] haben. Weil ich möchte mich doch mit den Dingen umgeben, die mich in meinem ganzen Leben beglückt, begeistert haben, also der Mann! Ich bin doch ein Schwuler. Und das will ich bis zum Tode auch behalten. So, und hatte da nie Schwierigkeiten mit!“ (Bochow et al. 2016, S. 159).

Die bisher vorhandenen sozialen und pflegerischen Einrichtungen für ältere Menschen berücksichtigen die Bedürfnisse von LSBT*I-Menschen kaum aufgrund ihrer „institutionellen Heteronormativität“. Doch die Akzeptanz und Toleranz bis hin zur Inklusion in allen altenhilfe- und -pflegebezogenen Einrichtungen wird sich daran messen lassen müssen, wie offen sich eine Person aus dem LSBT*IQ-Verbund empfangen und aufgenommen fühlt, ohne sich zu einem unfreiwilligem Outing genötigt zu fühlen vor dem Hintergrund ihrer vielleicht sogar lebenslang gemachten Erfahrungen der Stigmatisierung und Diskriminierung. Da liegt für die Betroffenen selber, die Gesellschaft, in der sie leben und insbesondere die für sie bedeutenden Dienstleistungen noch ein weiter Weg. Soziale (Alten-)Arbeit wird einen hohen Anteil an der Sensibilisierung haben, denn sie ist an vielen Dienstleistungen für ältere Menschen und aus dem LSBT*IQ-Bereich bereits beteiligt. Bisher streben viele LSBT*Is an, in einer speziell auf sie eingestellten Einrichtung im Alter zu leben, sofern es eine solche gibt und sie auch davon wissen (vgl. Lautmann 2016, S. 42).

Betreuungs- und Versorgungssysteme sollen an Bedarfen und subjektiven Bedürfnissen der hilfebedürftigen (älteren) Personen ausgerichtet sein, doch für adäquate Altenhilfeangebote, Maßnahmen zur Förderung einer sorgenden Gemeinschaft, zur sozialen Teilhabe und zur Förderung eigenverantwortlichen

Handelns fehlt meistens das Wissen über die vielfältigen Lebenslagen und Bedarfe der (künftigen) hilfebedürftigen Zielgruppen (vgl. Klie 2014, S. 113 f.). Empirische Studien in Deutschland zu Bedürfnissen und Lebenssituationen von älteren Schwulen, Lesben und erst recht von älteren Bisexuellen, Transpersonen und intergeschlechtlichen Menschen (LSBTI) sind sehr rar. „Die derzeitige Generation der Älteren weist vermehrt auf ihre individuellen Lebenslagen hin und fordert eine Berücksichtigung ihrer Bedürfnisse ein. Dementsprechend verwundert es nicht, dass in den letzten Jahren ein zunehmendes Interesse von LSBTI-Organisationen und einigen öffentlichen Verwaltungen an dem Themenspektrum zu verzeichnen ist" (Gerlach/Szillat 2016, S. 179).

Im Sozialraum bzw. Quartier sind in der Zukunft ebenfalls insbesondere die unterschiedlichen Interessens- und Bedürfnislagen auch von gleichgeschlechtlich liebenden Menschen aktiv zu berücksichtigen. Die Förderung einer sorgenden Nachbarschaft, anhaltende Finanzierbarkeit von Wohnraum sowie ein Unterstützungsmix zwischen professionellen und privaten Hilfen gehört ebenso dazu wie die Berücksichtigung des städtischen und ländlichen Raums. Ältere LSBT*IQ werden zukünftig noch stärker den Wunsch nach gemeinschaftlichem Wohnen in privaten Hausgemeinschaften verfolgen. Für die Tragfähigkeit der Projekte werden spezifische organisatorische, rechtliche, psycho-soziale, finanzielle Beratung, Begleitung und Förderung benötigt. Gemeinschaftliche Wohnprojekte könnten für viel mehr ältere Menschen in ihrem Sozialraum zu einer höheren Lebensqualität und vor allem zu einem langfristigeren Verbleib in ihrem Stadtteil oder Dorf führen. Altenpflegeheime werden ebenso für viele ältere Menschen Wohn- und Lebensort auf Zeit sein. Deshalb wird es Zeit, dass sich Pflegeheime auf gleichgeschlechtlich liebende Menschen und Transpersonen als Bewohner*innen einstellen.

> „Es gilt Vertrauen nach außen aufzubauen, dass pflegebedürftige Schwule, Lesben, Bisexuelle und Transpersonen eine wirkliche Wahl haben, sich für eine Einrichtung entscheiden zu können, die ihre Lebensweisen respektierend integriert, wenn es den Bedürfnissen entspricht. Diese Empfehlung wird zusätzlich durch diverse Ergebnisse der Forschung zu den Wünschen von (älteren) Schwulen, Bisexuellen und Lesben gestützt" (Gerlach/Szillat 2016, S. 190).

Für das Älterwerden als LSBT*IQ wird vor allem auch Soziale (Alten-)Arbeit mit der Realisierung von mehr Inklusion verantwortlich werden und das bedeutet vor allem, alle anderen in der Gesellschaft zu mehr Neugier, Offenheit und Toleranz zu bewegen.

Die Lebensphase Alter bzw. das Älter werden von LSBT*IQ-Menschen ist mit vielen Einschränkungen, Benachteiligungen und einer Vielfalt an Lebenslagen verbunden, über die es insgesamt noch sehr wenig Erkenntnisse gibt. Homo-, Bi-, Trans- und Intersexualität gehören weiterhin zu den vernachlässigten Themen in der Gerontologie und der Sozialen (Alten-)Arbeit, während die sozialwissenschaftliche Homosexualitätsforschung die Lebensphase Alter kaum berücksichtigt. In diesem Kapitel ist aufgrund des Mangels an Studien vor allem auf Erkenntnisse aus internationaler Forschung zurückgegriffen worden. Dieser Zustand kann so nicht bleiben, denn mit der Gleichberechtigung muss auch die Sichtbarkeit eingefordert werden. Dabei wäre es bedeutsam, die Vielfalt der Geschlechter und Sexualität stärker in den Mainstream hineinzubekommen und sich nicht nur mit einer Sparte, wie z.B. „gay gerontology“, zufrieden zu geben. Wenn es um ältere Menschen geht, sind alle ältere Menschen gemeint und zu berücksichtigen in der Vielfalt ihrer Lebensstile, Lebensgewohnheiten und Biographien, die auch durch gesellschaftliche Diskriminierungen lebenslang geprägt sein können.

Fazit

Dieses Kapitel hat sich zu einem Schwerpunkt entwickelt und zeigt zugleich eines der Zukunftsthemen für die Soziale (Alten-)Arbeit neben den klassischen Themen, um die es sich bei der Sozialen (Alten-)Arbeit ohnehin bisher dreht. Das Wissen zu Körper(-veränderungen), Attraktivität und Verlusten im Alternsverslauf, die wiederum in Zusammenhang gebracht werden könnten mit körperlichen Veränderungen bis hin zum Ende des Lebens und dem Tod als vollkommener Verlust des Lebens begleiten, die Lebensphase Alter implizit und bringen Ängste hervor. Mit dem Eintreten in die Lebensphase Alter weiß jeder Mensch um die letzte Lebensphase, die mit vielen Ungewissheiten daherkommt. Die Lebensphase Alter wird wiederkehrend als Phase beschrieben, die über die Festlegung als „Lebensphase“ überhaupt erst Stigmatisierungsprozesse hervorbringt, die es ohne Einteilung gar nicht gäbe. Denn Veränderungsprozesse erlebt ein Mensch lebenslang und verschiedene Studien zeigen, vor allem für die verschiedenen Geschlechterdimensionen, dass die Wahrnehmung körperlicher Veränderungen, die bisher der Lebensphase Alter zugeschrieben werden, bereits viel eher anfangen. Und: Nicht nur für Frauen beginnen Zuschreibungen einerseits und körperliche Veränderungen andererseits bereits im vierten Lebensjahrzehnt. Zu sozialen Netzwerken wurde bereits viel geforscht, z.B. zu Möglichkeiten, die in Freundschaften für eine gute Lebensqualität im Alter liegen. Ergebnisse liegen vor allem für heterosexuell lebende Menschen vor, während für homo-, bi- und transsexuelle Menschen Freunde oft das einzige Netzwerk im Alter bilden, gibt es bisher weniger Forschungen dazu. Darüber hinaus konnten vor allem viele gemeinsame Entdeckungen für die Geschlechterdimensionen herausgearbeitet werden: die zunehmende Unsichtbarkeit mit zunehmenden Alter und das Fehlen geschlechtsspezifischer Forschung, die sowohl differenziert als auch Gemeinsames hervorbringt. Bisher gibt es zu wenig geschlechtsspezifische Angebote zur Entwicklung und Bewältigung der Lebensphase Alter, wenn Alterungsprozesse Angst machen in Bezug z.B. auf Verluste, Alleinsein, Kranksein,

Versorgtsein. Damit geht die Aufforderung auch an die jeweils jüngere Generation, die auch professionell Angebote für ältere Menschen entwickeln, sie miteinander zu verbinden und für die gegenwärtig älteren Menschen vor allem aus dem LSBT*IQ-Bereich, Offenheit, Akzeptanz und Sicherheit in der Gesellschaft und allen sozialpädagogischen bzw. pflegerischen Angeboten zu schaffen. Ältere Menschen benötigen viel mehr gesellschaftliche Sichtbarkeit und Möglichkeiten, mit ihren Körpern bis zur letzten Sekunde ihres Lebens in Kontakt treten zu können und sich attraktiv zu finden. Dazu gehören auch körperliche Geborgenheit und die Erfahrung von Zärtlichkeit, ebenso sexuelle Erfüllung. Körperbiographiearbeit könnte eine Möglichkeit sein, vor allem auch mit zunehmender Gebrechlichkeit und Pflegebedürftigkeit dennoch als Mensch wahrgenommen zu werden und nicht nur als zu pflegender Körper. Eine der bedeutendsten Erkenntnisse für die Soziale (Alten-) Arbeit in diesem Kapitel lautet jedoch, unterschiedliche Forschungen aus den vielfältigen Gender- bzw. Queer-Bereichen nicht nebeneinander stehen zu lassen und sie im schlimmsten Fall nicht wechselseitig zur Kenntnis zu nehmen. Vielmehr geht es darum, alle Erkenntnisse miteinander in Verbindung zu bringen. Wenn ein*e Sozialarbeiter*in eine Gruppe älterer Menschen vor sich hat, kann er*sie davon ausgehen, dass aus jeder Geschlechtergruppe Menschen dabei sind und diese vollkommen unterschiedliche Erfahrungen gemacht und Bedürfnisse haben, die ebenfalls voneinander unterscheidbar und von der Sozialen (Alten-)Arbeit zu berücksichtigen sind.

Übungs- und Reflexionsfragen

1. Wie werden Körper und Leib unterschieden und inwiefern sind sie bedeutend für Alternsprozesse?
2. Alternsprozesse sind mit Verlusten verbunden? Welche haben Sie kennengelernt?
3. Weshalb verschwinden ältere Menschen so sehr aus der gesellschaftlichen Wahrnehmung?
4. Erklären Sie, warum sich die Sozialen Netzwerke älterer Menschen verändern können?
5. Wie könnte die Sichtbarkeit der sexuellen Vielfalt im Alter gestärkt werden?
6. Welche Aufgaben kommen der Sozialen Arbeit mit älteren Menschen dabei zu?

Literatur für das Selbststudium

Buchner-Fuhs, Jutta (2017): Frisuren und Schönheit im Alter. Anmerkungen zur Arbeit am Eigensinn von Frauen. Der Friseursalon kann ein Ort Sozialer Arbeit sein. In: Sozialmagazin, Heft 1-2, 2017, S. 60–70.

Meyer, Christine (2011): Er sucht sie – Sie sucht ihn. Bekanntschaft, Freundschaft oder Liebe – Kontaktgesuche älterer Menschen und ihre Sehnsucht nach sozialen Beziehungen. Exemplarische Untersuchung am Beispiel von Kontaktanzeigen älterer Menschen in Tages- und Wochenzeitungen. In: neue praxis, 2/2011, S. 103–124.

Schultz-Zehden, Beate (2013): Sexualität im Alter. In: www.bpb.de/apuz/153140/sexualitaet-im-alter, Abfrage: 05.09.2018.

Zum Weiterlesen

Denninger, Tina (2018): Blicke auf Schönheit und Alter. Körperbilder alter Menschen. Wiesbaden: Springer VS.

Hahmann, Julia (2013): Freundschaftstypen älterer Menschen. Von der individuellen Konstruktion der Freundschaftsrolle zum Unterstützungsnetzwerk. Wiesbaden: Springer VS.

Keller, Reiner/Meuser, Michael (Hrsg.) (2017): Alter(n) und vergängliche Körper. Wissen, Kommunikation und Gesellschaft. Schriften zur Wissenssoziologie. Wiesbaden: Springer VS.

Lottmann, Ralf/Lautmann, Rüdiger/do Mar Castro Varela, Maria (Hrsg.) (2016): Homosexualität_en und Alter(n). Ergebnisse aus Forschung und Praxis. Wiesbaden: Springer VS.

Kapitel 5
Der Sozialraum und seine Bedeutung für Alter(n)sprozesse: Land, Stadt, Dorf, Wohnung, Bett, Pflegebett im Altenpflegeheim, Krankenhaus oder Hospiz und der Friedhof

Zusammenfassung

Dem Wunsch vieler älterer Menschen zu entsprechen, ihr gesamtes Leben inklusive seines Endes an dem Ort zu verbringen, wo sie es möchten und wo sie die überwiegende Zeit ihres Lebens verbracht haben, gehört für die Gestaltung gelingender Alternsprozesse zu den größten Herausforderungen. Mit eventuell zunehmender Hilfe- und Pflegebedürftigkeit kann der Lebensort die Selbstbestimmung, Selbstständigkeit und Unabhängigkeit zunehmend bedrohen. Das Netzwerk in der unmittelbaren Umgebung wird dann zum Unterstützer des Verbleibs in der bisherigen Wohnung bzw. Haus und der gewohnten Umgebung. Gleichzeitig wird mit der Verrentung das unmittelbare Umfeld für die Lebenszufriedenheit bedeutender, da z. B. der Arbeitsort inklusive der Wege dorthin wegfällt. Der Bewegungsradius älterer Menschen verringert sich von den zurückgelegten Entfernungen her mit zunehmendem Alter. Gelingende Alternsprozesse werden ebenfalls davon abhängen, ob jemand in einem städtischen, ländlichen oder in einem transnationalen Kontext lebt. Denn mit Entfernungen und dazugehörigen Wegen, die für Teilhabe, Hilfen oder Pflege zurückgelegt werden müssen, entstehen Anforderungen an die Mobilität. Ob ein vollständiges Leben am Wunschlebensort gelingt, hängt maßgeblich von der Ausstattung des sozialen Raums und der Eingebundenheit der älteren Person in das ihn*sie umgebende soziale Netzwerk ab. Mit zunehmender Hilfe- und Pflegebedürftigkeit reduziert sich der Bewegungsradius noch einmal mehr, so dass irgendwann nur noch die Wohnung, das Zimmer mit dem Pflegebett in der eigenen Häuslichkeit oder im Pflegeheim zum Zentrum des Lebens werden. Krankenhaus und in den letzten Jahren langsam zunehmend das Hospiz gehören zu den Hauptsterbeorten älterer Menschen, in denen der sie umgebende Raum und ihre Mobilität ebenfalls sehr reduziert sind und gerade deshalb Teilhabe, Selbstständigkeit und Selbstbestimmung entscheidende Einschnitte erlangen. Die Bedeutung des Lebens- bzw. Sterbeortes ist entscheidend für die subjektive Eingebundenheit, Teilhabe und Selbstständigkeit im Alternsprozess. Entscheidungen über den letzten Ort als Ruhestätte für die eigene Person treffen zu können, gehören ebenso dazu, das Leben zu vervollständigen, und wiederkehrend wird diese Auseinandersetzung entweder mit anderen oder allein für sich vor allem im Alternsprozess zum Thema.

5.1 Der Rückbezug auf den Sozialraum in der Lebensphase Alter – Anforderung zur erneuten (biographischen) Aneignung und Veränderung des Sozialraums als altengerechter Lebensraum

Die sozialräumliche Dimension gewinnt in der Lebensphase des Alter(n)s zunehmend wieder im Lebenslauf an Bedeutung, da soziale Funktionen und Rollen zurücktreten oder aufgegeben werden. Der überwiegende Anteil älterer Menschen nimmt einen räumlichen Bruch wahr, wenn der Weg zur Arbeitsstätte inklusive der Arbeit, die den Alltag strukturiert hat, entfällt. Böhnisch/Schröer sehen darin den Beginn des territorialen Rückzugs auf die Wohnung oder das Altenheim. Mit der Neugewichtung der Wohnfunktion wächst auch der Stellenwert des Wohngebiets. „Alte Menschen sind stärker auf die räumliche Nahwelt verwiesen, räumliche Mobilität ist im Alter zumindest zum Teil verloren gegangen. Integration oder Ausgrenzung werden nun vor allem auch sozialräumlich erfahren“ (Böhnisch/Schröer 2010, S. 2). Im Erwachsenenalter besteht eher eine Rollen- und Institutionenorientierung, während im Kindes- und Jugendalter ebenfalls eine stärkere sozialräumliche Orientierung vorherrscht, die mit jeder neuen Entwicklungsphase in der Kindheit und Jugend eine Erweiterung des eigenen selbstbestimmten Sozialraums bedeuten. Die Lebensphase Alter lässt sich auch kennzeichnen als Wiederentdeckung der sozialräumlichen Orientierung und davon ist auch die Neuaneignung des sozialen Nahraums betroffen (vgl. Böhnisch/Schröer 2010). Der Sozialraum kann dabei als mehrdimensional und relational begriffen werden, indem sich unterschiedliche Dimensionen überlagern können, wie z. B. der geografisch-physische bzw. administrative Raum (das Stadtgebiet, der Stadtteil, das Wohnquartier etc.), der Wahrnehmungsraum (der Raum individueller Wahrnehmung, z. B. Lieblingsorte) sowie der Aktionsraum (Welche Aktivitäten spielen sich für wen wo ab?) (vgl. Strube et al. 2015, S. 188).

Im Zusammenhang mit der gesellschaftlichen und biographischen Neubestimmung des Alters beziehen sich Böhnisch/Schröer auf den sozialisatorisch zu verstehenden Begriff der „Entwicklung“, in der das sozialräumliche Konzept der Aneignung seinen Platz findet und in der die besonderen Perspektive der Alterssozialisation zu begreifen ist. „Im Unterschied zum Aneignungskonzept im Kindes- und Jugendalter müssen wir aber hier die veränderte Zeitperspektive – biografischer Vorlauf und die Perspektive lebenszeitlicher Endlichkeit – berücksichtigen. Aneignungskonzepte des Kindes- und Jugendalters lassen sich nicht einfach auf das Alter übertragen“ (Böhnisch/Schröer 2010). Im Konzept der Aneignung liegt die Möglichkeit einer gesellschaftlichen Umgebung, derer sich das Individuum aus seiner Perspektive bemächtigen kann trotz vorhandener gesellschaftlicher Vorgaben, die Zugänge und Barrieren enthalten. Die Aneignungsperspektive gewinnt zudem neue Qualität mit der Entwicklung interaktiver Technologien (vgl. ebd. 2009). Mit der „Raumaneignung im Alter" fordert Böhnisch die Soziale Arbeit heraus, neben der Neugewichtung der Wohnsituation ebenso den neuen höheren Stellenwert des Wohngebiets im Alter zu berücksichtigen (ebd. 2005, S. 269). Soziale Arbeit hat zwar „Kinder- und Jugendräume" im Blick, jedoch bisher weniger die „Altenräume". Aneignungsprozesse stellen für ältere Menschen eine zentrale Rolle für deren Lebensführung und Lebensbewältigung dar und die Bezüge in sozialen Räumen werden in einer Doppelstruktur wirksam.

> „Sozialräumliche Strukturen und Lebensbedingungen schaffen wichtige Rahmenbedingungen für die individuelle Lebensführung, gleichzeitig können Menschen sich Räume gemeinsam aneignen und diese in ihren strukturellen Bedingungen über gemeinsames Tätigwerden gestalten. Je nach Lebenslage und Lebensphase werden unterschiedliche Bewältigungsaufgaben der alltäglichen Lebensführung sichtbar. Das Gelingen der Lebensführung kann über die Aneignung von Räumen verbessert oder vermindert werden" (Spatscheck 2015, S. 328).

Aneignungsdimensionen können sehr unterschiedliche Bereiche umfassen. Aneignung kann den Erwerb von Kompetenzen und Fähigkeiten meinen, wie z. B. die Erweiterung motorischer Fähigkeiten oder die Erweiterung von Handlungsräumen und -möglichkeiten. Unter Aneignung kann jedoch auch der erweiterte Zugang zu neuen sozialen Kontakten und Beziehungen im Sinne einer Verknüpfung von Räumen verstanden werden oder als symbolische Aneignung von Räumen durch Prozesse des „spacing". Aneignungsprozesse können zur größtmöglichen Entfaltung persönlicher Potenziale und Möglichkeiten beitragen und damit alltägliche Lebensführung unterstützen.

> „Erschwerende Bedingungen von Altersarmut, einschränkender Wohnsituation, sozialer Vereinzelung, mangelnder Teilhabe, gesundheitlichen Einschränkungen, etc. machen die Lebensführung für ältere Menschen zu einer gesteigerten Herausforderung. Gleichwohl können gelingende Aneignungsprozesse dazu beitragen, die Lebensführung zufriedenstellender zu machen" (ebd.).

Die Soziale Arbeit kann die Aneignungsperspektive mit dem Sozialraum sinnvoll verknüpfen, wenn diese vor dem Hintergrund der Bewältigungsperspektive (vgl. Böhnisch 1997) eingeordnet wird, denn bezogen z. B. auf die Lebensphase Kindheit können sich Selbstwert, Anerkennung und Selbstwirksamkeit als Komponenten von Handlungsfähigkeit nur bedingt entfalten in geschlechtshierarchischen, institutionalisierten und so verregelten Kontexten wie Familie, Kindergarten, Schule und Ausbildung sie darstellen. Die notwendige Spannung von Erziehung und Eigenleben kann vor allem über die Aneignung von Räumen ermöglicht werden (vgl. Böhnisch/Schröer 2010, S. 3).

Für die Lebensphase Alter tauchen andere raumbezogene Aneignungsmöglichkeiten auf. Aufgrund sich verändernder Rollenstrukturen, vor allem durch Entberuflichung gekennzeichnet, wird Körperlichkeit wieder bemerk- und spürbar.

> „Räume müssen körperlich-territorial und in sozialen Netzwerken neu erschlossen werden. Dies ist allerdings nicht mit dem körperlich-territorialen Aneignungsverhalten im Kindesalter gleichzusetzen, da Identität nicht wie dort erst entwickelt werden muss, sondern über die vorgängige Biografie längst erworben ist. Identitätsbrüche aber, die das Alter angesichts der latenten Erfahrung der eigenen Endlichkeit heimsucht und Entwertungsanmutungen, die sich in der Rollenlosigkeit des Alters breit machen, lassen wiederum Bewältigungsprobleme entstehen, die zwangsläufig – als Rückzug oder Suche nach sozialem Anschluss – in den Raum drängen. Gleichzeitig gewinnt die gelebte Biografie gleichsam als Innenraum der eigenen Vergangenheit an plastischer Präsenz. Unter diesem Aspekt stellt sich die Alterssozialisation als ‚doppelter', verschränkter Aneignungsprozess dar" (ebd., S. 5 ff.).

Für die Lebensphase Alter steht also die mentale (Wieder-)Aneignung der eigenen Biographie und die körperliche (Neu-)Aneignung des konkreten Nahraums (inklusive des Ineinander-Übergehens bzw. Greifens der virtuellen Welt der Medien) an. Projekte der Sozialen Altenarbeit, wie z. B. Erzählcafés und Biographiewerkstätten, entsprechen der Verschränkung dieser beiden Dimensionen pädagogisch, denn den Biographien Älterer wird sozialer Raum gegeben und die Chance vermittelt, mit dem Erzählen eigener Erfahrungen „über den Aneignungsmodus des sozial weitergebbaren eigenen Lebens in Netzwerke hineinzukommen" (ebd.).

Mit der Biographie wird auch eine sozialräumliche Kategorie des biographischen Raums diskutierbar, die über Marotzkis theoretischen Ansatz als Biographisierung beschrieben wird (vgl. ebd. 1999). Unter Biographisierung wird die Einordnung von Zeiten, Erfahrungen und sozialen Gegebenheiten in das eigene Leben verstanden und sie stellt damit eine Form der Aneignung dar. Böhnisch/Schröer gehen davon aus, dass biographisches Aneignen erst zu wirken beginnt, wenn Menschen Integritätsprobleme bemerken. Menschen können jedoch erst von der Biographie als Gestaltungsprinzip des Lebens sprechen, wenn sie selbst in der Lage sind, zu hinterfragen und zu bilanzieren, ob sie im bisherigen Leben das geworden sind, was sie sich erhofft haben und ob zukunftsweisend darauf aufgebaut werden kann. Das Konzept des biographischen Raums kann vor allem für die Analyse der Erwachsenensozialisation eingesetzt werden.

„Der biografische Raum ist v.a. ein Erfahrungsraum, in dem BiografieträgerInnen relevante Ereignisse und Erfahrungen wahrnehmen, erkennen und in dem sie diese Erfahrungsbestände in das biografische Wissensgebäude einordnen und strukturieren. [...] Der biografische Raum zeigt einerseits reflexiv zugängliches Wissen und andererseits jene Sinnüberschüsse, jene Anteile des gelebten und ungelebten Lebens, die nur teilweise bewusst und verfügbar sind. Diese Sinnüberschüsse, die bei biografischen Konstruktionen wirksam werden, können als Ressourcen fungieren und genutzt werden" (Lackner-Pilch/Pusterhofer 2005, S. 282f. nach: Böhnisch/Schröer 2010, S. 5ff.).

Der biographische Raum ermöglicht die Strukturierung und Rahmung von Erfahrungen und die kontinuierliche Erweiterung. Mit dem biographischen Raum ist dabei keine bloße Anpassung der Individuen an neue Entwicklungen gemeint, vielmehr wird eine handlungsorientierte Neugestaltung der Rahmenbedingungen vorgenommen unter Verwendung biographischer Ressourcen.

„Orientierungsleitend ist dabei wiederum das Streben nach Handlungsfähigkeit – Selbstwert, Anerkennung und Selbstwirksamkeit – in der Perspektive der Integrität. Biografischer Raum und sozialräumliches Aneignungsverhalten sind insofern verschränkt, als die Rahmung des biografischen Raums das Aneignungsverhalten maßgeblich steuert, dazu verhilft, dass man sich in der sozialen Umwelt zurechtfindet" (ebd.).

Böhnisch/Schröer verdeutlichen die enge Verbindung des sozialen mit dem biographischen Raum. Je mehr Biographie über die gelebten Lebensjahre zusammenkommen, desto mehr steht zur Rahmung des biographischen Raums zur Verfügung, um eine Vielzahl an Aneignungsmöglichkeiten zu eröffnen, die über die mögliche Bandbreite der Handlungsfähigkeit im Sozialraum entscheidet. Vor dem Hintergrund der zunehmenden Bedeutung des Sozialraums für die Lebensphase Alter wird es notwendig, die Perspektiven Sozialer Arbeit auf den Sozialraum zu kennen und entsprechende Engführungen im Aneignungsangebot zu entlarven.

Definition

Sozialraum

Der Begriff Sozialraum wird von vielen Disziplinen vielfach verwendet und hat unterschiedliche Quellen. Die Feldforschung z. B. dient als Grundlage für sozialökologische Ansätze in der Psychologie, z. B. bei Urie Bronfenbrenner als wichtigster Vertreter. „Sozialraum" wird in der sozialgeographischen Tradition verwendet und wird genutzt in sozialplanerischen, verwaltungswissenschaftlichen und soziologischen Ansätzen, wenn Sozialräume als Planungsräume definiert und die sozialstrukturellen Bedingungen genauestens untersucht werden.

„Sehr vereinfachend könnte man auch von zwei Polen in einer sozialräumlichen, lebensweltlichen Betrachtung sprechen, zum einen die Seite der sozialadministrativen Betrachtung von Sozialräumen als Planungsräume, als Stadtteile etc., die mit ihren Strukturen, Rahmenbedingungen das Leben von Menschen, damit auch ihre subjektiven Lebenswelten wesentlich mitprägen. Auf der anderen Seite dieser sehr vereinfachten Vorstellung widmet sich dann der subjektive Blick dem individuellen Lebensraum eines Menschen, der sich zum Teil unabhängig von den sozialstrukturellen Gegebenheiten, etwa eines Stadtteils in einer Weise entwickeln kann, die wenig mit dem sozialstrukturellen Blick zu tun hat" (Deinet 2015, S. 80).

Aus der Perspektive von Löw gehen die meisten Studien und theoretische Modelle nach wie vor von der Vorstellung einer Trennung von Subjekt und Raum aus. Der Raum wird als etwas Äußeres betrachtet, der von dem Individuum betreten wird, um ihn zu nutzen, zu gestalten etc. Raum wird als mehr oder weniger physikalische Gegebenheit dargestellt, der von Individuen betreten wird und auch ohne Subjekte existiert. Diesen Raumbegriff hält Löw für absolutistisch: „Absolutistisch meint hier, dass Raum als eigene Realität, nicht als Folge menschlichen Handelns gefasst wird. Raum wird als Synonym für Erdboden, Territorium oder Ort verwendet" (Löw 2001, S. 264 nach: Deinet 2015, S. 90). Der absolutistische Raumbegriff findet sich wiederkehrend auch in neueren Sozialraumdiskussionen, vor allem in einer rein formalen Sozialraumorientierung, in der Räume als Stadtteile, sozialgeografisch begrenzte Territorien definiert werden und erst daraufhin die Frage entsteht, welcher Zusammenhang zwischen den Sozialräumen und den sie bewohnenden Menschen existiert. Der dynamische Raumbegriff von Löw überwindet die Trennung von Subjekt und Raum (vgl. Deinet 2015, S. 90).

„Räume entstehen durch die Interaktion von Menschen und können für diese sehr unterschiedlich gestaltet sein. Insofern geht Löw davon aus, dass an einem bestimmten Ort (als eindeutig bestimmbare sozialgeografische Lokalisierung, eine bestimmte Stelle unserer Erdoberfläche) unterschiedliche Räume entstehen können, je nachdem, welche Bedeutungen, Veränderungen Menschen den Orten verleihen. ‚Raum ist eine relationale (An-)Ordnung von Lebewesen und sozialen Gütern an Orten' (Löw 2001, S. 271). Die Betrachtungsweise, das Räume erst durch menschliche Handlungen an Orten entstehen (und damit die Tatsache, dass Orte noch keine Räume sind!), kann sehr gut auch auf das Handeln älterer Menschen bezogen werden" (ebd.).

Produktive Mitgestaltung, die Beeinflussung der Veränderung von Sozialräumen durch Menschen werden raumsoziologisch im Anschluss an Martina Löw als Spacing bezeichnet. Als rudimentäre Formen des Spacings gelten dabei die konkrete Besitznahme öffentlicher Räume oder die Nutzung der entsprechenden Infrastruktur, fast vergleichbar mit Jugendlichen, die im öffentlichen Raum durch z. B. Skaten oder Herumsitzen ihre Räume entstehen lassen (vgl. ebd.).

Martina Löw verändert mit ihrer Raumsoziologie den Blick auf den Raum als Container, als festgelegte Rahmenbedingung menschlichen Handelns und führt einen wesentlich flexibleren Raumbegriff ein, in dem Räume nicht vorgefertigt sind, sondern durch das Handeln von Menschen an Orten entstehen. Der flexible Raumbegriff von Löw unterstützt die Überwindung der zu einfachen und eindimensionalen sozialräumlichen Erklärung, bei der vor allem die sozialräumlichen Bedingungen Auswirkungen auf das Verhalten von Menschen haben. Mit den dynamischen Raummodellen der Sozialökologie und der Raumsoziologie können ältere Menschen nicht mehr länger nur als „Opfer" ihrer jeweiligen sozialräumlichen Bedingungen verstanden werden, vielmehr werden sie zu Akteuren und handelnden Subjekten (vgl. ebd.).

Böhnisch/Schröer betrachten Soziale Räume im Anschluss an die Sichtweise soziologischen Wissenschaftstradition seit Georg Simmel (1908) als räumlich bezogene und erfahrene Kontexte sozialen Handelns und weniger als Territorien im physikalisch-geografischen Sinn. Ein Territorium wird erst über die Tätigkeit des Menschen zum sozialen Raum. „[...] Menschen erfahren den Raum als Ortszusammenhang von zugänglichen Möglichkeiten und einschränkenden Verwehrungen" (Böhnisch/Schröer 2010, S. 1). Im Konzept der Aneignung sind diese Zusammenhänge intensiv in der Sozialen Arbeit der letzten dreißig Jahre diskutiert worden, jedoch vor allem für die Kindheits- und Jugendphase angewandt worden (vgl. Deinet 2005; Krisch 2009). Die Auseinandersetzung des Subjekts mit seiner sozialen Umwelt wird dabei als entwicklungs- und identitätsbezogen verstanden. In Bezug auf Kinder bedeutet diese Perspektive, dass sie ihre Lebensräume immer mehr erweitern und sie stoßen wiederkehrend auf neue Vergegenständlichungen von Gesellschaft und die in ihnen enthaltenen Bedeutungen.

> „Die Gegenstände der räumlichen Umwelt – auch wenn sie längst erbaut und gestaltet sind – erfahren ihre zweite, je individuelle Produktion in den Menschen selbst, die ihnen gegenübertreten. Gerade Kinder und Jugendliche, die sich vor allem sozialräumlich orientieren – im Gegensatz zu der Rollen- und Institutionenorientierung der Erwachsenen – werden mit den in den Gegenständen liegenden Bedeutungen direkt, beim Versuch des Zugangs und ihrer gebrauchswertorientierten Umwidmung, konfrontiert" (Böhnisch/Schröer 2010, S. 1).

Im Alternsprozess finden neue raumbezogene Aneignungsprozesse statt, die einerseits als Hinwendung und Neuentdeckung zu verstehen sind und andererseits mit dem Voranschreiten des Alternsprozesses sozialräumliche Begebenheiten als Einengung von Handlungsspielräumen bedeuten können. „Ähnlich wie in der Kindheits- und Jugendforschung scheint auch in der Altersforschung ein sehr gegenständlicher Raumbegriff benutzt zu werden. Aspekte der räumlich dinglichen Umwelt werden sehr oft thematisiert und spielen natürlich für das Alter eine wichtige Rolle, wie Zugänglichkeit, Barrierefreiheit etc." (Deinet 2015, S. 88).

In der Praxis Sozialer Arbeit und in der sozialwissenschaftlichen Forschung werden die Konstrukte „Sozialraum“ und „Lebenswelt“ nicht trennscharf genutzt, vielmehr werden damit Zugangsweisen unterschieden, die auch auf verschiedenen theoretischen Grundlagen basieren. Der im Bereich der Sozialpädagogik von Hans Thiersch formulierte Begriff der Lebenswelt geht auf phänomenologische Wurzeln zurück (vgl. Husserl 1962; Schütz/Luckmann 1975). Die auf Thiersch basierenden Zugangsweisen im Konzept der Lebensweltorientierten Sozialen Arbeit wollen Menschen in ihren unmittelbaren und alltäglichen Lebenszusammenhängen verstehen, diese deuten und ihr sozialpädagogisches Handeln danach ausrichten (vgl. Deinet 2015, S. 79).

Die eventuelle Neu-Orientierung bzw. Wieder-Aneignung des Wohnumfeldes/sozialen Nahraums verändert die Perspektive auf die Wohnung. Sie kann als Ausgangsbasis eingeschätzt werden, so dass ihre Beschaffenheit und Lage für die Teilhabe im Wohnquartier wichtiger wird. Dazu gehören auch eventuelle Barrieren, wie z.B. Treppen (vgl. Bleck et al. 2015, S. 3). Die Wohnung gilt darüber hinaus als sehr bedeutend, da der überwiegende Anteil der älteren Menschen in der eigenen Wohnung wohnt. „Nur etwa 7% der Älteren leben nicht in den eigenen vier Wänden, sondern in einer betreuten Einrichtung, einer Senioren-Wohngemeinschaft, einem Pflegeheim oder einer anderen Sonderwohnform“ (Beetz/Wolter 2015, S. 210). Die meisten älteren Menschen möchten ihr Leben in der eigenen Häuslichkeit verbringen und gleichzeitig verbinden sie damit den Wunsch und die Hoffnung, bis ins hohe Alter selbstständig und selbstbestimmt leben zu können. Bisher existieren zu wenig wirkliche Alternativen für betreutes, bezahlbares und selbstbestimmtes Wohnen, so dass ältere Menschen an ihrem eigenen Haushalt so lange wie möglich festhalten und ihn aufrechterhalten, auch unter erheblichen Einschränkungen. Für die Wahrung der Selbstständigkeit in der eigenen Häuslichkeit kommt dem Wohnumfeld eine beträchtliche Bedeutung in vielfacher Hinsicht zu (vgl. ebd.). Der Zusammenhang baulicher und infrastruktureller Gegebenheiten einerseits und Möglichkeiten von Kommunikation, Mitsprachen und Mitbestimmung andererseits eröffnen oder verschließen Teilhabe im Wohnquartier. Die Reduzierung auf naheliegende, barrierefreie Zugänge, wie z.B. Ampelschaltungen, Bordsteige, fehlende Sitzmöglichkeiten und die Infrastruktur, wie z.B. das bloße Vorhandensein von Einkaufsmöglichkeiten, Cafés sowie Angeboten von Gesundheit, Versorgung und Kultur sind dabei zu kurz gedacht. Gegebenheiten im Wohnquartier sind von Bedeutung für die Qualität von Räumen, die über „Ein- oder Ausschlüsse“ entscheiden (vgl. Löw 2007, S. 18f. nach: Bleck et al. 2015, S. 3).

Alternde Menschen sind zunehmend stärker auf ihren sozialen Nahraum verwiesen als zentralen Ort der Lebensgestaltung, in dem Wohlbefinden und Lebensqualität für den Alternsprozess umso stärker in den Vordergrund treten, je mehr die Mobilität nachlässt. Mit dem Alternsprozess können sich Aktions-

und Handlungsspielräume zunehmend verringern, so dass die Wohnung bzw. das Haus und die angrenzende Nachbarschaft stetig für die selbstständige Lebensführung und das individuelle Wohlbefinden an Bedeutung zunehmen (vgl. Kricheldorff 2015, S. 17 f.). Davon betroffen sein können alle Alltagserfahrungen, die auch mit sozialen Begegnungen und Beziehungen verknüpft waren, wie z. B. der Weg zur Arbeitsstätte, der Arbeitsplatz selbst oder Beziehungen und Bindungen zu Verwandten und Bekannten, Freizeitangeboten in anderen Orten oder Stadtteilen.

> „Beachtet werden müssen aber darüber hinaus die Strukturen und auch Potenziale von Kommunikation und Partizipation, denn Menschen verändern Räume durch ihre Handlungen (vgl. Löw 2007). Anders formuliert: Soziale Kontakte, Nachbarschaft, Integration in soziale und kulturelle Netzwerke sind maßgeblich dafür entscheidend, ob ältere Menschen auch die Motivation, den Mut und gegebenenfalls die erforderliche Unterstützung haben, um am gesellschaftlichen Leben im Wohnquartier (und darüber hinaus) teilzuhaben und Zugang zu den Ressourcen zu finden. Auch Barrieren und Defizite können bei entsprechender sozialer Einbindung überwunden, bzw. ausgeglichen oder idealerweise auch Gegenstand von gemeinschaftlichem Eintreten für Veränderungen werden" (Bleck et al. 2015, S. 3).

Der Raum ist also nicht als gegeben und unveränderlich hinzunehmen. Über Wieder-Aneignung kann die Teilhabe bei gleichzeitiger Veränderung des Raums als Teilhabe-Raum für ältere Menschen im Wohnumfeld, Wohnquartier, Sozialraum, sozialen Nahraum, im Gemeinwesen, in der Nachbarschaft oder Community möglich werden. Die genannten Begriffe werden manchmal synonym gebraucht und manchmal stehen sie für eine eingegrenzte Raumvorstellung.

Wissensbaustein

Wohnumfeld und Quartier

Die Begriffe „Wohnumfeld" und „Quartier" lassen sich unterscheiden und werden häufiger in der Literatur trennschärfer genutzt. Der Begriff „Wohnumfeld" bezeichnet die räumlichen und sozialen Gegebenheiten, in die eine Wohnung oder ein Haus unmittelbar eingebettet ist. Dazu gehören z. B. Hausflur, die Zone vor dem Haus, der Vorgarten, die Straße, aber auch die Hausgemeinschaft und die Nachbar*innen. Das Quartier dagegen umfasst weitläufigere räumliche Dimensionen, die neben den nahräumlichen Bezügen auch ausgedehntere, z. B. städtische Kontexte miteinbezieht. Mit zunehmendem Alter konzentrieren sich die Lebensbezüge vieler Menschen allmählich mehr auf die Wohnung, das Wohnumfeld und das Quartier.

> „Angesichts schrumpfender Aktionsradien und eingeschränkter Mobilität werden die Alltagsbewältigung und Lebensqualität wesentlich durch die räumlich-sozialen Gegebenhei-

ten der unmittelbaren Wohnumwelt beeinflusst (Kreuzer 2006; Motel-Klingebiel et al. 2010). Die Zugänglichkeit und Aufenthaltsqualität von Orten im Quartier, die lokalen Angebote für Versorgung und soziale Teilhabe sowie tragfähige nachbarschaftliche Beziehungen prägen den Wohnalltag älterer Menschen in hohem Maße. Um so lange wie möglich selbstständig wohnen zu können, ist nicht nur eine den Bedürfnissen und Ressourcen des alternden Menschen entsprechende Wohnung erforderlich. Darüber hinaus muss auch das Wohnumfeld die räumlichen, sozialen und infrastrukturellen Voraussetzungen bereithalten, um sich mit physischen oder kognitiven Einschränkungen eigenständig versorgen, um auch mit geringer Rente am öffentlichen Leben teilhaben und die Entwicklung der Nachbarschaft aktiv mitgestalten zu können – wenn es von dem jeweiligen älteren Menschen gewünscht ist. Ebenso muss es möglich sein, zurückgezogen vom aktiven Leben, aber trotzdem gut versorgt und in Würde alt zu werden“ (Beetz/Wolter 2015, S. 210).

Sozialraum, sozialer Nahraum, Lebenswelt, Nachbarschaft, Bezirk, gemeindenah etc. sind weitere Begriffe, die in diesem Zusammenhang oft genutzt, jedoch meistens nicht trennscharf genutzt werden und vom unmittelbaren Wohnumfeld bis hin zum Quartier alles bezeichnen können.

Wenn ältere Menschen sich in ihrer neuen Lebensphase den sozialen Nahraum wieder neu aneignen, kann es sinnvoll sein, diesen Prozess der Aneignung zu unterstützen, indem Prozesse der Selbstorganisation und des Engagements für die eigenen Bedürfnisse mit älteren Menschen initiiert und begleitet werden. Die subjektiven Vorstellungen älterer Menschen können in Bezug auf ihre Teilhabe- und Verwirklichungsmöglichkeiten erfasst werden, um daraus konkrete Ansätze und Angebote zur Verbesserung der Teilhabemöglichkeiten älterer Menschen partizipativ zu entwickeln und Erfahrungen der Selbstwirksamkeit zu vermitteln (vgl. Spatscheck 2015, S. 329). Mit der Orientierung in den Sozialraum älterer Menschen erscheint es konsequent, wenn die in der Kinder- und Jugendarbeit erprobte sozialräumliche Methodik (z.B. Deinet/Krisch 2003) ebenfalls Gegenstand von Forschungsstudien und Praxisprojekten mit Älteren wird. Damit können ausdrücklich lebensweltliche Perspektiven und sozialräumliche Nutzungen im Alter berücksichtigt werden (Knopp 2009; Bleck et al. 2013; vgl. Bleck et al. 2015, S. 2).

Wissensbaustein

Sozialräumliche Analyse- und Beteiligungsmethoden

Sozialräumliche Methoden bestehen insbesondere aus entdeckenden und rekonstruktiven Verfahren der Sozialraumforschung (vgl. Deinet/Krisch 2011; Spatscheck 2012), z.B. offene und leitfadengestützte Sozialraumbegehungen, die Nadelmethode, Zielgruppenraster, Autofotografie, Tagebücher und aktivierende raumbezogene Interviews. Weitere aktivierende Methoden, wie z.B. Fokusgruppen und partizipative Settings, wie z. B. Transferworkshops, Veranstaltungen, Seminare und kulturpädagogische Aktivitäten können ältere Menschen im Sozialraum aktiv einbeziehen. Einige Methoden werden dargestellt.

Mit der Nadelmethode (vgl. Deinet 2009, S. 72 ff.) kann die Zielgruppe für sie besondere Orte im Stadtteil festlegen. Ältere Bürger*innen können entlang von Leitfragen Orte markieren, an denen sie sich z. B. besonders gerne aufhalten, oder besonders unansehnliche oder unangenehme Orte, an denen sie sich nicht gerne aufhalten, oder Treffpunkte und Orte der Begegnung und Kommunikation im Stadtteil. Damit geraten die sozialen Ressourcen, wie z. B. die Beteiligung Älterer in ihrem Sozialraum, näher in den Blick. Die Ergebnisse werden von den Teilnehmer*innen in Kleingruppen besprochen, daraufhin in der Gesamtgruppe zusammengetragen, besprochen und auf einem Stadtplanausschnitt mit farbigen Nadeln markiert. Die Nadelmethode bringt vor allem alltägliche Erfahrungen Älterer im Quartier hervor (vgl. Bleck et al. 2015, S. 276).

Mit dem animativen Verfahren der Autofotografie wählen Bewohner*innen eines Stadtteils/Sozialraums eigenständig bestimmte Orte aus, fotografieren diese und die Abbildungen werden in weiterer Folge auch kommentiert und interpretiert. Damit werden die subjektiven Bewertungen und Eindrücke und die Qualitäten der fotografierten Räume und Orte deutlich (vgl. Deinet/Krisch, www.sozialraum.de/autofotografie.php, Abfrage: 16. 10. 2018).

Die subjektive Landkarte besteht aus selbst gezeichneten und gemalten Karten, mit denen die subjektiv bedeutenden Lebensräume von Kindern und Jugendlichen, Erwachsenen und älteren Menschen im Stadtteil oder in der Region sichtbar gemacht werden können. Kinder, Jugendliche, Erwachsene und ältere Menschen können mit dieser Methode motiviert werden, ihren subjektiven Lebensraum zu zeichnen oder zu malen, um damit bedeutsame Orte und Räume zu markieren und individuelle Bedeutungen und Wahrnehmungen des Wohnumfeldes wie z. B. Spiel- und Aufenthaltsorte, Angsträume etc. deutlich zu machen (vgl. Deinet/Krisch, www.sozialraum.de/subjektivelandkarte.php, Abfrage: 16. 10. 2018).

Das Cliquenraster als Methode für die Beschreibung von Cliquen aus dem Jugendbereich kann auch für die Visualisierung der Vernetzung älterer Menschen von Bedeutung sein. Die Methode besteht aus Beobachtungen und Befragungen von Jugendlichen an verschiedenen Orten, etwa in Jugendeinrichtungen, im öffentlichen Raum und an Schulen; diese werden nach ihrer Zugehörigkeit zu Kulturen, Szenen und Cliquen, aber auch nach anderen Gruppen, deren Aufenthaltsorten und evtl. Abgrenzungen befragt. Dieses lässt sich mühelos auf die Lebenssituation älterer Menschen im Sozialraum übertragen, in dem ihre Treffpunkte, wie z. B. Cafés, Parks sichtbar werden (vgl. Deinet/Krisch, www.sozialraum.de/cliquenraster.php, Abfrage: 18. 10. 2018).

Ein Zeitbudgetdiagramm bietet eine Übersicht über die aufgesuchten Orte im sozialen Nahraum und die Zeit, die dort verbracht wurde. Ein Zeitraster auf der vertikalen Seite und die aufgesuchten Orte auf der horizontalen Achse zeigen, welche

Orte aufgesucht wurden und wieviel Zeit dort verbracht wurde. Der Radius und die Aufenthaltszeit werden somit übersichtlich aufgezeichnet.

Mit Stadtteilbegehungen wird das Quartier aus der Perspektive der älteren Menschen kennengelernt. Das subjektive Aneignungsverhalten wird deutlich durch die Nutzungsweisen, Bewertungen, ihre Wege und Plätze, aber auch Straßenzüge, eventuell vermiedene oder vielleicht als gefährlich empfundene Orte werden dabei deutlich durch die Begehung (Deinet 2007, S. 64). Die Begehung vor Ort ermöglicht eine unmittelbare, sinnliche und damit vollständigere Erfassung der Gegebenheiten des ausgewählten Gebiets. Darüber hinaus finden komplexere Wahrnehmungen des Sozialraums statt, da z. B. Unterschiede zwischen lauten und leisen Straßen oder zwischen vermüllten und begrünten Plätzen oder unangenehme bzw. angenehme Gerüche können in die Bewertung miteinbezogen werden. Mit der Stadtteilbegehung werden neue oder differenziertere Bewertungen von relevanten Orten möglich (vgl. Bleck et al. 2015, S. 278).

Mit der Methode der Individuellen Infrastrukturtabelle werden auf einfache und schnell zu realisierende Weise, individuelle Infrastrukturbereiche abgefragt, die von den Älteren im Quartier genutzt werden. Die Individuelle Infrastrukturtabelle umfasst auf einem DIN-A3-Blatt eine Tabelle mit vier Spalten und Zeilen. Die Spalten unterscheiden vier verschiedene Infrastrukturbereiche (1. Einkauf und Versorgung, 2. Ausgehen, Essen und Trinken, 3. Bildung und Kultur sowie 4. Sport und Gesundheit) und in den Zeilen werden die Häufigkeitsangaben („mehrmals die Woche", „mehrmals im Monat", „mehrmals im Jahr" und „seltener") der Nutzung unterschieden. Die Infrastrukturbereiche können von Interesse sein, denn mit ihnen entstehen Möglichkeiten der Begegnung im Quartier (vgl. Bleck et al. 2015, S. 279).

Mit Strukturierten Sozialraumtagebüchern können strukturierte Informationen in Bezug auf Bewegungs- und Nutzungsräume, wie z. B. Kommunikationssituationen außerhalb der Wohnung rekonstruiert werden. Das DIN-A4-große Sozialraumtagebuch wird zusammen mit einer Einwegkamera, Kartenmaterial des Gebietes, Stiften und einer Tasche als Quartierserforschungsset für Senior*innen ausgegeben. Beteiligte Ältere dokumentieren und erfassen in einem Zeitraum von 14 Tagen alle Aktivitäten außerhalb der eigenen Wohnung in dem vorgegebenen Kategoriensystem. Insbesondere die vorgegebenen Kategorien zu Anlass, Zeitraum, Ort und Ziel, Kontakte, Eindrücke und die genutzten Verkehrsmittel werden erfasst (vgl. Bleck et al. 2015, S. 280).

Böhnisch/Schröer sehen ganz deutlich die Verantwortung der Sozialen Arbeit, um älteren Menschen die räumliche Aneignung zu ermöglichen. „So, wie sich die Soziale Arbeit heute für erweiterte Möglichkeiten der räumlichen Aneignung in den Kommunen und gegen das Hinausdrängen von Kindern und Jugendlichen engagiert, wird sie es in Zukunft verstärkt für bislang sozialräumlich isolierte und meist auch sozial benachteiligte alte Menschen tun müssen" (ebd.

2013, o.S.). Doch darin ist nur der Anfang des Engagements der Sozialen Arbeit zu sehen, da die demographische Entwicklung ohnehin zu mehr dränge. Sozialräumliche Blicke werden erweitert, wenn von der neuen gesellschaftlichen Rahmung des Alters ausgegangen wird und Alter als Medium zukünftiger Vergesellschaftung betrachtet werde. Das Alter würde gesellschaftlich öffentlich und aus dem Ghetto der Altersheime heraustreten. Wiederkehrende Umfragen bringen dieselben Ergebnisse hervor: Die überwiegende Mehrheit der Bevölkerung möchte nicht in Heime „abgeschoben" werden, während die Familien es zunehmend weniger alleine schaffen werden, die alten Menschen bei Bedarf zu betreuen und zu pflegen.

> „Gerade im Alter zeigt sich die Janusköpfigkeit der zugleich beschworenen wie überforderten Familie. Dass es einer öffentlichen Infrastruktur der ambulanten wie professionell begleiteten häuslich-familialen Altenpflege bedarf, wird sich spätestens dann zeigen, wenn das bislang übergangene Tabu der Gewalt in der familialen Pflege aufbrechen und uns unter Schock setzen wird. Gerade der Intimwelt der Familie lauert die Gefahr der Übergriffe wie der Gewalt, weil Grenzen zum Übergriff nicht spürbar und sichtbar werden, Rollen sich auflösen können" (ebd.).

Pflegebedürftige Eltern werden ihre Kinder überfordern, die selber bereits von eigener Familie, Karriere und der nach wie vor unmöglichen Vereinbarkeit von Familie und Beruf an anderen Lebensorten bereits mehr als gefordert sind. Die Töchter und Söhne werden zu „[...] überreizten, weil vor allem psychisch überforderten Eltern ihrer Eltern. Diese Verstrickung können sie nicht selbst überreißen, dazu braucht es sozialpädagogische Begleitung, Beratung; und Vernetzung mit Gleichbelasteten in einer öffentlichen Infrastruktur, an die sich auch Selbsthilfeinitiativen rückkoppeln können" (ebd.).

Die alternde Gesellschaft wird jedoch eine überaus Lebendige sein, wenn sich Soziale Arbeit als Motor der Entwicklung aufgefordert sieht, eine wesentlich von ihr mitgetragene Infrastruktur zu entwickeln, „die sich in Projekten und Kampagnen manifestiert und eben nicht nur in Dienstleistungen erschöpft" (ebd.). Ein Motor dieser Entwicklung ist bereits ein neu belebtes Verhältnis der Generationen zueinander, wie es durch die Entgrenzung der Lebensalter (vgl. Böhnisch/Schröer 2009) freigesetzt wird. Junge und Ältere beziehen sich in Zukunft noch stärker und intensiver in den Familien aufeinander, unabhängig von ihrer multilokalen Verstreuung. Sie treffen digital im Internet aufeinander und ganz real in kommunalen Räumen, in denen sie Wohn-, gegenseitige Selbsthilfe- und Bürgerschaftsprojekte miteinander teilen. Entsprechend der Logik der zweiten Moderne, werden sich sowohl weiter eigene Jugendkulturen und zunehmend auch verschiedene Seniorenkulturen in den entsprechenden kulturellen und sozialen Konfliktzonen aneinander reiben (vgl. Böhnisch/Schröer 2013, o.S.). Ausgehend von der selbstverständlichen sozialräumlichen Zuständigkeit der Sozialen Arbeit für Aneignungsprozesse älterer Menschen entwickelt sich für Böhnisch/Schröer die alternde Gesellschaft, die ihre Lebendigkeit auch aus einem veränderten Generationenbezug schöpft. Damit diese Entwicklung gelingt, muss Soziale Arbeit viel stärker aktiv werden, um vor dem Hintergrund ihrer traditionellen Zuständigkeit für sozialräumliche Ermöglichungs- und Aneignungsprozesse, sozialräumliche Entwicklungen seismographisch zu erfassen und entsprechende Prozesse für ältere Menschen voranzutreiben.

5.2 Sozialräumliche Entwicklungen und ihre Auswirkungen auf die Lebensqualität älterer Menschen – Eigenheit: ländlicher Sozialraum – Neuheit: transnationaler Sozialraum?!

Seit 2003 hat sich Deutschland nach einer langen Phase des Bevölkerungswachstums auf den Weg des Schrumpfens begeben. Den Prognosen zufolge dürften sich die Verluste bis 2050 auf etwa 8 Millionen summieren und dieser Schwund wird mit größter Wahrscheinlichkeit zu Lasten jener Gebiete gehen, die schon länger von Abwanderung und Alterung betroffen sind. Die besonders betroffenen Gebiete liegen vorwiegend im Osten Deutschlands, breiten sich mittlerweile aber zunehmend weiter gen Westen aus.

> „Mehr als die Hälfte der deutschen Landkreise und kreisfreien Städte wird nach der aktuellen Bevölkerungsprognose des Bundesamtes für Bauwesen und Raumordnung schrumpfen und bis zum Jahr 2025 deutlich an Bevölkerung verlieren. Nicht nur in den ostdeutschen Regionen werden weniger Einwohner*innen leben, sondern auch in den klassischen Industriestandorten wie dem Saarland oder dem Ruhrgebiet. Das Wegbrechen von ganzen Branchen und fehlende Perspektiven auf dem regionalen Arbeitsmarkt fördern dabei die Abwanderungsbereitschaft der Bevölkerung. Zu den Boomregionen mit einem Bevölkerungsgewinn von mehr als 10 Prozent werden nur wenige Kreise gehören: Sie liegen vor allem im Umland von Berlin und München" (Weber/Klingholz, Berlin-Institut für Bevölkerung und Entwicklung 2009).

Dem Berlin-Institut für Bevölkerung und Entwicklung zufolge hat die Politik die Zeichen längst erkannt und versucht, den Wandel im Wesentlichen mit zwei Strategien zu beantworten: Mit „Gegensteuern" oder „Anpassen". Unter „Gegensteuern" wird verstanden, dass klassische Industrie- und Strukturpolitik verfolgt wird, die an Wachstum orientiert ist: Nach gängigen Rezepten wird versucht, Industrie anzusiedeln, Gewerbe- und Wohngebiete auszuweisen, Arbeit zu schaffen und Wegzug zu verhindern. Doch gerade die Probleme ländlicher Abwanderungsregionen verweigern sich üblicher Strukturpolitik, da sie durch wenig Nachwuchs und durch Abwanderung geprägt sind. So greifen Investitionen nicht, da es selbst mit bester Familienpolitik und massiven Industriesubventionen nicht gelingen wird, den demographischen Trend umzukehren. Diejenigen Regionen der neuen Bundesländer, die sich derzeit demographisch stabilisieren, wie Leipzig, Dresden, Jena oder Erfurt, erreichen dies, indem sie Menschen aus ihrem eigenen Umland anlocken. Damit verschärft sich jedoch das Problem der Schrumpfgebiete und ohne eigene Zukunftsaussichten werden sie sich nicht grundlegend verändern können (vgl. ebd.).

Die Strategie des „Anpassens" versucht die neuen Bedingungen des demographischen Wandels, insbesondere die Alterung und das Schrumpfen, an das Gemeinwesen anzugleichen. Diese Strategie folgt dem Muster, allmählich die Infrastruktur zu verkleinern: Schulen werden geschlossen, der öffentliche Nahverkehr eingeschränkt, Ämter zusammengelegt etc. Vor dem Hintergrund einer bundesweit schrumpfenden Bevölkerung wird diese Strategie zwangsläufig zu einer Konzentration von Bewohner*innen in Zentren führen. Die Bewohner*innen werden von einem ausgedünnten Infrastrukturangebot vertrieben und ziehen dorthin, wo sie mehr Jobs und Schulen finden und wo die Freizeiteinrichtungen für Kinder besser sind.

> „‚Anpassen' fördert den demographischen Niedergang, auch wenn das Gegenteil geplant war. Die neuen Bundesländer sind dabei Vorreiter im bundesweiten demographischen Trend. Das liegt zum einen an der Abwanderung von über 1,7 Millionen, vorwiegend jungen Menschen seit der Wende und zum anderen den vorübergehenden extrem niedrigen Geburtenraten zwischen Rügen und dem Vogtland in den 1990er Jahren" (ebd.).

Aus der Stellungnahme des Bundesministeriums für Verkehr, Bau und Stadtentwicklung (BMVBS) zum Gutachten „Politikvorschlag Demographischer Wandel" des Berlin-Instituts wird deutlich, dass der demographische Wandel durch eine höhere Lebenserwartung und den Geburtenrückgang einerseits und – vor allem im Osten – durch Abwanderung andererseits die Politik vor große und neue Herausforderungen stellt.

> „Dabei muss sie auf die Menschen, die engagierten Akteure vor Ort hören – das geschieht gerade in den Modellregionen, wie z. B. Südharz-Kyffhäuser und Stettiner Haff, Werra-Meißner-Kreis und Kreis Nordfriesland. […] Die Grundlinie der Politik ist: Wir respektieren die Entscheidung der Menschen, dort zu leben, wo sie wollen. Dies entspricht ihrem Grundrecht auf Freiheit: Der Staat, die Politik haben dafür zu sorgen, dass dieses Grundrecht und diese freie Entscheidung nicht leer laufen und das Verfassungsgebot der Herstellung gleichwertiger Lebensverhältnisse durchgesetzt wird. Sie müssen also ein Instrumentarium schaffen, um auch dort gesellschaftliches Leben zu sichern, wo nur wenige Menschen leben. […] Bürgerinnen und Bürger sowie die lokale Wirtschaft müssen sich überall auf Standards verlassen

können: die Erreichbarkeit von öffentlichen Einrichtungen – vor allem Schulen und Bildungseinrichtungen, eine gute medizinische Versorgung, Pflege für das Alter, Einkaufsmöglichkeiten und Verkehrsanbindung inklusive öffentlicher Personenverkehr" (BMVBS 2009).

Demographisch besonders betroffen meint über die starke Überalterung und deutliche Bevölkerungsverluste ein niedriges Bruttoinlandsprodukt und hohe Jugendarbeitslosigkeit. Und in der Folge werden die Bereiche der Energieversorgung, die Schulen, der Landbau, kleine Kreisläufe, die Mobilität und vor allem die Gesundheitsversorgung zum Problem in Bezug auf Bereitstellung, Finanzierung und Erreichbarkeit für die in den Regionen verbleibenden Menschen. Das Berlin-Institut für Bevölkerung und Entwicklung geht davon aus, dass zukünftig nicht-förderbare Regionen entstehen und dennoch hat der Staat die Aufgabe, den Menschen angemessene Hilfe zu leisten. Diese werde sich jedoch lediglich auf existenzielle Daseinsvorsorge beschränken – wie Notfallrettung, Erreichbarkeit für Ordnungskräfte in angemessener Frist, pflegerische Versorgung von Hochbetagten, Telefon- und Internetanschluss. „Solche Regionen können zwar eine eigene Attraktivität für ‚Raumpioniere', für künstlerische und soziale Experimentatoren entwickeln. Darüber hinaus sollte man sich aber angesichts fehlender Perspektiven von einer ‚Gleichwertigkeit der Lebensverhältnisse' verabschieden" (Weber/Klingholz, Berlin-Institut für Bevölkerung und Entwicklung 2009). Die Vielfalt der Auswirkungen und Handlungsbedarfe, die mit den einzelnen, regionalspezifischen Entwicklungen verbunden sein können, zeigt Tabelle 5.1 im Überblick.

Tab. 5.1: Räumliche Schwerpunkte der Komponenten des Demographischen Wandels

Komponente des Demographischen Wandel	**Besonders betroffene Raumtypen**	**Zentrale sektorale Auswirkungen und Handlungsbedarfe**
Bevölkerungsabnahme	Ökonomisch schwache Regionen, ländliche Räume	Tragfähigkeit technischer Infrastruktur, kommunale Finanzen
Alterung 1: Abnahme der Zahl jüngerer Menschen	Ländliche Räume	Tragfähigkeit der Bildungsinfrastruktur, ÖPNV
Alterung 2: Zunahme der Zahl älterer Menschen	Alte suburbane Räume (West)	Wohnungs- und Immobilienmarkt
Internationalisierung	Städtische Räume	Integrationsbedarf, soziale Polarisierung

Quelle: Schlömer 2015, S. 32

Vor dem Hintergrund der Entstehung einer Gesellschaft der Alten und den räumlichen Auswirkungen erscheint es bedeutend, die nachwachsende Generation und die ältere Generation als besonders Schutz- und Förderungsbedürftige mit Blick auf dominante erwerbsarbeitsgesellschaftliche Perspektiven einzuordnen, da sie diejenigen sind, die entweder noch nicht oder nicht mehr am Erwerbsarbeitsprozess beteiligt sind und die überwiegende Zeit am Tag in ihrem unmittelbaren Wohnumfeld bzw. Quartier verbringen. Das Alter, undifferenziert betrachtet, verwandelt die Struktur und die Gestalt der Gesellschaft wie nie zuvor, mit vielen Veränderungen, die bisher noch unvorstellbar, abwegig oder nicht denkbar sind. Allein das Erscheinungsbild der Gesellschaft in den unterschiedlichen Sozial- und Lebensräumen wird sich deutlich wahrnehmbar umformen. Dies betrifft die Größe, die Infrastrukturen, die Angebote, die Gestalt und die Größe der Dörfer und Städte. Es wird auch die Verhältnismäßigkeit der Anteile zwischen Jugend und Alter betreffen.

Der kleinteilige Blick in die regionale Ebene wird notwendig, denn mit dem Alter nimmt die Bedeutung des sozialen Nahraums zu: Dieser betrifft die stärkere Gewichtung des Wohnens in der Nacherwerbsphase, die Einschränkung der Mobilität, die Beteiligung und das Engagement der Älteren in ihrer Gemeinde und Nachbarschaft. Im besonderen Maße sind ältere Menschen vor allem im ländlichen Raum auf eine Infrastruktur angewiesen, die es ihnen ermöglicht, trotz eingeschränkter Mobilität oder eines kleiner werdenden Radius Einkaufsmöglichkeiten, Gesundheitsversorgungseinrichtungen, hilfe- und pflegerische Dienstleistungen zu erreichen und Möglichkeiten sozialer Teilhabe und Eingebundenheit in den sozialen Nahraum über Netzwerke, Freunde, Verwandte und Familie aktiv wahrnehmen zu können. Maßnahmen auf kommunaler bzw. regionaler Ebene werden als dringend geboten eingeschätzt, damit ein Zuschnitt auf die konkrete Situation vor Ort möglich wird. Die Möglichkeiten sozialer Teilhabe oder sozialer Eingebundenheit für im ländlichen Raum lebende Ältere werden als bereits gefährdet eingeschätzt mit der Tendenz zunehmender Verschärfung der Situation (vgl. Richter/Bunzendahl 2007).

Definition

Soziale Teilhabe

Soziale Teilhabe lässt sich unterscheiden in verschiedene Formen. Dazu gehören

- „politische Partizipation, also die Teilhabe und Involviertheit am politischen Geschehen und Entscheidungen;
- soziale Beziehungen, wie z. B. zu Freunde und Bekannten, Familie, Nachbarschaft;
- Aktivität bzw. Mobilität: Das können sportliche Aktivitäten sein, aber auch die Möglichkeit am Leben teilzunehmen, weil ein bestimmter Grad an Mobilität vorhanden ist, sei es physisch oder durch Hilfsmittel.
- Ehrenamtliche Beteiligung durch freiwilliges Engagement; diese wird häufig als Teil der Partizipation definiert.

- Lernen, die v. a. durch non-formales und formales Lernen abgedeckt wird.
- Bildung, die sich v. a. durch formelle und non-formale Weiter-/Erwachsenenbildung definiert" (Baumgartner et al. 2013, S. 90).

Unter den Bedingungen des ländlichen Raums und für ältere Menschen gelten darüber hinaus unterschiedliche Voraussetzungen. Der Lebensraum gilt sowohl als Voraussetzung und Ausgangspunkt für soziale Teilhabe wie auch als Schauplatz, an dem Teilhabe stattfindet. Die Bildungsbiographie eines Individuums ist selbstverständlich zu berücksichtigen, ebenso wie der Gesundheitszustand, der wiederum an die Mobilitätsmöglichkeit geknüpft sein kann. Der Lebensraum gilt als weitere Bedingung, den ein alterndes Individuum nutzen bzw. über den es verfügen kann (vgl. ebd.). Ältere Menschen weisen zudem keine einheitlichen lokalen Aktionsmuster aus. Ihre Aktionsmuster werden durch Angebot, Zugang, Ressourcen und Kompetenzen strukturiert. „Obwohl nie von einer hegemonialen ‚Dorf-Kultur' ausgegangen werden konnte, führt auch der soziale Wandel des ländlichen Raumes zu einer zunehmenden internen Differenzierung von Lebensstilen und einer zunehmenden Heterogenität der Aktionsmuster" (ebd., S. 101). Die Vervielfältigung der Aktionsmuster ermöglicht neue, bisher nicht gekannte Formen der Teilhabe und die Vergrößerung der Möglichkeiten für Soziale Arbeit, wenn es um die Erweiterung der Aneignungsmöglichkeiten älterer Menschen im Sinne von Böhnisch/Schröer (2013) geht.

Regionale Differenzierungen zeigen den Handlungsdruck an, der sich auf die konkreten Lebensumstände bezieht und Lösungen verlangt. Viele alternde Regionen zeigen ungünstige Rahmenbedingungen, wie eine insgesamt schrumpfende Bevölkerung, schlechte Beschäftigungslagen, geringe Bruttowertschöpfung, infrastrukturelle Defizite und selektive Abwanderung. Die Jüngeren gehen der Erwerbstätigkeit hinterher und die Älteren bleiben, so dass sich die Infrastruktur zunehmend verschlechtert und eine Viel- bzw. nicht selten eine Überzahl älterer Menschen auf sich selbst angewiesen bleibt. Als problematisch werden auch einige schnell alternde Gebiete eingeschätzt, die suburban und auf Erholung spezialisiert waren und keine entsprechende Infrastruktur vorhalten (vgl. Beetz/Müller et al. 2009, S. 178).

Räumliche Schwerpunkte für die Infrastruktur, denen eine Funktion als „Anker im Raum" zugeschrieben wird, werden von Kommunen zukünftig angeboten, da sie nicht mehr in der Lage sein werden, wichtige zentralörtliche Funktionen für das Umland anzubieten (vgl. Peter 2009, S. 37). Peter macht auf eine weitere Entwicklung aufmerksam, die zu erheblichen Einschnitten der Lebensqualität älterer Menschen in ihrem sozialen Lebensraum führt: Stadtquartiere auf Zeit. Darunter sind städtebauliche Strategien zu verstehen, die zum einen den Rückbau dauerhaft leerstehender Wohnungen zur Reduzierung von Angebotsüberhängen und zur Stabilisierung des Wohnungsmarktes betreffen und zum anderen die Aufwertung von Stadtquartieren durch Sanierung bzw. Instandsetzung des vorhandenen Gebäudebestandes, insbesondere Erhaltung von Gebäudeensembles mit baukultureller Bedeutung, verfolgen (vgl. ebd., S. 42). Die Folge sind Stadtquartiere auf Zeit, deren Entwicklungsziel die teilweise oder völlige Aufgabe ist. Mit einem prinzipiellen Konsens über die begrenzte Zukunft des Wohngebietes wird ein gemeinsam abgestimmter und geordneter Rückzug möglich. Läden, Kindergärten und Schulen werden schließen und neue Mietverträge nur noch befristet vergeben. Bewohner*innen werden auf ihren Auszug warten und das Erscheinungsbild dieser Stadtgebiete wird von besonders hohen Leerständen und Abrissen geprägt. Dieser Prozess wird mehrere Jahre in Anspruch nehmen und entsprechend langfristiger Unternehmenskonzepte der Wohnungsunternehmen kann sich der Rückzug aus einem Wohngebiet über 15 bis 20 Jahre ausdehnen. Peter zeichnet ein Szenario, in dem bis kurz vor dem Abriss vor allem ärmere Bevölkerungsgruppen verbleiben, die auf relativ günstige Mieten in den meist un- oder teilsanierten Gebäuden angewiesen sind. Vor allem Alleinerziehende, Arbeitslose und Kranke werden zusammen mit den verbliebenen älteren Bewohner*innen betroffen sein. Die älteren Bewohner*innen gehören überwiegend zur Erstbezugsgeneration, sind entsprechend in den Wohngebieten verankert und bilden den Großteil der Bewohner*innenschaft (vgl. ebd., S. 49 f.). Von den Bewohner*innen solcher Quartiere werden mit den baulich räumlichen und sozialen Veränderungen erhebliche Anpassungsleistungen gefordert.

> „Der schleichende Verlust der vertrauten Umgebung, der gewachsenen Nachbarschaft und der sozialen Netzwerke hat dabei auch umfassende soziale und psychische Implikationen. Der stetige und überall sichtbare Niedergang führt zu Verlusterfahrungen, emotionalen Belastungen und Resignation unter den Bewohnern. Der erzwungene Umzug stellt letztlich ein weiteres einschneidendes Ereignis dar" (ebd., S. 51).

Trotz schleichender Auflösungstendenzen werden diese Stadtteile besondere qualitative Maßstäbe erfüllen müssen, die sich an den Bedürfnissen der älteren Menschen und vor allem der Hochaltrigen zu orientieren haben. In vielen Gebäuden werden die Hochbetagten die letzten Mieter*innen vor dem Abriss sein (vgl. ebd., S. 214).

Die schrumpfungsimmanenten Veränderungen der baulich-räumlichen und sozialen Umwelt bergen erhebliche Risiken für die Lebensqualität Älterer, denn alle für ältere Menschen bedeutsamen Umweltattribute wie z. B. die Erreichbarkeit oder Zugänglichkeit infrastruktureller Angebote, Orientierungsmöglichkeiten im öffentlichen Raum, Vertrautheit und Sicherheit, Vorhandensein von Unterstützungsnetzwerken und Kontrollierbarkeit der eigenen Lebensumstände stehen in einem direkten und eigentlich konträren Verhältnis zur Stadtschrumpfung und zum Stadtumbau. Mehr als anderswo wird das Dilemma des kleiner werdenden Unterstützungsnetzwerks in den „Stadtquartieren auf Zeit" spürbar sein, denn nach dem Wegzug von Nachbar*innen, jüngeren Bewohner*innen und evtl. jüngerer Familienangehöriger verbleiben vor allem die älteren Menschen mit einer sinkenden Anzahl potenzieller Helfer*innen um sie herum (vgl. Peter 2009, S. 215). Diese Entwicklung sollte genau beobachtet und aus unterschiedlichen Perspektiven, wie z. B. Sozialer Arbeit, Stadt- und Regionalforschung, begleitet werden. Mit aufsuchenden und partizipativen Angeboten im sozialen Nahraum könnte das Gefühl des Aufgegeben-worden-Seins und die damit verbundene Einschränkung der Lebensqualität älterer Menschen ausgedrückt werden. Dazu gehört jedoch vor allem die Notwendigkeit, interdisziplinäres Reflektieren und Handeln stärker alterssensibel mit Blick auf die Dynamik der Veränderung von Sozialräumen auszuformulieren.

Tipp

Folgende Fragen stehen im Mittelpunkt der Auseinandersetzung mit Raum und Alternsprozessen. Versuchen Sie einmal, sich diese zu vergegenwärtigen und aus Ihrer subjektiven Sicht Antworten zu formulieren:

- Im Mittelpunkt steht die Frage: In welcher Weise beeinflussen Räume das Altern?
- Welche Bedingungen bieten schrumpfende und wachsende, ländliche und städtische, zentrennahe und periphere Gebiete für die Lebensqualität und die Chancen des Alterns (vgl. Beetz/Müller et al. 2009, S. 8)?
- Welche Veränderungsfähigkeit besitzen stark alternde Regionen oder Stadtteile, wie werden sich Nachbarschaften entwickeln, wenn sie gemeinsam altern, welche veränderten Angebotsstrukturen lassen sich finden und wie könnten wechselseitige Hilfe- und Unterstützungsleistungen organisiert werden?

> „Die regionale Differenzierung des Alterns muss sich zentral mit der Frage auseinandersetzen, ob Alterung – in individueller wie regionaler Hinsicht – per se ein Problem darstellt" (ebd., S. 9).

Selbstständiges und erfülltes Altern wird bestimmt von konkreten Bedingungen und damit verbundenen Möglichkeiten oder Begrenzungen und deshalb ist das konkrete Altern mittels regionaler und lokaler Umwelten gestaltbar (vgl. Beetz/Müller et al. 2009, S. 9). Dazu kommt die Berücksichtigung der geographischen Lage einer Region, Gemeinde oder eines Quartiers und ihrer Erreichbarkeit, denn die meisten höherwertigen Güter und Dienste können nur an zentralen oder spezifischen Orten vorgehalten werden, so dass der Zugang dorthin die räumliche Angebotsstruktur bestimmt. Inzwischen gilt jedoch bereits für viele alltägliche Angebote die Konzentration in größeren Gemeinden. Die Regional- und Stadtforschung unterscheidet grundsätzlich den nahräumlichen Zugang zu Infrastrukturangeboten von der überregionalen Erreichbarkeit eines Gebietes. Ein zentraler Indikator für den Anschluss an Infrastrukturangebote stellt die Erreichbarkeit von Mittel- und Oberzentren dar. Die Erreichbarkeit von Mittelzentren stellt sich jedoch als problematisch dar, denn die PKW-Fahrtzeit beträgt in vielen ländlichen Gebieten Nord- und Süddeutschlands über 30 Minuten, so dass bereits grundlegende, häufiger benötigte Angebote darunter fallen. Es gibt Gebiete, die mehr als 60 Minuten Fahrtzeit von einem Oberzentrum entfernt liegen. Die Erreichbarkeit ist in Deutschland relativ gut mit dem Wissen, dass oberzentrale Funktionen wie z. B. Theater, Fachkrankenhäuser oder Forschungseinrichtungen relativ selten aufgesucht werden (vgl. ebd., S. 67).

Zunehmend lassen sich Anforderungen an die Gestaltung einer alterssensiblen (age-friendly community) Stadt- und Regionalentwicklung formulieren. Alternssensible Stadt- und Regionalentwicklung sollte berücksichtigen, neben Möglichkeiten einer erreichbaren und nachfrageorientierten Infrastruktur, Angebote zum lebenslangen Lernen, sozialen und gesundheitlichen Unterstützungen zu schaffen. Dazu gehört die Unterstützung einer bestimmten Stadt-, Quartiers- und Nachbarschaftskultur, die durch Offenheit und Kommunikation geprägt ist. Eine solche Kultur setzt Wohnbedingungen voraus, die technisch und sozial den veränderten Anforderungen des Alterns genügen. Diese Maßstäbe stellen Handlungsfelder dar, mit denen sich Kommunen auseinanderzusetzen zu haben (vgl. ebd., S. 89). Für die Entwicklung alternssensibler Stadt- und Regionalentwicklung werden mehrere bedeutende Aspekte betont:

> „Den Ort, die Umwelt des alternden Menschen zu fokussieren, das Altern des Menschen als langfristigen Prozess zu betrachten, die spezifischen Bedürfnisse der alternden Menschen zu berücksichtigen, die Unterschiedlichkeit alternder Menschen zu beherzigen, die Pluralität und Lernfähigkeit älterer Menschen zu fördern, den Stadtraum anregend, offen und zugänglich zu gestalten, die Chancen und Risiken des Alterns gleichermaßen zu sehen, die Teilhabe des alternden Menschen zu gewährleisten, maßgeblich auch die früheren Lebensphasen zu sehen“ (ebd., S. 26).

Vor diesem Hintergrund stellt sich die Frage, welche Aufgaben daraus für alternde Regionen entstehen. Dazu ist es notwendig, die ökonomischen, infrastrukturellen, politischen und anderen soziodemographischen Veränderungen hinzuziehen. Beetz/Müller et al. stellen aus regionalforscherischer Perspektive fest, dass eine systematische Berücksichtigung der Bedeutung von Region oder Gemeinde für das individuelle Altern bisher in der Alternsforschung eher selten Berücksichtigung findet, während die Stadt- und Regionalforschung weitaus mehr auf den Bevölkerungsrückgang als auf das Altern in qualitativer Perspektive schaue. So konnte der regionale Alternsprozess bisher aus alternsforscherischer und regionalplanerischer Perspektive nicht annähernd in seiner Bedeutung für die Herstellung von Lebensqualität im Nahraum berücksichtigt werden. Doch viele Rahmensetzungen einer selbstständigen Lebensführung Älterer beruhen auf kommunalen Bedingungen, insbesondere der Daseinsvorsorge und Sozialpolitik, aber auch der Wirtschafts-, Beschäftigungs- und Wohnungspolitik. Wie Kommunen ihre Handlungsfelder gewichten, entscheidet über die selbstständige Lebensführung im Alter. Von Bedeutung wird zukünftig die schwerpunktmäßige Ausrichtung an der Idee eines „altengerechten Lebensraums" (Klie et al. 2002) und hierzu vorgenommener Planungen und Realisierungen von Ideen. Nach Klie et al. gehören zu einem altengerechten Lebensraum folgende Elemente, die zu gestalten sind:

- „Eine flexible und tragfähige Infrastruktur an Einrichtungen und Diensten für ältere Menschen,
- eine selbstbewusste aktive Bürgerschaft, die sich durch ihr vielfältiges Engagement auszeichnet,
- ein verbreitertes fachliches Wissen über Fragen des Alterns, der Pflege, der Vorsorge und der Gestaltungsmöglichkeiten des Lebens im Alter und
- schließlich eine Kommune, die ihre aktive und aktivierende Rolle annimmt" (Klie et al. 2002).

Zentrale Bereiche, die im Alter ein selbstbestimmtes, selbstständiges, unabhängiges Leben im Alter garantieren, sind die Planung und Gestaltung der Bereiche Wohnen, Hilfe- und Pflegebedürftigkeit, Mobilität, Infrastruktur, subjektive und objektive Eingebundenheit, soziales Netzwerk. Diese sind zentral für die Herstellung eines altengerechten Lebensraums und sollten in jeder Planung Priorität bekommen. Die seit den 1990er Jahren durchgeführten Altenhilfeplanungen in einzelnen Kommunen wurden in erster Linie nicht in den Städten und Dörfern durchgeführt, in denen ein hoher Altenanteil absehbar war, sondern je nachdem, welches Interesse oder welche Sensibilität für zukünftige Entwicklungen in der Region vorhanden war. Vor allem kleinere Gemeinden nutzen dieses Instrument ungenügend. Vielerorts wurden diese Altenhilfeplanungen zu wenig mit anderen Bereichen der Stadtplanung verknüpft (vgl. Beetz et al. 2008).

> „Als Konzept der altengerechten Kommune ist ein strategischer Ansatz oder ein Leitbild zu bezeichnen, die Wohnungsbestände, Infrastruktur, Wohnungsumfelder und kommunalen Dienstleistungen einer Kommune auf die Bedürfnisse älterer Menschen abzustimmen. Ziel ist es, dass kommunale Akteure gemeinsam Vorstellungen entwickeln, wie die Potenziale Älterer genutzt werden und diese Verantwortung für die Gestaltung und Ausstattung ihres Lebensumfeldes übernehmen können" (ebd., S. 22).

Relativ neu in der Diskussion um Stadt- und Regionalentwicklung ist die Frage, ob es ausdrücklich um die Gestaltung einer altengerechten Dorf/Stadt/Region gehen muss oder ob nicht vielmehr die Gestaltung eines menschengerechten Lebensraums in Frage steht, die alle im Nahraum lebenden Menschen ebenso miteinbezieht wie z. B. Kinder und Jugendliche, Menschen mit Behinderungen sowie Familien mit Kindern. Alternsprozesse stellen dabei folgende Anforderungen an die Stadt- und Regionalentwicklung:

> „Dazu zählen die Stadt der kurzen Wege (Multifunktionalität), ein dichtes Netz des öffentlichen Personennahverkehrs (Mobilität), Barrierefreiheit (Zugänglichkeit), multimodale Erreichbarkeit, einen wohnungsnahe soziale und kulturelle Infrastruktur sowie nachbarschaftliche Netze (Integration, Aktivitäten und Kontakte). Zu bedenken ist auch die Ausleuchtung von Wegen zur Vermeidung von Angsträumen, die Gewährleistung von Ruhe und Langsamkeit, die Schaffung von Rückzugsmöglichkeiten" (ebd.).

Diese Bedingungen beinhalten ebenfalls für Kinder und Jugendliche oder Frauen bzw. Männern mit kleinen Kindern sowie Menschen mit Beeinträchtigungen Vorteile in ihrem Nahraum. Alterssensible Stadt- und Regionalentwicklung sollte sich demnach an der sozial gemischten Stadt orientieren und das bedeutet, nicht ausschließlich auf Gemeinden und Quartiere für ältere Menschen zu setzen, sondern für das Altern zu sensibilisieren und die Situation älterer Menschen in der Stadt, im Dorf bzw. in der Region bei Planungen selbstverständlich im Blick zu haben.

Mit dem demographischen Wandel entstehen Chancen und Möglichkeiten zur Stadt- und Regionalplanung entlang der Herstellung von Lebensqualität für unterschiedliche Lebensalter, die die überwiegende Zeit in ihrem unmittelbaren Nahraum verbringen. Stadt- und Regionalentwicklung meint vor allem Planungen in Richtung einer lebendigen und offenen Kommune, die sich an alle Altersgruppen richtet (vgl. ebd.). Diese offene und lebendige Kommune lässt sich jedoch nur gestalten, wenn alle aufgefordert werden, sich zu beteiligen, entsprechend unterstützt und langfristige Förderung erfahren. Die Ausrichtung der Planungen an den Bedürfnissen und Bedarfen älterer Menschen ist dabei von besonderer Bedeutung, da die Orientierung an den Potenzialen und Anforderungen der Alten deren Selbstständigkeit, Selbstbestimmung und Unabhängigkeit fördert und gleichzeitig wechselseitige Hilfepotenziale freisetzt. Von Bedeutung wird der Transfer von Erkenntnissen der Alternsforschung in die Stadt- und Regionalplanung und ressortübergreifende Planungen in den Kommunen, die die Bedürfnisse der unterschiedlichen Lebensalter angemessen berücksichtigen. Vor dem Hintergrund der Argumentation der „leeren Kassen" werden schnell geringere Handlungsspielräume herbeigeredet, während die weniger aufwendigen, weicheren und doch wirksamen Mittel geringgeschätzt werden. Dazu zählen z. B. auf jeden Fall Synergien zwischen den Planungen der Alten-, Jugend- und Sozialhilfe. „Mit dem demographischen Wandel verändern sich nicht nur die technischen Parameter, sondern insgesamt die Bewohner- oder Nachbarschaften, die öffentlichen Räume und Stadtquartiere in ihrer Alters- und Sozialstruktur" (ebd., S. 22). Potenziale der (zukünftigen) Alten sollten deshalb gesucht, frühzeitig gefördert und erschlossen werden, vor allem auch, weil die älteren Menschen ihren Lebensraum mitgestalten können und mit allen im sozialen Nahraum lebenden Menschen die Frage nach der Lebensqualität in ihrem Lebensort stellen, gemeinsam gestalten und leben sollen. Alle Generationen in einem Ort verfügen über ein enormes Potenzial an Wissen und Kompetenzen, die zu einer lebenswerten Stadt oder einem lebenswerten Dorf führen, in der gesellschaftliche Teilhabe für alle selbstverständlich ist, trotz geringer werdender Anteile auf der jüngeren Seite und zunehmender Anteile auf Seite der Älteren. Dabei gilt, dass der ländliche Raum von jeher als (besonders) lebenswert betrachtet wird.

5.2.1 Erwartungen an den ländlichen Raum als besonderes Sozialgeschehen – Auswirkungen auf Alternsprozesse

Die demographische Alterung trifft ländliche Räume in besonderem Maße. Sie geht in die Fläche, während die Städte vergleichsweise stabile Altersstrukturen aufweisen. Sie bewirkt damit nicht nur Verschiebungen hinsichtlich der Nachfrage nach Infrastruktur und Dienstleistungen für ältere Menschen, sondern trifft in den Regionen „vor Ort" auf unterschiedliche Voraussetzungen und möglicherweise auch auf ein unterschiedliches Problembewusstsein. Vor allem die Vielfalt und die schwierige Abgrenzbarkeit ländlicher Räume erschweren jedoch pauschale Aussagen (Schlömer 2015, S. 39).

Seit Jahrzehnten stehen hohes Alter und Altern im ländlichen Raum wiederkehrend im Fokus wissenschaftlicher, wirtschaftlicher und politischer Diskussionen. Wiederkehrend wurden (und werden auch häufig noch) Alternsprozesse auf dem Land hervorgehoben in romantisierender Verklärung idyllischen Eingebunden Seins in die Großfamilie, die ihre alten Menschen liebevoll hegt und pflegt im Vergleich zu dem vereinsamenden alten Menschen in der Stadt, der seine Tage allein verbringt, entweder vor dem Fernsehgerät oder aus dem Fenster guckend. Der ländliche Raum mit seinen Dörfern galt lange als Ort der Geborgenheit und menschlichen Nähe, „Gemeinschaft, Einfachheit, Bescheidenheit und Natürlichkeit, kurz als ‚Quell des Wahren, Guten und Schönen' (Gängler 1990, S. 164)" (Schweppe 2000, S. 60). Zwar ist Hilfe in der traditionellen Dorfwelt selbstverständlich, doch es gibt auch einen hohen Normalitätsdruck im ländlichen Alltag. „Soziale Probleme, die den ländlichen Alltag und die ländliche Normalität gefährden würden, werden auch heute noch als individuell verschuldet angesehen; sie werden privatisiert […]" (ebd., S. 65). Hilfe ist in der Dorfwelt zwar selbstverständlich, jedoch nur im Rahmen des sozial-ökonomischen Systems der dörflichen Gegenseitigkeit, z. B. bei Nachbarschaftshilfen, beim Hausbau oder dem Einspringen in Notfällen (vgl. Gängler 1990 nach: Schweppe 2000, S. 65). Es gibt eine traditionelle Balance zwischen halböffentlicher Gegenseitigkeit und privater Verschwiegenheit, und so kann der Bedarf an Hilfe in nicht durchschaubare Abhängigkeiten münden und als nicht mehr funktionierend gedeutet werden. In der ländlichen Welt unausgesprochener Gegenseitigkeit gibt es kaum Schlimmeres, als diese Not zugeben zu müssen (vgl. ebd.).

Altern auf dem Land ist nicht mehr mit bestimmten Sinnstrukturen und Aufgaben, Lebensentwürfen oder Tätigkeiten, Beziehungsstrukturen, Handlungsfeldern oder Beschäftigungen verbunden. Die Familien- und Haushaltsformen variieren zwischen ledig, verheiratet und verwitwet, Haushalten, in denen zwei oder mehrere Personen leben sowie Mehrgenerationenhaushalte mit getrenntem oder gemeinsamem Haushalt. Aufgaben und Tätigkeiten differieren zwischen Tätigkeiten in der Landwirtschaft, Haus- und Familienarbeit, Vereinsarbeit, entweder frauen- oder männerspezifisch, sowie gemischt oder religiös geprägtem Engagement. Die Eingebundenheit und die Vielfalt der sozialen Kontakte älterer Menschen sind ebenfalls sehr vielfältig und hängen von dem eigenen Engagement in den am Orte vorfindbaren Vereinen und Verbänden ab sowie dem subjektiven Empfinden der einzelnen alten Frauen und Männer. Von großer Bedeutung für die älteren Menschen sind ihre Einkommensverhältnisse, die mit darüber entscheiden, wie eingebunden jede(r) Einzelne z. B. in die Vereinsarbeit sein kann und vor allem, ob bei zunehmenden Alter die Mobilität weiter aufrechterhalten werden kann, entweder über ein eigenes Auto, öffentlichen Nahverkehr, Fahrdienste, öffentlich oder privat organisiert, oder ambulante Dienste. Für das Altern auf dem Land gilt: „Das Leben im Alter auf dem Land ergibt sich nicht mehr, sondern muss hergestellt, ausgehandelt und absichert werden" (Schweppe 2000, S. 350). Es gibt für ältere Menschen wenig Muster oder Vorgaben für die Bewältigung und Gestaltung ihres Lebens. Die Lebensgestaltung wird zur selbst zu gestaltenden und zu verantwortenden Lebensphase. Lebenssituationen älterer Menschen auf dem Land sind überwiegend eng verbunden mit der Entwicklungsgeschichte des Dorfes selber, Lebensgeschichten älterer Menschen auf dem Dorf sind in enger Anlehnung an die dörfliche Sozialwelt und ihre Entwicklungsgeschichte entstanden. Altwerden und Altsein auf dem Land kann nur unter Rückbezug auf die sozialräumliche Nahwelt des Dorfes gestaltet und verändert werden. Mit abnehmender Mobilität engt sich das Leben eines alten Menschen nahezu vollständig auf sein Dorf ein. Soziale Beziehungen, Handlungsfelder und Beschäftigungen finden nur noch im Rahmen des Dorfes statt. Ältere, eher immobile, Menschen müssen Ressourcen in den Dörfern für eine selbstständige und unabhängige Lebensgestaltung vorfinden. Dafür ist es notwendig, darüber nachzudenken, wie evtl.

Isolation, Einsamkeit, Langeweile sowie Unterversorgungen im infrastrukturellen Bereich (z. B. medizinisch, pflegerisch, sozial, Versorgung mit Lebensmitteln, Medikamenten etc.) vorgebeugt werden könnte.

Gegenwärtig wird Alter und Altern in ländlichen Raumen häufig mit negativen Aspekten und Entwicklungen in Verbindung gebracht. „Dabei sind die komplexen Wirkungszusammenhänge der demographischen Veränderungen in ihren Auswirkungen auf die Lebensverhältnisse in ländlichen Räumen noch an vielen Stellen unklar, Chancen und Potentiale noch kaum ausgelotet" (Fachinger/Künemund 2015, S. 8). Es geht um Überlegungen, das Land als Lebens- und Sozialraum für ältere Menschen lebensaltertypisch zu gestalten. Es stellt sich die Frage danach, wie sich der ländliche Raum verändern müsste, um für ältere Menschen anregend und gleichzeitig sicher in sozialer, pflegerischer und mobiler Hinsicht zu sein. „Die Frage der Lebensgestaltung im Alter wird zur biographischen Leistung der Subjekte, die mit dieser Aufgabe relativ allein gelassen werden [...]" (Schweppe 2000, S. 363). Bisher sind kaum altenspezifische Angebote oder regionalbezogene und -spezifische Altenkulturen im ländlichen Raum entstanden (für die Jugend: Böhnisch/Funk 1989 nach: Schweppe 2000), die Möglichkeiten des Eingebundenseins, der Freizeitgestaltung und der Kontakte bieten könnten, also Möglichkeiten einer „Lebensgestaltung im Alter" auf dem Land. Bisher gibt es kaum Leitbilder und dies bedeutet, dass die Lebensführung im Alter ohne Rückgriff auf Leitbilder oder kollektive Vorgaben oder intermediäre Instanzen neu verhandelt, abgesichert, gestaltet werden muss und vor allem dadurch viel zu sehr zur eigenen Leistung der alten Menschen selber wird (vgl. Schweppe 2000).

Die Gleichzeitigkeit des Strukturwandels ländlicher Räume und des demographischen Wandels mit den damit verbundenen regionalen Wanderungen der Bevölkerung sowie den wirtschaftlichen Schrumpfungs- und Konzentrationsprozessen führen zu erheblichen Konsequenzen für die Versorgung älterer Menschen. Darüber hinaus sind grundsätzlich die Lebenslagen aller Generationen in den jeweiligen Regionen betroffen. Dabei werden die sich neu ergebenden Chancen und Potenziale bei den häufig beschworenen Krisenszenarien übersehen. Steigende Anteile älterer Menschen verfügen über eine zunehmend bessere Gesundheit, durchschnittlich höhere Bildung und sind vergleichsweise materiell weitgehend abgesicherter.

> „In welchem Ausmaß dies in welcher Region mit welchen Entwicklungen zusammentrifft, bleibt freilich fallweise zu entscheiden: Streng genommen müssten regional spezifische Bedarfe sowie potentielle und faktische Unterstützungsnetzwerke und -strukturen erhoben und abgeglichen werden, so dass – im Fall einer Diskrepanz – spezielle Ansatzpunkte für Interventionen zur Stärkung existierender Potentiale und Strukturen wie auch zur Kompensation für wegbrechende Ressourcen abgeleitet werden können" (Fachinger/Künemund 2015, S. 10).

Bedeutsam wird bei regionalspezifischen Erhebungen und weiteren Planungen die aktive Einbeziehung der älteren Menschen selber, um ihre Perspektiven, Möglichkeiten und Begrenzungen für die Schaffung ländlicher altengerechter Lebensräume mitbedenken und einplanen zu können. Eine solche Nachfrage und entsprechend folgende aktive Beteiligung an Veränderungen ist von hoher Bedeutung, da den Älteren nicht einfach etwas vorgesetzt werden soll, sondern mit ihnen und ihren Ideen und Vorstellungen, die sie von ihrem eigenen Lebensumfeld haben, ihr eigener Lebensraum geplant und gestaltet werden soll. Die in einem Sozialraum lebenden Menschen wissen selber um ein für sie gutes und hilfreiches Umfeld. Dieses Wissen gilt es zu bündeln und für die Gestaltung nutzbar zu machen. Weiterhin gilt es, deutlich umfassendere Wissenszusammenhänge herzustellen, um noch differenziertere Aussagen zu den Bedingungen des objektiven Alternsprozesses in jedem Dorf zu gewinnen. Sozialberichte sind dabei Voraussetzungen, die zentrale Aspekte erarbeiten, die zukünftig zu planen und zu gestalten sind. Darüber hinaus könnte ein komplexer Gesamtwissenszusammenhang notwendig werden, um zu differenzierteren Aussagen zu kommen. Zunehmend wird dabei auch der Zugang und das Angebot im Bereich „Lebenslanges Lernen, Bildung und Kultur“ für Ältere auf dem Land und in der eigenen Häuslichkeit zum Thema werden müssen, denn neben den existenziell bedeutsamen Aspekten, wie z.B. Wohnen, Gesundheit, Infrastruktur werden die Älteren einfordern, sich bis in das hohe Alter mit Welt und Gesellschaft selbstständig und selbstbestimmt auseinandersetzen zu können. Das Beispiel „Kultur im Koffer“ ist ein aufsuchendes Angebote, das innerhalb von Dörfern von allen Generationen mit alten, vielleicht auch hochaltrigen oder immobilen älteren hilfe- und pflegebedürftigen Menschen durchgeführt werden kann und Teilhabe ermöglicht. Kontakte und Austausch zu anderen Menschen, vielleicht auch anderer Generationen werden möglich. Das Angebot findet im Überschneidungsbereich zwischen Sozial- und Kulturarbeit statt.

Beispiel

Kultur im Koffer

„Kultur im Koffer“ ist ein Programm, das Menschen in der eigenen Häuslichkeit ermöglicht, sich mit kulturellen Themen auseinanderzusetzen. Kultur wird im erweiterten Sinn verstanden, denn Kofferthemen können aus dem Bereich der Alltagskultur (Spieldosenkoffer, Sprichwörter und Redensarten, Ansichtskarten im Wandel der Zeit etc.) und aus dem Bereich der sogenannten Hochkultur kommen: Museumsbesuch im Sessel, Theater, Kunstausstellung im Koffer etc. Die Themen der Koffer ergeben sich aus den Wünschen und Bedürfnissen der Teilnehmer*innen und können auch bzw. vor allem Themen beinhalten, die sich vor allem mit biographischen Aspekten befassen (z.B. Kindererziehung, Kochen, Kulturgeschichte des Waschens oder, oder). Beuys bereits stellte die Bedeutung von Gegenständen als „Träger persönlicher Erinnerung“ hervor. Bei der Zusammenstellung der Kofferinhalte wurden daher Gegenstände, Materialien oder Medien ausgewählt, die Erinnerungen bei vielen Menschen auslösen können. „Am besten gelingt dies, wenn darüber hinaus möglichst alle Sinne angesprochen und an die Kompetenzen der Besuchten angeknüpft werden kann“ (Frank 2007, S. 144).

In diesem Sinne spricht viel dafür, einen Koffer zu packen, der nicht nur Einrichtungen und Privathaushalten nützt, sondern in bestimmten Räumen mit wenig Infrastruktur und wenig Angeboten zur Kultur und Geselligkeit, ein fahrendes Angebot von Dorf zu Dorf zu installieren. „Kultur auf Rädern“ ist als fahrendes Kulturangebot für ländliche, dünn besiedelte und in der Mobilität für Ältere problematische Räume ebenso zu denken wie auch für dicht besiedelte, in denen eher die immobilen Älteren in der eigenen Häuslichkeit und in stationären Einrichtungen angesprochen sind. Probleme bei der bisherigen Realisierung stellten die Fremdheit in der eigenen Häuslichkeit dar. Die Älteren waren misstrauisch und wollten ihnen fremde, unbekannte Menschen nicht in die eigene Häuslichkeit lassen. Darüber hinaus sahen die Älteren oft die Notwendigkeit des kulturellen Angebots nicht. Im Vergleich dazu hinterfragen sie bei mobilen Essenversorgungen weniger, wie z. B. „Essen auf Rädern“, während ein mobiles kulturelles Angebot eher verunsichert, da ihr Leben nicht offensichtlich existenziell davon abhängt (vgl. Frank 2007).

Mit dem Beispiel zu fahrenden, aufsuchenden, mobilen Angeboten zeigt sich die übergreifende Eigenschaft ländlicher Räume.

> „Fragen der Infrastruktur, wie beispielsweise die Mobilität im Verkehrssystem und die Erreichbarkeit von (sozialen) Einrichtungen sind hier überproportional wichtig. Somit stellt die demographische Alterung im ländlichen Raum eine umfassende Herausforderung dar, deren Ausmaß sich nicht nur in den demographischen Kennziffern abbildet, sondern sich erst im Zusammenwirken mit einer Vielzahl von politisch relevanten Themen und Lebensbereichen erschließt“ (Schlömer 2015, S. 40).

Gleichzeitig nimmt der allgemeine Aktionsradius mit zunehmendem Alter ab und damit einher geht eine Verkleinerung des sozialen Netzwerkes und notwendigem sozialen Austausch mit Familie, Freund*innen und Nachbar*innen. Vor allem die Hochbetagten und ihre hohen Zunahmen werden Auswirkungen auf die Nachfrage nach aufsuchenden Leistungen haben. „Im hohen Alter wird es für viele Menschen zunehmend schwieriger, eine eigenständige Lebens- und Haushaltsführung aufrecht zu erhalten. Für die Alltagsbewältigung sind sie häufig auf Hilfe angewiesen“ (ebd., S. 37).

Modellvorhaben in einigen konkreten Regionen verfolgen eine sogenannte Regionalstrategie Daseinsvorsorge. Angepasst an die konkreten Bedingungen vor Ort, erfolgt eine Gegenüberstellung der erwarteten demographischen Entwicklung mit den aktuellen Standorten der Infrastruktur und mit deren Erreichbarkeit im Individualverkehr und im ÖPNV. Mit diesem Wissen können Kosten-Nutzen-Prüfungen alternativer Versorgungsszenarien durchgeführt und Anpassungsalternativen identifiziert werden. Diese bestehen aus einem gewünschten Infrastruktur-Versorgungsniveau bei gleichzeitig möglichst niedrigen Kosten und akzeptablen Erreichbarkeitsbedingungen. Zusätzlich sind auch Handlungsansätze und -möglichkeiten zur Unterstützung bürgerschaftlichen Engagements geplant, die einen eigenen Beitrag zur Sicherung der Daseinsvorsorge leisten können. Nahezu alle beteiligten Modellregionen weisen Handlungsschwerpunkte im Bereich „Senioren, Gesundheit oder Pflege" auf (vgl. ebd., S. 41). Wohnstandorte im ländlichen Bereich bieten zunehmend weniger, und regional sehr unterschiedlich verteilt, Infrastrukturen bzw. Versorgungsmöglichkeiten an, die für alle Bewohner*innen in jedem Lebensalter und mit eventuellen körperlichen Einschränkungen barrierefrei leicht zu Fuß (auch mit Rollatoren), mit dem Rad oder dem öffentlichen Nahverkehr zu erreichen sind, ohne ein Auto inklusive Führerschein besitzen zu müssen. Die Frage der Mobilität hat vor allem für Alternsprozesse in ländlichen Regionen hohe Priorität.

5.2.2 Mobil sein und mobil bleiben für eine selbstbestimmte Lebensführung im Alternsprozess

Mobilität bedeutet, in der Lage zu sein, sich von einem bestimmten Ort zum anderen in einem bestimmten zeitlichen Rahmen zu bewegen. Die Entfernungen, die dabei überwunden werden, reichen von wenigen Metern, bis hin zu vielen Kilometern oder sind so groß, dass sie nur mit einem Flugzeug zu überwinden sind. „Wie die Strecken zurückgelegt werden, hängt außer von den geographischen und siedlungsstrukturellen Verhältnissen einer Region, von klimatischen Bedingungen und kulturellen Traditionen, vom Vorhandensein infrastruktureller Einrichtungen und von den jeweils verfügbaren Verkehrsmitteln ab" (Mollenkopf 2006). Die Abhängigkeit von Verkehrsmitteln kann mit gesundheitlichen Beeinträchtigungen im Alter zunehmen, wie z. B. bei nachlassender Bewegungsfähigkeit oder einem geringerem Hör- und Sehvermögen, da die eigene körperliche Mobilität und die Möglichkeit, selbstständig mittels Fahrrad oder Auto mobil zu sein, abnehmen. Mit der Abhängigkeit von der Mobilität anderer ist jedoch, insbesondere in ländlichen Regionen, die selbstständige Versorgung gefährdet, da die örtliche Nahversorgung und öffentliche Einrichtungen zentralisiert sind (vgl. ebd.).

Mobilität gilt als zentrale Voraussetzung für soziale Teilhabe. Der Raum wird beeinflusst, indem Menschen aktiv sind und aktiv sein können durch Mobilität. In der Lebensphase Alter bildet sie einen bedeutenden Teilaspekt von Selbstbestimmung und Autonomie. Selbstbestimmtheit durch Mobilität gehört zu den zentralen Kriterien zur Aufrechterhaltung der Lebensqualität. Diese Erkenntnis hat für jeden Lebensabschnitt Gültigkeit, doch im fortgeschrittenen Alter sind sowohl die Mobilität wie auch die Selbstbestimmung durch nachlassende Mobilität gefährdeter. Tatsächlich abnehmende körperliche und gesundheitliche Ressourcen einerseits und defizitäre Altersbilder andererseits begünstigen diesen Sachverhalt.

> „Ältere Menschen gelten in der verkehrstechnischen Partnerkunde einerseits zusammen mit Kindern und behinderten Menschen als besonders gefährdete Personen, da ihnen unterstellt wird, schlechter zu sehen, zu hören, weniger beweglich – kurz: weniger zurechnungsfähig – zu sein. Andererseits – wiewohl aus denselben Gründen – dreht sich die öffentliche Diskussion auch immer wieder darum, dass Älteren als gefährlichen Verkehrsteilnehmenden der Führerschein lieber entzogen werden sollte“ (Baumgartner et al. 2013, S. 79).

Wissensbaustein

Veränderungen psychophysischer Kompetenzen

Veränderungen verkehrsrelevanter psychophysischer Kompetenzen im höheren Lebensalter beeinflussen die Mobilitätsbedürfnisse und -wünsche älterer Menschen. Mögliche physische und psychische Kompetenzeinbußen können mit dem Alterungsprozess einhergehen, von denen einige als sehr ungünstig für die Teilnahme am Straßenverkehr eingeschätzt werden. Dazu gehören

- „Einschränkungen der psychomotorischen Leistungsfähigkeit und der Beweglichkeit,
- Abnahme der visuellen Wahrnehmungsfähigkeit durch Nachlassen des Sehvermögens (bei Dämmerung und Dunkelheit, Fern-, Nah- und Tagessehschärfe, dynamische Sehschärfe, Akkomodationsfähigkeit (nah/fern), Adaptationsfähigkeit (hell/dunkel, nach Blendung), peripheres Sehen, Farbwahrnehmung, Tiefenwahrnehmung, Augenerkrankungen – als schleichender Prozess, oft unzureichend bewusst),
- Abnahme der akustischen Wahrnehmungsfähigkeit durch Nachlassen des Hörvermögens,
- Veränderung der Aufmerksamkeitsleistung (Verringerung der Fähigkeit zugeteilter und selektiver Aufmerksamkeit und zur Ausblendung irrelevanter Informationen, erhöhte Ablenkbarkeit),
- nachlassendes Leistungstempo bei der Informationsverarbeitung, der Entscheidung und bei der Ausführung einer geplanten Handlung,
- häufigere Überforderung bei neuen, hohen und komplexen Leistungsanforderungen,
- verringerte Belastungsfähigkeit,

- schnellere Ermüdbarkeit,
- verlängerte Reaktionszeit" (Limbourg 2015, S. 82).

Darüber hinaus verlieren ältere Menschen zudem in komplexen Verkehrssituationen leicht den Überblick (vgl. ebd.).

Der soziale Nahraum und das Netzwerk entscheiden für älter werdende Menschen über die Qualität ihrer täglichen Teilhabe an Gesellschaft. Selbstbestimmung, Selbstständigkeit und Unabhängigkeit gelten als Kriterien, denen ältere Menschen bei ihren Entscheidungen folgen, auch mit zunehmenden gesundheitlichen Beeinträchtigungen am alltäglichen Leben in ihrem sozialen Nahraum aktiv mitzumachen. Typische, für ältere Menschen relevante netzwerkbasierte Aktionsräume, sind nicht institutionell vorgegeben. Sie benötigen zur Erschließung und Aufrechterhaltung eigener Aktivitäten Zeit und Geld. Marbach meint mit Aktionsraum über zwischenmenschliche Beziehungsgeflechte hinaus auch Raum im Sinne eines geographischen Nebeneinanders. Mögliche Beziehungspartner*innen sind im Raum verteilt und dessen baulich-physikalische und symbolische Merkmale wirken in vielfältiger Form auf den zwischenmenschlichen Umgang und das Selbstgefühl der Akteure zurück. Somit sind sie entsprechend zu berücksichtigen (vgl. Marbach 2005, S. 517).

Aufgrund der Unterschiedlichkeit räumlicher Bedingungen bezüglich der Infrastrukturausstattung sowie dem Erfordernis älterer Menschen, ihre Beziehungen auch von sich aus aktiv zu gestalten, wird die Notwendigkeit zur Mobilität deutlich.

„Die Aufrechterhaltung der alltäglichen Mobilität Älterer ist wohl die zentrale Herausforderung für eine alternssensible Stadt- und Regionalentwicklung. Mobilität ist in aller Regel nicht Selbstzweck, sondern Voraussetzung um bestimmte Aktivitäten durchführen zu können. Mobilität bildet also eine wichtige Basis für Aktivitäten und Chancen im Alter. Gerade weil immer mehr Infrastruktureinrichtungen konzentriert werden und nur durch Mobilitätsleistungen erreichbar sind, nimmt die Bedeutung des Themas noch zu" (Beetz/Müller et al. 2009, S. 104).

Etwa 40 % über 75-Jähriger geben an, sich in ihrer Mobilität stark eingeschränkt zu fühlen. 49 % der Befragten dieser Altersgruppe äußerten in einer weiteren Studie unerfüllte Aktivitätswünsche. Bei solchen Defiziten handelt es sich überwiegend um ein Zusammenspiel von Verkehrsstrukturen, sozialer Einbindung, gesundheitlicher Verfassung und öffentlichem Nahverkehr.

Zur Infrastruktur der Mobilität werden der öffentliche Nahverkehr, der motorisierte Individualverkehr sowie der schienengebundene Verkehr mit unterschiedlichen Trägerschaften und Zuständigkeiten zugeordnet. In der altersspezifischen Verkehrsmittelwahl zeigt sich in der jüngeren Vergangenheit eine

Zunahme des Autoverkehrs vor allem bei jüngeren Alten. Über 64-Jährige nutzen zu etwa zwei Drittel überwiegend den sogenannten Umweltverbund aus Füßen und Öffentlichem Nahverkehr. „Die Trends lassen allerdings einen Anstieg der Verfügbarkeit und Nutzung des Autos durch Ältere, einen deutlichen Rückgang des ÖPNV sowie einen leichten Rückgang des Radverkehrs und des Fußverkehrs erwarten" (ebd., S. 105). Angemessene Mobilitätschancen lassen sich durch fünf Kriterien umschreiben, die die Nutzung oder Meidung eines Mobilitätsträgers begründen: Verfügbarkeit, räumliche Zugänglichkeit und Erreichbarkeit, Leistbarkeit in Bezug auf die Kosten, aber auch bei Mobilitätsbehinderung, Erfüllung eines Mindeststandards an Komfort und Bequemlichkeit.

Wissensbaustein

Mobilität

Mobilität wird gemessen, indem die zurückgelegten Wege ermittelt werden. Menschen verändern ihr Mobilitätsverhalten im Verlauf des Lebens. Die Verkehrsleistung (täglich zurückgelegte Kilometerzahl) steigt in Deutschland mit dem Wechsel zu den weiterführenden Schulen von durchschnittlich 24 km bei jüngeren Kindern auf 30 km. Die durchschnittliche Wegstrecke vom 18. bis zum 50. Lebensjahr beträgt 53 km pro Tag. Dieser Wert ist der höchste, denn ab dem 50. Lebensjahr vermindern sich die Tagesdistanzen bis auf durchschnittlich 16 km am Tag bei über 74-jährigen Menschen. Beachtenswert sind die deutlich voneinander unterscheidbaren geschlechtsspezifischen Unterschiede (vgl. Follmer et al. 2010, S. 75ff. nach: Limbourg 2015, S. 78). Tabelle 5.2 zeigt die Mobilität nach Altersgruppen ab 40 Jahre bis 75 Jahre und älter, unterschieden nach Zeit, Kilometern und Geschlecht.

Tab. 5.2: Mobilität nach Altersgruppen im Jahr 2008

Alter	Unterwegs in Minuten		Tagesstrecke in Kilometer	
	männlich	*Weiblich*	*Männlich*	*weiblich*
40–49	88	82	62	40
50–59	85	78	57	32
60–64	85	80	37	33
65–74	87	75	33	23
≤75	69	50	20	12

Quelle: Follmer et al. 2010, S. 80 nach: Limbourg 2015, S. 78

Die langsameren Verkehrsarten erhalten bei der Betrachtung der Verkehrsbeteiligung entlang der Dauer des Aufenthaltes im Verkehr (Unterwegszeit) höheres Gewicht. „So legt ein Fußgänger auf seinen Wegen zwar wenige Kilometer zurück, verbringt dabei aber eine längere Zeit im Straßenverkehr (ca. 15 Minuten pro km) als z. B. ein Autofahrer für die gleiche Distanz“ (Limbourg 2015, S. 78). Die Nutzung der unterschiedlichen Mobilitätsmöglichkeiten wechselt ebenfalls im Lebenslauf. In Tabelle 5.3 ist das Verkehrsaufkommen entlang der Wege in Prozent aufgeführt. Der Anteil des Zu-Fuß-Gehens und die Prozentzahl des öffentlichen Nahverkehrs steigen mit zunehmendem Alter an, während die Prozentzahl der Radwege ab einem Lebensalter von 60 Jahren leicht ansteigt und ab 75 Jahren wieder abnimmt. Die Prozentzahl des PKW nimmt stetig ab und halbiert sich von dem 40. Lebensjahr an.

Tab. 5.3: Modal Split (Verkehrsaufkommen in Prozent der Wege) nach Altersgruppen in Prozent, 2008

Alter	Fußgänger*in	Radfahrer*in	Pkw-Fahrer*in	Pkw-Mitfahrer*in	Öffentlicher Verkehr
40–49	18	9	59	8	5
50–59	20	9	55	10	6
60–64	26	11	47	11	5
65–74	32	10	39	12	6
≤75	38	7	31	12	11

Quelle: Follmer et al. 2010, S. 77 nach: Limbourg 2015, S. 79

Im höheren Lebensalter verringert sich der Anteil mobiler Personen von 83 % bei den 60- bis 64-jährigen und von 81 % bei den 65- bis 74-jährigen auf 58 % bei den über 74-jährigen Älteren. Die durchschnittliche Anzahl der Wege sinkt ebenfalls ab und wird geringer (60–64 Jahre: 3,5 Wege; 65–74 Jahre: 3,2 Wege; über 74 Jahre: 2,3 Wege; vgl. Limbourg 2015, S. 79).

Durch den Eintritt in das Rentenalter wird das Mobilitätsverhalten beeinflusst. Die wegfallenden Arbeitswege reduzieren die jährliche Wegezahl auf ca. 950 Wege. Berufstätige Personen legen ca. 1 500 Wege pro Jahr zurück. Rentner*innen-Wege bestehen überwiegend aus Freizeitwegen (350) und Einkaufswegen (ca. 300). „Weitere ca. 200 Wege werden für private Erledigungen aller Art zurückgelegt (Follmer et al. 2010, S. 75). Auch die Verkehrsleistung ist bei Rentnern geringer als bei den meisten anderen Bevölkerungsgruppen. Während berufstätige Bevölkerungsgruppen zwischen 34 und 65 km pro Tag zurücklegen, sind es bei Rentnern nur 24 km pro Tag (Follmer et al. 2010, S. 82)“ (Limbourg 2015, S. 79). Mit zunehmendem Alter nimmt die Mobilität stetig ab. In fast allen außerhäusigen Tätigkeitsfeldern zeigt sich ein deutlicher Rückgang.

„Ein Viertel der 70–85Jährigen ist denn auch die ganze Woche über – mit Ausnahme kürzerer Einkäufe oder Spaziergänge – den ganzen Tag zu Hause. Für die gesamte Alltagsmobilität ist charakteristisch, dass nur etwa 60% der Rentner täglich außerhalb des Haushalts aktiv sind. Dies ist ein Effekt des Alters und der mit dem Alter einhergehenden Verschlechterung des Gesundheitszustandes (Gehbehinderungen, Schmerzen, Sehbeeinträchtigungen, Gleichgewichtsstörungen)“ (Beetz/Müller et al. 2009, S. 104).

11% der über 60-jährigen älteren Menschen nutzen beim Zu-Fuß-Gehen eine Gehhilfe, z.B. einen Gehstock, Rollator oder Regenschirm. Von Frauen werden diese häufiger genutzt als von Männern (vgl. Limbourg/Matern 2009, S. 125ff.). Der Anteil vergrößert sich und bei den über 85-Jährigen liegt der Anteil bei 50%. Mit dem Erfordernis einer Gehhilfe reduziert sich bei jedem zweiten älteren Menschen das Zufußgehen insgesamt. Gehhilfen kompensieren z.T. altersbedingte und gesundheitliche Beeinträchtigungen, dennoch werden die betroffenen älteren Menschen im besonderen Maße den Gefahren des Straßenverkehrs ausgesetzt (vgl. Limbourg 2015, S. 79).

Die Wege der älteren Frauen unterscheiden sich von denen der Männer ganz erheblich. Frauen legen eher kürzere Wege zurück, die Mobilitätsmuster gestalten sich komplexer als bei Männern. Frauen nehmen überwiegend die Besorgungsaufgaben wahr, vor allem in den Aktivitätskontexten Lebensgrundlage und Netzwerke. Die in Wegen gemessene Mobilität älterer Frauen beträgt pro Tag 5,1 Wege pro Tag, im Vergleich zu 7,3 bei Hausfrauen und ebenfalls 5,1 bei Berufstätigen (vgl. Reiterer/Amann 2006, S. 26). Frauen sind häufiger nicht-motorisiert unterwegs als Männer und sie setzen verstärkt auf einen Mix an Verkehrsmitteln, was mit ihren Wegzwecken zusammenhängt. Ihre Wege sind kürzer, vielgestaltiger und vor allem eher in der Nähe des Wohnortes, so dass diese Wege auch zu Fuß, mit dem Fahrrad oder mit öffentlichen Verkehrsmitteln zurückgelegt werden können (vgl. ebd., S. 27). Ältere Frauen sind in ihren Mobilitätschancen eingeschränkt, denn entgegen der Bedarfslage sind sie deutlich mit Verkehrsmitteln unterversorgt. Dies betrifft vor allem Führerscheinbesitz und PKW-Verfügbarkeit und besonders auf dem Land sind öffentliche Verkehrsmittel eher an den Schüler- bzw. Berufsverkehr angepasst (vgl. ebd., S. 26). Einmal an das Auto gewöhnte Personen nutzen es, so lange es die Gesundheit zulässt. Ein deutlicher Zusammenhang besteht zwischen Automobilität und Lebenszufriedenheit. Je nach Lage des Lebensortes wird eine Notwendigkeit für Automobilität bis in das hohe Alter hinein gesehen. Die Konsequenz daraus sollte kein restriktiver Umgang mit Führerscheinentzug sein, vielmehr sollte eine über gegenseitige Rücksichtnahme angelegte Unterstützung der Automobilität angestrebt werden (vgl. Beetz/Müller et al. 2009, S. 104). Mobil zu sein bedeutet für Alternsprozesse, weiterhin selbstständig und unabhängig tägliches Leben aktiv gestalten und teilhaben zu können und nicht auf andere angewiesen zu sein. Gleichzeitig zeigt sich, dass es Unterschiede in den Mobilitätszugängen gibt. Einschränkungen gibt es durch weit von Zentren entfernte Wohnorte und in der Folge entstehen Abhängigkeiten vom öffentlichen Nahverkehr, Führerscheinbesitz oder PKW-Verfügbarkeiten, die gleichzeitig die finanzielle Situation älterer Menschen berühren. Von der finanziellen Situation ist jedoch die Mobilitätschance abhängig und nicht zuletzt auch Handlungsmotive und -ziele (vgl. Reiterer/Amann 2006, S. 28). Für die Zukunft wird die Berücksichtigung der Singularisierung bedeutender, so dass ältere Menschen stärker von sich aus soziale Kontakte aufsuchen und entsprechend Mobilitätserfordernisse steigen werden. Wenn soziale Netzwerke Älterer betrachtet werden, gehört selbstverständlich auch die Betrachtung der Mobilitätsmöglichkeiten dazu, um einschätzen zu können, ob Bedürfnisse nach unterschiedlichen Kontakten befriedigt werden.

Limbourg schlägt für die Zukunft der Senior*innen-Mobilität kommunales Mobilitätsmanagement für Senior*innen vor, indem die Bestandsaufnahme der Mobilitätsprobleme für Ältere in der Gemeinde durch Befragungen, Ortsbegehungen und Senior*innen-Veranstaltungen erfolgt, inklusive einer sich anschließenden Suche nach Lösungsmöglichkeiten für bestehende Probleme. Dazu gehört die enge Zusammenarbeit mit den älteren Bürger*innen sowie allen an der Verkehrsraumgestaltung und an der Verkehrssicherheitsarbeit beteiligten örtlichen Institutionen (vgl. Limbourg 2015, S. 94).

Wissensbaustein

Maßnahmen zur Verbesserung der Mobilität

Vielfältige Maßnahmen zur Verbesserung der Mobilitätsbedingungen für ältere Menschen können geplant und realisiert werden:

- „Verkehrsraumgestaltende und technische Maßnahmen,
- Legislative Maßnahmen, Kontrolle und Überwachung,
- Pädagogische und kommunikative Maßnahmen,
- Anreizsysteme.

Verkehrsraumgestaltende Maßnahmen haben in der Regel eine dauerhafte Wirksamkeit auf die Verbesserung der Mobilitätsbedingungen. So ist eine Aufpflasterung auf der Fahrbahn eine wirksame Möglichkeit, die Geschwindigkeit des Autoverkehrs nachhaltig zu reduzieren und eine Gehwegnase verbessert dauerhaft den Sichtkontakt zwischen motorisierten Verkehrsteilnehmern und zu Fuß gehenden Personen. Auch technische Maßnahmen können die Mobilitätsbedingungen älterer Menschen verbessern. So können beispielsweise automatische Schaltgetriebe das Autofahren erleichtern; Lichtsignalanlagen an Fußgängerüberwegen können die Sicherheit von älteren Fußgängern beim Überqueren von Fahrbahnen erhöhen. Einen weiteren Beitrag zur Verbesserung der Mobilitätsbedingungen älterer Menschen kann die Gesetzgebung leisten. So war die Einführung der Gurtpflicht für Pkw-Insassen ein wichtiger Beitrag zur Erhöhung der Sicherheit älterer Menschen im Fahrzeug und die Einrichtung von Tempo-30-Zonen verbesserte deutlich die Sicherheit von älteren Fußgängern in Wohngebieten" (Limbourg 2015, S. 85).

Viele verkehrsraumgestaltende Maßnahmen gibt es bereits, doch durch die Verdichtung der Maßnahmen kann die Sicherheit für ältere Menschen deutlich erhöht werden.

Zu den Aufgaben der Gesellschaft gehört in diesem Zusammenhang weiterhin, ältere Menschen bei der Bewältigung ihrer Mobilitätsprobleme zu unterstützen, indem die Umwelt so gestaltet wird, dass sie so lange wie möglich mobil bleiben. Mobilitätsmöglichkeiten älterer Menschen hängen sowohl von individuellen Faktoren wie auch von Umweltfaktoren ab. Die individuellen Faktoren betreffen körperliche und geistige Fähigkeiten und Fertigkeiten, den Gesundheitszustand und die zur Verfügung stehenden ökonomischen Ressourcen. Umweltfaktoren betreffen sowohl das soziale Umfeld (z. B. Familie, Freund*innen, Nachbar*innen) wie auch das räumliche Umfeld (z. B. Wohnumfeld, Verkehrsinfrastruktur, geografische Gegebenheiten, Klima). Vor allem in ländlichen Gebieten sind die zurückzulegenden Entfernungen häufig besonders groß, während die Vielfalt der Mobilitätsangebote, insbesondere des öffentlichen Verkehrs, sehr begrenzt ist. Das Autofahren stellt eine besonders wichtige Mobilitätsform für ältere Menschen dar, so dass die Notwendigkeit der Aufgabe des Autofahrens im höheren Lebensalter aufgrund körperlicher und/oder geistiger, vielleicht jedoch auch finanzieller, Beeinträchtigungen die betroffenen Menschen in ländlichen Gebieten vor große Probleme stellt. In infrastrukturarmen Regionen gibt es häufig kaum andere Möglichkeiten als das Autofahren zur Aufrechterhaltung der selbstständigen Lebensführung. Ältere Menschen, darunter besonders häufig Frauen, sind in ländlichen Gebieten mit ihren Mobilitätsmöglichkeiten unzufriedener als in Städten (vgl. Limbourg 2015, S. 77). Mobilitätsmöglichkeiten für ältere Menschen können nachhaltig verbessert werden, vor allem auch in ländlichen Regionen, wenn ein kommunales Mobilitätsmanagement für Senior*innen installiert wird. Im Verkehrsverbund Rhein-Sieg wurde ein umfassender Leitfaden in Zusammenarbeit mit den ländlichen Kreisen Euskirchen und Heinsberg in Nordrhein-Westfalen erarbeitet. Neben den Mobilitätsmöglichkeiten sind auch die Angebote zur Versorgung für die kontinuierliche Aufrechterhaltung der Selbstständigkeit älterer Menschen von herausgehobener Bedeutung.

5.2.3 Infrastrukturelle Angebote zur Versorgung bestimmen Unabhängigkeit, Selbstbestimmtheit und Selbstständigkeit

Die Versorgung bzw. Angebote der Infrastruktur stellen die Unabhängigkeit und Selbstständigkeit der älteren Menschen sicher. Aufgrund der zunehmenden infrastrukturellen Ausdünnung auf dem Land wird diese bedroht vor allem durch die massive Landflucht in vielen Regionen während der letzten zwanzig Jahre und der damit zusammenhängende und zu beobachtende Zusammenbruch der Versorgungsinfrastruktur von Kneipen bis zu Ärzten. In den Überlegungen zu Lösungen werden oft vorschnell allgemeine Aussagen zur Bewältigung des Problems oder zur Umkehr formuliert, die z.B. nicht nur die Telemedizin unspezifisch definieren (Häckl 2010, S. 66), ebenso werden auch assistierende Systeme im pflegerischen Bereich und Kommunikationsportale für die Unterstützung der sozialen Interaktion als Möglichkeit einbezogen. Die geäußerten Lösungsoptionen haben zu Verunsicherungen in der Bevölkerung geführt, die oft durch die Wissenschaft befeuert werden. „Die Wissenschaft verunsichert weiter alle Betroffenen, da die soziologische und ökonomische Forschung den einheitlichen ländlichen Raum nicht mehr wahrnimmt und stattdessen verschiedene Merkmalsgerüste entwickelt hat, die es erlauben, die Regionen zu differenzieren und besser prognostisch zu beschreiben“ (Rienhoff 2015, S. 99). Die Überlegungen, die Versorgung in ländlichen Regionen sicherzustellen, zielen auf zwei dominante Hilfen ab: Einerseits sind sie vorwiegend auf den Erhalt der stärksten Komponente ausgerichtet, die Ärzte, ohne differenzierte Betrachtungen vorzunehmen zu dem Versorgungssystem insgesamt mit den darin agierenden Versorger*innen der Pflege, der Physiotherapie oder der Altenhilfe. Andererseits werden in den letzten Jahren vermehrt wiederkehrend die nachbarschaftlichen Hilfen in ihrer Bedeutung betont, nahezu beschworen. Konzepte sind in einer beinahe unübersichtlichen Vielzahl vorhanden, obwohl die Wohn- und Quartierskonzepte starken Moden unterworfen sind (vgl. ebd., S. 100).

Analysen weisen über die potenziellen strukturellen Änderungen der Nachfrage aufgrund der demographischen Entwicklung auf Probleme hin, die durch allmählich absinkende Leistungsniveaus der Regelsicherungssysteme der Altersvorsorge verursacht werden. „Da ältere Menschen weniger am Wirtschaftswachstum und damit an der Wohlfahrtsentwicklung beteiligt werden, bedeutet dies eine sukzessive Abkopplung der Regionen mit überproportional hohem Anteil an Leistungsempfängern aus den Regelsicherungssystemen der Altersvorsorge“ (Fachinger 2015, S. 132). Differenzen zwischen urbanen und ländlichen Regionen hinsichtlich des Wohlfahrtsgefälles können zunehmen. Durch die sich verschlechternden Einkommensverhältnisse der älteren Bevölkerung entsteht zudem die Gefahr der Zunahme sozialer Problemlagen mit entsprechenden Auswirkungen auf die Finanzlage der Kommunen (vgl. ebd.).

Darüber hinaus hat für die Versorgungbedürfnisse in ländlichen Regionen zu gelten, dass die älteren eine sehr heterogene Gruppe darstellen. Die Gruppe der über 60-Jährigen ist in sich sehr verschieden, auch entlang der Ausdifferenzierung ihres Lebensalters (von alt zu hochaltrig). Status und Einkommen, kulturelle Herkunft und soziales Milieu sind ebenfalls stark zu unterscheiden, auch in Bezug auf Mobilität und Konsumverhalten. Weitere Unterscheidungen sind vorzunehmen, die auch für die Versorgungsstruktur bedeutend sind, wie z. B. gesundheitliche, finanzielle, kulturelle, geschlechtsspezifische und familiäre Merkmale oder die Lebenszyklusphase. „Empty nesters", Großeltern oder Urgroßeltern benötigen unterschiedliche infrastrukturelle Angebote, ebenso wie die Haushaltsart bzw. -größe, in der gelebt wird, wie z. B. vom Einpersonen- bis zum Mehrgenerationenhaushalt.

> „Im Kontext der Nahversorgung spielen neben der familiären Situation Erreichbarkeit und Mobilität bzw. gesundheitliche Einschränkungen eine besondere Rolle. Ältere, alleinlebende Frauen verfügen heute seltener über einen Führerschein und sind daher auf eine wohnortnahe, zu Fuß oder mit dem Fahrrad erreichbare Nahversorgung mehr angewiesen als Frauen in Zwei- oder Mehrpersonenhaushalten, die – bei gleichzeitiger Erwerbstätigkeit oder vielfältigem ehrenamtlichen Engagement – ein hohes Maß an Mobilität aufweisen und im Alltag oft umfangreiche Wegeketten bewältigen können. Ältere Männer, die in Partnerschaften leben, übernehmen häufig – wenn sie (noch) mit dem PKW unterwegs sind – Wege auch über die wohnortnahe Versorgung hinaus und kombinieren diese mit vielfältigen vereinsbezogenen, politischen oder postberuflichen Aktivitäten" (Zibell et al. 2015, S. 146).

Mobilitäts- und Versorgungsfragen sind vor allem in ländlichen Gebieten eng miteinander verzahnt.

Zibell et al. haben vor dem Hintergrund des Rückgangs wohnortnaher Versorgungseinrichtungen mit Waren des täglichen Bedarfs ihre Überlegungen angelegt. Wirtschaftliche Konzentrationsprozesse im Einzelhandel führen zum Rückgang der Anzahl an Lebensmitteleinzelhandelsstandorten und tragen damit bei zur Ausdünnung der Versorgungsdichte. Lebensmitteleinzelhandelsstandorte ziehen sich aus der Fläche zurück bei gleichzeitiger Vergrößerung der Betriebsflächen mit einer abnehmenden Zahl an Einzelhandelsstandorten. Die Einzelhandelsbetriebe geben ihre zentralen Lagen im Ortskern auf zugunsten der Lagen an Ausfallstraßen am Ortsrand außerhalb der Wohngebiete und am Rande gewerblicher Agglomerationen. In peripheren, ländlichen Lagen und schrumpfenden Regionen müssen immer größere Entfernungen zum Einkaufen zurückgelegt werden.

> „Kleinere Läden in dörflich-ländlichen Strukturen werden im Laufe dieses Prozesses meist ersatzlos geschlossen. Der Wegfall dieser und anderer Infrastrukturen hat un-

mittelbare Konsequenzen auf die Lebensqualität einer zunehmend alternden Gesellschaft (‚lange Wege') und führt zur Schwächung der Ortsmitten als Zentren des sozialen Austauschs und als Treffpunkte des gesellschaftlichen und kulturellen Lebens" (ebd., S. 141).

In zahlreichen Gemeinden ist die Nahversorgung mit Gütern des täglichen Bedarfs bereits gegenwärtig zu einem Problem geworden und schränkt dadurch die Lebensqualität der betroffenen Bevölkerung erheblich ein. Vor allem Orte mit weniger als 700 Einwohner*innen können zunehmend weniger die Daseinsgrundfunktionen aufrechterhalten, zu denen auch das „Sich-Versorgen" gehört.

„Nach Berechnungen des Instituts für ökologische Wirtschaftsforschung (Kuhlicke et al. 2005) lebten bereits 2005 rund 40 % der ländlichen Bevölkerung ohne Lebensmitteleinzelhandel (LEH) im eigenen Ort. Mit der Ausdünnung des LEH werden die zu überbrückenden Distanzen zwischen Wohn- und Versorgungsstandorten immer größer, obwohl die Nahversorgung als besonders distanzsensibel gilt. Die Erreichbarkeit von Versorgungsmöglichkeiten mit einem ausreichenden Angebot an Gütern des täglichen Bedarfs sollte zum Beispiel nachdem Einzelhandelserlass des Landes Nordrhein-Westfalen zehn Gehminuten nicht überschreiten" (ebd., S. 143).

Die Qualität der Versorgung, die auch gestalterische und ortsspezifische Identitäten betrifft, bezieht auch den Zugang zu anderen wichtigen Dienstleistungen ein, wie z. B. Post, Banken, Gesundheitseinrichtungen.

Mit dem Älterwerden der Bevölkerung verändert sich die Nachfrage nach Lebensmitteln sowohl im Volumen als auch in der Struktur (vgl. ebd.). „Ältere Kundinnen und Kunden benötigen weniger eine übermäßig große Auswahl an Produkten in unterschiedlichen (Niedrig-)Preissegmenten, sondern mit Markenartikeln bzw. regionalen und/oder Bio-Produkten übersichtlich bestückte Sortimente" (ebd., S. 148). Ältere Kund*innen zeigen besonderes Interesse an altersgerechten Produkten und Einkaufsmöglichkeiten, die leicht zu öffnende Verpackungen haben mit gut lesbaren Preisetiketten, z. B. Lupen an den Einkaufswagen, integrierte Ruhezonen vor und in den Läden, ausreichend dimensionierte Gänge für eine bequeme Durchfahrt mit Rollatoren sowie barrierefreie Zugänglichkeiten und Lieferservices. Das Bundesministerium für Familien, Senioren, Frauen und Jugend hat gemeinsam mit dem Handelsverband Deutschland (HDE) und verschiedenen Unternehmen des Einzelhandels, Verbänden und Institutionen im Rahmen der Initiative „Wirtschaftsfaktor Alter" das Qualitätszeichen „Generationenfreundliches Einkaufen" entwickelt. Damit soll die Umsetzung dieser Kriterien und Anpassungen an veränderte Anforderungen gefördert werden (vgl. ebd.).

Ältere Menschen, immobile Menschen, Alleinstehende, Alleinerziehende sowie Personen und Haushalte ohne eigenen PKW sind besonders stark von der Unterversorgung betroffen und so sind in den letzten Jahren Überlegungen inklusive bereits erfolgter Lösungsideen und -realisierungen vorgenommen worden, um Versorgungslücken für diese Personengruppen in den ländlichen Gebieten zu schließen. In Tabelle 5.4 folgt eine Zusammenstellung der Lösungsmöglichkeiten bei mangelnder Versorgung.

Tab. 5.4: Auswahl möglicher Lösungen bei mangelnder Nahversorgung

Stationäre Konzepte	Mobile und flexible Konzepte
Integrationsmärkte: personelle Integration von Menschen mit Behinderung oder Personen mit schlechten Berufsaussichten (CAP-Märkte, Bonus-Märkte)	*Mobile Verkaufswagen:* Tourenverkauf, Rein- und Mischsortiment (Eismann, Bofrost, Bäckerei- und Fleischerwagen)
Kooperations- und Kombinationsmodelle: Ladengemeinschaften, Gast-Kaufhaus, privat-private und öffentlich-private Kooperationen (Komm-In)	*Fahrdienste und Mobilitätskonzepte:* private, kooperative, ehrenamtliche, Rufbusse, Fahrgemeinschaften und Nachbarschaftshilfe (F-Bus, L-Bus, R-AST)
Kleinflächenkonzepte: gewinnorientiert, häufig in Franchise-Form (Ums Eck, Ihr Kaufmann, Markt-Treff)	*Lieferservice:* von Lebensmittelmärkten (Edeka)
Selbstorganisierte Nahversorgungskonzepte: kostendeckungsorientiert und auf bürgerschaftlichem Engagement beruhend (Bürgerladen Otersen, MarktTreff)	*Wochen- & Bauernmärkte:* zeitpunktbezogene Versorgung
	Internet- und Versandhandel: häufig Nischensortimente (gourmondo.de, amazon.de)
	Direktvermarktung: landwirtschaftliche Erzeugnisse, Angebot zeitlich eingeschränkt (Hofverkauf, SB-Verkauf)

Quelle: Zibell et al. 2015, S. 144

In den letzten Jahren wurden vor allem große Hoffnungen in mobile Versorgungskonzepte gesetzt. Die mobile Versorgung stellt oft die einzige Möglichkeit der Nahversorgung im ländlichen Raum dar. Doch das geringe Warenangebot und die eingeschränkten Öffnungszeiten durch kurze Standzeiten führen zu einer vergleichsweisen geringen Reichweite in der Bevölkerung. Darüber hinaus wird mit dem mobilen Angebot der Einkaufsladen als Möglichkeit zur zeitungebundenen Kommunikation nicht ersetzt (vgl. ebd., S. 145). Da bietet der moderne Dorfladen Auswege aus diesem Dilemma. Das folgende Beispiel hebt ein Beispiel aus Tabelle 5.4 hervor und zeigt differenziert die Bedeutung eines stationären Dorfladens.

Beispiel

Der moderne Dorfladen als Ausweg

Konzepte der modernen Dorfläden beruhen überwiegend auf sozialen Bündnissen zwischen Bürger*innen oder Bürgerschaften gemeinsam mit der Landesverwaltung.

> „Denkt man bei Dorfläden wohl unweigerlich an kleine, etwas altmodisch wirkende Ladenlokale, die bis unter die Decke mit Lebensmitteln und anderen Produkten des täglichen Bedarfs vollgestopft sind, so sehen die modernen Dorfläden ihre Hauptaufgabe nicht mehr allein in der Versorgung der ländlichen wie städtischen Bevölkerung mit dem unbedingt Notwendigen wie Brot, Milch und Butter, sondern gehen in ihren Ansätzen weit darüber hinaus. Die neuen Dorfläden wollen vor allem Rundum-Versorger, Treffpunkt und Anlaufstelle sein. Was die jeweiligen Läden anbieten, bestimmt der den Laden tragende Verein, die Geschäftsführung oder auch die Bevölkerung direkt. Mal ist es ein eher kleines Sortiment, dann wird anderen Orts besonderen Wert auf frische Wurst, Käse und lokales Gemüse gelegt. Dann sind es wieder die regionalen Spezialitäten wie Marmelade und Wurst, die dem Dorfladen erst zum Durchbruch verholfen haben“ (Neu/Nikolic 2015, S. 195).

Dieses Geschäftsmodell trägt sich nicht aus Vergess-Käufen, wie z.B. ein Stück Butter, zwei Eier oder ein Sack Kartoffeln. Vielmehr ist es auf die breite Unterstützung der direkten Dorfbewohner*innen und Nachbargemeinden angewiesen. Bindung ist dafür Voraussetzung, die entweder durch die anteilige Trägerschaft der Bürgerschaft erreicht wird und so für aktives Interesse der vielen Inhaber*innen sorgt, den Laden auch am Laufen zu halten. Eine breit aufgestellte qualitativ hochwertige Angebotspalette, die zudem Dienstleistungen, wie z.B. Reinigungs- oder Apothekenservice, KFZ-Anmeldungen, Kopierarbeiten oder den regelmäßigen Besuch eines Bankangestellten bietet, hat ebenfalls hohe Bindungskraft auf Seiten der Kund*innen.

> „Nicht zuletzt ist es aber ihre Funktion als soziale Orte, die die Dorfläden entscheidend prägen. [...] Diese modernen Tante-Emma-Läden offerieren wieder Treffpunkte im öffentlichen Raum, an denen es in so vielen Dörfern mittlerweile fehlt. Die neuen Dorfläden bieten durch die Initiative einzelner, unterstützt und getragen durch ein breites bürgerschaftliches Engagement eine besonders geeignete Form eine lokal angepasste wohnortnahe Grundversorgung zu gewährleisten“ (ebd.).

Das Modell des bürgerschaftlich getragenen Dorfladens eignet sich jedoch nicht für alle Dörfer, zumal geographische Bedingungen, eine gewisse Bevölkerungszahl und ein breites Engagement gegeben sein müssen.

Projekte und Angebote, die nicht unmittelbar zur lebensnotwendigen Versorgung gehören, wie dies bei der Versorgung mit Pflege, Medizin und Nahrung der Fall ist, werden bisher noch sowohl von Anbieter*innen wie auch Empfänger*innen eher als nachrangig eingeschätzt. Mit der langsam zunehmenden (Über-)Alterung von ländlichen Räumen werden die lebensnotwendigen wie auch kulturellen sowie sozialen Infrastrukturen kleiner werden und dennoch zunehmend als notwendiger erachtet werden, um Menschen in ihrer eigenen Häuslichkeit mehr Lebensqualität zu eröffnen und Möglichkeiten, sich mit ihrer Situation, z.B. auch über Kultur und Bildung, auseinandersetzen zu können. Soziale Kontakte, Bildung und Kultur als Möglichkeit zur Teilhabe und Auseinandersetzung mit der Welt gehören zu einem Leben in jeder Phase des Alterns dazu. Sensibilisierung für die Besonderheiten und Phantasie für die Gestaltung der Alternsphase werden vor dem Hintergrund der prognostizierten Entwicklung des demographischen Wandels und den Besonderheiten des Alterns auf dem Land besonders benötigt.

5.2.4 Transnationaler Raum oder multilokales Altern hier und dort: Acht Monate hier und sechs Monate da oder umgekehrt

Menschen, die gegenwärtig alt sind oder zunehmend in die Altersphase hineinwachsen, können ihre Wurzeln in einem anderen Land haben und entweder im Rahmen der Anwerbung ausländischer Arbeitnehmer und Arbeitnehmerinnen in den 1960er und 1970er Jahren aus Südeuropa nach Deutschland gekommen sein. Sie kamen aus Spanien, Griechenland, Italien und der Türkei.

> „Daran, dass sie zur zukünftigen Altenpopulation gehören würden, hatte damals niemand gedacht. Sowohl auf Seiten der Politik als auch auf Seiten der Migrantinnen und Migranten war die Migration auf Zeit geplant: nach der Beendigung der Erwerbstätigkeit war die Rückkehr in die Herkunftsländer beabsichtigt. Die Situation hat sich jedoch geändert. Aus der Rückkehrintention wurde bei vielen ein Bleiben in Deutschland" (Schröer/Schweppe 2008, S. 151).

80% beabsichtigen ihren Lebensabend in Deutschland zu verbringen. Dabei haben sie sich Zeit ihres Lebens entweder mit der Frage nach der Rückkehr bzw. dem richtigen Zeitpunkt beschäftigt, vielleicht jedoch auch über lange Zeit mit dem Selbstverständnis gelebt, irgendwann wieder in ihre Heimatländer zurückzukehren.

> „Mit zunehmendem Alter wird die Rückkehr jedoch mehr und mehr aufgeschoben und in Frage gestellt mit einer deutlichen Tendenz des Verweilens in der BRD. Dabei ist das Bleiben im Bewusstsein der Arbeitsmigrantinnen und Arbeitsmigranten

oft keine endgültige, sondern vielmehr eine vorläufige Entscheidung, die eine mögliche Rückkehr weiter offen lässt. Die Rückkehrorientierung verliert im Alter nicht unbedingt an Relevanz. Als ‚Lösung' wird oft das Pendeln zwischen dem Herkunftsland und Deutschland gewählt" (ebd., S. 154).

Das Pendeln wurde lange Zeit als problematisch und konfliktträchtig eingeschätzt vor dem Hintergrund fehlgeschlagener Integration inklusive innerer Zerrissenheit und Identitätsproblemen. 2014 hatten 9 % der älteren Frauen und Männer über 65 Jahre einen Migrationshintergrund. Sie sind entweder seit 1950 nach Deutschland zugewandert, Nachkommen von Zugewanderten oder hatten eine ausländische Staatsangehörigkeit. Bis zu den 1960er Jahren sind nur relativ wenige Männer und Frauen aus dem Ausland dauerhaft zugewandert.

Der Anteil der Menschen mit Migrationshintergrund wird zukünftig in den höheren Altersgruppen deutlich ansteigen. Bei den 25- bis 64-Jährigen hatte 2014 ca. jede*r Fünfte (20 %) einen Migrationshintergrund und bereits jede*r Dritte bei den unter 16-Jährigen. Die 1,6 Millionen Personen der Generation der über 65-Jährigen haben zu 17 % ihre familiären Wurzeln auf dem Gebiet der ehemaligen Sowjetunion, 13 % türkische Wurzeln und weitere 11 % im Gebiet des ehemaligen Jugoslawien (vgl. Statistisches Bundesamt, Ältere Menschen in Deutschland und der EU 2016, S. 11). Ältere Menschen mit Migrationshintergrund werden zukünftig anteilig stärker sichtbar und vielleicht mit anderen Ansprüchen und weniger identitätsbezogenen Zugehörigkeitsfragen.

Es kommt auf die Perspektiven an: Bisher wurden in interkulturellen Perspektiven den verschiedenen Generationen der Einwanderung, der ersten, zweiten und dritten Generation nach der Einwanderung jeweilig eine bestimmte Positionierung zugeschrieben. Für die Einwanderungssituation z. B. lateinamerikanischer Einwanderer*innen nach Los Angeles fasst Pinzler (2000) die bisher klassische Regel der Einwanderung deutlich zusammen: Die Erste Generation der Immigrant*innen mache die Drecksarbeit, die Zweite stelle die Facharbeiter*innen in der Fabrik und die Dritte schaffe den Weg an die Universität habe ihre Gültigkeit längst verloren (vgl. ebd.). Daran anschlussfähig zeigen sich die Erkenntnisse von Hamburger: Gängige Deutungsmuster, wie z. B. das Deutungsmuster für die türkischen Einwanderer*innen in Deutschland, die Erste Generation sei mit ihrer „Basispersönlichkeit" in der nationalen Herkunftskultur geblieben, die Zweite Generation in einer „Mischkultur" aufgewachsen mit einem fortwährend präsenten Kulturkonflikt dem Motto folgend: „Morgens Deutschland, abends Türkei", haben durch ihre Eingängigkeit ein scheinbares Verständnis für die Probleme ausländischer Kinder und Jugendlicher erleichtert. „Die scheinbare Eindeutigkeit und Konsistenz einer ‚nationalen' Kultur marginalisierte alle anderen Unterschiede zwischen den Menschen" (Hamburger 2011, S. 91). Gegenwärtig lässt sich jedoch feststellen, so Hamburger, dass sich bei aktuellen Fragestellungen kaum Unterscheidungen zwischen der Ersten und Zweiten Generation finden lassen. „Das Erstaunen resultiert freilich lediglich aus einer nach wie vor starken Orientierung der Assimilationsforschung an der klassischen Migrations-Soziologie, die aus dem amerikanischen Integrationsprozess ihre Paradigmen bezieht" (ebd., S. 96). Die Assimilationsmodelle wurden jedoch überwiegend am Sachverhalt der Einwanderung und Aussiedlung gewonnen und so erscheinen die Modelle für die Bestimmung des Verhältnisses von Erster und Zweiter Generation problematisch geworden. Migration erfordert aufgrund der weltweiten Möglichkeiten zur Kommunikation jederzeit die Anbindung an Herkunftskulturen an jedem Ort der Welt und durch den weltweiten Luftverkehr umstandslose Mobilität.

> „Den Risiken der Migration kann nun auch die Zweite Generation problemlos durch traditionale Orientierung begegnen; sie muss sich nicht notwendigerweise auf den ganzen Modernisierungspfad ihrer neuen Welt begeben. Die durch Migration und globale Verkehrs- und Kommunikationsnetze gebildeten Transnationalen Sozialen Räume (Pries 2008) ermöglichen neue Lebensformen und das Modell von Erster/Zweiter Generation muss neu konzeptualisiert werden" (ebd.).

Sozialräume werden von Pries als zeitlich relativ dauerhaft und flächenräumlich als Ausdehnung und Anordnungsbeziehung der wahrgenommenen sozialen Lebensbezüge von Menschen verstanden.

Transnationale Sozialräume lassen sich nicht auf einen bestimmten, abgegrenzten Flächenraum, z. B. eines Nationalstaates oder innerhalb eines Nationalstaates, begrenzen (vgl. Pries 2010, S. 153). Transnationale Räume zeichnen sich durch die Aufhebung bzw. Abschwächung der Ortsgebundenheit sozialer Beziehungen aus (vgl. Graßhoff/Schweppe 2012, S. 174). Grenzüberschreitende soziale Beziehungen lassen sich nicht mehr nur auf mobile Gruppen beziehen. Über Fernsehen, Mobiltelefone und Internet als häusliche Informationstechnologie werden partiell Grenzen von Zeit, Raum, Ort, Nähe und Ferne aufgehoben und so können Menschen gleichzeitig isoliert von ihren Nachbar*innen an einem Ort leben und in dichte kontinentalübergreifende soziale Netze eingebunden sein (vgl. ebd.).

Mit der Perspektive der Transnationalität rücken Ländergrenzen überschreitende und pluri-lokale soziale Bezüge älterer Menschen in den Vordergrund. Durch sozialräumliche Grenzziehungen, die überwiegend quer zu unterschiedlichen Ländern liegen, werden multidimensionale Verbindungen von Elementen zwischen unterschiedlichen Ländern gesehen und hervorgehoben (vgl. Pries 2010, S. 61 nach: Graßhoff/Schweppe 2012, S. 174). Lebensformen und -prozesse transnational betrachtet, eröffnen die Perspektive, Menschen in ihrem Handeln, Entscheiden, Sorgen und Identifizieren an zwei oder mehr Nationalstaaten gleichzeitig gebunden, zu begreifen. Ihre sozialen Bezüge lassen sich in vielfältige, grenzüberschreitende Beziehungen im familialen, ökonomischen, sozialen, organisatorischen, religiösen und politischen Bereich geknüpft, aufrechterhalten oder intensivieren über die ursprünglich an nationalgesellschaftliche Orte gebundenen Wissens- und Handlungsformen. „Dabei ist physische Zirkularität der grenzüberschreitenden Bewegungen und Bindungen keine notwendige Bedingung für deren Entstehen, Entwicklung und Aufrechterhaltung. Vielmehr können sich grenzüberschreitende Bezüge auch in symbolischen Bindungen ausdrücken" (Graßhoff/Schweppe 2012, S. 174). Damit lösen sich soziale Beziehungen von ihrer räumlichen Fixierung. Sozialräume lassen sich insbesondere seit Ende des 20. Jahrhunderts zunehmend über weite flächenräumliche Entfernungen hinweg erkennen.

Soziale (Alten-)Arbeit steht somit vor der Herausforderung, über die systematische Bezugsgröße der nationalen Identität und damit über die in der Betrachtung linear verlaufende Weiterentwicklung von erster zu zweiter bis zur dritten Generation der Einwanderung hinaus zu denken: Die Gleichzeitigkeit vielfältiger Möglichkeiten von Wanderungsbewegungen als systematische Bezugsgröße eröffnet neue Handlungschancen. Die Perspektive der Transnationalität geht über nationalstaatliche Grenzen hinweg und betont dagegen die Beziehungen zwischen Personen, Gruppen und Organisationen und die sich hierbei bildenden Strukturmuster, Organisationen und Räume werden hervorgehoben. „Transnationalität basiert damit auf Zugehörigkeitsgefühlen, kulturellen Gemeinsamkeiten, auf gemeinsamen Vorstellungen und Überzeugungen, auf ökonomischen und sozialen Verflechtungen oder Arbeits- und Herrschaftszusammenhängen sowie die hierauf bezogenen Organisationsformen, die die Grenzen von Nationalstaaten überschreiten" (vgl. Pries 2002 nach: Homfeldt, Schröer/Schweppe 2006). Aus Perspektive transnationaler Sozialer (Alten-)Arbeit verlaufen Wissens- und Handlungsformen quer zu nationalstaatlichen und nationalgesellschaftlichen Grenzen. Dadurch wird der geographisch-räumliche und sozialkulturelle Referenzrahmen erheblich erweitert (vgl. Schröer/Schweppe 2006). Das hat einerseits mit steigender grenzüberschreitender Mobilität im Rahmen von Beruf und Ausbildung, neuen technologischen Möglichkeiten und sinkenden Kosten von Kommunikation und Transport zu tun, andererseits erhöhen Verschiebungen von Anreizsystemen im Rahmen von Institutionen die Motivation zur Mobilität und Migration (z. B. rechtliche Reglungen von Einreise, Ausreise, Arbeitserlaubnis). Darüber hinaus verfügen die Individuen über Kompetenzen, wie z. B. Fremdsprachen, die Wanderungsbewegungen begünstigen (vgl. Schröer/Schweppe 2006).

Mit der Perspektive der Transnationalität wird nicht mehr nur nach voneinander unterscheidbaren Generationen bezüglich ihres Zugewinns an Chancen von Generation zu Generation im Zuwanderungsland geblickt, vielmehr kommen Gleichzeitigkeiten alltäglicher Lebensbezüge und die Vielfalt individueller Entwicklungen über Orte und Zeiten hinweg in den Fokus. Die Vielfalt sozialer Bezüge in unterschiedlich ausgebreiteten Sozialräumen und über Generationen hinweg wird sichtbar und für Soziale Arbeit mit älteren Menschen bedeutend. Die transnationale Perspektive überwindet räumliche Grenzen und für die unterschiedlichen Generationen öffnen sich Möglichkeiten, jenseits zeitlicher oder örtlicher Gebundenheit kulturell bedeutsames Wissen aus unterschiedlichen zeithistorischen Zusammenhängen und ortsungebunden gemeinsam miteinander teilen, wieder aufleben lassen oder sich ggf. dagegen entscheiden zu können.

Mit dieser Perspektive werden keine Entscheidungen notwendig, ob im Alter hier oder da gelebt werden soll oder die Rückkehr als endgültig erscheinende Option auch einengende Perspektiven auf das Leben im Herkunftsland mit sich bringt. Viele Möglichkeiten des Pendelns und gleichzeitigen Hier und Dort seins werden über die vereinfachten Kommunikationsmöglichkeiten eröffnet. Diese Optionen gelten auch für ältere Menschen, die erst über 65 Jahren einwandern bzw. für diejenigen älteren Menschen, die ins Ausland gehen. 23 000 Menschen über 65 Jahren wanderten 2014 nach Deutschland ein, davon knapp 17 000 ausländische Staatsangehörige und rund 6 000 Deutsche. Der Anteil älterer Zugewanderter betrug 1,6 %. 1 800 ältere Zuwanderer*innen mit ausländischer Staatsbürgerschaft kamen aus Polen, 1 770 aus der Türkei, 1 540 aus Syrien, 1 210 aus Spanien, 1 170 aus Italien und weitere 1 130 aus den Vereinigten Staaten. Bei den älteren Zuwanderer*innen mit deutscher Staatsangehörigkeit wird davon ausgegangen, dass sie nach Deutschland zurückkehren (vgl. Statistisches Bundesamt, Ältere Menschen in Deutschland und der EU 2016, S. 13). Gleichzeitig wanderten 7 500 mehr ältere Menschen ins Ausland aus als nach Deutschland kamen. Dieser Wanderungsverlust traf sowohl auf die älteren deutschen (2 500 Personen) als auch ausländischen Staatsangehörigen (5 000 Personen) zu. In allen anderen Altersgruppen gab es 2014 innerhalb der ausländischen Bevölkerung ein positives Wanderungssaldo. Doch richtig weit weg wollen nur wenige ältere Menschen, um ihren Ruhestand im Ausland zu verbringen. 31 000 Personen im Alter ab 65 Jahren wanderten 2014 aus Deutschland aus, das macht einen Anteil von 4,3 % auf alle Auswanderer*innen. „Ein Großteil der fortziehenden älteren Menschen waren Ausländer, die nach dem Erwerbsleben in die Heimat zurückkehrten. Hauptziele aller im Jahr 2014 ausgewanderten ausländischen Seniorinnen und Senioren waren daher die Türkei (4 400 Personen), die Nachfolgestaaten Jugoslawiens (4 290), Polen (1 730), Italien (1 460) und Griechenland (1 300)“ (vgl. Statistisches Bundesamt, Ältere Menschen in Deutschland und der EU 2016, S. 13). Ältere Menschen entscheiden sich auch dauerhaft zurückzukehren, doch diese sind in der Minderheit. Offen bleibt auch, ob sie nicht doch auch Pendeln werden zwischen ihrem Herkunftsland und dem Land, in dem sie über viele Jahrzehnte gelebt, Familie und Freund*innen gewonnen haben. Ältere deutsche Staatsangehörige im Ruhestand zieht es am ehesten nach Spanien (980), Österreich (710) und Polen (570) (vgl. Statistisches Bundesamt, Ältere Menschen in Deutschland und der EU 2016, S. 14). Ältere Menschen suchen sich im Rentenalter eher selten einen neuen dauerhaften Wohnsitz im Ausland. Bezogen auf die EU-Staaten stellen die älteren Menschen ab 65 Jahren jeweils weniger als 5% aller Ein- und Auswanderer dar.

Beispiel

Teilzeitkanarier*innen

Wenn ältere Menschen mit deutscher Staatsangehörigkeit nach Spanien gehen, vielleicht auch erst einmal dauerhaft geplant, werden auch sie oft zu Pendler*innen zwischen Spanien und Deutschland. Ein älteres Ehepaar fährt schon seit 40 Jahren jedes Jahr im Januar auf die Kanarischen Inseln. Mit dem Eintritt in den Ruhestand verbringen sie in einer gemieteten Wohnung auf Fuerteventura acht Monate im Jahr in ihrer Mietwohnung und vier Monate in ihrem Einfamilienhaus in Norddeutschland. Sie lieben den Sommer in Deutschland und verbringen die meiste Zeit im Garten von Mai bis August. Im September fliegen sie in ihre Wohnung auf Fuerteventura und leben dort ein ganz eigenes Leben mit einheimischen Freund*innen und vielen anderen deutschen Teilzeitkanarier*innen. Sie nutzen die gesamte medizinische Infrastruktur in Deutschland und genießen das Klima auf Fuerteventura, das ihren Altersbeschwerden entgegenkommt und sie abmildert. Obwohl sie die überwiegende Zeit des Jahres außerhalb Deutschlands verbringen, kommt ihnen das nicht so vor. In ihrer Selbstwahrnehmung leben sie, wie bereits seit den 1950er Jahren, in einem Dorf in Norddeutschland. Sie gehören zu den älteren Menschen, die als klassische transnational bzw. transmigrational lebende Menschen eingeschätzt werden können. Sie selber würden niemals auf die Idee kommen, sich auf Fuerteventura integrieren oder etwa die Sprache lernen zu müssen, um sich zugehöriger zu fühlen.

Die Perspektive der Transnationalität bzw. Transmigration eröffnet Möglichkeiten, die dem zunehmend sich vervielfältigenden länderübergreifenden Lebensentwürfen entgegenkommt und vollkommen neue identitätsbezogene Zuordnungen übernational eröffnet. Grenzziehungen erfolgen, die quer zu Herkunfts- und Ankunftsregionen liegen und damit werden neue Formen und Inhalte von Selbstvergewisserungen, Weltsichten, kulturellen und sozialen Orientierungen, Zugehörigkeiten und soziale Positionierungen möglich, die nicht mehr nur auf ein mehr oder weniger geschlossenes Referenzsystem zurückgreifen. Vielmehr werden Elemente sowohl der Herkunfts- wie auch der Ankunftsgesellschaft bzw. -region relevant für das Referenzsystem jeder älteren Person (vgl. Schröer/Schweppe 2008, S. 155). Darüber hinaus können auch noch viele weitere Regionen oder Länder, die für diesen älteren Mensch zu verschiedenen Zeiten von Bedeutung waren, einbezogen werden. Mitunter kann es auch vorkommen, wie in dem Beispiel gezeigt wurde, ein Leben im Alter am Strand zu verbringen in einem anderen Land, ohne dass für den dort lebenden älteren Menschen bedeutsame Bindungen oder Integrationsbedürfnisse entstehen. Transnationale Perspektiven sind frei von Integrationsansprüchen, vielmehr eröffnen sie Fragen nach Bedeutungen unterschiedlicher Länder und Regionen, in denen gelebt wird oder wurde.

5.3 Aneignung von Sozialräumen entlang zunehmender Hilfe- und Pflegebedürftigkeit, beim Sterben und im Tod: Das Bett in der Pflege- und Sterbesituation, Sterberäume und auf dem Friedhof

Der Aktionsradius älterer Menschen kann sich einschneidend einschränken, wenn Hilfe- und Pflegebedürftigkeit allmählich zunehmen oder eine schwere Krankheit ganz plötzlich die Selbstständigkeit in Frage stellt und die Wohnung bzw. das Haus oder sogar nur noch das Schlafzimmer bzw. das eigene Bett oder ein Pflegebett zum überwiegenden Aufenthaltsort des Lebens im Alternsprozess wird. Diese großen räumlichen Einschränkungen, die über körperliche Begrenzungen entstehen, führen zu Unsicherheiten bis hin zu Angst und benötigen ebenfalls Möglichkeiten zur Aneignung der neuen räumlichen Situation. Darüber hinaus können mit unterschiedlichen Krankheitsbildern in der eigenen Häuslichkeit eventuell Gefährdungen entstehen, die vorher keine darstellten und Selbstverständlichkeiten in Frage stellen. Mit einer Demenz verschwindet langsam das Wissen um die sachgemäße Nutzung z. B. von Küchengeräten, die hohes Selbstgefährdungspotenzial tragen, wenn sie unsachgemäß genutzt werden. Ältere Menschen möchten solange wie möglich zu Hause leben. Damit wird der dringende Wunsch älterer Menschen ausgedrückt, in der eigenen Häuslichkeit alt zu werden und möglichst bis zum Ende dort bleiben zu können, unabhängig von dem Grad der Pflegebedürftigkeit.

Es gibt die Absicherung des Lebens im Alter durch traditionelle Wohnformen für alte Menschen, aber es ist auch eine Fülle an neuen Wohnalternativen entstanden, die nach bereits bestehenden Vorbildern überall angeregt und verwirklicht werden könnten. Es hat sich auf dem Wohnungsmarkt für Ältere in den letzten 20 Jahren einiges getan, z. B. sind alternative Wohn- und Betreuungsformen für ältere Menschen entstanden, die den Sozial- und Lebensraum mit einbeziehen: Wohnungsanpassungen, Beratungen, Netzwerke, Betreutes Wohnen, Altendörfer sowie selbstständige Wohnformen. Diese setzen jedoch eher auf den präventiven Charakter und setzen voraus, dass sich Menschen frühzeitig mit einer Lebens- und Wohngestaltung im Falle von Pflegebedürftigkeit beschäftigen. Nach einem Umzug (vielleicht auch „nur" einer Wohnraumanpassung) erscheint es allerdings für den überwiegenden Anteil älterer Menschen von großer Bedeutung, nicht noch einmal, nachdem in einer altengerechten Wohnform oder einer anderen Wohnalternative das Leben „neu begonnen" wurde, von dort ein weiteres Mal in eine Pflegeeinrichtung wechseln zu müssen.

Der Grund für diesen Wunsch ist darin zu sehen, dass die eigene Häuslichkeit gerade für ältere Menschen von besonderer Bedeutung ist. Mit den Jahren, die Menschen in einer Umgebung verbringen, entstehen und festigen sich die Verbindungen zu diesem Ort, der Wohnung oder dem Haus. Die Netzwerke, die sich jede Frau und jeder Mann aufgebaut haben, sorgen für Sicherheit, Identität und Selbstwertgefühl. Von besonderer Bedeutung für Alternsprozesse sind die Verkleinerung des Bewegungs-Radius älterer Menschen und die gleichzeitige Zunahme der täglichen Aufenthaltsdauer in der Wohnung. Dieses Phänomen kann mit einer abnehmenden Beweglichkeit, der Verringerung des Seh- und Hörvermögens und hiermit verbunden der Verlust des Sicherheitsempfindens und des selbstverständlichen Bewegens in der Umwelt erklärt werden. Nichts erscheint mehr so sicher und selbstverständlich außerhalb der eigenen Häuslichkeit zu sein. Die Auseinandersetzung mit dem Alternsprozess ist insbesondere erschwert durch die Wohnsituation und die Verbundenheit zur eigenen Häuslichkeit, die der überwiegende Anteil älterer Menschen hat. Der Wunsch, weiterhin in der eigenen Häuslichkeit verbleiben zu wollen, kann mit der relativ hohen Eigentümer*innenquote von 48 % zusammenhängen. „Eigene vier Wände" gelten für viele Menschen als großer Traum, für den sie hart arbeiten, da er selbstbestimmtes Wohnen ermöglicht und gleichzeitig der Vermögensbildung und Altersvorsorge dient. Doch diese Altersvorsorge will niemand unbedingt für ein gut versorgtes Leben in einer alternativen Wohnform oder Pflegeeinrichtung aufgeben. 2011 lag der Eigentümer*innenanteil bei Haushalten, in denen alle Personen mindestens 65 Jahre alt waren, bei 48 %. Damit war die Quote höher als bei den Haushalten von Personen unter 65 Jahren (41 %).

> „Die Mehrheit der Senioren-Eigentümerhaushalte (78 %) befanden sich in Ein- oder Zweifamilienhäusern, nur 22 % in Eigentumswohnungen in Mehrfamilienhäusern. Bei den Seniorenhaushalten, die Miete zahlten, verhielt es sich umgekehrt: Von ihnen lagen nur 21 % in einem Ein- oder Zweifamilienhaus. Die große Mehrheit (79 %) befand sich in einem Mehrfamilienhaus" (Statistisches Bundesamt, Ältere Menschen in Deutschland und der EU 2016, S. 70).

Über die relativ hohe Eigentümer*innenquote hinaus verfügen Senior*innenhaushalte über viel Platz, denn in Senior*innenhaushalten leben häufig nur eine oder zwei Personen, deren durchschnittliche Wohnfläche pro Person in diesen Haushalten entsprechend hoch ist mit 60 Quadratmeter Wohnfläche pro Person. In Haushalten unter 65-Jähriger betrug diese lediglich 40 Quadratmeter. Wohnungen alleinlebender Senior*innen sind durchschnittlich 78 Quadratmeter groß, die von unter 65-Jährigen Alleinlebenden 65 Quadratmeter. In der Regel leben die Personen z. B. nach dem Tod des*r Partners*in und dem Auszug der Kinder in der vormals gemeinsamen Wohnung allein weiter (vgl. ebd., S. 71).

Ältere Menschen können sich bisher nicht gut von ihrem Eigenheim oder ihrer lange Zeit bewohnten Wohnung trennen, selbst wenn diese zu groß für sie wird und sie sie eventuell nicht mehr komplett bewohnen bzw. in der Lage sind, sie zu erhalten und sich darum zu sorgen. Der gesundheitliche Allgemeinzustand jedes*r Einzelnen verändert sich im Verlauf des Alternsprozess und kann zur Bedrohung des eigenen selbstständigen und selbstbestimmten Lebens werden. Das bedeutet, bei zunehmender Hilfe- und Pflegebedürftigkeit eventuell kein eigenständiges Leben im eigenen Haus oder der eigenen Wohnung mehr führen zu können. Solange keine besondere Hilfebedürftigkeit oder gesundheitliche Einschränkung mit dem fortschreitenden Alternsprozess einhergehen, verdrängt der überwiegende Anteil der Älteren die Auseinandersetzung mit dieser Situation.

Das Wohnen nimmt in prägender Weise Einfluss auf die Lebensverhältnisse und auf das Wohlbefinden älterer Menschen, so dass die selbstständigkeitserhaltende und selbstständigkeitsfördernde Gestaltung der Wohnung bzw. des Hauses zentrales Merkmal von Wohnqualität im Alter sein sollte (vgl. Hilbert/Naegele 2001 nach: Hilbert et al. 2004). „Eine adäquat gestaltete Wohnung kann – im Sinne eines präventiven Technik- und Dienstleistungseinsatzes – dazu beitragen, Hilfe- und Pflegebedürftigkeit zu vermeiden oder zumindest zu verschieben“ (Hilbert et al. 2004, S. 60). Damit rückt über die Anpassung der Wohnung bzw. der eigenen Häuslichkeit entlang der Hilfe- und Pflegebedürftigkeit auch wieder die altengerechte Gestaltung des nahen Umfeldes mehr und mehr in den Vordergrund, um Gefahren und evtl. durch Unfälle verursachte Hilfebedürftigkeit zu vermeiden. Barrierefreie Orte, Technologien zur Unterstützung der Selbstständigkeit sowie haushaltsnahe Hilfen und Dienste, werden für das Wohnen im Alter, unabhängig von der gewählten Wohnform, zu selbstverständlichen Planungseckpunkten.

Bereits Pflegebedürftige wünschen sich, in der eigenen Häuslichkeit zu bleiben. Bereits 80% der Pflegebedürftigen konnten sich 2003 ein Leben im Alten(pflege)heim nicht vorstellen und die meisten Heimbewohner*innen sind nach Ansicht von Expert*innen faktisch unfreiwillig im Pflegeheim (vgl. Kremer-Preiß/Stolarz 2003). Ende 2013 waren in Deutschland 2,6 Millionen Menschen pflegebedürftig im Sinne des Sozialgesetzbuchs XI, über 65 Jahre alt waren 83% und 55% waren 80 Jahre und älter. Im Zeitraum von 2003 bis 2013 stieg der Anteil aller Pflegebedürftigen an der Gesamtbevölkerung von 2,5% auf 3,3%. Die Zahl der Pflegebedürftigen wuchs von knapp 2,1 auf 2,6 Millionen. Zunehmend macht sich die steigende Zahl älterer Menschen bemerkbar: 2003 lebten in Deutschland 3,4 Millionen Menschen ab 80 Jahren und 10 Jahre später waren es bereits 4,4 Millionen (vgl. Statistisches Bundesamt, Ältere Menschen in Deutschland und der EU 2016, S. 58).

Das Pflegerisiko steigt ab 75 Jahren stark an. „Bis 75 sind die meisten Menschen mehr oder weniger fit, doch dann steigt das Risiko auf Pflege angewiesen zu sein. 2013 waren von den 70- bis 74-Jährigen 5% pflegebedürftig, ab 90 Jahren lag der Anteil dann mit 64% am höchsten" (ebd.). Frauen sind ab dem 75. Lebensjahr deutlich häufiger pflegebedürftig als Männer, „die Pflegequote betrug 2013 unter den 85- bis 89-jährigen Frauen 42%, bei den Männern gleichen Alters hingegen lediglich 30%. Neben einer unterschiedlichen gesundheitlichen Verfassung kann ein Grund sein, dass Frauen häufiger allein leben" (ebd.).

Von den Pflegebedürftigen werden mehr als zwei Drittel zu Hause versorgt: 71% aller Pflegebedürftigen (1,9 Millionen Menschen) wurden 2013 zu Hause versorgt. 1,3 Millionen erhielten ausschließlich Pflegegeld und wurden ausschließlich zu Hause allein durch Angehörige gepflegt. Weitere 616000 Pflegebedürftige in Privathaushalten wurden zum Teil oder vollständig durch ambulante Pflegedienste versorgt. „29% aller Pflegebedürftigen (764000 Personen) wurden in Pflegeeinrichtungen vollstationär betreut. Das Leben in solchen Einrichtungen gewinnt mit dem Alter an Bedeutung: Von den Pflegebedürftigen zwischen 65 und 69 Jahren wurden 22% im Heim versorgt. Ab 90 Jahren war es dann knapp die Hälfte (45%)" (ebd., S. 59).

Die Menschen bleiben in ihrer eigenen Häuslichkeit, so lange es geht, und die Zahlen zeigen, dass sie dort auch noch sind, wenn es eventuell nicht mehr vertretbar erscheint aus z. B. medizinischer, pflegerischer oder sozialpädagogischer Perspektive, auch im Hinblick auf die Zumutbarkeit für die Angehörigen und daran angeschlossen die angemessene Versorgung der pflegebedürftigen Person bzw. das Zusammenleben aller. Das Ertragen und Aushalten der eigenen Pflegebedürftigkeit in Räumen, die für Pflege überhaupt nicht ausgelegt sind und eventuell umgenutzt werden für die Zeit der Pflegebedürftigkeit, kann zur dauerhaften Überlastung aller Beteiligten werden. Gleichzeitig haben die meisten pflegebedürftigen Menschen keinen Zugang mehr zu den Ressourcen ihres Wohnquartiers. Sie leben ab dem Zeitpunkt ihrer Pflegebedürftigkeit isolierter denn je zuvor (vgl. Knopp 2018, S. 132).

Beispiel

Wohin mit dem Familienmitglied im Pflegebett?

Ein Ehepaar ist über 50 Jahre verheiratet, als der Mann mit 81 Jahren pflegebedürftig wird. Die Ehefrau sieht es als ihre Pflicht an, ihn so lange wie möglich zu Hause zu pflegen. Das vom Sanitätshaus gelieferte Pflegebett passt nicht in das Schlafzimmer des Ehepaars. Das Wohnzimmer ist sehr groß und so zieht der pflegebedürftige Mann um in das Wohnzimmer. Er hat so gleichzeitig Anteil an dem sozialen Leben, er ist mittendrin und gleichzeitig ist er fremd in seiner eigenen Häuslichkeit. Einerseits liegt er wie auf dem Präsentierteller für jede*n Besucher*in ohne eigene Privatsphäre und andererseits ist er mittendrin dabei, nicht abgeschoben und überwiegend allein im Schlafzimmer. Er ist der Situation ausgeliefert und kann sich nicht selbstständig aus der Situation begeben.

Für pflegebedürftige Menschen ist es keineswegs egal, in welchem Zimmer sie in ihrer eigenen Häuslichkeit die überwiegende Zeit des Tages verbringen. Sie müssen die Gelegenheit bekommen, sich auch diesen Raum neu aneignen zu können in ihrer neuen Situation der Begrenztheit und Beschränktheit auf das Zimmer vor dem Hintergrund ihrer totalen Abhängigkeit von anderen in Bezug auf Bewegung. Das Bett ändert sich höchstwahrscheinlich auch von dem eigenen zum Pflegebett. Das Pflegebett wird als ebenso fremd eingeschätzt und es kann das eigene Empfinden bezüglich des Ausgeliefertseins gegenüber der Pflegebedürftigkeit und anderen Personen verstärken. Das Zimmer, wo das Pflegebett steht und wie die pflegebedürftige Person in die alltägliche Lebenswelt einbezogen wird, entscheidet über die Möglichkeiten zur Aneignung der neuen Situation. Dazu kann die Aussicht aus einem Fenster bedeutender für die Lebensqualität werden.

Wissensbaustein

Fenster und Fensteraussichten

Für ältere Menschen wird mit der Möglichkeit, aus dem Fenster zu blicken, einiges ermöglicht. Aus-dem-Fenster-Blicken oder Am-Fenster-Stehen eröffnet z.B. Teilhabe, Momente der Erholung und Entspannung. Fenster und ihre Aussicht erscheinen so selbstverständlich im Alltag, überwiegend wahrgenommen als funktionale Lichtgeber für Räume. Doch damit bleiben Fenster unterschätzt. Fenster gelten zwar als Funktionsgegenstand, indem sie Licht geben, sie dienen jedoch auch der Raumorientierung und dem Luftaustausch. Fenster gelten zudem als Schwellenorte an der Schnittstelle von drinnen und draußen. Im Brauchtum und der Überlieferung sind sie verankert als Grenzorte: Fenster dienen Geistern und Seelen als Flugloch. Zerspringende, klirrende Fester gelten als Todesvorzeichen und der Teufel, sagt man, klopft gerne ans Fenster (vgl. Selbmann 2010, S. 13). Selbmann betont die Bedeutung von Fenstern als geheimnisvolle Orte, denn der Aufenthalt dort erscheint gefährlich und heilsam zugleich (ebd.).

Fenster und Fensteraussichten können vielfältige Bedeutungen im Alltag einnehmen. Einige Forschungen untermauern die unterschiedliche und hohe Bedeutung, die Fenster mit Aussicht für Menschen haben können. Anglo-amerikanische Studien haben vor allem Wissen zur Bedeutung von Fenstern am Arbeitsplatz, in Schulen, Krankenhäusern, Gefängnissen und bezüglich des Wohnens hervorgebracht. „Windows are favored in diverse settings, including the workplace, schools, hospitals, prisons and residential contexts. Job satisfaction and work attitudes depend very much on the presence of windows and hierarchies are shown through the number of windows in one's office" (Kaplan 2001, S. 509). Vor allem im Bereich der Erwerbsarbeit zeigt sich die Bedeutung von Fenstern, denn die Anzahl der Fenster in einem Büro kann etwas über die Hierarchien in diesem Betrieb aussagen. Diejenige Person mit den meisten Fenstern steht in der Betriebshierarchie sehr weit oben. Studien in Krankenhäusern und Gefängnissen betonten, neben der Bedeutung der Fenster, auch die Aussicht. In Krankenhäusern trugen Fenster mit Aussicht zur schnelleren Genesung der Patient*innen bei. Moore fand bei seiner empirischen Untersuchung in einem Gefängnis heraus, dass vor allem diejenigen mehr vom Health Care Service Gebrauch machten, deren Fenster in den Innenhof zeigten. Die anderen Fenster zeigten eine Aussicht auf Felder und ländliche Umgebung (vgl. ebd. 1981). Kaplan wies 1993 darauf hin, dass eine größere Zufriedenheit bei der Erwerbsarbeit entsteht, wenn Fenster Aussichten auf die Natur zeigen. „Greater job satisfaction with windows which offer nature views" (Kaplan 1993 nach: Kaplan 2001). Eine „view of nature" führt zu größerer Zufriedenheit, weniger Ungeduld und Frustration, der Job wurde als herausfordernder empfunden und die Befragten waren mit mehr Enthusiasmus dabei.

Nicht nur das Vorhandensein von Fenstern spielt also eine wesentliche Rolle im alltäglichen Leben. Darüber hinaus erscheinen vor allem auch Fenster mit einer Aussicht, vor allem auf die draußen vor dem Fenster liegende Natur, von hoher Bedeutung zu sein. Selbst ein flüchtiger Blick auf die Welt draußen wird wahrgenommen und kann als inspirierend erlebt werden, um die Gedanken schweifen zu lassen. „It need not take long for the mind to wander to distant places and thoughts" (Kaplan 2001, S. 511). Dieser Vorgang wird von Kaplan als micro-restorative setting eingeschätzt. Darüber hinaus bieten Fenster einen sicheren Ausgangspunkt und jeder Mensch am Fenster ist geschützt vor potenziellen Gefahren, die draußen auf ihn warten könnten, „[...] protected from the elements and many other potential dangers, they offer refuge (Appleton 1975) while affording prospect in permitting exploration beyond the immediate setting" (ebd.). Die Aussicht eröffnet zudem Perspektiven auf eine kleine, jedoch vollständige Welt vor dem Fenster. Dieser Ausschnitt reicht, um die Phantasie anzuregen und Ideen dazu hervorzubringen und evtl. Szenen zu vervollständigen (weil man z. B. nichts hört oder nicht dazu gehört). Neben den möglichen unterschiedlichen faszinierenden Momenten am Fenster bietet das Fenster mit zufriedenstellender Aussicht kleine mentale Erholung und Entspannung für zwischendurch an. „Having a window and a view that is satisfying can provide many moments of fascinations, thus reducing the effects of mental fatigue. Window viewing can be frequent; vacations come but rarely" (ebd., S. 512). Darüber hinaus ermöglicht einem der Ausschnitt, der bei dem Blick aus dem Fenster wahrgenommen wird, den Blick auf eine vermeintlich vollständige Welt. Die Phantasie wird angeregt, den Ausschnitt dieser kleinen Welt zu vervollständigen und zu erweitern. Davon profitiert die Vorstellungskraft des*der Hinausblickenden.

> „At the same time, the perspective afforded from some window views can give the sense of looking at whole little world. [...] in fact, even a window view of a small garden patch can achieve these qualities of extent. [...] The power of a restrained view: offering only glimpse that encourages the imagination to generate the rest. [...] There is virtually no overhead in time or effort in obtaining the benefit of the view" (ebd.).

Fensterblicke benötigen darüber hinaus nicht sehr viel Zeit, vielmehr können diese nebenbei erfolgen und trotzdem erholsame Effekte hervorbringen. Für ältere pflegebedürftige Menschen kann das Fenster und die dazugehörige Aussicht Zugehörigkeit und Erholung zugleich bieten.

Über die Bedeutung des Fensters für Menschen hinaus kann die Farbe in der eigenen Häuslichkeit bzw. in Räumen wie z.B. Krankenhäusern und Altenpflegeheimen für die Genesung bzw. das Wohlbefinden Pflegebedürftiger ebenfalls hervorgehoben werden. Buether untersuchte Farben und ihre Wirkung auf hilfe- bzw. pflegebedürftige Menschen. Dabei gehören zum Farbkonzept Decke und Wand, Möbel, Böden, Türen, Fenster und das Licht. Bei der Farbgestaltung unterscheidet Buether unterschiedliche Bereiche, die es zu beachten gilt. Im Pflege- und Senior*innenheim ist die farbliche Erneuerung zumindest für den Empfangsbereich sehr interessant, da es sich um Schnittstelle zur Gesamtgesellschaft handelt, die auch von Angehörigen und Mitarbeiter*innen genutzt wird. Ein neutral gehaltener Empfangsbereich wirkt dabei eher steril und umgekehrt wirkt positiv, wenn mit der Zeit und den geltenden Moden Farbgestaltungen erfolgen. „Das Streben nach gestalterischer Zeitlosigkeit wirkt distanziert und unpersönlich wie jemand, der sich entziehen will. Mein Rat ist, verstehen zu lernen, dass man ohnehin immer eingeordnet wird: Es gibt im Grunde keine neutrale Farbgestaltung“ (Buether 2016, o.S.).

Farben dienen auch der Orientierung. Deutlich sichtbare Farbkontraste von Wänden, Decke und Boden, aber auch bei Durchgangselementen wie Türen oder Leitelementen wie Fluren und Treppenhäusern sind bedeutend für kranke oder ältere Menschen. Bewohner*innenzimmer, Speisezimmer und Etagen können über abgestufte Formen Identität vermitteln und Orientierung schaffen, vielleicht auch Zugehörigkeit. Farben werden auch auf große Entfernung hin wahrgenommen und von daher sind sie zur Kennzeichnung von Räumen besser geeignet als Schilder (vgl. ebd.). Der Standort des (Pflege-)Betts und die Farben bzw. die Einrichtung des Raums, in dem eine pflegebedürftige Person den ganzen Tag verbringt, haben unterschiedliche, nicht zu unterschätzende Auswirkungen für das Wohlbefinden.

Menschen möchten nicht nur in ihrer eigenen Häuslichkeit eventuelle Pflegebedürftigkeit erleben, vielmehr wünschen sie sich auch dort zu sterben. In empirischen Untersuchungen zeigt sich, dass die befragten Menschen in Deutschland zwischen 66 und 92% wünschen, in ihrem gewohnten häuslichen Umfeld zu versterben. Vor allem Menschen mit sehr häufigem Familienkontakt möchten zu Hause sterben. Sterben in Institutionen, wie z.B. Krankenhäusern, Pflegeheimen oder Hospizen kann als Normalfall angesehen werden. „Allerdings ist nicht bekannt, wie hoch der Anteil des Versterbens im häuslichen oder institutionellen Umfeld deutschlandweit ist. Einzelne regionale Untersuchungen zum Sterbeort liefern Institutionalisierungsquoten von 57–75%“ (Sauer et al.

2015, S. 169). In der vorliegenden Untersuchung wurde für Deutschland der alters- und geschlechtsspezifische Grad des institutionalisierten Sterbens und dessen Entwicklung im Zeitverlauf für die Sterbeorte Krankenhaus, Pflegeheim und eigene Häuslichkeit aufgezeigt. 2009 verstarben in Deutschland 248 Tsd. Personen (29%) zu Hause und 598 Tsd. (71%) in einer Institution. Der Anteil des institutionalisierten Sterbens hat sich innerhalb von zehn Jahren um 6 Prozentpunkte erhöht. Frauen versterben zu 74% in einer Institution und Männer zu 67%. Mit zunehmendem Alter verlagert sich das institutionalisierte Sterben vom Krankenhaus in das Pflegeheim. Das Hospiz als Sterbeort wird bisher von nicht mehr als 1 bis 2% als Sterbeort in Deutschland in Anspruch genommen (vgl. ebd., S. 170). Befragungen zeigen regelmäßig den überwiegenden Wunsch danach, in der eigenen Häuslichkeit zu versterben, doch mit den derzeitigen demographischen und krankheitsspezifischen Entwicklungen wird eher der Trend zum institutionalisierten Sterben fortgesetzt (vgl. ebd., S. 171).

Das institutionalisierte Sterben am Lebensende in Folge von schweren Krankheiten wird jedoch aus der öffentlichen Wahrnehmung verdrängt und ist in den Medien wenig präsent. Mit dem hochgradig institutionalisierten Sterben ist eine hohe rechtliche, medizinische und soziale Kontrolle verbunden. Der Sterbeort ist auch der letzte Lebensort der Menschen, den sie nicht frei auswählen können. Zahlen von 2001 zeigen für Rheinland-Pfalz, dass 52% der moribunden Personen in Krankenhäusern sterben, etwa 14% in Alten- und Pflegeheimen und nur 29% in einer Privatwohnung. Etwas weniger als 5% sterben demnach an sonstigen Orten, z.B. bei Arbeits- oder Verkehrsunfällen, durch Drogen und/oder Suizid (vgl. Ochsmann 2001). 100 Jahre früher, um 1901, hingegen starben 90% der Menschen in Deutschland in ihrem privaten Umfeld (vgl. Colla/Krüger 2013, S. 255). Sterben in Krankenhäusern oder in Heimen bedeutet für den Sterbenden, kaum Einfluss auf die Bedingungen nehmen zu können, unter denen das Sterben stattfinden sollte. Gleichzeitig ist der Wunsch, zu Hause sterben zu wollen, oft romantisch verklärt vor dem Hintergrund vieler guter personengebundener Erinnerungen dort, während die aktuell eingetretene Situation des Sterbens eine völlig andere darstellen kann. Sterben im hohen Alter wird zunehmen und damit ist eventuell verbunden, alleine, ohne Angehörige zu sein, wenn der Sterbeprozess eintritt (vgl. ebd., S. 256).

Sterbende Menschen sind in ihrer Subjektivität hoch gefährdet und haben Probleme, sich ihre eigene Situation anzueignen. Die Bedeutung des Todes, der prozesshafte Vorgang des Sterbens und seine Auswirkungen für die Lebenswelt und den Alltag der Sterbenden sowie ihrer Angehöriger und Freund*innen müssen bewältigt werden. Dazu gehören erodierende soziale Beziehungen und schwerer erreichbare Räume.

> „Aus einer anderen, eher soziologischen Sichtweise, konkretisiert sich das Problem des Sterbens als Herausforderung für, so paradox das klingen mag, die eigene Le-

bensbewältigung eines Patienten. Wichtige soziale Kontakte gehen in der Phase des Sterbens ebenso verloren wie die soziale Orientierung. Möglichkeiten der Bewältigung erschließen sich nicht mehr von alleine, sondern müssen möglich gemacht werden. Der Wunsch nach sozialer Integration und ‚Normalität' erlischt dennoch in der Regel auch in dieser Lebensphase nicht" (ebd., S. 264).

Das Hospiz wird in der Zukunft stärker von sterbenden Menschen und ihren Angehörigen als geeigneter Sozialraum für das eigene Sterben gewählt werden. Das Hospiz gilt als

> „Domäne rational eingestandener Todesnähe. Wer hier lebt, wird woanders nicht mehr leben – und die Patienten sind sich der Sackgasse bewusst, in der sie, oft hochbetagt, ihre letzten Lebenschancen aufbrauchen. Nirgends wird deutlicher als hier, dass es zum Wissen über den Körper dazugehört, dieses Wissen auch ignorieren zu können. Insbesondere extreme Umstände – seien sie nun subjektiver oder gesellschaftlicher Natur – führen zu Situationen, in denen mehr oder minder verlässliches Wissen unbewusst oder absichtsvoll aus dem Fokus gerät. […] In Hospizen kommt es vor, dass Patienten an einem Tag mit bewundernswerter Nüchternheit das eigene Lebensende anvisieren, ja sogar ‚ihren Frieden' mit der Todesgewissheit gemacht zu haben scheinen, wie alltagssprachlich gerne formuliert wird. Einen Tag später kann alles wieder anders sein – und mit einem Mal bestimmen Lebensverlustängste das Setting" (Benkel 2017).

Der Tod von Mitmenschen bietet eine Vielzahl sozialer Normen, die sich kaum als Strategie für den Umgang mit dem eigenen Sterben anbieten. Vor allem scheint gewiss zu sein, dass Sterben zumindest überwiegend mit einem höheren Lebensalter einhergeht, so dass körperliches Erleben und Erleiden deutlicher Alterung ältere Menschen zunehmend als Todesnähekandidaten ausweist (vgl. ebd., S. 292). Wünschenswert wäre, sich stärker mit dem eigenen Tod befassen und die Möglichkeit des Sterbens mit der eigenen Person mehr in Verbindung bringen zu können. In der Auseinandersetzung mit der eigenen Endlichkeit wird es eher möglich, Wünsche für das eigene Sterben formulieren und einfordern zu können.

Bräuche und Zeichen von Pietät sind in Vergessenheit geraten, gestorben wird anonymisiert in Krankenhäusern oder Pflegeheimen. Langsam jedoch werden das Sterben und vor allem der Tod aus ihrem Vakuum geholt.

> „Neu gefunden wird von Angehörigen der jüngeren Generationen das Gedenken in Internetfriedhöfen. Die virtuellen Gedenkstätten werden ein Teil eines globalen Kommunikationsnetzes, welches die Privatheit und Öffentlichkeit in eine neue Beziehung setzt, sie gelten als Frühinitiativen einer neuen Todeskultur (Geser 2000), die sich an traditionellen Symbolen (Kreuzen, Grabmale) orientiert" (Colla/Krüger 2013, S. 255).

Erfahrungen des Verlusts nahestehender Menschen erfordern Trauerbewältigung, die im Sterbeprozess bereits beginnt und da die Erfahrung endgültiger Verluste nicht mehr als Alltagswissen von Generation zu Generation weitergegeben bzw. im generationsübergreifenden Zusammenhang gemeinsam erlebt werden und sich weitergeben, sehen Colla/Krüger Bedarfe an Sterbebegleitung. Jenseits dieses Bedarfs wollen sich Menschen über Sterben und Tod austauschen und mit der Endgültigkeit des Lebens, vielleicht auch ihres eigenen Lebens, befassen und Erfahrungen mit anderen teilen. Dieses zeigt sich an der zunehmenden Ausbreitung der „Death Cafés", die das Thema Sterben und Tod bei Kaffee und Kuchen zu ihrem Schwerpunkt erklärt haben.

Beispiel

Death Cafés

Seit einigen Jahren erobert ein neuer Trend die Welt und zunehmend auch Deutschland: Die „Death Cafés", in denen bei Kaffee und Kuchen das Thema „Tod" ausführlich und ziellos entlang der Bedeutung für den*die Besucher*in besprochen werden kann.

> „Kaffee, Kuchen und über den Tod reden: Wie will ich beerdigt werden? Wie steht man zur Sterbehilfe? Darüber können Interessierte beim ersten ‚Death Café' in Oldenburg diskutieren. Der Londoner Jon Underwood hatte vor ein paar Jahren die Idee, Leute einzuladen, um über die eigene Vergänglichkeit zu sinnieren. [...] In Berlin lädt seit 2013 das ‚Café Tod' jeden letzten Freitag im Monat zu Gesprächen über das Sterben" (www.welt.de/regionales/niedersachsen/article148751252/Trend-erobert-Deutschland.html, veröffentlicht 2015, Abfrage: 02. 11. 2018).

Das Berliner „Café Tod" findet in den Räumen zweier Bestatterinnen statt, die Wert auf eine sehr individuelle und familiäre Trauerbegleitung legen. Das „Café Tod" findet alle paar Monate statt und wird organisiert von Angela Fournes, ebenfalls eine Bestatterin, die auch für Kaffee und Kuchen zuständig ist. In „Death Cafés" können Trauernde über das sprechen, was sie bewegt und was Nicht-Trauernde kaum verstehen. Die Idee stammt aus der Schweiz, das Franchise-Konzept aus Großbritannien, in Deutschland steht die Bewegung noch am Anfang, bisher gibt es 5 000 Cafés in 50 Ländern. In den westlichen hoch individualisierten Gesellschaften gibt es das Bedürfnis über den Tod und das Sterben zu sprechen. Der Schweizer Soziologe und Museumsdirektor Crettaz hatte 2004 zum ersten „Café mortel" geladen. Aufgrund der hohen Resonanz entstanden rund hundert weitere „Café sterblich". Der Brite Jon Underwood betrieb sechs Jahre die Death Cafés als eine Art soziales Franchise-Unternehmen. Death Cafés müssen folgende Bedingungen erfüllen: kein Eintritt, kein Profit und – niemand darf zu irgendeinem Handeln genötigt werden. Death Cafés bieten keine professionelle Trauerbegleitung.

„Es geht darum, sich einfach über das Thema auszutauschen und zu hören, wie gehen die anderen damit um oder welche Erfahrungen haben die anderen und dass man sich so gegenseitig befruchten kann quasi, oder dass man voneinander lernen kann von den Erfahrungen, weil jede Erfahrung ist anders, weil jeder Mensch anders stirbt, so kann man einfach im Gespräch darüber schon viel von der Unwissenheit abbauen und diese Unwissenheit ist das, was auch die Angst bringt. Beim ‚Café Tod' in Schöneberg berichten zwei der Frauen, wie wichtig es für sie war, enge Familienmitglieder beim Sterben zu begleiten und bei der Bestattung möglichst viel mitzugestalten. Sie erzählen von der Schwierigkeit, nach dem Verlust eines geliebten Menschen das eigene Leben weiterzuleben. Die Angst vor dem Tod ist ihnen fremd – wie auch bei Angela Fournes, die das Café Tod in Berlin vor gut vier Jahren ins Leben gerufen hat" (www.deutschlandfunk.de/death-cafes-kaffee-kuchen-tod.886.de.html?dram:article_id=398973, Abfrage: 02. 11. 2018, Bertsch 2017).

Death Cafés bieten Möglichkeiten, alle bedeutenden Themen zu besprechen, die mit Sterben oder Tod zusammenhängen. Dabei kann es sowohl um die eigenen Ideen, Befürchtungen oder die Trauer um einen erst kürzlich verstorbenen nahestehenden Menschen gehen. Sterben und Tod werden so aus der Tabuisierung geholt und Erfahrungen geteilt.

Benkel beschreibt folgende Szene auf einem deutschen Friedhof (etwa 32 000 Friedhöfe gibt es in Deutschland), an irgendeinem Tag des Jahres. „‚Na ja', sagt die ältere Dame, während sie, den Körper weit nach vorne gebeugt, am Unkraut zupft, ‚Sterben gehört halt dazu, nich' wahr?'" (Benkel 2017, S. 278), und für ihn steht eindeutig fest, dass Rituale und Praxen, mit denen vor der Beerdigung die Verabschiedung des toten Körpers performativ verwirklicht wird, vor allem in der Nähe des Todes stattfinden. Sie zeigen an, dass ein Sterbeprozess abgeschlossen worden ist. Todesrituale sind aus seiner Perspektive von den Lebenden und für die Lebenden errichtet als „Stützkonzeptionen" der betroffenen (sich als betroffen deklarierenden) Gemeinschaft (ebd., S. 280). Gleichzeitig kann der Sterbende sich über die Auseinandersetzung mit Ritualen, die nach seinem Tod vollbracht werden sollen, das eigene Sterben und den nahen Tod aneignen und sich vielleicht in dem Moment der gedanklichen Vorwegnahme als Teil der zurückbleibenden Gemeinschaft fühlen.

Fazit

Alternsprozesse sind vor dem Hintergrund ihrer unterschiedlichen Dynamik und Vielfältigkeit als Prozesse einzuordnen, die mit dem Eintritt in das Rentenalter die Neu-Aneignung des überwiegend seit vielen Jahrzehnten bekannten und gewöhnten sozialen Nahraums herausfordern. Mit der Wieder-Aneignung entstehen alte Bindungen neu und vielleicht auch ganz neue Bindungen an das Wohnen und Wohnumfeld, auf das sich ältere Menschen entlang ihrer Bedürfnisse zunehmend verlassen müssen. Teilhabe und Lebensqualität hängen also ganz entscheidend von der im Sozialraum vorhandenen Infrastruktur und den selbstbestimmten Zugang zu diesem ab, auch bei einsetzender Hilfe- und Pflegebedürftigkeit einhergehend mit einer Verengung des Aktionsradius. Regional finden Alternsprozesse der Gesellschaft ganz unterschiedlich statt, so dass bestimmte Lebensräume bereits sehr ausgedünnt sind und nur noch über wenig Infrastruktur verfügen. Raum betrifft individuell auch zunehmend die Aneignung von Räumen, die bisher ganz funktional ausgerichtet waren zur Bewältigung der Pflege in Krankenhäusern und Pflegeheimen. Doch mit der zunehmenden Verbreitung der Hospize entstehen neue Anforderungen an den Raum im Hinblick auf die Gestaltung, Nutzung und das Wohlbefinden in jeder Sekunde des Lebens und vor allem beim Sterben. Mit den Hospizen und ihrem Angebot sind Sterberäume entstanden, in denen Atmosphären geschaffen werden, die es allen Beteiligten, vor allem jedoch den Sterbenden ermöglichen, diesen Prozess als zum Leben zugehörig anzunehmen und sich aneignen zu können.

Übungs- und Reflexionsfragen

1. Welche Bedeutung wird dem sozialen Nahraum im Alternsprozess beigemessen?
2. Wie würden Sie die Wiederaneignung des Sozialraums im Alter verstehen? Was könnte dazu gehören? Wie gehen ältere Menschen vor?
3. Was verstehen Sie unter Selbstbestimmung, Selbstständigkeit und Unabhängigkeit in Alternsprozess raumbezogen ?
4. Wie könnte ein die überwiegende Zeit im Bett liegender Menschen unterstützt werden, sich sein nahes Umfeld anzueignen, zu gestalten und sich handlungsmächtig zu fühlen?
5. Sprechen Sie regelmäßig über Sterben und Tod mit älteren Familienangehörigen?

Literatur für das Selbststudium

Fachinger, Uwe/Künemund, Harald (Hrsg.) (2015): Gerontologie und ländlicher Raum Lebensbedingungen, Veränderungsprozesse und Gestaltungsmöglichkeiten. Vechtaer Beiträge zur Gerontologie. Wiesbaden: Springer VS.

Rießen, v., Anne/Bleck, Christian/Knopp, Reinhold (2015) (Hrsg.): Sozialer Raum und Alter(n). Zugänge, Verläufe und Übergänge Sozialräumlicher Handlungsforschung. Wiesbaden: Springer VS.

Schweppe, Cornelia (2000): Biographie und Alter(n) auf dem Land. Lebenssituation und Lebensentwürfe. Opladen.

Zum Weiterlesen

Baumgartner, Katrin/Kolland, Franz/Wanka, Anna (2013): Altern im ländlichen Raum. Entwicklungsmöglichkeiten und Teilhabepotentiale. Stuttgart: Kohlhammer.

Bleck, Christian/van Rießen, Anne/Knopp, Reinhold (Hrsg.) (2018): Alter und Pflege im Sozialraum. Theoretische Erwartungen und empirische Bewertungen. Wiesbaden: Springer VS.

Löw, Martina (2001): Raumsoziologie. Frankfurt/Main: Suhrkamp.

Kapitel 6
Die Zukunft Sozialer Altenarbeit – Bedingungen für die Ausprägung eines primordialen Zugangs Sozialer Arbeit als Ausgangspunkt für die Weiterentwicklung und Etablierung

Zusammenfassung

Vor einiger Zeit forderte Schweppe für das weitere Vorankommen Sozialer Altenarbeit ziemlich konkret die Entwicklung eines primordialen Zugangs Sozialer Arbeit. Damit ist gemeint, aus dem Kernbereich Sozialer Arbeit heraus disziplinäre und professionelle Fragen für die Auseinandersetzung und Entwicklung der Sozialen Altenarbeit zu entwerfen. Gleichzeitig würde damit die Zuständigkeit Sozialer Arbeit für die Lebensphase Alter übernommen und weiterentwickelbar. Im folgenden Kapitel werden ausgehend von der Idee und Notwendigkeit eines primordialen Zugangs zur Sozialen Altenarbeit die Entwicklung der Thematisierung seit den 1990er Jahren als Kontinuum von der „sozialen Altenarbeit" zur „Sozialen Altenarbeit" (gleichzeitig findet sich wiederkehrend der Begriff „soziale Altenarbeit" als Querschnittsbezeichnung aller sozialen Aufgaben in diesem Bereich und dann wird wieder die betonte Eigenständigkeit über den verwendeten Eigennamen „Soziale Altenarbeit" deutlich gemacht) und die dazugehörigen dahinter liegenden Verständnisse als Entwicklungsmomente nachgezeichnet. Danach folgt die beispielhafte Darstellung einiger Handlungsfelder Sozialer Arbeit, die sich bereits demographiebedingt auf ältere Adressat*innen eingestellt haben, da diese vermehrt in ihren Institutionen auftauchen, zur Dienstleistung auffordern und alter(n)sbezogenes bzw. -spezifisches Wissen erfordern. Daneben eröffnen die Arbeits- und Handlungsfelder in den spezialisierten Bereichen rund um das Altern, wie z. B. die Geriatrie, Gerontopsychiatrie oder Altenpflege, auch Möglichkeiten und Notwendigkeiten der Einmischung Sozialer Arbeit für die Sicherstellung der Selbstständigkeit, Selbstbestimmung und Unabhängigkeit in Alternsprozessen. Der dritte Teil erarbeitet Thematisierungslinien, die als Diskursbeginn eingeschätzt werden können oder erst einmal in gewisser Weise als Zuständigkeitserklärungen nun selbst in das Alter hineinwachsender sozialpädagogischer Theoretiker aufzufassen sind.

2012 hat Schweppe zur Entwicklung einer Expertise Sozialer Arbeit in der Sozialen Altenarbeit einen primordial angelegten sozialpädagogischen Zugang gefordert, um über die Zugrundelegung sozialpädagogischer (Grund-)Kategorien die Lebensphase Alter zu erschließen. Damit würde sie sozialpädagogischen Erkenntnisinteressen zugänglich gemacht (vgl. Schweppe 2012, S. 517). Obwohl bereits eine Vielfalt an Praxis inklusive dazugehöriger Ideen und Ansätze Sozialer Arbeit im Bereich von Alternsprozessen und der Lebensphase Alter täglich bearbeitet werden, fehlt durch alle Ebenen die ureigene professionelle und disziplinäre Verbindung der Sozialen Arbeit mit der Lebensphase Alter. Soziale Altenarbeit führt sowohl innerhalb der Sozialen Arbeit wie auch der Altenhilfe ein nach wie vor randständiges Dasein. Dabei geht es um die noch zu geringe Dichte und Selbstverständlichkeit der Diskurse um den demographischen Wandel und der Lebensphase Alter in Bezug auf die Alterung der Handlungsfelder, der Einmischung Sozialer Arbeit in die Altenhilfe sowie die Überalterung des Personals in Einrichtungen der Sozialen Arbeit. Soziale Arbeit gilt als historisch konkretes und gesellschaftlich-soziales Produkt, entwicklungsoffen und diskursiv angelegt. Im Theoriediskurs bezieht Füssenhäuser die besondere Bedeutung sozialer Strukturkategorien ein und zu diesen gehört u.a. auch das Alter, das systematisch weiter auszudeklinieren wäre (vgl. Füssenhäuser 2011, S. 1649). Diese Aufgabe wird konkretisiert vor dem Hintergrund der Entwicklung der Sozialen Altenarbeit, ihrer inzwischen herausgebildeten Praxis, Erfordernissen in der sozialen Praxis sowie sozialpädagogischer Diskursanfänge.

Hamburger entfaltet die Aussage „Theorie zielt darauf ab, eine bewusste Praxis zu ermöglichen“ (vgl. Hamburger 2008, S. 106) für eine sozialpädagogische Theorie, die sich auf den Begriff der Disziplin Sozialpädagogik und drei unterschiedliche Aspekte zur Gegenstandsbestimmung bezieht: 1. eine Wirklichkeit, 2. eine Praxis und 3. einen Diskurs.

> „Deshalb kann sie auch unterschiedliche Formen annehmen und als Beschreibung, Reflexion und Analyse erscheinen. Eine sozialpädagogische Theorie bezieht sich also auf den Begriff der Disziplin der Sozialpädagogik und versucht, in ihm alles aufzunehmen, was zu dieser Disziplin, auch in ihrer Beziehung zu ihrer Praxis, gehört. Wenn der wissenschaftliche Begriff der Sozialpädagogik sich kritisch zur Realität der Praxis verhalten will, dann muss er auch die Ideen und Ansprüche aufnehmen und reflektieren, die im Lauf der Geschichte mit ihm in Verbindung gebracht worden sind“ (ebd.).

Sozialpädagogik betrachtet, beschreibt und analysiert mit den Mitteln der Sozialwissenschaften einen Teilbereich der gesellschaftlichen Wirklichkeit, die die Sozialpädagogik als objektivierte und objektivierbare Wirklichkeit zum Gegenstand hat. Als Beispiel zur Verdeutlichung zieht er die Heimerziehung heran. „Eine sozialpädagogische Theorie der Heimerziehung beispielsweise beschreibt diese als eine ‚real existierende' Einrichtung, zeichnet ihre Entstehung und Veränderung nach, rekonstruiert die Prozesse, über die Kinder und Jugendliche ins Heim kommen und untersucht die Interaktion zwischen Erzieher und Jugendlichem im Heim als ein soziales Rollenhandeln" (ebd., S. 107).

Hamburger ordnet dieses Beispiel im weiteren Verlauf als Teilbereich von etwas ein, in dem Sozialpädagogik den gleichen Sachverhalt jedoch auch als Teil der menschlichen Gesamtpraxis betrachten kann, z. B. vor dem Hintergrund der Tradition, die geisteswissenschaftlich-philosophische Reflexion (vgl. Benner 1995 nach: Hamburger 2008, S. 107) über die menschliche Tätigkeit zu stellen. Die Bedeutung von „Praxis" zielt ab auf die in diesem Zusammenhang bedeutsame Einsicht über die Imperfektibilität des Menschen als jemanden, der sich als Gattung seine Welt selbst schaffen muss. Durch diese Tätigkeit behebt er seine Lebensnot, wenn er sie auch nicht beseitigen kann.

> „Der Mensch ist auf seine Praxis angewiesen, um die Not seiner Unfertigkeit zu wenden. Durch diese Praxis findet er zugleich seine Bestimmung und durch Praxis kommt er zu sich selbst. Wenn der Mensch in seiner Praxis zu sich selbst kommt, dann muss diese als zukunftsoffene und gestaltbare gedacht werden, weil nur so die Freiheit des Zu-sich-selbst-Kommens gegeben werden sein kann" (Hamburger 2008, S. 107 f.).

In dieser Praxis haben sich spezielle Berufstätigkeiten ausdifferenziert, die besondere Aufgaben wirksam erfüllen, aber Teil einer Praxis aller Gesellschaftsmitglieder bleiben. Mit der Spezialisierung von Berufen wird die Frage aufgeworfen, in welchem Verhältnis die Tätigkeiten der Spezialisten und die aller Menschen stehen. Insbesondere die alltäglichen Tätigkeiten, wie z. B. helfen, erziehen, Macht ausüben, gestalten oder moralisch urteilen und handeln, sind von dieser Frage betroffen. Pädagogische Reflexion kann auf die Betrachtung der Praxis abzielen und sie daraufhin betrachten, was sie fördert, z. B. Bildsamkeit und Selbsttätigkeit. Oder sie formt die gesellschaftlichen Anforderungen um oder öffnet die spezifische Erziehungspraxis zu einer Gesamtpraxis, die der Höherentwicklung der Menschheit dient (vgl. Benner 1995 nach: Hamburger 2008, S. 109). „Wenn der Gegenstand der sozialpädagogischen Theorie die Praxis in diesem Sinne ist, dann beobachtet sie nicht praktische Tätigkeiten als soziale Ereignisse, sondern sie begreift sie auch in den Begriffen und Kategorien, mit deren Hilfe die praktisch Tätigen sie selbst interpretieren und reflektieren" (Hamburger 2008, S. 109). Michael Winkler hat vor allem die dritte Gegenstandsbestimmung ausgearbeitet. Bei dem Versuch der Theorie, ihr Objekt zu bestimmen, hat sie nicht nur mit einer sozialen Wirklichkeit und einem Teil menschlicher Praxis zu tun. Dieser Teil wird vor allem kenntlich gemacht, wenn er als „sozialpädagogisch" bezeichnet wird. Der Kommunikationszusammenhang, der einen Teil menschlicher Praxis als „sozialpädagogisch" benennt, behauptet, was es sei oder sein solle. „Dieser Zusammenhang lässt sich als ein

Diskurs bezeichnen; so bildet der sozialpädagogische Diskurs das Objekt, dessen sich die theoretische Bemühung um Sozialpädagogik gewiss sein kann" (Winkler 1988, S. 24 nach: Hamburger 2008, S. 110). Die Reflexionen des Diskurses darüber, was Sozialpädagogik sein soll, nimmt soziale Wirklichkeiten auf und verarbeitet sie, indem ein bestimmtes Phänomen als sozialpädagogisch relevantes Problem bestimmt wird (vgl. Hamburger 2008, S. 110). Der Diskurs entfaltet Ansprüche, was als sozialpädagogisches Problem und Handeln zu gelten habe, und zwar von allen, die den Begriff Sozialpädagogik verwenden.

> „Die dreifache Konstitution des Gegenstands der Theorie
>
> - als soziale Wirklichkeit, die sich geschichtlich in einem gesellschaftlichen Zusammenhang herausgebildet hat,
> - als menschliche Praxis, die die Selbststätigkeit des Individuums und die Humanisierung der gesellschaftlichen Gesamtpraxis fördert und
> - als durch den Diskurs im Sinne einer eigenständigen, abgegrenzten und durch ein besonderes Problem in gebrachte Teilpraxis
>
> verlangt von der Theorie, was sie wohl nur als ganze, nicht aber in den einzelnen Entwürfen ihrer Protagonisten und Richtungen leisten kann" (ebd., S. 111).

Vor dem Hintergrund dieser sozialpädagogischen Auffassung von Theorie wird leichter nachvollziehbar, worauf Schweppe abzielt mit der Forderung nach einem primordialen Ansatz in der Sozialen Arbeit in Bezug auf die Lebensphase Alter bzw. die Ausprägung Sozialer Altenarbeit. Es geht um die Konstitution des Gegenstands als sozialpädagogisch relevantem, da mit der Sozialen Arbeit in der Lebensphase Alter, menschliche Praxis im Hinblick auf die Selbsttätigkeit und die Humanisierung der gesellschaftlichen Gesamtpraxis gefördert wird und damit auch gesellschaftliche Gesamtpraxis. Mit dem Diskurs um Soziale Arbeit wird dazu beigetragen, die Lebensphase Alter bzw. Alternsprozesse als sozialpädagogisch relevant wahrzunehmen vor dem Hintergrund epochaler und zeittypisch diagnostiziertem demographischen Wandel, der sozialpädagogische Einmischung dringend notwendig macht (vgl. ebd.). Unter primordialem Zugang ist dabei zu verstehen, dass Soziale Arbeit die Thematisierung bzw. Theoretisierung der Lebensphase Alter aus ihrem Selbstverständnis heraus als ihre ursprüngliche Aufgabe betrachten kann.

Definiton

Primordialer Zugang

Das Adjektiv „primordial" wird im Duden aus der Philosophie stammend als „[...] von erster Ordnung, uranfänglich, ursprünglich seiend, das Ur-Ich betreffend" erklärt (www.duden.de/rechtschreibung/primordial, Abfrage: 09.12.2018). Unter ursprünglicher Bindung bzw. primordialer Bindung oder Primordialität (aus dem lateinischen stammend für „[...] uranfänglich, urweltlich") versteht Geertz die inneren Verbundenheiten einer Person, die aus den Grundgegebenheiten ihres sozialen Lebens hervorgehen. Dazu gehören z. B. die von Kindheit an vermittelten Gefühle der Zugehörigkeit zu den nächsten Verwandten, zu einer bestimmten Religion oder Sprache, zu bestimmten Normen und Bräuchen oder zu einer begrenzten und überschaubaren Örtlichkeit. Geertz geht davon aus, dass diese ursprünglichen Bindungen stärker wirken als jene, die Menschen in späteren Lebensphasen eingehen, z. B. aus wirtschaftlichen Interessen oder politischen Überzeugungen. Deshalb wird der Erfolg ethnischer oder nationaler Vergemeinschaftung möglich durch den Appell an diese Gefühle und affektiven Bindungen (vgl. //de.wikipedia.org/wiki/Urspr%C3%BCngliche_Bindung, Abfrage: 09.12.2018). Der primordiale Zugang Sozialer Arbeit zur Lebensphase Alter und, sich damit für Alternsprozesse aus Sicht Sozialer Arbeit zuständig zu erklären, kann aus der ganz allgemein zu formulierenden Zuständigkeit Sozialer Arbeit für Menschen in allen Lebensaltern und Lebenslagen verstanden und entsprechend entfaltet werden.

Seit Beginn der 1990er Jahre und spätestens seit Ende der 1980er Jahre hat Soziale Arbeit bereits begonnen, Dienstleistungsangebote für Menschen im höheren Lebensalter anzubieten auf der Basis ihrer Zuständigkeit für die Teilhabe älterer Menschen an der Gesellschaft.

6.1 Die Entwicklung eines primordialen Zugangs zum Alter(n) aus sozialpädagogischer Perspektive – Von der „sozialen Altenarbeit" zur „Sozialen Altenarbeit"

Mit der Veröffentlichung „Soziale Altenarbeit" von 1996 wurde zum ersten Mal seit Entdecken des demographischen Wandels zum Ende der 1980er bzw. zu Beginn der 1990er Jahre des letzten Jahrhunderts die Verknüpfung der Sozialen Arbeit mit der Lebensphase Alter und Alternsprozessen als Eigenname bezeichnet und nicht als nähere Umschreibung der Altenarbeit als sozial. Schweppes Veröffentlichung „Soziale Altenarbeit" von 1996 kann somit als Ausgangspunkt gelten. Für Schweppe nahm die bis dahin vor allem mit Projekten verbundene Soziale Arbeit mit älteren Menschen Konturen an, in denen die konzeptionelle Offenheit der Projekte bedeutend war, angesichts mangelnder Vorbilder und wegrutschender Sicherheiten vor dem Hintergrund von Pluralisierung und Flexibilisierung der bisherigen Lebensentwürfe im allgemeinen und in der Lebensphase Alter. Die Projekte nahmen in mehrfacher Hinsicht den Charakter von Werkstätten zur Entwicklung von Lebensentwürfen an. Soziale Altenarbeit „[...] bietet Raum für Erprobungen und Entwicklungen von Tätigkeiten, Lebensstilen und Sinnstrukturen“ (Schweppe 1996, S. 250). Darüber hinaus werden Aushandlungsprozesse zur Gewährleistung eigenverantwortlicher Identitäten und Lebensentwürfe gefördert (vgl. ebd.).

Aus der Perspektive Schmidts hat Soziale Arbeit mit alten Menschen erst gegen Ende der 1980er Jahre deutlichen Aufschwung genommen inklusive Entfaltung klarerer konzeptioneller und institutioneller Konturen aufgrund der Impulsgebung durch Kommunen und Länder. Sie erhofften sich vor dem Hintergrund ihrer Zurkenntnisnahme des sozialen Wandels und demographischer Prozesse die Überwindung von Strukturdefiziten in der Altenhilfe durch die Einbeziehung von Sozialer Arbeit (vgl. Schmidt 2008, S. 215). Die Förderstrukturen bezogen sich auf Lebenssituationen der älteren Menschen im Übergang vom Beruf über die Entberuflichung auf den Beginn des nachberuflichen Lebens und im Hinblick auf die steigende Lebenserwartung vor allem auf die Demenzprävalenz bei Hochbetagten, da Demenzen spezifische Anforderungen an häusliche und stationäre Pflege bedeuteten. Darüber hinaus wurde das Hilfesystem weiterentwickelt. Durch den Einsatz Sozialer Arbeit sollte über Altenhilfefachberatungen die bis dahin fragmentierte ambulante Versorgungsinfrastruktur überwunden werden. Altenhilfefachberatungen hatten zum Ziel, entweder einzelfallbezogen als Vermittlungsinstanz zwischen Bürger*in und Dienstleistungsangebotssystem oder stärker systematisch und strukturbildend das Hilfesystem zu rationalisieren (vgl. ebd.).

> „Die sich spät vollziehende breitere Einbindung Sozialer Arbeit in Felder der Altenarbeit und Altenhilfe stellte keinen sozialstaatlichen Luxus aus finanzpolitisch besseren Zeiten dar. Vielmehr galt Soziale Arbeit – offensichtlich ein Vorteil der weniger spezialisierten und stärker generalisierten Ausbildung – noch als am vergleichsweise geeignetsten, um auf veränderte Bedarfslagen und sich ausdifferenzierende Anforderungsprofile reagieren zu können. Die Berufe der Sozialen Arbeit mit ihrem Methodenspektrum, ihrer besonderen Paradigmatik und professionellen Haltung gegenüber sozialen Problemen konnten sich in dieser Situation einer gewissen Attraktivität erfreuen“ (ebd., S. 216).

Inzwischen repräsentiert der Begriff Soziale Altenarbeit den Ausschnitt der Altenhilfe und Altenarbeit, der durch Fachkräfte der Sozialen Arbeit bearbeitet wird. Bundesweit hat sich bisher keine einheitliche Überzeugung oder gar Praxis herausgebildet, die zudem eingrenzt oder eröffnet, wo Fachkräfte einzusetzen sind oder wo nicht (vgl. ebd., S. 218). Damit folgt Soziale Altenarbeit bis in die Gegenwart keinem einheitlichen oder dominanten Leitbild. Vielmehr ist für die Soziale Altenarbeit eine Vielschichtigkeit aus älteren und neueren Konzepten bezeichnend, die sich auch als Pluralisierung der Angebotsstruktur beschreiben lässt. Die Pluralisierung in den Konzepten und Programmatiken entspricht vor allem der Heterogenität des Feldes und seiner Zielgruppen. „Zwischen den

Lebenssituationen von frühzeitig Verrenteten, rüstigen Betagten und abhängigen chronisch Kranken im hohen Alter spannt sich ein immer weiter gefasster Bogen, dem die Leitbilder und Konzepte Sozialer Altenarbeit in der Folge differenziert zu entsprechen haben“ (ebd., S. 221). Soziale Arbeit mit älteren Menschen folgt den erweiterten und pluralisierten Ideen und Lebenslagen älterer Menschen und ist eingeengt auf die Entwicklung der Lebensphase Alter, während die Soziale Arbeit sich nicht von sich aus in die Lebensphase Alter hineinbewegt hat als Soziale Arbeit, die sich stärkere Konturen gibt im Hinblick auf die selbstverständliche Zuständigkeit für alle Lebensalter und Lebensphasen.

Schmidt sieht vier Strukturmaximen „sozialer Altenarbeit“, die sich in den letzten Jahren herausgebildet haben:

1. Offenheit für die soziale Phantasie der älteren Menschen: soziale Altenarbeit leistet die geforderte Übersetzung der allgemeinen Programmphilosophien in konkrete Lebenswelten und für spezifische, selbst gewählte und eigens begründete Vorhaben älterer Menschen.
2. Vor dem Hintergrund relativer Offenheit und gewisser inhaltlicher Programmunschärfen liegt es an den Menschen selbst, zu formulieren und einzuleiten, was sie demnächst zu tun beabsichtigen. Die älteren Menschen eröffnen sich ihre Tätigkeitsfelder selbst. In allen Projekten wird die besondere Mischung aus Gemeinschaft und Tätigsein kombiniert.
3. Auf vorhandene Wissensbestände und Taten der älteren Menschen wird zurückgegriffen und gleichzeitig werden neue Erfahrungswelten geboten und Lernanlässe hergestellt. In Projektkontexten werden Geben und Nehmen, die Nutzung von Kompetenzen, Ressourcen und Lernen ausbalanciert.
4. Die Projekte lassen sich durch ihren Ortsbezug kennzeichnen (vgl. Schmidt 2008, S. 222).

Die Zukunft der Sozialen Altenarbeit sieht Schmidt in ihrer Teilung: Ein Teil der Sozialen Altenarbeit wird sich vor allem, inklusive ihrer konzeptionellen Innovationen, auf das beginnende nachberufliche Leben orientieren mit einer Tendenz zur Auflösung in einer gerontologisch aufgeklärten Sozialpädagogik. Einen anderen Schwerpunkt wird Soziale Arbeit in der Pflege darstellen, „[…] die sich spezifisch mit den individuellen und sozialen Folgen nachlassender Ressourcen und wachsender Abhängigkeiten im fortschreitenden vierten Lebensalter (auf Basis einer Gerontologie des hohen Alters) auseinanderzusetzen hat“ (ebd., S. 226).

Backes/Clemens schätzen aus der Perspektive der (Sozialen) Gerontologie spezifische Tätigkeitsfelder für „soziale Altenarbeit“ ein, die zukünftig an Bedeutung gewinnen werden und in denen Sozialarbeiter*innen und -pädagog*innen verstärkt tätig werden können. Dazu gehören vor allem die Aufgaben, die mit in Deutschland lebenden Ausländerinnen und Ausländer aufkommen werden. „Sie stellen zwar bisher – verglichen mit den deutschen Alten – eine relativ kleine Gruppe dar, werden aber in den nächsten Jahrzehnten an Umfang und Problematik deutlich zunehmen. Stellt man die allgemeine Frage nach ihrem Bedarf an sozialstaatlicher Unterstützung, so können ältere Migranten als Zielgruppe im Schnittpunkt von Ausländer- und Altenpolitik definiert werden" (Backes/Clemens 2013, S. 336). Mit dem Strukturwandel des Alters haben sich grundsätzliche Orientierungen und Strategien herausgebildet, charakteristisch für eine „zeitgemäße Altenarbeit", die der „allgemeinen Sozialarbeit" entstammen, gleichzeitig den Einfluss gerontologischen Wissens dokumentieren und für den gesamten Bereich der Altenarbeit Geltung beanspruchen. Dazu gehören die

- „Autonomieorientierung
- Lebensweltorientierung
- Biographieorientierung
- Kompetenzorientierung
- Produktivitätsstrategie
- ‚Normalisierung des Alters' und alterspolyphone Integrationsstrategie" (ebd., S. 337 f.).

An diesem Beitrag aus der Sozialen Gerontologie lassen sich die Überschneidungs- und gleichzeitig Konkurrenzbereiche zwischen der Sozialen Arbeit und der Sozialen Gerontologie sehr gut zeigen. Zum einen scheint es, als wollten Backes/Clemens die Soziale Arbeit auf bestimmte Handlungsfelder beschränken. Zum anderen wird weder deutlich, wie Backes/Clemens „soziale Altenarbeit" und „allgemeine Sozialarbeit" definieren, warum sie sich nicht auf Soziale Arbeit als Oberbegriff beziehen und warum sie davon ausgehen, dass die von ihnen genannten grundsätzlichen Orientierungen und Strategien, wie z. B. Autonomie-, Lebenswelt-, Biographie- und Kompetenzorientierungen zwar aus dem Bereich „allgemeiner Sozialarbeit" stammen, jedoch den Einfluss des gerontologischen Wissens auf andere Bereiche dokumentieren. In der allgemeinen Sozialen Arbeit sind diese Orientierungen seit vielen Jahrzehnten viel diskutierte Standards, die aus Sicht der Sozialen Gerontologie für den gesamten Bereich der Altenarbeit Geltung beanspruchen, die die Soziale Arbeit bisher jedoch nicht für sich beansprucht, obwohl ihre Orientierungen selbstverständlich Teil der Gerontologie geworden sind.

Schweppe hat bereits vor über 20 Jahren für die Ausprägung der Sozialen Altenarbeit die Biographiearbeit mit älteren Menschen als einen der bedeutenden Schwerpunkte in den Vordergrund gestellt.

Wissensbaustein

Soziale Altenarbeit und biographische Schwerpunktsetzung
Soziale Altenarbeit als Ermöglichung eines Erprobungs-, Entwicklungs- und Unterstützungsraum angesichts der Gestaltbarkeit und Gestaltungsnotwendigkeit der Altersphase rückt die Bedeutung der Kategorie „Biographie" in den Mittelpunkt. Mit der abnehmenden Verbindlichkeit und Auflösung der traditionellen Lebensmuster im Alternsprozess haben sich seit Ende der 1980er Jahre Entscheidungs-, Gestaltungs-, Orientierungs- und Handlungsalternativen erweitert und machen Selbstthematisierungen, -beschreibungen, -steuerungen und -vergewisserungen in Bezug auf die Lebensgestaltung notwendig. „Die gewonnenen Jahre werden biographisiert, d. h. biographisch relevante Ereignisse und Situationen werden selbstreferentiell behandelt und thematisiert. Der Biographie kommt als regulativer Mechanismus eine wachsende Bedeutung zu" (Schweppe 1996, S. 251). Biographieorientierung in der sozialen Altenarbeit benötigt über das wissenschaftliche Fundament hinaus eine bestimmte Haltung, die als Voraussetzung Neugier und Interesse an den Lebensgeschichten alter Menschen verlangt. Genaues Hinsehen auf Einzelfälle ist für soziale Altenarbeit ebenso bedeutend wie die Bereitschaft zur versuchsweisen Annäherung an übergeordnete Phänomene und wieder Loslassen vorschneller Kategorisierungen. Die Biographieorientierung in der sozialen Altenarbeit benötigt eine kontinuierliche Aufmerksamkeit gegenüber Geschichten und Erinnerungen. Dazu gehört auch die Kultivierung biographischer Präsentationen im beruflichen Alltag, die sowohl das Nachfragen und Mehr-wissen-wollen einschließt und keine Fragen vermeidet, die auf die Widersprüche und schwierigen Seiten des Lebens zielen (vgl. ebd., S. 258). Die Ausarbeitung biographieanalytischen Wissens und Könnens bedarf weiterer theoretischer und methodischer Überlegungen, z. B. wie die Kompetenzen methodisch-kontrollierten Fremdverstehens „situationsflexibel-abgekürzt" ihre Anwendung finden können. „Solche Überlegungen scheinen mir sinnvoll und notwendig zu sein, weil hierdurch Perspektiven der Unterstützung eigenverantwortlicher und selbstbestimmter Lebensentwürfe im Alter eröffnet werden – samt ihren fremden und eigenwilligen Lebenslösungen" (ebd.).

Tipp

Jeder Mensch trägt Geheimnisse mit sich herum, von denen er*sie meint, sie mit niemandem teilen zu können. Je älter ein Mensch wird, desto mehr Geheimnisse sammelt er*sie an. Kann es die Aufgabe Sozialer Arbeit sein, diese mit einem älteren Menschen zu teilen? Was denken Sie?

Blicken Sie einmal in das Gesicht älterer Menschen. Können Sie das Gesicht sehen, dass der ältere Mensch als Kind hatte oder als Jugendlicher oder als junger erwachsener Mensch in seinen 20ern? Was sehen Sie?

Zur Sozialen Altenarbeit gehören inzwischen viele verschiedene Arbeitsfelder, die sehr unterschiedlich voneinander abgegrenzt werden können und auch je nach Perspektive in Überblicksbüchern zu Arbeits- und Handlungsfeldern Sozialer Arbeit sehr unterschiedlich dargestellt und bewertet werden, während es auch einen Schwerpunktband zu „Sozialer Arbeit mit alten Menschen" (Zippel/Kraus 2011) gibt, in dem viele Arbeitsbereiche Sozialer Altenarbeit dargestellt und in ihren Dimensionen gezeigt werden.

Definition

Aufgaben Sozialer Altenarbeit

Die Aufgaben und verschiedenen Handlungsfelder, in denen Soziale Arbeit mit alten Menschen stattfindet und sich zunehmend als Soziale Altenarbeit etabliert hat, erscheinen verwirrend. Unterschiedliche Übersichten zu Handlungsfeldern Sozialer Arbeit beschreiben die Aufgaben und das Aufgabenspektrum auch unterschiedlich, je nach Stand und Herausgeberschaft werden damit unterschiedliche Entwicklungsstadien signalisiert. In der Übersicht von Chassé/v. Wensierski wird „Soziale Altenarbeit und Altenhilfe" und „Soziale Arbeit in der stationären Altenpflege" voneinander unterschieden (vgl. Chassé/von Wensierski 2008). Schmidt differenziert entlang der Entwicklungen seit den 1990er Jahren die Soziale Altenarbeit aus. Zur Sozialen Altenarbeit gehört die offene Altenarbeit, die Angebote gestaltet zur Förderung sozialer Kontakte, Bildung, Kulturarbeit und altersorientierten Freizeitgestaltung. In der Vergangenheit gehörten zum Spektrum vor allem die traditionellen, herkömmlichen Formen der Altenclubs und der Altentages- und Altenbegegnungsstätten, die mehrheitlich ursprünglich stark am konzeptionellen Leitbild der Betreuung orientiert waren. Zwischenzeitlich rückte die Angebotsorientierung in den Vordergrund mit dem seit Ende der 1990er Jahre anhaltenden Bestreben, Inhalte und Orientierungen zu modernisieren und zu pluralisieren. Selbsthilfeförderung, Kulturarbeit, Modellprogramme, Bildungsangebote gehören nun in die Angebotspalette, oft zugleich angeboten von neuen Trägern, wie z. B. nicht sozialhilfefinanzierten Clubs, Universitäten, Volkshochschulen, Altentagesstätten (vgl. Schmidt 2008, S. 218). Darüber hinaus sind weitere neue Dienstleistungsangebote entstanden, wie z. B. Altenbüros oder Senior*innengenossenschaften, die sich auf Selbsthilfe im weiteren Sinn beziehen und überwiegend als freie Initiativen oder Vereine tätig sind.

> „Wichtig sind dabei das Gegenseitigkeits- und Mitgliederprinzip, wobei die Arbeit zugleich nach außen wirken soll. Ziel ist, Gelegenheitsstrukturen zum Austausch nützlicher (z. B. bürgerschaftliche Tagespflege, Mahlzeitendienste, Betreuung und Beratung) ebenso wie zu sozialer Integration zu schaffen. Formen der Unterstützung von Engagement sind Zeittauschbörsen, Tausch-Börsen, Tausch-Ringe. Diese Konzepte basieren auf einem Leitbild des aktiven Alterns durch die Förderung von Rollenpluralität und der partizipativen Gestaltung eigener Lebensräume" (Schmidt 2008, S. 218).

Im Zusammenhang der häuslichen Pflege übernimmt Soziale Arbeit das fachliche und methodische Handeln überwiegend im Hinblick auf die Basisfunktionen der Herstellung des Gesamtprodukts „Pflege“. Dazu gehören Angehörigenarbeit und leistungserschließende Beratung, Evaluation der Ergebnisqualität aus der Sicht der Kund*innen, Case-Management zur Überwindung der Rationalitätsdefizite in der ambulanten Versorgung, Leistungsdiversifikation, also die Entwicklung neuer Produkte im Spektrum sozialer Maßnahmen und Dienste auf der Grundlage systematischer Auswertungen der Situation von Pflegehaushalten oder Organisation und Kommunikation pflegeflankierender Maßnahmen zur Sicherung pflegerischer Handlungen und zur Erhaltung von Lebensqualität (vgl. ebd., S. 220).

Am Beispiel eines Sozialdiensts in einem Altenhilfezentrums wird die Vielzahl an Aufgabenbereichen der Sozialen Arbeit deutlich, z. B. Platzbelegung, Heimaufnahme, Heimeinzug, Einzelfallhilfen, Kultur- und Freizeitangebote, Angehörigenarbeit, Heimbeirat, Kooperation und Vernetzung, Einsatz und Anleitung von Mitarbeiter*innen, Gemeinwesenarbeit, Qualitätssicherung (vgl. Hirt 2008, S. 232).

Im Handbuch für berufliche Praxis unterscheiden Zippel/Kraus Soziale Arbeit für alte Menschen in der Geriatrie (soziales Assessment und systematische Leistungserfassung Sozialer Arbeit in der Geriatrie unter DRG-Bedingungen, palliative Geriatrie), Gerontopsychiatrie, Care und Case Management, Wohnen im Alter, Freiwilliges Engagement, Interkulturelle Soziale Arbeit mit älteren Migrantinnen und Migranten, Gewalt gegen alte Menschen, Hospizbewegung, Suizid und Alter, Beratungs- und Unterstützungsangebote allgemein, Beratung bei Demenz, Soziale Arbeit in stationären Pflegeeinrichtungen (vgl. Zippel/Kraus 2011). Backes/Clemens unterscheiden Soziale Arbeit mit älteren und alten Menschen nach der Sozialarbeit mit älteren Menschen in nicht-altenhilfespezifischen Diensten oder nach „direkter Arbeit“ und „indirekter Arbeit“ mit Älteren und Betagten.

> „Innerhalb der Altenhilfe sind drei Zielgruppen sozialer Altenarbeit zu unterscheiden, denen entsprechende Hilfen zur Verfügung zu stellen sind:
>
> - Als Angebot an alle älteren Menschen im Sinne einer sozialen Verpflichtung, das nicht auf soziale Notlagen abzielt, sondern der Verwirklichung von generellen Bedürfnissen und Rechten dient;
> - Als ergänzende Hilfe in speziellen Problemsituationen, die mit dem Alter verbunden und vorübergehender Art sind;
> - Als ständige Hilfe für diejenigen, deren Lebenslage sie nicht in den Stand setzt, aus eigener Kraft Einschränkungen und Behinderungen zu überwinden“ (Backes/Clemens 2013, S. 334).

Für den stationären Bereich wird die Berufsgruppe der Sozialarbeiter*innen/Sozialpädagog*innen erst seit Ende der 1980er Jahre stärker gesehen, weil seitdem aufgrund veränderter Finanzierungsgrundlagen förder- oder sozialtherapeutische

Maßnahmen ermöglicht werden. Zu den Aufgaben gehören Bewohner*innen-, Mitarbeiter*innen- und Haus- bzw. Milieuorientierung. Darüber hinaus kann Soziale Arbeit für das Umfeld und das Gemeinwesen zuständig sein. Soziale Arbeit versucht sich seit 15 Jahren im ambulanten Bereich zu profilieren, z. B. mit Angeboten in Sozialstationen, koordinierende Aufgaben bei ambulanten Hilfen in Informations-, Anlauf- und Vermittlungsstellen oder durch Doppelqualifikationen von Pflege und Sozialer Arbeit mit dem Ziel eines umfassenderen Angebots in ambulanten Pflegediensten (vgl. ebd., S. 335).

Der überwiegende Anteil der Sozialen Arbeit findet sich nach Einschätzung Backes/Clemens im offenen Bereich der Altenhilfe. Soziale Arbeit ist aktiv in der Beratung, bei Bildungs- und Freizeitangeboten bis hin zur Förderung sozialer Begegnung.

> „Die Angebote sind vielfältig, unüberschaubar und in der Effektivität schwer zu überprüfen. Soziale Arbeit in Altentagesstätten hat in den letzten Jahren eine stärkere Dienstleistungsorientierung erfahren; außerdem werden häufiger Formen einer zugehenden Altenarbeit praktiziert und lebensweltliche Kommunikationsbezüge hergestellt. Diese konzeptionellen Änderungen verstärken noch die anregende, motivierende, unterstützende und stabilisierende Funktion" (ebd., S. 336).

Oppermann folgt der Differenzierung von Schweppe, die die Arbeitsfelder der Sozialen Altenarbeit nach offenen, stationären und ambulanten Angeboten unterscheidet sowie z. T. nach teilstationären sowie Bildungsangeboten (vgl. Schweppe 2012). In der offenen Altenarbeit werden vor allem Menschen ohne gesundheitliche Beeinträchtigungen adressiert und eine Fülle unterschiedlicher Angebote wie Beratungen, Senior*innenclubs, Senior*innentheater, Erzählcafés oder Senior*innentanz werden dazu gezählt. Ob diese Einrichtungen von Sozialarbeiter*innen betreut oder in die Hände der Adressat*innen im Sinne des bürgerschaftlichen Engagements gegeben werden, wird von Kommune zu Kommune anders gehandhabt. Schweppe beschreibt in der offenen Altenarbeit drei nebeneinander existierende Zugänge: So orientieren sich zahlreiche Angebote an den beiden oben beschriebenen Altersbildern (Defizit und Aktivität), während ein drittes Leitbild seit den 1990er Jahren das ‚zu gestaltende Alter' darstellt, das sich als Antwort auf Veränderungen in der Altersphase entwickelt hat (vgl. Schweppe 2012 nach: Oppermann 2018, S. 240).

Soziale Arbeit im stationären Bereich bezieht sich auf hilfe- und pflegebedürftige Menschen, die nicht mehr in einem eigenen Haushalt leben können und zu diesen Angeboten werden vor allem Alten- und Pflegeheime gezählt. Der ambulante Bereich unterteilt sich vor allem in Sozialstationen und Pflegedienste und bezieht sich auf Menschen mit Hilfe- und Pflegebedürftigkeit, die jedoch noch in der eigenen Häuslichkeit leben. In beiden Bereichen herrscht das medizinische Paradigma vor, das Pflegebedürftigkeit vor allem als Folge von Krankheit und Behinderung leistungsrechtlich anerkennt und dementsprechend somatische, hygienische und Ordnungsaspekte in den Vordergrund stellt. Soziale Arbeit ist bisher eher randständig in der stationären und ambulanten Altenhilfe vertreten. Mit den Konzepten Sozialer Arbeit könnten eine Vielzahl an Herausforderungen in beiden Feldern bearbeitet werden. Im Bereich der stationären Pflege könnte mit dem Konzept einer lebensweltorientierten Pflege der Ansatz einer „radikalen Nutzerorientierung" vorgelegt werden. Damit würde Bewohner*innen eine stärkere Orientierung an ihren Bedürfnissen ermöglicht und weniger an Organisationsrationalitäten. Darüber hinaus könnten erweiterte Handlungsspielräume, Transparenz, Selbst- und Mitbestimmung statt Reglementierung und Bevormundung, Öffnung statt Abschottung stattfinden (vgl. Schweppe 2006 nach: Oppermann 2018, S. 240). Ähnlich verhält es sich mit dem ambulanten Bereich: Soziale Altenarbeit verfügt über Konzepte, wie z. B. das Case-Management, mit dem Unterstützung bei der Herstellung und Aufrechterhaltung eines bedarfsgerechten, komplexen und sensiblen Pflegearrangements erfolgen könnte (vgl. Oppermann 2018, S. 240). Soziale Altenarbeit hat also in mehreren Bereichen bereits Schwerpunkte gesetzt und sich etabliert, während in anderen Bereichen noch Spielräume für die Entwicklung und Einmischung ausgelotet und besetzt werden müssen.

Die Geschichte der Sozialen Altenarbeit als eigenständiges Handlungsfeld der Sozialen Arbeit ist jedoch noch recht jung im Vergleich dazu, dass Soziale Arbeit traditionell auf die Lebensalter Kindheit/Jugend fokussiert war. Erst allmählich wendet sie sich mit der Zurkenntnisnahme gesellschaftlicher Veränderungsprozesse der Kategorie des Alters zu (vgl. Oppermann 2018, S. 237). Oppermann betont in ihrem Überblick zur Einführung in die Soziale Altenarbeit, dass die soziale Konstruktion des Alter(n)s stetig reflektiert werden sollte, da sie der Sozialen Altenarbeit zugrunde liegt. Das Lebensalter „Alter" gilt in seiner gegenwärtigen Konstruktion als Produkt der Moderne, denn es wurde und wird nach wie vor abhängig vom Erwerbsleben konstruiert. Mit dem Renteneintritt erfolgt der Übertritt in das Alter und dieses wird verstanden als Zeit frei vom Erwerbsleben als Ruhestand und damit als Zeit des Nicht-Tätigseins (vgl. ebd., S. 239).

Oppermann möchte die Lebensphase Alter, neben der kontinuierlich impliziten Perspektivierung als Konstruktion, unter dem Dach der Diversity betrachten und einschätzen mit der Konsequenz, alte Menschen ebenso in ihrem Mann-Sein*Frau-Sein, ihrer Ethnie, ihrer sexuellen Orientierung, ihrer sozialen Klasse, ihren Sprache etc. als bedeutsame Kategorien (kontextuell und situativ) zu begreifen. „Mit dieser Perspektive ist schließlich Abstand zu nehmen von etwaigen Normalitätsvorstellungen des Alter(n)s, von feststehenden Zuschreibungen an das Alter(n) sowie damit einhergehenden Zumutungen und Identitätsfixierungen" (Oppermann 2018, S. 42). Vielmehr geht es um das Wahrnehmen und zugleich Ernstnehmen älterer Menschen in ihrer Individualität und bei jedem Individuum handelt es sich um ein besonderen Einzelnen (vgl. Hormel/Scherr 2004, S. 212 nach: Oppermann 2018, S. 42).

Soziale Altenarbeit hat im Hinblick auf organisationale Prozesse, in denen insbesondere Normalitätsvorstellungen reproduziert und durchgesetzt werden, danach zu fragen, welche Interpretationen von „Normal“ für das Alter vorgesehen sind, gelebt werden und welche Vielfältigkeiten dabei gleichzeitig ausgeschlossen werden. Oppermann fragt auf einer organisationalen Ebene nach fachlichen Ansätzen, Räumen, Methoden sowie nach der Zusammensetzung der Teams, die die Vielfältigkeiten der alten Menschen selbstverständlich im Blick haben und fördern. Dazu gehört auch die Offenheit der Organisationen für unterschiedliche Gruppen älterer Menschen, Frauen, Männer, sexuelle Vielfalt oder entsprechende kultursensible Angebote. Darüber hinaus hat Soziale Altenarbeit viel stärker zu unterscheiden nach Angeboten, deren gängige Komm-Struktur nicht ausreicht und zugunsten aufsuchender Zugänge abgelöst werden sollten, um z. B. älteren Migrant*innen, Männern*Frauen oder älteren Menschen aus verschiedenen sozialen Schichten zu erreichen. Insbesondere von Bedeutung erscheint, nicht in essentialistische Zuschreibungen von „den alten Frauen“, „den alten Männern“ oder „den alten Migrant*innen“ zu verfallen. Vielmehr müssen die Kategorien von Geschlecht, Ethnie, Nationalität, sexueller Orientierung permanent aufgebrochen und reflektiert werden.

> „Schließlich muss eine Diversity-Programmatik auch auf der Makroebene, d. h. der gesellschaftlich-strukturellen Ebene, reflektiert bzw. kritisch ausbuchstabiert werden. Ansonsten unterliegt die Programmatik ‚der Gefahr einer Trivialisierung‘ (Hormel/Scherr 2004, S. 209) bzw. mutet ‚die Anerkennung von Differenzen erkennbar paradox‘ (Hormel/Scherr 2004, S. 211) an, da viele der oben beschriebenen Differenzkategorien wie das Alter selbst, Geschlecht, Ethnie etc. ebenso als Strukturkategorien fungieren, mit denen erhebliche soziale Ungleichheiten einhergehen – und sich im Alter noch einmal verstärken, wenn man die Lebenslagen z. B. älterer Migrant_innen oder älterer Frauen allgemein betrachtet (Backes 2002; 2005; Schröer/Schweppe 2010). Für eine Diversity-Perspektive in der Sozialen Altenarbeit bedeutet dies, dass sie (sozial-)politische Reflexionen einzubinden und sich in sozialpolitische Diskussionen einzumischen hat“ (Oppermann 2018, S. 242).

Aufgaben der Sozialen Altenarbeit liegen über Unterstützungen bei kritischen Lebensereignissen hinaus in der Lebensbegleitung zur Lebensgestaltung und Lebensbewältigung des normalisierten Alters. Organisationen der Sozialen Altenarbeit haben sich vor diesem Hintergrund zu fragen, wie offen sie für diese Aufgaben bereits sind, wo und wie unterstützend sie bereits wirken und welche tatsächlichen Entwicklungsmöglichkeiten bereits angeboten werden, die individuellen Bedürfnissen ihrer Adressat*innen gerecht werden und weder entlang standardisierender noch normalisierender Lebensentwürfe und Rollenmuster daherkommen. Auf einer gesellschaftlich-strukturellen Ebene ist politisch Einfluss zu nehmen vor dem Hintergrund bisher einengender Institutionen und Strukturen, alten Menschen gesellschaftliche und soziale Möglichkeiten, Räume und Gelegenheiten der eigenwilligen Lebensgestaltung zu eröffnen und zu sichern (vgl. ebd., S. 244). Von der Offenheit der Sozialen Arbeit gegenüber den genannten Aufgaben hängt die weitere Entwicklung der Sozialen Altenarbeit und die Intensität des daraus erwachsenden primordialen Zugangs ab.

6.2 Älter werdende Adressat*innen in Handlungsfeldern Sozialer Arbeit und Soziale Arbeit in Handlungsfeldern der Altenhilfe und Altenpflege

Handlungsfelder Sozialer Arbeit gibt es nahezu unübersichtlich viele und in vielfältigen Bereichen. Je nach gesellschaftlich erzeugten Problem- und Bedürfnislagen entstehen neue Handlungsfelder und ergänzen ältere traditionelle Handlungsfelder oder lösen sie ab. Amthor unterscheidet 11 Handlungsfelder mit 95 genannten, voneinander unterscheidbaren Dienstleistungsangeboten, in denen Menschen im Kinder- und Jugendalter angesprochen sowie Frauen, Mütter und Familien adressiert werden mit Unterstützungsleistungen; Dienstleistungsangebote, die gegen Bildungsbenachteiligung arbeiten, Hilfen für ältere Menschen und Angebote im Gesundheitsbereich, Dienste für Menschen mit einer Behinderung, Unterstützung für Menschen mit Migrationshintergrund, Hilfen für Menschen in Arbeitslosigkeit und Armut, Hilfen für Straffällige sowie zentrale übergreifende und sonstige Aufgaben. Selbstverständlich gehören für Amthor auch die Aufgaben der Ausbildung, Lehre und Forschung, Fort- und Weiterbildung dazu. Tabelle 6.1 zeigt die Strukturierung Amthors zu den einzelnen möglichen Angeboten in den Handlungsfeldern. Mit der gezeigten Vielfalt und Bandbreite der Dienstleistungsangebote wird auch die Herausforderung an Soziale Arbeit deutlich, wenn es um Alterungsprozesse der Gesellschaft im Allgemeinen geht. In jedem Handlungsfeld macht sich der demographische Wandel der Gesellschaft bereits bemerkbar. Für die Einrichtungen verändert sich die Altersstruktur des Personals, es gibt kaum mehr breite Altersmischungen und gleichzeitig erhöhen sich je Einrichtung die Anteile älteren Personals. Konsequenzen für die inhaltlich-konzeptionelle Arbeit mit den Kindern und Jugendlichen sind vor allem Spekulationen, die, werden Aussagen dazu getroffen, eher altersdiskriminierend und altersstereotyp-reproduzierend sind. Von Bedeutung sind daher jeweilig Auseinandersetzungen mit den unterschiedlichen Alter(n)sbildern, die in der Sozialen Arbeit implizit vorhanden sind.

Gleichzeitig geht, regional zu differenzieren, langsam die Anzahl der Kinder und Jugendlichen zurück, so dass in den nächsten Jahren und Jahrzehnten von

Tab. 6.1: Übersicht über die Handlungsfelder Sozialer Arbeit und dazugehörige Dienstleistungsangebote

	Handlungsfeld	Dienstleistungsangebote
1.	*Maßnahmen für Kinder und Jugendliche*	Betreuung in Tageseinrichtungen, Kindertageseinrichtungen, Horte, Kinder- und Jugendarbeit, Mädchen- und Jungenarbeit, Jugendberufshilfen, Schulsozialarbeit in allgemeinbildenden und berufsbezogenen Schulen, Tagespflege, Vermittlung von Pflegestellen, stationäre, teilstationäre und ambulante Hilfen zur Erziehung, Adoptionsvermittlung, Jugendschutz, außerschulische Bildungs- und Beteiligungsangebote
2.	*Angebote für Frauen, Mütter, Ehe und Familien*	Ehe- und Familienberatung, Schwangerschaftsberatung, Erholungsmaßnahmen für Mütter und Familien, Hilfen für alleinerziehende Mütter, ambulante sozialpflegerische Dienste, Angebote bei seelischer Not und Lebenskrisen, Soziale Arbeit bei Trennung und Scheidung, Angebote für Frauen in Notsituationen
3.	*Hilfen gegen Bildungsbenachteiligung*	sozialarbeitsorientierte Erwachsenenbildung, interkulturelle Bildung und Medienpädagogik, Angebote der sozialen Bildungs-, Kultur- und Freizeitarbeit, Bildung in Familienbildungsstätten, Durchführung von Erziehungstrainings, politische Bildung und Menschenrechtsbildung
4.	*Hilfen für ältere Menschen*	Seniorenberatung, Bildung und Freizeitangebote in Altenclubs und Altentagesstätten, Erholungsmaßnahmen für Senioren, Fürsorge und Pflege in Wohneinrichtungen, Tagespflegeheime, ambulante und mobile Dienste, Sterbebegleitung
5.	*Angebote im Gesundheitsbereich:*	Suchtkrankenhilfe, Gesundheitsförderung von Krankenkassen oder Gesundheitsämtern, Sozialdienste in Krankenhäusern und Rehabilitationskliniken, Angebote für HIV-Infizierte und an Aids Erkrankte, Organisation von Selbsthilfegruppen und Drogenhilfe
6.	*Dienste für Menschen mit einer Behinderung*	Hilfe und Pflege in Heimen, andere stationäre Einrichtungen, Erziehung in Tageseinrichtungen, Beratung im Bereich der Frühförderung, Angebote von Therapiezentren, Behindertenfahrdienste, berufliche und soziale Rehabilitation in Berufsbildungs- und Berufsförderungswerken, Werkstätten und Betrieben
7.	*Unterstützung für Menschen mit Migrationshintergrund*	Soziale Dienste für Arbeitsmigranten, Sozialberatungsstellen der Wohlfahrtsverbände, Hilfen in Aufnahmeeinrichtungen, Unterstützungen für Aussiedler, Migrationsberatung, Integrationskurse, Hilfen für Flüchtlinge, interkulturelle Trainings, Unterstützung in Nachbarschaftshäusern und Stadtteilzentren
8.	*Hilfen für Menschen in Arbeitslosigkeit und Armut*	Schuldnerberatung, Projekte für Langzeitarbeitslose, Hilfen und Beratung für Obdachlose durch Beratung, Schlafplätze, vorübergehendes Wohnen für wohnungslose Männer und Frauen, Trainingsmaßnahmen für Männer und Frauen
9.	*Hilfen für Straffällige*	Beratungsstellen der Straffälligenhilfe für Jugendliche, Heranwachsende und Erwachsene, Jugendgerichtshilfe, Sozialdienst in den Justizvollzugsanstalten, Resozialisierungsmaßnahmen, Bewährungshilfe, Täter-Opfer-Ausgleich, Durchführung von Anti-Aggressivitätstrainings
10.	*Zentrale übergreifende und sonstige Aufgaben*	Allgemeiner Sozialdienst, Gemeinwesenarbeit, wirtschaftliche Hilfen, Sozialplanung, Sozialmanagement, Verbandsarbeit, Sozialpolitik, ferner betriebliche Sozialarbeit, soziale Projekte in der Verbandsarbeit
11.	*Ausbildung, Lehre und Forschung, Fort- und Weiterbildung*	Ausbildung sozialer Berufe an Berufsfachschulen, Fachschulen und Akademien, Lehre und Forschung an Hochschulen für angewandte Wissenschaften, Universitäten und Dualen Hochschulen, Fort- und Weiterbildung für soziale Berufe

Eigene Darstellung nach: Amthor 2012

Schließungen und Reduzierungen in der Angebotspalette der Kinder- und Jugendhilfe auszugehen ist, wenn sie es nicht schafft, bestehende Angebote weiterhin zu legitimieren, anzupassen oder zu erweitern. Für Erweiterungen oder Anpassungen, wie z. B. über die Einführung generationsübergreifender Angebote, wird es notwendig über diese inhaltlich-konzeptionell nachzudenken. Bisher gibt es zu wenig sozialpädagogische Auseinandersetzungen und zu selten die Frage danach, wer eigentlich mit wem und warum und zu welchen Zeitpunkten gemeinsam generationenübergreifend zusammentreffen sollte. Darüber hinaus wird die Gestaltung von Übergängen in die Rentenphase für pädagogisches Personal von besonderer Bedeutung sein und könnte ebenso Effekte für die inhaltlich-pädagogische Arbeit für Jung und Alt haben.

In den einzelnen Handlungsfeldern, die überwiegend für Erwachsene Dienstleistungen anbieten, wachsen die Anteile älterer Menschen zunehmend schneller und sichtbarer.

Einige Handlungsfelder der Sozialen Arbeit äußern sich in Bezug auf die Alternsprozesse ihrer Adressat*innen bzw. nehmen die Alternsprozesse zur Kenntnis, oft auch in einem früheren Lebensalter als 60+. Dadurch wird die Nichtpassung der klassischen Angebote entweder in den Handlungsfeldern selber oder in der Altenhilfe auffällig. Vier typische Handlungsfelder Sozialer Arbeit werden mit ihren Problematisierungen bezüglich der Überalterung vorgestellt.

Laubenthal verdeutlicht, dass die Überalterung der Gesellschaft und damit verbundene Folgen auch den Freiheitsentzug bzw. die Justizvollzugsanstalten erreicht hat (vgl. Laubenthal 2015, S. 132). In einigen Bundesländern gibt es bereits spezielle Angebote und Einrichtungen für ältere Inhaftierte und die Segregation älterer Inhaftierter wird derzeit kontrovers diskutiert. Bei den Inhaftierten handelt es sich um eine in vielfacher Hinsicht heterogene Gruppe mit unterschiedlicher Haftdauer, Hafterfahrung und Delikten (vgl. Kammerer/Spohr 2013, S. 317). „Der Anteil älterer Inhaftierter ist in den letzten Jahren gestiegen. So wurden im Jahr 2011 in Deutschland 2079 über 60-Jährige Strafgefangene registriert (3,5 % von insgesamt 60 067 Strafgefangenen), der größte Teil von ihnen ist männlich (93,5 %)“ (ebd.). Der Anstieg wird auf den demographischen Wandel, eine höhere Lebenserwartung und kriminalpolitische Entscheidungen zurückgeführt (vgl. auch zur Alterskriminalität: Meyer 2015). Hinsichtlich des Anstaltsalltags und der Entlassungsvorbereitung fehlen Konzepte und Angebote für diese Altersgruppe. „Gleichzeitig fehlen systematisch ausgewertete Erfahrungen und Erkenntnisse über spezifische Bedürfnisse älterer Inhaftierter“ (Kammerer/Spohr 2013, S. 317). Für die justiznahen Sozialen Dienste bzw. die justiznahe Soziale Arbeit ist dies ebenso anzunehmen. Strafanstalten müssen sich aufgrund des demographischen Wandels auf mehr Gefangene in höherem Lebensalter einstellen. Gefangene mit höherem Lebensalter, also 60 Jahre und älter, werden zwar weiterhin die Minderheit in der jeweiligen Strafgefangenenpopulation darstellen wird, dennoch ist den besonderen Bedürfnissen dieser bislang wenig beachteten Gruppe Rechnung zu tragen.

Die bisherigen Erkenntnisse zeigen, dass die Haftsituation und die Haftentlassung für ältere Straftäter mit besonderen Risiken verbunden sind und es fehlen systematisch ausgewertete Erfahrungen und Erkenntnisse über spezifische Bedarfe älterer Inhaftierter. Es gibt bisher kaum Forschungen im Bereich der (justiznahen) Sozialen Arbeit oder im Kontext der Gerontologie, die sich mit der Haftsituation, Haftentlassung bzw. Resozialisierung oder den Bedürfnissen älterer Straftäter im Strafvollzug auseinandersetzen. Kammerer und Spohrs qualitativ angelegte Studie in der JVA Berlin/Tegel hat besondere Bedarfe und Angebote für ältere Inhaftierte im Hinblick auf den Haftalltag, die Vorbereitung und Erfahrungen mit der Entlassung untersucht und Unterstützungsbedarfe sichtbar gemacht (vgl. Kammerer/Spohr 2013). In der JVA Tegel werden seit dem Jahr 2011 besondere Angebote für Ältere initiiert, da altersgemischte Angebote, z. B. Sportangebote, nicht immer für Ältere geeignet sind. Für die Zukunft werden folgende Entwicklungen in Praxis und Forschung gefordert:

- „Vorhandene Angebote für (ältere) Inhaftierte werden als positiv und hilfreich bewertet, wenn sie individuelle Bedürfnisse, Interessen und Fähigkeiten berücksichtigen.
- Es besteht ein Bedarf an einer Ausweitung bestehender Angebote bzw. an weiteren Angeboten für ältere Inhaftierte, die auch Langzeitinhaftierten eine Vorbereitung auf den Alltag nach der Entlassung ermöglichen.
- Der Zugang zu Informationen und Angeboten wird von den Interviewpartnern als schwierig beschrieben. Eine stärkere Systematisierung des Informationsflusses wäre sinnvoll.
- Die Haftentlassung ist mit vielen bürokratischen Hürden verbunden, die den Übergang in ein selbstständiges Leben nach der Entlassung erschweren. Entlassungsvorbereitung sollte regelhaft alle Lebensbereiche abdecken und älteren Inhaftierten auch über die Erwerbstätigkeit hinaus Möglichkeiten für soziale Teilhabe aufzeigen.
- Weiterer Forschungsbedarf besteht hinsichtlich der Entwicklung und Evaluation von entsprechenden Angeboten sowie zu den besonderen Bedarfen und Bedürfnissen älterer Inhaftierter im Haftalltag. Schließlich fehlt es an wissenschaftlich fundierten Erkenntnissen zu den Wirkungen integrierter bzw. segregierter Unterbringung älterer Gefangener“ (ebd., S. 321).

Darüber hinaus ist die Haftsituation mit zunehmendem Alter schwieriger zu bewältigen, da z. B. zeitliche Perspektiven wegfallen und Planungen in Richtung Neustart oder die Verwirklichung dieser mit zunehmendem Alter schwinden (vgl. ebd., S. 319).

Für ehemalige ältere Wohnungslose gibt es keine angemessenen Angebote in der Altenhilfe. Der Anteil der 50- bis 59-Jährigen lag im Zeitraum 2004 bis 2006 bei etwa 15%, derjenige der über 60-Jährigen bei 6%. Ältere ehemalige Wohnungslose weisen häufig schwere gesundheitliche Probleme auf, vor allem chronische Abhängigkeitserkrankungen. Ein Leben auf der Straße führt zu einer erheblichen Voralterung und die älteren Wohnungslosen werden oft, trotz besonderer Pflegebedürftigkeit, als zu jung für die klassischen Altenhilfeeinrichtungen eingestuft. Ältere Wohnungslose sind oft sozial sehr isoliert und in besonders schlechter körperlicher Verfassung. „Sie können als Randgruppe innerhalb einer Randgruppe verstanden werden, da sie als Verkörperung des ‚hässlichen' Alters und extremer Armut einer doppelten Stigmatisierung ausgesetzt sind" (Ratzka 2012, S. 1234).

Ähnliches gilt auch für die Lebenssituation drogenabhängiger Menschen, sie altern früher. Aufgrund oft schwerwiegender gesundheitlicher Beeinträchtigungen durch langjährigen Missbrauch illegaler Drogen scheint es für Schäffler sinnvoll, die Begriffe „alt" und „älter" für Drogenabhängige zwischen 40 und 60 Lebensjahren zu verwenden (vgl. Schäffler 2010, S. 46). „Die Fallzahlen von Personen mit Opiatproblemen, die älter als 35 Jahre sind, steigen systematisch an. [...] Prognostiziert wird, dass sich der Anteil der älteren Abhängigen in den nächsten 10 Jahren verdoppeln oder gar verdreifachen wird" (ebd.). Bisher gibt es zum Thema Gebrauch und Abhängigkeit von illegalen Drogen im Alter kaum Erkenntnisse. Andere stoffliche Abhängigkeiten im Alter werden auch zu wenig berücksichtigt. Suchterkrankungen treten nach Demenz und Depression als dritthäufigste psychische Erkrankung im Alter auf (vgl. ebd., S. 47).

> „Weil insbesondere drogenabhängige Menschen aufgrund ihrer Biographie für eine Vielzahl von (Begleit-)Erkrankungen prädestiniert sind, können Alter und Drogenabhängigkeit gewissermaßen eine Doppelbelastung darstellen. Darüber hinaus ist zu erwarten, dass HIV- und (quantitativ betrachtet) insbesondere HCV-Infektionen für ältere Abhängige zunehmend zum Problem werden. [...] Die HCV-Prävalenz bei langjährigen und damit älteren Drogengebrauchern liegt hingegen bei 60 bis 90%" (ebd., S. 48).

Durch die gesamte Altenhilfe werden Angebote benötigt, die sich mit den speziellen Bedürfnissen älterer Drogenabhängiger auskennen und sich darauf ausgerichtet haben (vgl. ebd., S. 49).

Kleiner setzt sich mit den Möglichkeiten der Gemeinwesenarbeit im demographischen Wandel auseinander, indem sie als Bezugspunkt für eine gemeinwesenorientierte Soziale (Alten-)Arbeit den Capability-Ansatz heranzieht, nach dem die Freiheit des Menschen als Ziel und Mittel zugleich verstanden und die Abwesenheit von Hindernissen ebenso wie die Anwesenheit von realen Möglichkeiten als Voraussetzung für soziale Gerechtigkeit gewertet werden (vgl. Kleiner 2012, S. 274).

> „Die Lebensqualität von Menschen ist nicht unabhängig von objektiven Lebenslageindikatoren sowie von individuellen, subjektiven Ermöglichungsspielräumen und Verwirklichungschancen im erlebten Alltag. Dieser Alltag steht immer in Bezug zu biographischen Parametern und ist ohne die vergangenen, aber auch in der Zukunft liegenden Bezugspunkte nicht erklärbar – Alltag steht also immer in einem interindividuellen und intersubjektiven Kontext" (ebd., S. 276).

Darüber hinaus werden ländliche Räume bzw. die Berücksichtigung alternder Regionen für Soziale Altenarbeit bedeutender. Die demographische Entwicklung verläuft regional sehr unterschiedlich und fordert dazu heraus, kleinräumiger die Anteile Älterer wahrzunehmen und Überlegungen dazu anzustellen, wie ihre Selbstbestimmung, Selbstständigkeit und Unabhängigkeit erhalten werden kann (vgl. Strube 2012; Beetz/Saal 2015; Kricheldorff 2015; Meyer 2012).

Das Deutsche Jugendinstitut (DJI) stellt bereits vor über zehn Jahren fest, dass seit dem 11. Kinder- und Jugendbericht der demographische Wandel und seine Folgen für die Kinder- und Jugendhilfe ein durchgängiges Thema geworden ist. In der Konsequenz werden jedoch kaum ausreichend empirische Daten darüber erbracht, wie sich die Praxis dem Thema annähert und welche Rolle das Thema tatsächlich für die Planung und konzeptionelle Gestaltung der Angebote vor Ort hat. Doch ohne eine qualifizierte Planung, die auch etwas zu den Folgen demographischer Entwicklungen aussagt, so die zusammenfassende Einschätzung des DJI, wird es für die Kinder- und Jugendhilfe noch schwieriger werden, ihre Angebote politisch legitimieren zu können. Es droht ein massiver Abbau, wenn sich die Jugendämter schwerpunktmäßig darauf beschränken, die Folgen demographischer Veränderungen allein auf Basis zwingender quantitativer Anpassungen zu bearbeiten, anstatt mit den viel wichtigeren konzeptionellen Implikationen (vgl. DJI 11/2006, o. S.).

In der DJI-Einrichtungserhebung von 2004 wurden die Einrichtungsleitungen stationärer Hilfen zur Erziehung gebeten, eine Einschätzung über die quantitative Entwicklung ihrer Zielgruppe in den nächsten Jahren vorzunehmen. Diese Einschätzung bezog sich nicht nur auf demographische Veränderungen, sondern auf weitere Faktoren, wie z. B. Adressat*innen und Lebenslagen. Die Mehrzahl der Einrichtungen gehen von quantitativen Veränderungen ihrer Zielgruppe aus und es herrscht der Optimismus vor, über eine Anpassung der Angebote weiterhin ausgelastet zu sein, während gleichzeitig über eine Reduktion des Angebots und Personals nachgedacht wird (vgl. ebd.).

Das DJI betrachtet die Geschäftsstellen freier (z. B. Caritas, Arbeiterwohlfahrt) und privat-gewerblicher Träger als Verwaltungseinheiten, die stärker organisatorischen und betriebswirtschaftlichen Fragen als der alltäglichen Ausgestaltung der Praxis verpflichtet sind. Dazu gehört es auch, strategische Entscheidungen zu treffen, die über die zukünftige Rolle des Trägers vor Ort mitbestimmen. In dieser Rolle sind sie aufgefordert, frühzeitig absehbare demographische Veränderungen in ihre Überlegungen und Planungen zu berücksichtigen. Dies bedeutet, sich sowohl auf die inhaltlich-konzeptionelle Ausgestaltung und die Qualität der Angebote als auch auf Fragen des Personalbestands und der Schließung bzw. Neugründung von Einrichtungen zu beziehen. In der DJI-Einrichtungserhebung von 2004 stellte sich heraus, dass sich fast alle Träger mit Veränderungen hinsichtlich der Angebotsnachfrage auseinandersetzen:

- „[...] Von denen, die sich vorbereiten, werden ein bis sieben verschiedene Ansätze gewählt: Am häufigsten passen die Träger die Konzeptionen einzelner Einrichtungen an und forcieren die Qualitätsentwicklung. Von diesen beiden Maßnahmen wird eine Wettbewerbsposition erwartet. [...]
- Ein Drittel der Träger beabsichtigt auch außerhalb der Kinder- und Jugendhilfe neue Angebote in sein Tätigkeitsspektrum aufzunehmen. Von den Trägern, die bereits heute Angebote außerhalb der Kinder- und Jugendhilfe haben, entscheiden sich signifikant mehr für eine solche Strategie. Aber auch in dieser Gruppe sind es nur 45 %.
- Angesichts der Bevölkerungsstruktur und des notwendigen Ausbaus von Angeboten im Bereich der Altenhilfe verblüfft dieser niedrige Teil“ (DJI 11/2006, o. S.).

Ein Abbau der Angebote wird vor allem bei den stationären Hilfen zur Erziehung und in der Kindertagesbetreuung erwartet, während Zuwächse bzw. ein Ausbau der Angebote in Richtung Elternarbeit, Elternförderung und Elternbildung erwartet und gefördert werden (vgl. DJI 11/2006).

Insgesamt fasst das DJI aufgrund seiner Erkenntnisse zusammen, dass es angesichts des demographischen Wandels für die Kinder- und Jugendhilfe von großer Bedeutung sein wird, die Trägerpluralität, die Sicherung der Lebensweltnähe von Angeboten, die Herstellung von Kohortengerechtigkeit (Finanzierung von Hilfeleistungen für Kinder und Jugendliche unabhängig von der Zugehörigkeit zu einem starken oder schwachen Geburtenjahrgang) sowie eine konzeptionelle und fachlich-inhaltliche Auseinandersetzung mit den Folgen demographischer Entwicklungen für das Aufwachsen zu erhalten und zu fördern.

Obwohl ältere Menschen in der professionellen Praxis der Sozialen Arbeit und der Altenhilfe längst zu Adressat*innen geworden sind, hinkt die Wahrnehmung und Anerkennung der Sozialen Arbeit in der Altenhilfe hinterher. „Allerdings ist die Wahrnehmung und Anerkennung der Sozialen Altenarbeit als originär sozialarbeiterische Aufgabe oftmals nicht gegeben“ (Brosey/Leitner 2013, S. 183). In der Altenhilfe hat Soziale Arbeit längst eine Vielzahl an Aufgaben übernommen und sich für bestimmte Positionen unentbehrlich gemacht. Mit den bisher nicht verbundenen Dienstleistungsangeboten (und nur vereinzelten Thematisierungen) in den Handlungsfeldern Sozialer Arbeit zu ihren älter werdenden Adressat*innen tragen diese beiden Schwerpunkte dazu bei, die Vielfalt und Komplexität Sozialer Arbeit in der Sozialen Altenarbeit abzubilden und den primordialen Zugang abzubilden.

Zu den Aufgaben Sozialer Arbeit in der Altenhilfe gehören Beratung, Organisation von Unterstützungsmöglichkeiten im abhängigen Alter, also im Falle einer Betreuungs- und Pflegebedürftigkeit, Identifikation und Realisierung von Entwicklungs- und Förderbedarfen, das Erkennen individueller Bedarfslagen und die gemeinsame Entwicklung von Lösungen mit den älteren Menschen. Soziale Arbeit reicht über die Organisation von Geld und Versorgungsleistungen hinaus, indem sie aus einer sozialpädagogischen Perspektive die Kompetenzen und Entwicklungspotenziale einschätzt und fördert (vgl. ebd.). Durch gezielte Beratung, Information und Fallmanagement wird das selbstständige Verbleiben im bisherigen Umfeld ermöglicht. Allgemeine Informationen über das Dienstleistungs- und Einrichtungsangebot, Wohnberatung, Unterstützung bei der Beantragung von Leistungen, die individuelle psychosoziale Beratung sowie Hilfeplanung und Begleitung im Einzelfall zählen ebenfalls zu den allgemeinen Aufgaben Sozialer Arbeit in der Altenhilfe (vgl. ebd., S. 184).

Soziale Arbeit wird in der ambulanten wie auch stationären Altenpflege erbracht. In Sozialstationen gehören zu den Aufgaben eine an der Lebenswelt orientierte Versorgung von Pflegebedürftigen, die auf die Zusammenarbeit mit Angehörigen und Ehrenamtlichen setzt, die Fortbildung des Pflegepersonals und Netzwerkarbeit im Sozialraum. Belegungsmanagement, Bewohner*innenberatung und -begleitung, Angehörigenarbeit, Organisation und Durchführung von Freizeitaktivitäten, Öffentlichkeits- und Gemeinwesenarbeit. Ein spezielles Tätigkeitsfeld stellt der Soziale Dienst im Krankenhaus dar. Hier wird soziale Betreuung, Beratung und Begleitung im Übergang von der Krankenhausversorgung in die häusliche Umgebung bzw. in eine stationäre Pflegeeinrichtung gewährleistet. Der soziale Dienst hat also mit Koordinationsaufgaben zwischen unterschiedlichen Diensten der Altenhilfe zu tun, um ein tragfähiges Versorgungsnetzwerk im Anschluss an einen Krankenhausaufenthalt, nach dem nichts mehr ist wie zuvor, zu organisieren (vgl. Brosey/Leitner 2013, S. 184; Wissert 2010; Vogel 2010). In den Bereichen Freizeit, Bildung und Kultur hat Soziale Arbeit die herausfordernde Aufgabe, vielfältige Freizeitstile, unterschiedliche Bildungsniveaus und Interessen, geschlechtsspezifische und ethnische Differenzen sowie die große Bandbreite an gesundheitlichen, finanziellen und sozialen Ressourcen älterer Menschen zu balancieren. In allen genannten Bereichen wird auch mit psychisch kranken älteren Menschen gearbeitet, die entweder erst im Alter psychisch erkranken oder mit älter werdenden psychisch kranken Menschen sowie deren Angehörigen. In Akutkrankenhäusern, in der

Geriatrie, in Reha- und gerontopsychiatrischen Kliniken, in Pflegeheimen, Demenz-Wohngemeinschaften, beim Betreuten Wohnen, in der Senior*innenberatung, beim sozialpsychiatrischen Dienst bzw. in der gerontopsychiatrischen Fachberatung wird mit älteren psychisch kranken Menschen sozialpädagogisch gearbeitet (vgl. Brosey/Leitner 2013, S. 184).

Soziale Arbeit wird oft als „Breitbandantibiotikum" eingesetzt und diese Multifunktionalität der Sozialen Arbeit wird selten anerkennend wahrgenommen und viel zu oft negativ eingeschätzt, verbunden mit wenig und fehlender Spezialisierung Sozialer Arbeit. „Vielfach bleibe unklar, was der eigenständige Beitrag der Sozialen Arbeit sei. Soziale Arbeit werde auch gerne als Feuerwehr eingesetzt, eine Form von ‚Action-Sozialarbeit', die gebraucht, aber nicht wertgeschätzt werde" (Brosey/Leitner 2013, S. 186). Aufgaben Sozialer Arbeit im stationären Bereich sieht Hammer in den Schnittbereichen von Vergangenheit und Gegenwart (Identitätserhalt), Individuum und Gesellschaft (Milieugestaltung/Organisationsentwicklung) sowie Institution und Umfeld (Öffnung/Gemeinwesenarbeit) angesiedelt. Arbeitsschwerpunkte Sozialer Arbeit im stationären Bereich beziehen sich auf die direkte Arbeit mit Älteren, Milieugestaltung, Angehörigenarbeit, Organisationsentwicklung, Gemeinwesenarbeit und mitarbeiter*innenorientierte Aufgaben (vgl. Hammer 1995 nach: Schweppe 2012, S. 515).

Zunehmend wird Soziale Arbeit für Menschen mit Demenzerkrankungen entdeckt, da Soziale Arbeit den Subjekt-Status der Erkrankten in den Vordergrund rückt. Mit den Traditionslinien der Sozialen Arbeit sind Potenziale, Perspektiven und Konzepte verfügbar, die in den Disziplinen der Medizin und Pflege weniger stark vertreten sind und die zur Verbesserung der Situation demenzkranker Menschen sinnvoll eingesetzt werden könnten. In der Zukunft wird es verstärkt darum gehen müssen, Formen der Assistenz zur Selbstbestimmung zu entwickeln, die die Betroffenen in ihrer Lebensführung unterstützen (vgl. Bartjes et al. 2011, S. 15 f.; Meyer 2009b).

> „Die Zahl an demenziell erkrankten Menschen steigt in Deutschland, doch noch ist keine durchschlagende Therapie in Sicht. Präventive Ansätze werden deshalb immer bedeutender. Wirksam sind hierbei motorische, kognitive und soziale Aktivierungsprogramme. In der Sozialen Arbeit mit ihrem breiten Spektrum von Spezialisierungen, Organisations- und Handlungsmöglichkeiten haben diese Präventivstrategien einen idealen Ort" (März/Straußenberger 2010, S. 18).

Der Sozialen Arbeit kann bei der Primärprävention eine bedeutende Rolle zukommen, denn sie knüpft an die gesamte Lebensführung des alten Menschen an. Soziale Arbeit bringt das Grundverständnis mit, den Menschen in seiner individuellen Eigenart und in seiner Lebensführung wahrzunehmen und würde damit präventiv wirken. Der sozial integrierte alte Mensch, der seinen individuellen Lebensplan eigenverantwortlich bis ins hohe Alter verfolgen kann, weist auch die niedrigsten Prävalenzraten einer Demenz auf (vgl. ebd., S. 19).

> „Für teilhabeberechtigte Bürger gewinnt der Sozialraum eine besondere Bedeutung: Denn weder Menschen mit Demenz noch ihre Kümmerer (Angehörige, Freunde und andere soziale Bezugspersonen) leben in abstrakten Räumen, sondern an konkreten Orten. Ihr Alltag findet im sozialen Nahraum statt. Gemeint sind damit sowohl die eigene Wohnung als auch das Pflegeheim und der gesamte öffentliche Raum. Ob Menschen in einem Umfeld leben, das Lebensqualität und soziale Teilhabe ermöglicht, entscheidet sich maßgeblich vor Ort“ (Bartjes et al. 2011, S. 21).

Soziale Arbeit mit hochaltrigen Menschen bezieht sich auf soziale Beziehungen, z. B. gute nachbarschaftliche Verbindungen oder wohnortnahe, zugängliche, niedrigschwellige Interessensgruppen, in der Hochaltrige ihre „Tagesdosis an Bedeutung für andere“ (Hartmann 2008, S. 28) erleben sowie möglichst in fußläufiger Umgebung alle Einrichtungen zur Befriedigung des täglichen Bedarfs und eine gute soziale Infrastruktur, die auch neue Möglichkeiten des Zusammentreffens und der Versorgung betreffen, wie z. B. gemeinschaftliche Möglichkeiten zur täglichen Essensversorgung in der Nachbarschaft. Aufgrund unterschiedlicher Milieus, Lebensstile und Bildungshintergründe sind die Professionellen Sozialer Arbeit gefragt, eine vielfältige Palette an ansprechenden Kontaktmöglichkeiten zwischen Einzelpersonen vermitteln zu können. „Soziale Arbeit muss Lotsenfunktion übernehmen“ (Hartmann 2008, S. 28). Begegnungsstätten und Senior*innengruppen, Besuchsdienst mit Thema, Senior*innenbegleiter*innen, Senior*innenassistent*innen, Stadtteilservice mit niedrigschwelligen Hilfen (Begleit- und Besuchsdienste, Botengänge, technische Hilfen), Lebens- und Aktivitätsräume in der stationären Altenhilfe ermöglichen, Senior*innenberatungen, Pflege- und Demenzberatungen sowie Fragen rund um die Altersidentität könnten zu den Aufgaben Sozialer Arbeit mit hochaltrigen Menschen gehören (vgl. ebd., S. 28 f.). Theoretische Perspektiven der Sozialen Arbeit, wie z. B. die Lebensbewältigung (Böhnisch), das Konzept der Lebensweltorientierung (Thiersch), Biographie- und Sozialraumorientierung oder Adressat*innenforschung könnten viel stärker mit einer systematischen Durchdringung der Lebensphase Alter zur Lebensqualität älterer Menschen beitragen. Doch diese Überlegungen stehen erst am Anfang (vgl. Bartjes et al. 2011, S. 12; Meyer 2011a). Dasselbe gilt für anwachsende Aufgaben im Bereich „Hospiz“, denn sozialpädagogisch begleitetes Sterben bis hin zum Tod am Ende eines Lebens im Alter wird ebenfalls zunehmend stärker als Beitrag zur Lebensqualität im Alternsprozess begriffen werden und die Erhöhung von palliativmedizinischen Angeboten, ambulanten Hospizdiensten oder stationären Hospize nach sich ziehen. Insbesondere sterbende Menschen und ihre Angehörigen haben als notwendige Zielgruppe der Sozialpädagogik zu gelten (vgl. Colla/Krüger 2013).

Vor dem Hintergrund der wachsenden Aufgaben in der Sozialen Arbeit mit älteren Menschen in den Handlungsfeldern Sozialer Arbeit und ihrer noch zu unbestimmten Aufgabe im Bereich Altenhilfe/Altenpflege wird es zunehmend notwendiger, die Konstitution des Gegenstands als sozialpädagogisch relevantem vorzunehmen, um mit der Sozialen Arbeit für Menschen in der Lebensphase Alter, menschliche Praxis im Hinblick auf die Selbsttätigkeit und die Humanisierung der gesellschaftlichen Gesamtpraxis zu fördern und damit gesellschaftliche Gesamtpraxis.

6.3 Sozialpädagogische Diskursanfänge als Beitrag zum primordialen Zugang Sozialer Arbeit zur Sozialen Altenarbeit

Im folgenden Verlauf werden beispielgebend drei sozialpädagogische Theoretiker in ihrer jeweilig besonderen Verbundenheit zur Lebensphase Alter betrachtet, da sie sich in unterschiedlicher Weise, den demographischen Wandel zur Kenntnis nehmend, dem Altern in theoretischer Perspektive nähern. Hans Thiersch hat dies 2009 in Auseinandersetzung mit seinen berufsbiographischen Erfahrungen getan unter Rückgriff auf Ideen, die er 2001 bereits zum Alternsprozess formulierte. Lothar Böhnisch hat in seinem theoretischen Entwurf ohnehin alle Lebensalter mitgedacht und ihre sozialpädagogische Besonderheit in den Blick genommen. Für die Lebensphase Alter legt er darüber hinaus einen genderspezifischen Schwerpunkt auf die besondere Situation älterer Männer. Michael Winkler geht davon aus, dass Pädagogik und Sozialpädagogik nicht auf die mit ihr traditionell verbundenen Lebensphasen Kindheit und Jugend beschränkt werden können. Seiner Einschätzung nach lässt sich eine pädagogische Problemstruktur des Alters erkennen, die darauf abzielt, unter den Bedingungen einer fragmentierten und fragmentierenden Moderne vor allem die Integrität der alternden Menschen zu wahren und die Sicherung der Rahmenbedingungen mit zu übernehmen, in welchen alte Menschen Gesellschaft und Kultur leben können (vgl. Winkler 2005).

Nicht zuletzt eigene Betroffenheit oder eigenes Hineinwachsen fordern die Autoren heraus, aus ihren theoretischen Perspektiven einen besonderen Blick auf diese Lebensphase zu werfen. Winkler geht jedoch grundsätzlich davon aus, dass die Gründe bisher eher zufällig sind, im Zusammenhang sozialpädagogischer Reflexion Alter und Altern zu thematisieren. In einigen Fällen werden biographische Momente bedeutender, denn „[...] die Mitglieder der Disziplinen beobachten an sich selbst als Kohortenschicksal, wie die Jugend verblasst, der sie sich selbst zugerechnet haben" (ebd., S. 20). Darüber hinaus könnte es darum gehen, mehr oder weniger unabsichtlich, neue Gebiete erschließen zu wollen bzw. zunehmend wird ersichtlicher, dass sich Anteile professioneller

Leistung in der Sozialen Arbeit von der bisherigen Klientel im Jugendhilfebereich auf andere Personengruppen verschieben. Über den demographischen Wandel entsteht ein Problemdruck, dessen Ausmaß in der politischen und öffentlichen Debatte jedoch noch zu wenig erkannt wird (vgl. ebd.).

Aus Thierschs Beschreibung schließt sich der Kreis des eigenen Lebens und des Nachdenkens über notwendige Angebote im Lebensverlauf, denn aus den Bedürfnissen seiner Großmutter (mit der er einige Zeit während seines Studiums zusammenlebte) heraus hat er sich der Bedeutung des Alltags praktisch genähert. So kommen mit seinem eigenen Weg durch die Lebensphase Alter die Fragen und die Begleitung aus sozialpädagogischer Perspektive für das Alter und Alternsprozesse selbstverständlich mit und werden explizit für diese Phase entdeckt. Gleichzeitig entdeckt Thiersch, dass sein Interesse für die Sozialpädagogik auch aus dem Zusammenleben seiner Großmutter mit ihm erwachsen ist.

> „Mein sich so stabilisierendes Engagement in der Sozialpädagogik aber wurde wohl auch aus privaten Erfahrungen gestützt. Ich wohnte in Göttingen bei meiner Großmutter, die sehr seh- und hörbehindert, gebrechlich und phasenweise depressiv allein gelebt hatte. Zu ihr war ich, vage aus meinem Theologiestudium motiviert, gezogen und lebte 11 Jahre bis zu ihrem Tod bei ihr. Sie hatte [...] vielfältige Hilfen; sie brauchte aber Gesellschaft, Ansprache und ein gemeinsames Leben mit wechselseitigen Erwartungen. Ich war in ihrem Haushalt versorgt; sie nahm Anteil an meinen Erlebnissen. – Sie hatte in ihrem langen Leben vieles dramatisch und intensiv erlebt; sie erzählte ausführlich, gerne und spannend; [...]; sie hatte gedichtet und dichtete immer noch; sie diktierte mir endlose Briefe; ich las ihr vor. Sie hatte, wenn es ihr gut ging, Humor, sie blieb bis zum Ende leidenschaftlich, litt oft aber verzweifelt an sich, an den Menschen und an der Politik. Sie hatte Angst, allein zu sein. Ich hatte Techniken entwickelt, ihre regelmäßig aufkommenden Depressionen gleichsam kumulieren zu lassen, um sie dann zum Platzen zu bringen; es hatte Erfolg, aber es brauchte zunehmend anstrengende Zeit. Die Gebrechen meiner Großmutter verschärften sich im Laufe der Jahre, [...] Diese Erfahrungen – gleichsam mein Engagement in einer nicht offiziellen, flexiblen Alltagshilfe – prägen, wenn ich mich selbst recht verstehe, Grundmuster meiner Sozialpädagogik bis heute: Sozialpädagogik im Alltag, Sozialpädagogik im Wissen vom Zusammenhang von Leidenschaft, Komik und Elend, von Respekt, Selbstverständlichkeit und Hilfsangebot, Sozialpädagogik im Wissen um die Mühsal, auszuhalten und zu Ende zu bringen, was man angefangen hat (mit allen Regelungen und verschlungenen Wegen, um Raum auch für das eigene Leben zu behalten), Sozialpädagogik schließlich im Widerstreit von Präsenz und Distanz“ (Thiersch 2009, S. 238).

Aus der erinnernden Bewertung hebt Thiersch die Bedeutung seiner Großmutter für sein Verstehen der Bedeutung des Alltags hervor und dies führt zu einer höheren Bewertung der höheren Lebensalter für Soziale Arbeit, die sich mit dem demographischen Wandel auseinanderzusetzen hat. Sozialpädagogische Theoretiker haben sich in den letzten Jahren mal hier oder dort zur Lebensphase Alter geäußert, entweder biographisch motiviert, aus dem eigenen Denken heraus, aus Neugier oder weil sie darum gebeten wurden. In ihrem Nachdenken über das Alter(n) lässt sich feststellen, dass sie an Vorarbeiten anschließen, ihre Ideen anschlussfähig sind und dennoch Neues darüber hinaus entsteht, und zwar nicht zuletzt, da das Alter(n) als neue individuelle und gesellschaftliche Herausforderung gilt. In der Betrachtung ihres Denkens werden Theorie-Facetten deutlich, mit denen Soziale Arbeit zukünftig das Alter gestalten kann.

6.3.1 Alternsprozesse zwischen Gestaltung, Dabeisein und Enteignung

Thierschs Perspektive auf Alternsprozesse lässt sich pointieren mit der Aussage „Altern heißt: viel Zeit haben, mit Ausblick auf die eigene Endlichkeit", unter Berücksichtigung, mit dem Alter die Verfügung über die eigene Lebenszeit zu erlangen. Alter bedeutet über das eigene Leben entscheiden zu können, bestimmte Sicherheiten und Kompetenzen erworben zu haben, die es ermöglichen, das Leben selbstbestimmt gestalten zu können.

> „Alte Menschen verfügen über Zeit, über materielle und soziale Ressourcen, über erhärtete Erfahrung und darin gewachsene Kompetenzen und vor allem über Anspruch und Willen, ihre Lebenszeit zu nutzen und zu gestalten. Alter als eigene, besondere aber normale, erwartbare Lebenszeit ist – so Baltes (1996) – mehrheitlich charakterisiert durch starke Kompetenzen und ein Selbstverständnis von Glück, wie es sich nicht vom Selbstverständnis in anderen Lebensphasen unterscheidet" (Thiersch 2009, S. 211).

Gleichzeitig ist die Lebensphase Alter verbunden mit der Aussicht auf das Sterben und für das „Sterben" hat zu gelten, dass ein Mensch nichts mehr ausrichten kann, gelebt zu haben erkennt und nun zudem machtlos zu werden. „Alt werden und Sterben aber bedeutet, nichts mehr ausrichten zu können, gelebt und sich weggenommen, enteignet zu werden" (ebd., S. 215). Als dramatisch für das Leben schätzt Thiersch diese Enteignung ein, da die Ausgestaltung des je eigenen individuellen Lebens als zentrale Lebensaufgabe der Moderne gilt. Die Einordnung in die Abfolge der Generationen oder eine vorgegebene Aufgabe tritt aus seiner Perspektive sogar zurück vor der Erwartung, „[...] sich ein eigenes Lebensmuster zu wählen, sich zu sich entscheiden, nützlich sein zu können, und – vor allem – sich als Einzelner in seinem Leben zu erfahren zu können" (ebd.). Und mit Zunahme der Individualität und der Herstellung eines individuellen Lebens, dessen Beschleunigungsmöglichkeit in Bezug auf Wissen,

Erfahrungen und Offenheit noch nicht an seine Grenzen gelangt ist, kann es auch keine Endgültigkeit oder etwas Unumkehrbares geben. Unter dem Motto „Alles erscheint erreichbar und möglich“ (ebd.) rückt der Tod als etwas Endliches in weite Ferne und gehört nicht mehr zu dem individualisierten Leben dazu.

Thiersch schätzt seine Situation so ein, dass er zu den glücklicheren Alten gehören kann, da er als „gut gestellter Pensionär“, jenseits „[...] allgemeiner Verunsicherung, zermürbender Alltagsgeschäfte und zunehmendem Konkurrenzkampf um Stelle, Karriere und Selbstbehauptung“ (ebd., S. 295) dem nachgehen kann, was ihm als bedeutungsvoll erscheint. Vor allem aus der Perspektive eines Wissenschaftlers erscheint ihm der Pensionärsstatus als „[...] der unzeitgemäße und unerlaubte Idealstatus für einen Wissenschaftler – solange er kräftig und interessiert ist; dies noch zu sein, ist ein hohes Privileg in ‚gestundeter Zeit‘; das ist mir sehr bewusst“ (ebd.). Seinen sozialen Beziehungen kommt ebenfalls große Bedeutung zu. Frau, Kinder und Enkelkinder, alte und neue Freund*innen werden wichtiger und es wird ihnen Zeit, Energie und Phantasie gewidmet. Hervorhebenswert erscheint, dass auch in den sozialen Beziehungen, dem Familien- und Freundeskreis, die Erfahrung mit den „kränkenden Mühen des Alterns“ näher kommt: Thiersch zählt Krankheiten, Vereinsamung, Sterben und Tod zu den negativen Seiten der Lebensphase Alter. Neue Freiheiten einerseits, sichtbar werdendere Begrenzung und Endgültigkeit andererseits fordern Bedeutsamkeiten, Beanspruchungen, Ängste und Verzweiflungen heraus und „[...] die Bereiche von Selbstverständlichkeiten, von Glück und Hoffnung mischen sich neu und geraten neben allen starken, mich okkupierenden und tragenden Erfahrungen ins Offene der ungeklärten und unklärbaren Lebensfragen“ (ebd.). Mit der Begrenzung des Lebens muss sich ein Mensch damit abfinden, nicht alles für sich klären zu können, nicht jede Frage formulieren und auch keine Antworten auf gestellte Fragen zu bekommen. Für die Perspektive des Alterns bedeutet dies eine weitere Ambivalenz, in der Endlichkeit mit dem Ende eins zu werden.

Dies wird umso schwerer vor dem Hintergrund der Gewissheit, verpasste Möglichkeiten und Chancen als solche im Alter anerkennen zu müssen. Lediglich gedanklich sind Zeitreisen zu einem anderen Alter möglich, um sich vorzustellen, wie man mit heutigen Erfahrungen und der Kraft aus jüngeren Jahren mehr hätte beitragen können zur Veränderung der Welt.

> „Trotzdem wäre ich gerne noch einmal 40, um mich noch einmal ins Getümmel werfen zu können – mit der damaligen leichtsinnig zupackenden Vitalität, in der aber die heutigen Erfahrungen und Zielperspektiven präsent sein müssten. Aber ich bin nun 73 und so werden – so unternehmenswillig und auseinandersetzungslustig ich mich fühle – vor allem auch andere die Aufgaben übernehmen. Sie tun dies mit ihrer eigenen Vitalität und ihren eigenen Akzenten und Konzepten. Das zu wissen

und zu erfahren ist gut, wenn sich dahinein auch immer wieder Erfahrungen von Fremdheit den neuen Sprach- und Zugangsweisen gegenüber mischen – so wie es sich mit dem Altern selbstverständlich ergibt – alles Ding hat seine Zeit“ (ebd., S. 294).

Die Lebensphase Alter befindet sich zwischen zwei Polen: Altern als etwas selbst zu gestaltendes und offenes, mit einer gewissen Notwendigkeit und dem Druck, dieses auch zu tun, und damit verbunden die Erwartung auf unendliches Leben. Dennoch rückt der Tod unaufhaltsam näher und das Lebensende erwartet andere Aufmerksamkeit als der Alternsprozess zuvor (vgl. ebd., S. 215). Die Lebensphase Alter birgt Ambivalenzen, die sich mit fortschreitendem Alter eventuell über zunehmendes Angewiesen-Sein auf andere offenbaren. Die Aufgabe Sozialer Arbeit erscheint für Thiersch im Rahmen dieser Ambivalenzen abgesteckt und fordert dazu heraus, auch vor dem Hintergrund der hohen Kosten familialer Pflege, dem allgemeinen Trend der Familialisierung und Reprivatisierung sozialer Unterstützungen zu widersprechen und auf professionelle Hilfen zu bestehen. Die professionelle Hilfe sieht Thiersch in lebensweltlich arrangierten Formen und allen vielfältigen Möglichkeiten, die diese mit sich bringen, wie z. B. sozialräumliche Gestaltung, Unterstützung der Angehörigen. Bisher erscheint der Zustand der Altenversorgung „phantasielos und blamabel.“ Der Wandel der Lebensverhältnisse und der generationalen Ordnungen wird neue Dramatisierungen erzeugen und somit Herausforderungen an das Verständnis und Selbstverständnis professioneller Hilfe darstellen. Die Feststellung einer verbesserungswürdigen Altenversorgung, der Wandel der Lebensverhältnisse sowie die sich verändernden generationalen Ordnungen bieten für die Auseinandersetzung mit der Lebensphase Alter für die Entwicklung einer sozialpädagogischen Perspektive reichlich Stoff.

Für die Pflege hat jedoch nicht zu gelten, sich auf das Arrangement in der Situation einzulassen, vielmehr müsse sie stetig „[…] die Frage nach angemesseneren Möglichkeiten eines besseren lebensweltlichen Arrangements stellen“ (ebd., S. 220). Thiersch denkt dabei an Konzepte individualisierter Begleitung, wie sie die Hospizbewegung in Pflegekonstellationen entwickelt hat, denn darin würde ein neues Verständnis von Hilfen realisiert (ebd.).

Zusammenfassen lässt sich, dass Thiersch unterschiedliche Perspektiven auf die Lebensphase Alter wirft, die im Sinne einer Sozialen Altenarbeit auszuarbeiten sind und konkretisiert werden können entlang den Prinzipien lebensweltorientierter Sozialer Altenarbeit. Wesentliche Bedingungen zur Ermöglichung der Ausgestaltung der Lebensphase Alter mit dem Blick zur Endlichkeit und einem hohen gesellschaftlichen Individualisierungsdruck stellen der Wandel der Lebensverhältnisse und der Wandel der generationalen Ordnung dar, unabhängig von der Einschätzung Thierschs, dass sich die gegenwärtige Altenversorgung ohnehin in einem zu verbessernden Zustand befindet. Sozialpädagogik, die auf Entwicklung und Verbesserung angelegt ist, kommt jedoch an ihre Grenzen, wenn ältere Menschen zunehmend hilfe- und pflegebedürftig werden, so dass Sozialpädagogik als Gestaltung der Gefühle vielleicht auf den Augenblick beschränkt bleibt und hierin Entfaltung zu finden hat. Diese Ambivalenzen auszuhalten und sich zuständig zu erklären, auch in der Ausgestaltung der Hilfearrangements, gehört zu den wesentlichen Aufgaben der Zukunft.

6.3.2 Balancieren zwischen Rückzug, Aktivität und Aneignung

In den letzten 20 Jahren haben sich die Möglichkeiten des Alterns grundsätzlich verändert, so Böhnisch, nicht nur über die höhere Lebenserwartung, vielmehr sei das Leben im Alter und auch die Gelegenheiten für aktives Altern „bunt und zahlreich" geworden. Erst mit der Hochaltrigkeit (80+) gehe die Anzahl derer, die selber für sich sorgen, statistisch deutlich zurück. In der Zeit zwischen Verrentung und Hochaltrigkeit lassen sich in dieser Lebensspanne von 15 bis 25 Jahren neue und andere Lebensstile entwickeln, entfalten und vor allem leben (vgl. Böhnisch 2009, S. 82).

Dem entgegen steht die anhaltende Rollenlosigkeit des Alters in Anlehnung an Riley/Riley (1994) sowie die damit in Verbindung zu bringende Ambivalenz zwischen Rückzug und Aktivität im Alter, die u.a. auch von den anderen Lebensaltern und die den älteren Menschen umgebende Umwelt an ihn als Erwartung herangetragen wird.

> „Was die Bestimmung des Alter(n)s als Lebens- und Bewältigungslage heute schwierig macht, ist die Tatsache, dass die demografisch induzierte Freisetzung und damit neue gesellschaftliche Bedeutung der Lebenslage Alter und die soziale Wirklichkeit des Alterns auseinanderklaffen. Zum einen ist es die gesellschaftliche Rollenlosigkeit des Alters, die trotz der zunehmenden biografischen Optionen für das Alter weiterhin anhält; zum Zweiten ist es die soziale Spaltung des Alters, die darin besteht, dass ein größer werdender Teil davon ausgeschlossen bleibt. Diese Spaltung der Lebenslage bekommt vor allem die Soziale Arbeit zu spüren. Sie hat es ja vor allem mit sozial benachteiligten Menschen zu tun, an denen die Erweiterungsdynamik des Alters vorbeigeht" (Böhnisch/Schröer 2013, S. 127).

Bereits der Übergang in das Alter verbindet sich mit ambivalenten Erfahrungen, da einerseits mit der Freistellung aus Erwerbsarbeit und entstehenden Hoffnungen auf biographische Entlastungen und Chancen, sich nun die Möglichkeit bietet, bisher Übergangenes, auch zurückgestellten Interessen und Neigungen nachzuspüren. Andererseits wird der Übergang in die Lebensphase Alter als kritisches Lebensereignis erlebt, „[...] in dem viele der bisherigen Ressourcen der Lebensbewältigung und -gestaltung nicht mehr verfügbar sind und man auf sich selbst zurückgeworfen ist" (Böhnisch 2005, S. 77). In Zukunft werden alte Menschen demographisch und sozial eine an Bedeutung zunehmende Bevölkerungsgruppe sein und aus diesen Gründen wird es wichtiger, sich mit den Besonderheiten dieser Lebensphase auseinanderzusetzen und die soziale Rollenlosigkeit des Alters zu beenden (vgl. ebd., S. 83).

Zu den Besonderheiten des Alters gehört, dass älteren Menschen zugeschrieben wird, sie würden lieber in Ruhe gelassen werden, weil das Alter entsprechend der biographischen Bedingungen des Lebenszyklus nicht durchgängig mobilisierbar und aktivierbar sei. Mit dem Alter kommt das Privileg, von täglicher Erwerbsarbeit und seinen Anforderungen weg zu sein und jede*r Ältere kann sich, wann immer gewünscht, sozial zurückziehen. Böhnisch favorisiert deswegen ein Konzept von Lebenszufriedenheit für das Alter, das auf der Basis der Balance von selbst gewähltem Rückzug und selbstbestimmter Aktivität aufbaut. In diesem Zusammenhang könnte es sinnvoll sein, „[…] zwischen ‚ritualisierter Lebenszufriedenheit' und (biografisch strukturierter) ‚reflexiver Lebenszufriedenheit' zu unterscheiden" (Böhnisch 2005, S. 79). Denn dadurch entstünde die Möglichkeit, etwas darüber zu erfahren, ob und wann der*die Ältere selbst gewählt und zufrieden eher für sich sein möchte und niemand könnte auf die Idee kommen, ihn*sie zu Aktivitäten zu animieren, ohne dass er*sie diese eigentlich mitmachen wolle.

Böhnisch legt Wert darauf, dass das Verhalten älterer Menschen aus ihren Lebenszusammenhängen her verstanden und eingeordnet werden kann, um nicht auf die Annahme reinzufallen, dass ein alter Mensch, so lange er nur aktiv ist, auch als gesund einzuschätzen sei. Die Möglichkeit der qualitativen Bestimmung und Differenzierung des Rückzugsverhaltens im Alter wird von Böhnisch bevorzugt, denn ein unreflektierter Aktivitätsbegriff würde die Älteren übergehen. Aus der Balance von Aktivität und selbstbestimmten Rückzug definiert sich die Handlungsfähigkeit im Alter und in dieser Balance wäre damit auch die für das Alter typische Bewältigungsperspektive zu thematisieren (vgl. ebd.).

> „Die mutige Auseinandersetzung mit der eigenen Biografie gilt übrigens als das A und O jedes aktiven Alterns. Wenn das Vergangene einen Sinn gehabt hat, kann ich auf Zukünftiges schauen, trotzdem ich schon die Schatten der eigenen Endlichkeit spüre. Dieses Vergangene muss ich aber auch loslassen können, darf ihm nicht nachtrauern und dadurch die Gegenwart abwerten. Dennoch wird es auch in Zukunft nicht so selbstverständlich sein, dass Paare ihr Alter in einer Kultur des Entgegenkommens so ohne weiteres bewältigen können." (Böhnisch 2009)

Durch den besonderen Zeitbezug lässt sich die Lebenslage Alter charakterisieren. Die Konturen des Horizonts der Endlichkeit des eigenen Lebens und die gelebte Zeit als die eigene Biographie, die weiterwirkt und Bewältigungsspielräume im Alter mitbestimmt. Darüber hinaus beeinflusst die körperliche Konstitution und die mit dem Körper verbundene leibseelische Befindlichkeit die Lebenslage in besonderem Maße.

> „Im Alter wirkt ein bestimmtes Integritätsprinzip. So wie man sich als Erwachsener mit seiner bisherigen Biografie arrangieren musste, um ein stabiles Selbstkonzept ausbilden zu können, geht es nun im Alter darum, dass man zu dem Eingeständnis in der Lage ist, ab jetzt begrenzt zu sein. Dies ist die Voraussetzung, um das Niveau zu halten, von dem aus man Möglichkeiten der Entwicklung im Alter und über das Alter suchen kann" (Böhnisch/Schröer 2013, S. 128).

Jenseits der Erwerbsarbeit benötigt die Gesellschaft der zweiten Moderne jedoch zivilgesellschaftliche Dimensionen der Lebensphase Alter, die sie als Kategorie der Vergesellschaftung anerkennt und in der Möglichkeiten liegen zur Gestaltungskraft von Gesellschaft werden zu können. „Damit wäre ein gesellschaftlich rückgebundener Anerkennungsraum eröffnet, in dem unterschiedliche Altersgruppen in unterschiedlichen Konstellationen von Aktivität und Rückzug als BürgerInnen ihre Biografie neu vermessen können. So wird sich auch der Bewältigungshorizont älterer Menschen wesentlich erweitern" (ebd., S. 131). Dazu gehört auch die Wahrung der alterstypischen Balance zwischen Aktivität und Rückzug, denn mit dieser Bewältigungsbalance können die vier Dimensionen der Bewältigungslage Alter strukturiert werden: 1. Ausdruck, 2. Abhängigkeit, 3. Anerkennung und 4. Aneignung. Die Spielräume des Ausdrucks als die Möglichkeit, seine Altersbefindlichkeiten laut aussprechen zu können, hängen wesentlich ab von der Art der gesellschaftlichen Anerkennung des Alters. Im Vordergrund stehen dabei jedoch nicht nur die Lebensfragen der Endlichkeit und Gebrechlichkeit. Vielmehr geht es um die Kernfrage, welche sozialen Rollen alten Menschen zuerkannt werden über die private Großelternrolle hinaus. Soziale Altenarbeit hat die Aufgabe, in ihrem Umfeld Anerkennungsmilieus und Anerkennungskulturen durch Rollendifferenzierung und Netzwerkentwicklung aufzubauen (vgl. ebd., S. 128).

Wenn Soziale Altenarbeit sich nur auf sozial benachteiligte alte Menschen beschränken lassen würde, stünde sie zu sehr in der Gefahr, ebenfalls in die Randständigkeit gezogen zu werden. Gleichzeitig wird sich jedoch die soziale Spaltung der älteren Bevölkerung zu einer gesamtgesellschaftlichen ausweiten, wenn keine sozialstaatlichen Integrationsperspektiven entwickelt werden.

> „Eine lebenslagenorientierte Soziale Arbeit muss daher eine Doppelperspektive entwickeln: Einerseits wird sie ihre Arbeit an der durch soziale Ausgrenzung gekennzeichneten Bewältigungslage ihrer älteren Klientel ausrichten, gleichzeitig wird sie sich aber in ihrem Selbstverständnis an den Ermöglichungsperspektiven orientieren, die die Entwicklung der Lebenslage Alter in der Zweiten Moderne verspricht" (ebd., S. 127).

Soziale Arbeit sollte vor allem bewusst werden, dass ihr über das sozialpolitische Mandat zur sozialen Integration hinaus ein sozialethisches zukommt. „Denn gerade im benachteiligten Alter entscheidet sich, inwieweit Gesellschaften in der Lage sind, ein menschenwürdiges Leben auch und besonders an seinen Grenzen zu ermöglichen" (ebd.). Zu der Aufgabe der Sozialen Altenarbeit gehört insbesondere, spezifische Abhängigkeitsstrukturen, die die Lebensphase Alter bestimmen, im sozialen Bereich abzubauen. Insbesondere hat Soziale Arbeit Möglichkeiten anzubieten, der Intensivierung der Spezialbetreuung und der Spezialdienste sowie ihrer soziokulturellen Ghettoisierung im ausschließlichen Versorgungsmodus entgegenzuwirken. Darüber hinaus wird Häusliche Gewalt gegen alte Menschen zu einem Dauerthema in der Zukunft, wenn die familiale Altenbetreuung nicht durch kommunale Begleit- und Unterstützungsstrukturen flankiert wird (vgl. ebd., S. 129). In bisherigen bürgergesellschaftlichen Diskursen wird die Lebensphase Alter weitgehend ausgeklammert. Der Diskurs um den demographischen Wandel inklusive seiner Prognosen zur Verlängerung der durchschnittlichen Lebenserwartung und damit verbunden neue Thematisierungen bisher tabuisierter gesundheitlicher Fragen zeigen die Notwendigkeit für eine zivilgesellschaftliche Neudefinition des Alters in theoretischer wie auch empirischer Perspektive. Damit würde eine legitimierte gesellschaftliche Integration der Gebrechlichkeit entstehen, die zwangsläufig eine öffentliche Kultur der Sorge und der Anerkennung von Hilflosigkeit als humaner Grundtatsache verlangt. Pflege würde damit Teil des öffentlichen Bildungsauftrags und zur Entwicklungsaufgabe beider Generationen (vgl. ebd., S. 131).

Die vierte Bewältigungslage des Alters ist für Böhnisch/Schröer die Dimension der (Wieder-)Aneignung. Grundsätzlich ist sie räumlich, zeitlich und vor allem auch in Bezug auf die Entwicklung eines Lebenssinns im Alter zu thematisieren. Der sozialpädagogische Ansatzpunkt zur Befähigung liegt in der (Wieder-)Aneignung der räumlichen Nahwelt, die für viele ältere Menschen zwar irgendwie vertraut, aber keine aktivierende Sozialwelt ist, weil das soziale Geschehen im Alter keine sozial signifikanten Räume strukturieren kann (vgl. ebd., S. 129). Die Beschränkung auf die Wohnung oder das Altenheim wird gesellschaftlich als territorialer Rückzug und von älteren Menschen als Bruch wahrgenommen.

> „Das Wohnen reicht nun in den Mittelpunkt der Lebensgestaltung und dieses bräuchte bei vielen eine eigene Animation, da sie gerade in den mittleren Jahren die Wohnung stark nach außen funktionalisiert; das heißt, sie auf die Erfordernisse des Arbeitsprozesses und der Kindererziehung zugeschnitten haben. […] Im Alter muss also geradezu wieder gelernt werden, die Wohnung als Lebensmittelpunkt für sich zu entdecken und zu gestalten" (ebd.).

Dem Alter wird jedoch nach wie vor eine aktuelle sozialräumliche Kompetenz und Entwicklungsfähigkeit abgesprochen und damit hat auch Soziale Altenarbeit als Aktivierung älterer Menschen zu kämpfen. Der sozialökologische Wert des Alters wird zwar inzwischen gewürdigt, indem z. B. alte Menschen als Zeug*innen und Mahner*innen für historisch-organische Stadt- und Gemeindeentwicklung eingesetzt werden.

> „Als solche sind sie als besonders Beteiligte in den Bürgerforen der kommunalen Entwicklungsplanung zu respektieren. Dieses ‚Erinnern' steht generell im Mittelpunkt der Biografiearbeit als Methode der Altenarbeit. Genauso wichtig aber ist die Erkenntnis, dass mit der Anerkennung des Alters als eigenständige Entwicklungs- und Sozialisationsphase die sozialen Entfaltungschancen für alte Menschen – vor allem für die, welche nicht konsummobil sein können – neu definiert werden müssen" (ebd., S. 133).

Dennoch ist die (Sozial-)Pädagogik zu leicht dazu verführt, einfach Entwicklungs- und Lernmodelle auf das Alter zu übertragen, die aus der Jugendpädagogik stammen.

> „Natürlich ist es auch im Alter wichtig, Selbstwert dadurch zu erlangen, dass man etwas bewirken kann und sozial anerkannt wird. Auch im Alter gilt es, neue soziale Bezüge aufzubauen, da die alten durch Entberuflichung, Partnerverlust und räumliche Zurücknahme weitgehend verloren gegangen sind. Wenn ältere Menschen aus ihrer vierten Lebensphase etwas machen wollen, müssen sie eine Bilanz ihres bisherigen Lebens dergestalt ziehen können, dass sie darauf neue Lebensperspektiven und -pläne aufbauen können. Dies soll nun aktiv, sich selbst neu entdeckend und entwicklungsbereit geschehen und nicht mehr nur passiv im traditionellen Sinne der Bewahrung von Lebensmut" (ebd., S. 134).

Dafür benötigen alte Menschen soziale Beziehungen, in denen die Möglichkeit des Innehaltens in der Gegenseitigkeit sozialer Beziehungen gelebt werden kann, diese auf andere ausstrahlen und in sozialer Anerkennung erwidert werden können (vgl. ebd.). Ansatzpunkte kann die milieubildende Altenarbeit anbieten, indem sie in ihren Angeboten ein Anregungsmilieu schafft,

> „[…] das nicht auf Defizite der alten Menschen schielt, sondern ihrem oft verdeckten, weil übergangenen Anderssein eine soziale Resonanz und Ermutigung bieten und auch bei den alten Leuten Lust aneinander und aufeinander wecken kann. In solchen Anregungsmilieus können sich auch differente Lebensstile entwickeln. Lebensstile symbolisieren Persönlichkeit aber auch Teilhabe und Zugehörigkeit zur gesellschaftlichen Kultur von unten her, vor allem dann, wenn von der Gesellschaft mit ihren starren und defizitär formulierten Altersrollen immer noch keine sozialen Im-

pulse für das Alter ausgehen. Die Aktivierung von Lebensstilen kann also mit den Konzepten der Milieubildung und Netzwerkarbeit verknüpft werden" (ebd.).

Offene Milieus sind zu gestalten, die Individualität und biographisch-differenzielle Lebensstilansätze auch im sozialen Nahraum zulassen und immer wieder behutsam aktivieren können. Gemeinwesenorientierte Soziale Arbeit ist gefragt, im Sinne einer „social-agency" netzwerkfähige Beziehungen zu stiften, biographische Anschlussfähigkeit zu ermöglichen und diejenigen zu ermuntern, die sich den sozialen Entwicklungen biographisch nicht gewachsen fühlen. „Biographische Anschlussfähigkeit" meint das gelingende Leben in der Spannung und Balance zwischen den vorgängigen biographischen Erfahrungen und aktuellen Bewältigungsaufforderungen (vgl. ebd., S. 135).

Böhnisch/Schröer unterscheiden zudem die älteren Menschen, die über ausreichend gesundheitliches, finanzielles sowie kulturelles Kapital verfügen, um in der Lebensphase Alter mobile und nahraumübergreifende Lebensstile entfalten zu können und diejenigen, die stärker auf den sozialen Nahraum angewiesen scheinen und deshalb ein verlässliches Milieu benötigen. Zur sozialpädagogischen Aufgabe gehört es, „[...] diese Milieus zu öffnen, damit sie nicht zu regressiven und stereotyp-homogenen Altenmilieus werden, in denen alltägliche Verlässlichkeiten und Geborgenheit zum äußeren Ritual erstarrt sind" (ebd.).

Insgesamt sieht Böhnisch auch für die Lebensphase Alter Ambivalenzen, die auszubalancieren sind. Einerseits das Privileg, vom arbeitsgesellschaftlichen Stress verschont zu sein und sich sozial zurückziehen zu können, andererseits erfordert das Altern eigene Gestaltungen: Die Möglichkeit und beinahe schon individuelle und gesellschaftliche Notwendigkeit, dies so lange wie möglich „bunt und zahlreich" bis zum Ende zu leben. Dies geht jedoch nur und vor allem für die vom Alter besonders gefährdeten Männer, wenn während des Erwerbslebens ausreichend soziale Kontakte außerhalb von Erwerbsarbeit und Familie bestanden haben. Die Bewältigungsperspektive des Alters sieht Böhnisch dort, wo die Balance zwischen Rückzug und Aktivität einem unreflektierten Aktivitätsbegriff ausgeliefert wird. Ältere Menschen sind darauf angewiesen, ihre Lebenszufriedenheit in der Balance zwischen selbstgewähltem Rückzug und selbstbestimmter Aktivität herzustellen, und nur sie können dieses Verhältnis bestimmen und sollten darin gestärkt werden. Dies gilt vor allem für Männer, deren Verhalten von hoher Aktivität über totalen Rückzug bis hin zu Suizid im Alter nahezu alles bereit hält, ohne dass ihnen bewusst würde, welche Möglichkeiten sie für sich im Alternsprozess jenseits ihrer Machtposition in der Erwerbsarbeit noch verfolgen könnten. Die qualitative Bestimmung und Differenzierung des Aktivitäts- und Rückzugsverhaltens im Alter wird damit zur disziplinären und professionellen Herausforderung, die sich in den vier Dimensionen der Bewältigungslage zeigt und dazu herausfordert, Milieus zu schaffen, in denen sowohl Aneignung möglich wird und Benachteiligungen abgebaut werden können, die entweder über die Lebensphase Alter oder bereits lebenslang in der Biographie zu bewältigen waren.

6.3.3 Fragen zum Sein im Alter – Altern als unbestimmte Formel „Ausgang der Freiheit“

Die Formel „Ausgang der Freiheit“ ist für Winkler bisher unbestimmt und irgendwie verbunden mit der Situation älterer Menschen, denn diese stehen am Ausgang der Freiheit, wenn sie in späten modernen Gesellschaften aus der Erwerbsarbeit entlassen werden. Der Mensch steht mit Beginn des Alternsprozesses am Ausgang der Freiheit zur Freiheit, die wohl eigentlich Endlichkeit meint. Dieser Freiheit in ihren Möglichkeiten und Grenzen spürt Winkler in Bezug auf das Alter nach. Freiheit ist für ihn ein von der Moderne in ihrer bürgerlichen Liberalität gegebenes Versprechen, dass jedoch bisher nur selten realisiert wurde, vielmehr habe sich Freiheit überwiegend als Abhängigkeit einer Vielfalt von Zwecken gezeigt bzw. als „schlechte Freiheit“ (Winkler 2005, S. 16). Dieser schlechten Freiheit entspräche die Möglichkeit, sich im Alter das Leben zusammensuchen zu müssen, was jedoch gleichzeitig durch gesellschaftliche und kulturelle Entbettung verhindert würde. Älteren Menschen wird mit zunehmendem Alter verwehrt, an der kommerzialisierten Gesellschaft aktiv teilzunehmen, wie das von Winkler zitierte Beispiel der 84-jährigen Iris Milne zeigt: Sie bestellt sich ein Puzzle und dieses wird ihr verweigert, weil sie dafür zu alt sei (ebd., S. 9). Freiheit kommt an diesem Beispiel an einen Ausgang. „[…] man kann nicht mehr agieren, wie es einem Subjekt zusteht, verliert Freiheit. Als Bedingung und Ressource menschlichen Lebens geht sie aus“ (ebd., S. 19). Darüber hinaus wurde bereits der Tod mit seiner Klinifizierung beseitigt, so dass dieses soziale und kulturelle Ereignis nicht mehr für den Einzelnen als eigener Tod zur Verfügung steht. Winkler stellt zum Tod fest, man solle sich nichts vormachen:

> „Mit Freiheit hat dies natürlich nicht viel zu tun; sie wirkt dementiert, es geht um den Ausgang der Freiheit als ihrem Ende. Immerhin wird die Versorgung gerade noch sichergestellt, insofern die Norm der Würde formal gewahrt, wenn auch nicht ihre Realität; die Zustände in einer ökonomisierten Pflege haben selbst dann wenig mit solcher zu tun, wenn sie zertifiziert sind.“ (ebd., S. 18).

Historisch war das höhere Alter erst einmal nur von wenigen Menschen zu erreichen. Erreichten sie es und hatten damit den wahrscheinlichen frühen Tod überlebt, so mussten sie mit der Mühsal des Alters rechnen. Die Wohlstandsgesellschaften des 20. Jahrhunderts verschafften dem Alter eine kurze Zeit der Sicherheit und des guten Alters (vgl. ebd., S. 11), doch „[…] die Dynamik der Moderne, ihre Krisenhaftigkeit erreicht nun das Alter und gräbt sich in die

Phase des Alterns ein" (ebd., S. 14). Mit der Etablierung sozial- und wohlfahrtsstaatlicher Muster wurde alten Menschen eine kleine Chance auf Autonomie gegeben, „[…] einen Ausgang des Lebens mithin in eine Freiheit, wie bescheiden sie sich in Wirklichkeit dann auch dargestellt hat" (ebd., S. 12).

Ältere und alte Menschen sind einer doppelten Ambivalenz ausgesetzt, zum einen werden sie gar nicht als besondere geachtet, so lange sie sich den Verwertungsprozessen unterwerfen, vor allem als Konsumierende. Aber, wenn sie als Individuen weder produzieren noch konsumieren, werden sie gesellschaftlich und kulturell ausgeschlossen. Und sie geraten in die Gefahr, ihre Anerkennung als Konsumenten zu verlieren, die evtl. inzwischen höhere Relevanz hat als die der Produzierenden (Baumann 2000 nach: Winkler 2005, S. 14). Sie gewinnen jedoch demographisch an relevantem Gewicht, während sie gleichzeitig an gesellschaftlicher und kultureller Bedeutung verlieren. Dies ist die zweite Ambivalenz: Den älteren Menschen geht nicht nur Anerkennung verloren, vielmehr würde ihre Gesellschaftlichkeit aufgelöst (vgl. Winkler 2005, S. 14). Bei diesem Prozess beteiligen sich jedoch auch die Älteren selbst, Winkler bezeichnet dies Geschehen als „völlig irrwitzig":

> „Die Zahl der Alten nimmt zu, zugleich wird das Alter der Alter verdrängt – sie tun dies selbst, indem sie versuchen, das Alter braun gebrannt zu genießen, damit es nur nicht auffällt. Es vollzieht sich mit massiven sozialpolitischen Konsequenzen, zugleich unter sozialen und kulturellen Bedingungen, unter denen die Mitglieder der Gesellschaften immer weniger auf Alter und (Tod) vorbereitet sind" (ebd., S. 15).

Der kulturell verfügbare Habitus scheint gegen die Einsicht entwickelt worden, dass das Leben ein Prozess des Alterns ist und ein Leben zum Tode führen könne. Alter, so Winkler, komme in kaum einer Kalkulation vor, beinahe wie ein unmöglicher Zustand, dem man sich gerne verweigert und der mit dem demographischen Wandel jedoch kollektiv wie individuell ertragen werden muss. Jugend stelle nun nicht einmal mehr die halbe Wahrheit dar, nur leider bleiben diese Erkenntnisse verdeckt von den für moderne Gesellschaften charakteristischen Individualisierungsprozessen.

> „Diese greifen eher leise und unaufdringlich auf Alter und Tod aus; sie werden nicht bemerkt, weil der Prozess des Alterns regelmäßig damit einhergeht, dass Menschen einsamer werden; sie verlieren die Bindungen an Gleichaltrige, müssen sich von PartnerInnen verabschieden. Nun aber werden ihnen der soziale Status und die Position in der tatsächlichen und moralischen Ökonomie genommen; Alter und Tod verlieren ihre Gesellschaftlichkeit und sind von Individualisierungsprozessen betroffen. Die Einsamkeit der Alternden und Sterbenden signalisiert soziale und kulturelle Entbettung; die Hoffnung auf technische Bewältigung erweist sich nur als der Alptraum einer technischen Entsorgung" (ebd.).

Die soziale Position des Alters, darunter versteht Winkler Weisheit, hat sich verloren, da Alte keine Bedeutung für ein kollektives Gedächtnis zu haben scheinen und vielleicht steht die kulturelle Wertlosigkeit des Alters in engem Zusammenhang mit dem Zusammenbruch des kollektiven Gedächtnisses. Gesellschaftliche Entwicklung verzichtet auf Weisheit und damit zerbrechen entscheidende soziale und kulturelle Strukturen, die jedoch gesellschaftliche Integration bedeuten. Die alten Menschen werden als Einzelne entbettet und zugleich die mit ihnen in sozialen Verbindungen stehenden Menschen (vgl. ebd.).

Winklers Bestreben zielt darauf ab, sich die Lebensphase Alter anzueignen, da sie seiner Einschätzung nach

> „[...] gesellschaftlich vergessen, verdrängt, aber auch der Aneignung entzogen worden ist, indem sie als anonym und technisch bewältigbar erscheint – die Realität des Alters und des Todes ist von ungeheurer Barbarei gekennzeichnet. Es ist notwendig, eine Freiheit zu sichern, in welcher die Erfahrung des Altwerdens und des Sterbens nicht preisgegeben wird, welche die alternden Menschen selbst schon kennen, die ihnen vertraut ist" (ebd., S. 29).

Mit dem Begriff der Aneignung könnte auch die Aufgabe der Sozialpädagogik für die Lebensphase Alter bereits formuliert sein, doch Winkler verweist darauf, dass noch unklar sei, „[...] worin eigentlich das thematische Problem besteht. Was hat Sozialpädagogik mit Alter zu tun?" (ebd., S. 7). Die Auseinandersetzung Sozialer Arbeit mit dem Alter könne aus empirischer Verlegenheit entstehen und nicht aus sachlicher Nötigung der Sozialpädagogik, die wiederkehrend für Problemstellungen in Anspruch genommen wird, welche sie nicht bewältigen kann: Sozialpädagogik gilt für Winkler als sozial und kulturell erzeugte Instanz, die in der Verpflichtung steht, einen professionell geordneten Raum zu eröffnen, „[...] die Paradoxien und Antinomien auszuhalten, welche moderne Gesellschaften notorisch erzeugen" (ebd.). Über diesen Vorbehalt hinaus lässt sich nicht übersehen, dass das Älterwerden einer Bevölkerung und ihrer Gesellschaft eine Organisation von individuellen und kollektiven Lernprozessen erfordert und wenn es nur um Veränderungen geht, die die alltägliche Lebensführung betreffen. Mit der gesellschaftlichen Alterung kommt zunehmend die normative Frage in den Vordergrund,

> „[...] was Menschen an Vorstellungen über ihr Sein und ihr Leben auch in zeitlicher Hinsicht entwickeln. Doch darüber, was Menschen sind und sein wollen, lässt sich nicht anders entscheiden als im denkenden, philosophischen Zugang. In diesem werden wir uns mit dem vielleicht zwar bescheidenen, gleichwohl einzigen Mittel unserer selbst inne, das Menschen gegeben ist: dem Nachdenken. [...] Denn nur auf diesem Weg der Reflexion gelingt es, einen Entwurf seiner selbst zu machen. [...] Solche Selbstentwürfe mögen inzwischen durch Medien beeinflusst, mögen vielleicht

> auch illusionär gegenüber den objektiven Bedingungen sein, unter welchen man sein Leben bestreitet. Dennoch dürfen sie nicht vernachlässigt werden, selbst wenn sie nur spekulativ und dann normativ zu behandeln sind, als die Suche nach dem, was ein gutes Leben sein soll und sein könnte" (ebd., S. 7 ff.).

Damit ist die zentrale Aufgabe für Sozialpädagogik im Alter formuliert, daran mitzuarbeiten und zu entwickeln, dass Menschen ausgehend von ihrem Verrentungszeitpunkt, Ideen, Ideale und Visionen für ihr Leben im Alter entwickeln und realisieren können. Damit sind auch die gesellschaftlichen Bedingungen angesprochen, die für die Verwirklichung dieser Ideen zu gestalten sind. Dabei gilt es zwei Einwände Winklers zu berücksichtigen: Zum einen betrifft es die Grenzen, die über die Naturbedingungen individueller Entwicklung gesetzt werden. Das Alter ist an „[…] physische, neuronale und psychische Prozesse gebunden, die nicht zu übertölpeln sind" (ebd., S. 30). Zum anderen muss Sozialpädagogik darauf achten, dass das Alter nicht eben jenen Verwertungsmechanismen unterworfen wird, denen es über die Verrentung doch irgendwie entronnen war. Denn eine Sozialpädagogisierung des Alters kann dazu führen, über die Sozialpädagogik neue Kontroll- und Disziplinarstrukturen einzuführen und den Alten damit die Verantwortung für ihren Alternsprozess in der Weise aufzubürden, dass sie dem Modell „Hilfe zur Selbsthilfe", bis es nicht mehr geht, unterworfen werden. Damit würde den Alten der Rest ihrer zuerkannten Würde weggenommen und sie würden verantwortlich gemacht für sowohl die wahrscheinlich aktive und chancenreiche Phase des Alters wie auch für die eher abhängige, wahrscheinlich multimorbide, hilfe- und pflegebedürftigere Phase im Alter. Neue Strategien der Subjektmodellierung, so Winkler, würden als subtile Herrschaftsform etabliert und „[…] man muss dann selbst Verantwortung für das (eigene) Alter übernehmen, man ist verantwortlich für das Alter, Subjekt in einer Ich-AG und soll eben der Gesellschaft nicht zur Last fallen" (ebd.).

Die Aufgabe einer zumindest der Aufklärung verpflichteten Sozialpädagogik (also normativ) liegt in der Eröffnung von Wahlmöglichkeiten für Subjekte, so dass Mündigkeit, Autonomie und der Entwurfscharakter des Menschen, dass beides zugleich verwirklicht werden kann in jeder Phase des menschlichen Lebens. „Die Verbindung zu Gesellschaft und Kultur darf sich nicht lösen, sondern ist bewusst herzustellen und so zu organisieren, dass die Gesellschaftlichkeit des Subjekts gewahrt wird, wie eingeschränkt sie denn auch immer zu realisieren ist" (ebd., S. 27). Dies gilt als eine der großen Herausforderungen für die Sozialpädagogik, denn die Bedingungen einer fortgeschrittenen Moderne bringen Problemstellungen mit sich, die nicht oder nicht mehr durch traditionell gesicherte soziale und kulturelle Institutionen abgefedert werden, so dass sich die Subjekte eingebettet fühlen können. Sozialpädagogik setzt die Entstehung von Unsicherheiten voraus, die sich belastend auf die Möglichkeit von

Entwicklung und Autonomie auswirken und so gesehen prekäre Verhältnisse darstellen, die sie zu verändern oder in ihren Auswirkungen zu mildern versucht.

6.4 Was denn eigentlich das Alter(n) mit Sozialpädagogik zu tun hat – Von der anerkennenden Haltung zur Einmischung entlang der Unbestimmtheit, Freiheit und Endlichkeit des Alter(n)s

Aus der Betrachtung der drei vorgestellten Perspektiven des theoretischen Nachdenkens über die Lebensphase Alter zeigen sich Gemeinsamkeiten und Differenzen, die eine vielfältige Gesamtschau und mit Blick in die Zukunft bereits wesentliche Aspekte sozialpädagogischer Zuständigkeit für die Gestaltung von Alternsprozessen ausdifferenziert haben. Auffällig sind Ideen, die bei allen dreien auftauchen und damit als besonders zu beachtendes Merkmal weiter im Blick zu behalten sind. Darüber hinaus zeigt sich an den Unterschieden die Vielfältigkeit, die die sozialpädagogische Gestaltung des Alternsprozesses mit sich bringt. Die Frage der Generationen als pädagogische Grundkategorie in ihrer Bedeutung für Alternsprozesse findet sich bei Thiersch explizit, während Böhnisch und Winkler diese eher an anderen Stellen in Bezug auf den demographischen oder Strukturwandel des Alters als zentrale Aufgabe pädagogischen Nachdenkens hervorgestellt haben, z.B. bei Böhnisch als Relativierung der Lebensalter (1989) und bei Winkler als Frage, die vor dem Hintergrund des demographischen Wandels neu zu stellen und deren Kernanliegen vielleicht pädagogisch noch gar nicht formuliert sei (2002). Die Auseinandersetzung mit den Verhältnissen der unterschiedlichen Generationen zueinander und ihre Bedeutung für sozialpädagogisches Handeln verändert sich mit dem demographischen Wandel und wird neu zu verhandeln sein (vgl. Meyer 2008a; 2008b; 2009b).

Thiersch, Böhnisch und Winkler schätzen ein, dass sich mit dem Eintritt in das Alter Chancen eröffnen, die gesehen und gestaltet werden wollen. Jeder für sich differenziert vor dem Hintergrund eigenen theoretischen Denkens und damit ergibt sich eine Vielfalt an Perspektiven, mit denen Alternsprozesse betrachtet werden sollten und es gleichzeitig ermöglichen, sozialpädagogische Angebote konzipieren und offerieren zu können. Von der Alltagsorientierung über die Bewältigung-Gestaltungs-Dimension bis zur Ermöglichung der Aneignung kann für die Herausforderungen der Lebensphase Alter eine Vielfalt von Einsichten und Perspektiven geboten werden. Altern ist gekennzeichnet von Übergängen und kann entweder schleichend erfolgen vom aktiven, chancenreichen dritten Lebensalter in das eher wahrscheinlich multimorbide, hilfe- und pflegebedürftige Alter bzw. die Hochaltrigkeit. Durch Krankheit kann auch ein plötzlicher Übergang von einem relativ gesunden Zustand in einen höchst abhängigen stattfinden. Der Sozialpädagogik bleibt für die Zeit des gebrechlichen Alterns nur das Dabei-Sein, Aushalten und nicht mehr auf Entwicklung und Verbesserung setzende professionelle Handeln, das vor allem von Thiersch und Winkler als Herausforderung betont wird und der sich Sozialpädagogik neu zu stellen hat. Böhnisch hebt hervor, dass das Alter von Beginn an ein Pendeln zwischen Rückzug und Teilhabe meint und deswegen die Unterstützung des Balancierens zwischen beiden Polen die Herausforderung an die Sozialpädagogik bestimmt. Diese Einsicht weist daraufhin, dass Altern auch bei guter körperlicher Gesundheit und einem Aktivierungsanspruch der Gesellschaft an die Alten einen Prozess darstellt, für den es kaum Vorbilder gibt, wie diese Phase gut zu leben sei. Mit Winklers Hinweis auf die verloren gegangene soziale Position des Alters, die er als Weisheit versteht, geht auch die kulturelle Wertlosigkeit des kollektiven Gedächtnisses einher. Mit dem Verzicht auf ältere Menschen als gesellschaftliche Erinnerungsmitgestalter*innen wird jedoch auf die Durchgängigkeit und das Fortschreiben gesellschaftlicher Entwicklung verzichtet (vgl. Winkler 2005; Meyer 2008b).

Den Prozess des Alterns als Kontinuum zu betrachten, in dem eine langsam zunehmende Beschwerlichkeit des Lebens empfunden, das vielleicht auch als sich einschleichende Hilfe- und Pflegebedürftigkeit belastender werden kann und in dem in einem längeren Prozess Kräfte, Energie und am Ende Selbstständigkeit und Selbstbestimmung weitgehend nachlassen, erfordert jeden Tag das Austesten der Grenzen dessen, was aktuell möglich und nötig ist. Im Alter liegen gleichzeitig Chancen und Möglichkeiten und entweder langsam schleichend oder plötzlich eintretend, die Gefährdung des selbstbestimmten und unabhängigen Lebens verborgen. Sozialpädagogik hat zur Aufgabe, diese Ambivalenz zwischen täglichem Gewinn und Abbau zu begleiten, Chancen zur Bewältigung und Gestaltung des Alltags sowie zur Aneignung zu eröffnen, und das vor dem Hintergrund abnehmender Möglichkeiten zur Entwicklung und Verbesserung – ohne jedoch Alter zu stigmatisieren, zu bevormunden oder sinnlos aktivieren zu wollen.

Aktivierung des Alterns aus professioneller Sicht eingeschätzt, führt zu Winklers Frage, dass eigentlich noch unklar sei, worin das thematische Problem eigentlich bestehe, was denn eigentlich Sozialpädagogik mit dem Alter zu tun habe (vgl. Winkler 2005, S. 7). Der Beginn des Alternsprozesses für den Mensch bedeutet, am Ausgang der Freiheit zur Freiheit zu stehen, die eigentlich Endlichkeit meint und „schlechte Freiheit" heißt. Im Alter müsse sich der Mensch das Leben zusammensuchen und durch die gleichzeitig stattfindende kulturelle und gesellschaftliche Entbettung würde dies verhindert (vgl. ebd., S. 16). Die zentrale Aufgabe für Sozialpädagogik im Alter entsteht, wenn man Sozialpädagogik als sozial und kulturell erzeugte Instanz versteht, die in der Verpflichtung steht, einen professionell geordneten Raum zu eröffnen, um die Paradoxien auszuhalten, die moderne Gesellschaften notorisch erzeugen (vgl. ebd., S. 7). Damit ist die zentrale Aufgabe für Sozialpädagogik im Alter formuliert, daran mitzuarbeiten und zu entwickeln, dass Menschen, ausgehend von ihrem Verrentungszeitpunkt, Ideen, Ideale und Visionen für ihr Leben im Alter entwickeln und realisieren können. Damit sind auch die gesellschaftlichen Bedingungen angesprochen, die für die Verwirklichung dieser Ideen zu gestalten sind. Die professionelle Aufgabe heißt, Ambivalenzen zwischen täglichem Gewinn und Abbau zu begleiten, Chancen zur Bewältigung und Gestaltung des Alltags sowie zur Aneignung zu eröffnen und das vor dem Hintergrund abnehmender Möglichkeiten zur Entwicklung und Verbesserung, ohne jedoch Alter zu bevormunden oder sinnlos aktivieren zu wollen.

Mit diesen expliziten Überlegungen zur professionellen und disziplinären Aufgabe der Sozialen Arbeit von Böhnisch, Thiersch und Winkler sowie den zuvor als sozialpädagogisch relevant erachteten und erarbeiteten Aspekten zur Lebensphase Alter und Alternsprozessen spannt sich das Feld auf, innerhalb dessen sich sozialpädagogische Zugänge ausdifferenzieren lassen und als primordialer Zugang eingeschätzt werden können. Darüber hinaus ermöglicht die Übersicht von Füssenhäuser auf der Basis der bisher erarbeiteten sozialpädagogisch bedeutsamen Aspekte über Alternsprozesse die Konkretisierung der acht Kristallisationspunkte, die für sozialpädagogische Theorienüberlegungen wesentlich sind, um eine sozialpädagogisch verfasste Theorie Sozialer Arbeit als solche anerkennen zu können. Vor dem Hintergrund erfolgter Überlegungen werden in der folgenden Tabelle Themen, Zugänge und erforderliche Auseinandersetzungen bestimmt, um den primordialen Zugang Sozialer Arbeit zur Sozialen Altenarbeit weiter auszugestalten.

Tab. 6.1: Füssenhäusers acht Kristallisationspunkte einer Theorie der Sozialen Arbeit und ihre Konkretisierung für Soziale Altenarbeit (Fortsetzung auf den nächsten Seiten)

Acht Kriterien für Theorien Sozialer Arbeit – Konkretisierung für die Entwicklung Sozialer Altenarbeit
1. „Eine Theorie der Sozialen Arbeit setzt eine Bestimmung des Gegenstands der Sozialen Arbeit als Wissenschaft, aber auch der Praxis voraus. Sie verdeutlicht dadurch ihren spezifischen Blickwinkel bzw. die zentrale Problemperspektive von Theorie, Forschung wie Praxis“ (Füssenhäuser 2011, S. 1647).
Die Bestimmung der Sozialen Altenarbeit als „Bindestrich-Gegenstand“ der Sozialen Arbeit (als Wissenschaft) bedeutet, die Zuständigkeit für die Lebensphase Alter bzw. für Alternsprozesse aus sozialpädagogischer Perspektive weiterzuentwickeln und auszuformulieren. Der sozialpädagogische Blickwinkel umfasst die Auseinandersetzung mit und Zuspitzung von Kernfragen in Theorie, Forschung und Praxis Sozialer Arbeit im Schwerpunktbereich Soziale Altenarbeit.
2. „Theorie der Sozialen Arbeit bestimmt ihren Wissenschaftscharakter vor dem Hintergrund der unterschiedlichen Traditionen und der wissenschaftlichen Bezüge, aus denen heraus sich Soziale Arbeit entwickelt hat. Sie diskutiert dabei auch ihre spezifische Identität im Verhältnis zu anderen Disziplinen und unter dem Aspekt der Interdisziplinarität. Wie wichtig diese Klärung ist, zeigt sich in der Unterschiedlichkeit gegenwärtiger Positionen, in denen sich ebenso theoretische Zugänge finden, die auf einem einzigen wissenschaftstheoretischen Zugang basieren (z. B. Staub-Bernasconi 2007; Hillebrandt 2005), wie auch Konzepte, die unterschiedliche Erkenntniszugänge miteinander vermitteln und Soziale Arbeit im

Sinn einer Integrationswissenschaft verstehen (z. B. Böhnisch 2005; Thiersch et al. 2005)" (Füssenhäuser 2011, S. 1648).

Die Soziale Altenarbeit als ein Schwerpunkt in der Sozialen Arbeit schließt mit dem Wissenschaftscharakter an Traditionen Sozialer Arbeit an und betrachtet sie als eine neu zu entwickelnde Tradition auf der Basis der Entwicklung theoretischen wissenschaftsbasierten Wissens. Gegenwärtige Positionen Sozialer Arbeit können sich als Analysebasis für die Entwicklung sozialpädagogischer Theorieentwicklung als nützlich für die Soziale Altenarbeit erweisen. Fragen zur Lebensphase Alter aus sozialpädagogischer Sicht unterscheiden sich von Fragen, die andere Disziplinen stellen und bearbeiten.
Daneben gibt es eine Vielzahl an theoretischen Ansätzen, die unverzichtbare Bezüge zur Sozialen Altenarbeit liefern, wie z. B. aus der Soziologie, Psychologie, Medizin, Geragogik, Geriatrie, Gerontologie, Pflegewissenschaften.
Soziale altenarbeitsbezogene theoretische Ansätze bestehen bisher, wenn überhaupt eher als Konzeptanfänge, die unterschiedliche Erkenntniszugänge vermitteln und weniger basierend auf einem einzigen wissenschaftstheoretischen Zugang.

3. „Theorie der Sozialen Arbeit klärt das Verhältnis von Theorie und Praxis, also die wissenssoziologische Frage nach der Differenz der unterschiedlichen Wissensformen in Theorie und Praxis, dem Disziplin- und Professionswissen und vor allem die Frage nach der Relationierung der unterschiedlichen Wissensformen. Soziale Arbeit als Profession ist bezogen auf die Aufgaben der Praxis in der heutigen gesellschaftlichen Realität und ist an Wirksamkeit interessiert. Soziale Arbeit als Disziplin ermöglicht aufgrund ihrer relativen Distanz zum unmittelbaren Handlungsdruck der Praxis eine reflexive Analyse des Gegenstandsbereichs, und den Entwurf von alternativen Möglichkeiten. Sie zielt auf Wahrheit und Richtigkeit" (Füssenhäuser 2011, S. 1648)

Soziale Altenarbeit als Profession trifft Aussagen zu den Aufgaben in der Praxis der ambulanten, teilstationären und stationären Altenhilfe/Altenpflege bzw. in den Handlungsfeldern Sozialer Arbeit mit zunehmend höher werdenden Anteilen älterer Menschen. Mit der disziplinären Perspektivierung entstehen außerdem Möglichkeitsräume jenseits des stärker werdenden professionellen Handlungsdrucks. Damit erweitert sich auch die reflexive Analyse des Gegenstandsbereichs. Dazu gehören z. B. die Offenheit der Lebensphase Alter bei gleichzeitigem Wissen um die eigene Endlichkeit, Erhalt und Ermöglichung von Selbstbestimmung, Selbstständigkeit, Unabhängigkeit und Autonomie in jedem Lebensalter in jeder Institution bis zum Lebensende, Abbau von Benachteiligungen und Ermöglichung von Teilhabe und Aneignung. Die Bewältigung des Lebens im Alternsprozess zwischen Zugewinn von Freiheiten und näher rückender Endlichkeit stellen disziplinär zu bearbeitende Themenfelder dar, zu denen Soziale Altenarbeit einen hohen Beitrag leisten kann.

4. „Die Theorie der Sozialen Arbeit erörtert die gesellschaftlichen und sozialen Rahmenbedingungen heutiger Sozialer Arbeit. Hierin geht es ihr um eine Klärung der Positionen der Sozialen Arbeit im Horizont einer Theorie der Gesellschaft, in der sich die gesellschaftspolitischen Aspekte mit disziplin- bzw. professionspolitischen Diskursen verbinden. Sie diskutiert dabei auch die intermediäre Funktion der Sozialen Arbeit innerhalb des Sozialstaats und nach ihrem Ort im Gefüge der arbeitsteilig realisierten Sozial-, Bildungs- und Erziehungsangebote" (Füssenhäuser 2011, S. 1648)

Gesellschaftliche Rahmenbedingungen und Setzungen haben die Lebensphase strukturell geschaffen und Auswirkungen auf allen Ebenen von der individuellen bis zur gesellschaftlichen Ebene verursacht. Dabei sind Ort und Aufgabe der Sozialen Altenarbeit im Gefüge des bisher eher rudimentär entwickelten Bereichs der Altenhilfe und Altenpflege nicht im Mindesten geklärt, wenn diese überhaupt schon begonnen wurde. Die Funktion der Sozialen Altenarbeit einerseits und die gesellschaftliche Positionierung bezüglich anwachsender Anteile älterer Menschen mit einem dazugehörigen Hilfesystem inklusive eigenständigem Altenhilfegesetz sowie Angebotsstrukturen andererseits stehen weiter aus.

5. „Theorie der Sozialen Arbeit diskutiert die Lebenslagen und Lebensweisen der AdressatInnen und sieht diese auch im Kontext sozialer Probleme sowie in der Spannung von Normalität und Abweichung. Sie fragt gleichzeitig danach, wie darin Unterstützung, Hilfe und Bildungsaufgaben bestimmt werden können" (Füssenhäuser 2011, S. 1648).

Lebenslagen, Lebensstile und Lebensweisen ändern sich mit jeder Generation, die in die Lebensphase Alter hineinwächst. Soziale Altenarbeit hat deshalb beständig damit eventuell verbundene Wertungen, soziale Probleme oder Spannungen zwischen der Normalitätserwartung und Abweichung in Alternsprozessen zu betrachten und kritisch einzuschätzen entlang der anzubietenden Hilfe und Unterstützung oder der Erweiterung des Normalitätsverständnisses der Gesellschaft.

6. „Theorie der Sozialen Arbeit analysiert die Organisation und Institutionen der Sozialen Arbeit in Institutionalisierungs- und Arbeitsprogrammen. Hierzu gehören z. B. auch das Verhältnis von administrativem und professionellem Handeln oder auch die Frage nach Qualität und professionellen Standards" (Füssenhäuser 2011, S. 1648).

Soziale Altenarbeit analysiert die Organisation und Institutionen der Altenhilfe und Altenpflege, in denen Soziale Altenarbeit stattfindet und die Handlungsfelder der übrigen Sozialen Arbeit, in denen die Anteile älteren Personals und älterer Adressat*innen zunehmen und evtl. altenspezifisch sozialpädagogisches Wissen notwendig wird. Die kritische Auseinandersetzung mit Fragen über Qualität und professionelle Standards Sozialer Altenarbeit gehört ebenfalls dazu.

7. „Die Theorie Sozialer Arbeit zielt auf eine Konkretisierung der professionellen Handlungsmuster der Sozialen Arbeit. Diese erfolgt im Horizont einer Analyse der allgemeinen Strukturen eines helfenden, erziehenden, bildenden und unterstützenden Handelns in seiner Spannung von asymmetrischer und symmetrischer Kommunikation, in seiner Verbindung von Nähe, Stellvertretung und Distanz, in seinen strukturellen Widersprüchen oder Paradoxien. Diese Handlungsmuster müssen für unterschiedliche Settings und Handlungsformen differenziert werden. Wichtig ist in diesem Zusammenhang aber auch die Erörterung des spezifisch professionellen Handlungsprofils Sozialer Arbeit im Unterschied zu anderen pädagogischen oder therapeutischen Handlungsprofilen, vor allem aber zum nicht-professionellen Handeln. Eine Theorie der Sozialen Arbeit sieht diese Frage auch im Wissen darum, dass heutiger Alltag zunehmend durchsetzt ist von sozialwissenschaftlichen Wissensbeständen und einem daraus resultierenden zunehmend kritischen Umgang mit fachlich professionellen Interventionsangeboten. In diesem Kontext ist die Spezifität professionellen Handelns auszuweisen und sowohl an die Wissensbestände Sozialer Arbeit als auch an die Praxis einer wissenschaftlich aufgeklärten Reflexivität rückzubinden" (Füssenhäuser 2011, S. 1648).

Soziale Altenarbeit hat die Spannungsfelder bisher noch zu wenig ausgelotet, um diese im Hinblick auf sozialpädagogische Angebote im Bereich Altenhilfe/Altenpflege bzw. mit wachsenden Anteilen älterer Menschen in allen Handlungsfeldern Sozialer Arbeit kennen zu können. Ob es die typischen Spannungsfelder Sozialer Arbeit betrifft oder noch weitere zu bearbeiten sind, bleibt vorerst offen.
Darüber hinaus ist bisher noch nicht deutlich herausgearbeitet, welche Handlungsprofile für die Soziale Altenarbeit identitätsbildend sind und wo, welche Abgrenzungen zu Handlungsprofilen in der Altenpflege, Medizin, Pflegewissenschaften oder Gerontologie vorzunehmen sind bezüglich des Arbeitens im Alltag. Wissensbestände aus der Sozialen Arbeit und anderen Disziplinen sind zurückzubinden an die Praxis einer wissenschaftlich aufgeklärten Reflexivität.

8. Soziale Arbeit als Wissenschaft hat sich mit ethischen Fragestellungen bzw. mit Normen und Werten auseinanderzusetzen. Soziale Arbeit hat die sozial-ethischen gesellschaftlichen Grundlagen ihres professionellen Handelns zu klären und die in ihrer Praxis vorherrschenden, oft unbewussten, normativen Konzepte zu hinterfragen. Ethische Fragen tauchen in der Berufsethik auf, die Risiken und Gefährdungen des professionellen sozialarbeiterischen bzw. sozialpädagogischen Handelns aufklären sowie die in den Institutionen repräsentierten normativen Gegebenheiten hinterfragen (vgl. Füssenhäuser 2011, S. 1648 f.)

Ethische Fragen entstehen im Bereich der Sozialen Altenarbeit in unterschiedlichen Zusammenhängen. Soziale Altenarbeit hat vor allem ethische Fragen in Bezug auf die bisherigen verschiedenen Institutionalisierungsformen für ältere Menschen zu stellen und zu bearbeiten. Im stationären Bereich der Altenpflege könnten ethische Fragen zu einer Vergewisserung über die Lebensqualität im Hinblick auf Verwirklichungsmöglichkeiten älterer Menschen bezüglich ihrer Selbstbestimmung, Selbstbestimmtheit und Unabhängigkeit führen. Soziale Arbeit würde über die Auseinandersetzung mit berufsethischen Fragen bisherige Grenzen ihres professionellen Handelns in den Institutionen der Altenpflege und Altenhilfe bearbeiten können. Ethische Fragen werden in der Zukunft verstärkt im Hinblick auf den Einsatz technischer Hilfsmittel bedeutend, z. B. bei der Unterstützung in der eigenen Häuslichkeit, der Pflege oder auch als Ersatz für sozialen Austausch oder von Beziehungen mit echten Tieren oder Menschen, wie z. B. beim Einsatz eines Pflege-Roboter-Tiers zum Kuscheln und Streicheln oder mit einem Pflegeroboter, der für unterschiedliche Aufgaben im Alltag oder bei der Pflege eingesetzt werden könnte. Darüber hinaus bestehen im Zusammenhang mit dem Ende des Lebens, z. B. bei der Sterbebegleitung, vielleicht auch im Hinblick auf weiterführende Auseinandersetzungen mit Fragen rund um die Sterbehilfe ethische Fragen, die verstärkt sozialpädagogischer Auseinandersetzung bedürfen.

Quelle: Füssenhäuser 2011, S. 1647 f. und eigene Darstellung

Die konkretisierten Kristallisationspunkte für die Soziale Altenarbeit sind beispielhaft ausgefüllt und beliebig erweiterbar entlang des sozialpädagogischen Fragens und Auseinandersetzens mit der Lebensphase Alter und Alternsprozessen. Einige Punkte sind bereits deutlicher bearbeitet und es liegt Wissen dazu vor, vor allem in anderen Disziplinen erarbeitet, das für die Erweiterung der Sozialen Altenarbeit sozialpädagogisch eingeordnet bzw. zu diskutieren wäre. Die anderen Kapitel dieses Lehrbuchs haben ebenfalls sozialpädagogisch relevante Erkenntnisse für die Lebensphase Alter bzw. für Alternsprozesse zusammengebunden, so dass sie die von Füssenhäuser herausgearbeiteten Kristallisationspunkte ausfüllen und den primordialen Zugang bilden.

Fazit

Ziel dieses Kapitels war es, den von Schweppe geforderten primordialen Zugang zur Sozialen Altenarbeit aus Sicht der Sozialen Arbeit expliziter herauszuarbeiten vor dem Hintergrund der Bandbreite der Handlungsfelder der Sozialen Arbeit, die bereits mit Fragen des Alter(n)s befasst sind oder in der Zukunft noch sein werden. Soziale Altenarbeit kann bereits auf eine Historie der Entwicklung zurückblicken seit den 1980er Jahren und die Zusammenschau eröffnet einen Überblick über das bisweilen diffuse erscheinende Feld und dessen Entwicklung. Gleichzeitig zeigen sich bereits zugewiesene und etabliertere Aufgaben der Sozialen Altenarbeit. Die Übersicht Amthors zu den Arbeits- und Handlungsfeldern sowie die acht Kristallisationspunkte für eine Theorie Sozialer Arbeit bilden Orientierungsmöglichkeiten zur Ausarbeitung und Vergewisserung über den Stand der Entwicklung der Sozialen Altenarbeit. Gleichzeitig zeigen sie Leerstellen auf, die professionell und disziplinär ausgefüllt werden wollen. Darüber hinaus war eine weitere zentrale Aufgabe vor dem Hintergrund bisher erfolgter theoretischer Überlegungen dreier sozialpädagogischer Theoretiker, die sich aus sozialpädagogischer Sicht zu Kernfragen des Alter(n)s geäußert haben, die Kristallisationspunkte für sozialpädagogische Theorien zu füllen und als Ausgangspunkt für weitere tiefer gehende Auseinandersetzungen im Hinblick auf einen primordialen Zugang Sozialer Arbeit zur Etablierung Sozialer Altenarbeit zu schaffen.

Übungs- und Reflexionsfragen

1. In welchen Handlungsfeldern Sozialer Arbeit sind Ihnen bereits ältere Menschen begegnet?
2. Welche Handlungsfelder der Sozialen Arbeit könnten die Handlungsfelder der Zukunft sein und warum?
3. Nennen Sie die Hauptargumentationen von Thiersch, Böhnisch und Winkler hinsichtlich der Besonderheiten der Lebensphase Alter und des Alternsprozesses!

4. Haben Sie Ideen für generationsübergreifende Dienstleistungsangebote?
5. Welche theoretischen Ideen verfolgen Sie innerhalb der Sozialen Arbeit? Taugen diese für die Besonderheiten der Lebensphase Alter?
6. Welche Kristallisationspunkte sehen Sie als besonders herausragend an für den primordialen Zugang zur Sozialen Altenarbeit?

Literatur für das Selbststudium

Böhnisch, Lothar/Schröer, Wolfgang (2013): Soziale Arbeit. Eine problemorientierte Einführung. München/Stuttgart: Klinkhardt/UTB.

Thiersch, Hans (2009): Schwierige Balance. Über Grenzen, Gefühle und berufsbiographische Erfahrungen. Weinheim und München, S. 211–295.

Winkler, Michael (2005): Sozialpädagogik im Ausgang der Freiheit. Versuch einer Annäherung an üblicherweise nicht gestellte Fragen. In: Schweppe, Cornelia (Hrsg.) (2005): Lebensalter und Soziale Arbeit. Theoretische Zusammenhänge, Aufgaben- und Arbeitsfelder. Baltmannsweiler: Schneider-Hohengehren, S. 6–31.

Zum Weiterlesen

de Beauvoir, Simone (1970): Das Alter. Sachbuch. Reinbek: Rowohlt.

van Dyk, Sylke (2015): Soziologie des Alters. Bielefeld: transcript.

Österreichische Gesellschaft zur Sozialen Arbeit (2017): Zur Zukunft der Sozialen Altenarbeit in Österreich. Positionspapier der Arbeitsgemeinschaft „Altern und Soziale Arbeit“ der Österreichischen Gesellschaft für Soziale Arbeit (ogsa). Wien, September 2017. In: www.ogsa.at/wp-content/uploads/2018/06/Positionspapier-Broschuere-Altern-und-Soziale-Arbeit.pdf, Abfrage: 17.12.2018.

Kapitel 7
Über die professionelle und disziplinäre Zuständigkeit der Sozialen Arbeit für das Alter(n)

Zusammenfassung

Die enge Verbindung von Sozialer Arbeit und Alter(n) zeigt sich in jedem Kapitel, die in dieser Reihenfolge aufgebaut wurden, mit der Absicht, Verbindungen aufzuzeigen und Schwerpunkte zu setzen entlang notwendiger Fragestellungen Sozialer Arbeit zur demographischen Entwicklung und der Vergrößerung der Lebensphase Alter. Es soll Neugierde geweckt werden für eine Lebensphase, die jeden Menschen noch einmal neu in seinem Lebenslauf herausfordert. Diese Erkenntnis zeigt sich auch in verschiedenen Kapiteln und wurde mehr oder weniger ausführlich entlang bisheriger Wissens- und Diskursbestände erarbeitet, die aus sozialpädagogischer Perspektive relevant für die Soziale Altenarbeit sind. Die ausgewählten, bearbeiteten und vorgestellten Inhalte werden als grundlegende Themen für Auseinandersetzungen mit Alter(n)sfragen in der Sozialen Arbeit eingeschätzt. Dazu gehört, Alternsprozesse als Aufgabe und Herausforderung für Soziale Arbeit zu sehen, nicht nur die Prognosen fordern dazu heraus, vor allem auch, dass ältere Menschen in den Handlungsfeldern Sozialer Arbeit bereits angekommen sind, zwingt dazu. Darüber hinaus gehört zu den grundlegenden Erkenntnissen die Auseinandersetzung mit der Lebensphase Alter aus sozialpädagogischer Perspektive mit dem Anspruch, in relativierten Generationenverhältnissen ein jeweilig vollständiges Leben zu ermöglichen. Damit ist auch die Zurkenntnisnahme der in dem Begriff „umgekehrte Generationenverhältnisse" eingewobenen professionellen handlungsmethodischen Aufforderung gemeint, die besonderer Aufmerksamkeit bedarf. Der Zusammenhang von Alter(n) und dem Ungleichgewicht von körper-leiblicher Verlusterfahrungen und der Kontinuität von Sehnsüchten weist auf bisher unsichtbar gebliebene Perspektiven hin, eröffnet Verstehen und gleichzeitig größere Spielräume in der Gestaltung von Prozessen bzw. Beziehungen. Der Sozialraum als klassisches Feld der Sozialen Arbeit wurde in die Erfordernisse von Alternsprozessen eingeordnet und um bedeutsame Perspektiven erweitert. Insgesamt wurde versucht, einen primordialen Zugang Sozialer Arbeit zur Sozialen Altenarbeit aufbauend auf den drei theoretisch bedeutsamen Ebenen der Wirklichkeit, Praxis und des Diskurses (vgl. Hamburger 2008) zu eröffnen.

Zu Beginn dieses Lehrbuchs stand der Wunsch, gelesen werden zu wollen, unabhängig von der Reihenfolge. Jedes Kapitel versteht sich als aussagekräftig genug entlang der Themen, die besonders interessant für den*die Leser*in erscheinen im Hinblick auf Soziale Arbeit und Alternsprozesse. Dennoch eröffnet sich der Gesamtzusammenhang und -überblick erst mit dem Lesen aller Kapitel. Mit dem vorgelegten Lehrbuch wurde der Versuch unternommen, umfassender in verschiedene relevante Ebenen zu schauen, die mit Sozialer Arbeit und Alternsprozessen verbunden sind. Mit dem Voranschreiten des demographischen Wandels werden alte Menschen unübersehbar in der Gesellschaft und abgesehen von ihrer Sichtbarkeit sind damit bereits Problem- und Lebenslagen entstanden, für die Soziale Arbeit bereits seit längerer Zeit Antworten hat und haben muss, wenn ihre Dienstleistungen zunehmend von älteren Menschen in Anspruch genommen werden oder ältere Menschen dort augenfälliger werden, z. B. in Bezug auf den Sozialraum, Suchtkrankenhilfe, Obdachlosigkeit oder Straffälligenhilfe. Sobald es um Menschen geht in unterschiedlichen Lebenslagen und Lebensaltern, wird Soziale Arbeit zuständig und hat darüber zu entscheiden, wie diese aus sozialpädagogischer Perspektive zu gestalten sind. Mit dem demographischen Wandel eröffnet sich großer sozialpädagogischer Spielraum, den es auszufüllen gilt. Alternsprozesse bedeuten für Soziale Arbeit niemals „nur" physiologische körperliche Alterung und damit verbunden entstehende medizinische Notwendigkeiten, vielmehr gehört die reflektierende Ausgestaltung und Bewältigung des gesamten Lebenszusammenhangs zur Aufgabe Sozialer (Alten-)Arbeit.

Mit diesen Erkenntnissen stellen sich für Soziale Arbeit mehrere Fragen, z. B. wie bereits während des Studiums Männer und Frauen neugierig werden könnten, lebenslaufbezogen mit allen Lebensaltern und vor allem auch mit Älteren arbeiten zu wollen; welche Kompetenzen für eine lebensalterbezogene bzw. -übergreifende Soziale Arbeit notwendig sind und welches Inhalte, Theorien und Angebote sein könnten, die ältere Menschen erreichen und ihr Interesse wecken, sowie was Soziale Arbeit bieten sollte, um Lebensgestaltung und -bewältigung im Alter zu stärken und zu unterstützen. Es geht nicht nur um die Frage, was den professionell Handelnden ausmachen könnte, der sich vor allem mit der Lebenswelt Älterer in seinem beruflichen Alltagshandeln beschäftigen will, vielmehr dreht es sich um die Gewinnung von Studierenden für das Handlungsfeld und die Frage danach, was diese Person mitbringen muss, damit sie Ältere für sich gewinnen kann.

Darüber hinaus geht es nach wie vor um das Entdecken, was denn aus sozialpädagogischer Sicht bedeutend sein könnte, um die Lebensphase Alter und die Aufgaben, die im Alternsprozess für Ältere auftauchen, sinnvoll professionell begleiten zu können. Insgesamt sind bereits mehrere Ebenen angesprochen: die als „umgekehrtes Generationenverhältnis" (vgl. Meyer 2009a) bezeichnete professionelle Verbindung von jüngeren zu älteren Menschen, die

Besonderheiten der Lebensphase Alter sowie das Wissen und Können der professionell Handelnden, die sich für die Arbeit mit Älteren entscheiden und die möglichst im Studium bereits die Möglichkeit erhalten, sich mit den Besonderheiten im Alternsprozess vertraut zu machen, und daraufhin neugierig werden. Kein professionell Tätiger in der Sozialen Arbeit wird zukünftig nur noch mit Menschen eines Lebensalters arbeiten, sondern entweder von vornherein mehrere Lebensalter vor sich haben bzw. Menschen, die langsam in höhere Lebensalter hineinwachsen, unabhängig davon, in welcher sozialen Einrichtung sie sich befinden und Dienstleistungen anbieten.

In Bezug auf das vorliegende Lehrbuch kann es sinnvoll sein, sich noch einmal damit zu befassen, welche Schwerpunkte in den einzelnen Kapiteln vorgestellt wurden. Gleichzeitig können Sie Wissen, Erkenntnisse und für Sie Bedeutendes mit dem folgenden Tipp gleich einmal ausprobieren und Revue passieren lassen.

Tipp

Für die Nutzung des Wissens aus jedem Kapitel versuchen Sie doch einmal, Fragen zu formulieren, die Sie für ältere Menschen in Ihrem Nahbereich verwenden könnten, um ihnen näherzukommen, für den Fall, dass Sie bisher wenig Kontakte zu älteren Menschen in Ihrer direkten Umgebung haben. Sie könnten die Fragen evtl. auch mit Ihren Großeltern ausprobieren und z. B. danach fragen, wann Ihre Großmutter oder Ihr Großvater das erste, vielleicht auch das letzte Mal verliebt waren oder von wem sie sich gerne pflegen lassen würden und wo sie im Alter gerne leben würden. Jedes Kapitel bietet vor dem Hintergrund der Informationen eine Fülle an Themen und daraus ergeben sich eine Fülle an Fragen, die es Ihnen ermöglicht, sich älteren Menschen anzunähern und etwas über ihre Ideen- und Gedankenwelten zu erfahren. Kaum etwas erscheint schwieriger und herausfordernder im Feld der Sozialen Altenarbeit, als sich als der jüngere Mensch in den älteren hineinzuversetzen, empathisch zu werden und aus diesem Versuch des Hineinversetzens in ein anderes Lebensalter, das für einen selbst noch weit in der Zukunft liegt, relevante und angemessene Angebote für die Bewältigung und Gestaltung des Alternsprozesses zu entwickeln.

- *Kapitel 2:* Welches Wissen benötigen Sie über ältere Menschen und woher bekommen Sie dieses? Welche Aufgaben kommen der Sozialen Arbeit zu im Vergleich zur z. B. (Sozialen) Gerontologie?
- *Kapitel 3:* Welche Erinnerungen haben Sie an Ihr Leben? Welche besonderen Erlebnisse haben Ihr Leben geprägt? Woran denken Sie noch oft zurück?
- *Kapitel 4:* Finden Sie sich (noch) attraktiv? Welchen Kleidungsstil verfolgen Sie? Wann waren Sie zuletzt verliebt? Meinen Sie bereits Zeichen Ihrer Alterung zu erkennen? Welche sexuelle Orientierung ist für ihr Leben bisher bestim-

mend gewesen? Haben Sie schon einmal Anfeindungen deshalb erlebt? Empfinden Sie Ihre Nachbar*innen oder Freund*innen auch als Unterstützer*innen in ihrem Alltag? Welche Unterstützung bekommen Sie und welche erwarten Sie?

- *Kapitel 5:* Wo leben Sie und wo möchten Sie leben für den Fall zunehmender Hilfe- und Pflegebedürftigkeit? Wie sieht der ideale Ort zum Älter werden aus? Wie nehmen Sie das Leben auf dem Land wahr? Könnten Sie sich vorstellen, zwischen zwei Ländern zu pendeln?
- *Kapitel 6:* Welche Angebote erhoffen Sie sich für die Gestaltung Ihres eigenen Alternsprozesses? An wen würden Sie sich bei Schwierigkeiten im Alltag wenden? Würden Sie die Soziale Arbeit weiterempfehlen, wenn es sich um Fragen rund um den Alternsprozess dreht?

Die Beispielfragen können beliebig erweitert werden, sollen als Inspiration dienen und zum weiteren Neugierig-Werden verhelfen. Probieren Sie sie aus!

Soziale Altenarbeit hat die Herausforderung zu bewältigen, eine flexible und tragfähige Infrastruktur an Einrichtungen und Diensten für ältere Menschen in der Zukunft sicherzustellen, ältere Frauen und Männer dazu zu bewegen, ihre Bedürfnisse äußern zu können und, wenn nötig, einzufordern. Ein verbreitertes fachliches Wissen über Fragen des Alter(n)s, der Vorsorge und der Gestaltungsmöglichkeiten des Lebens im Alter und dies zeitbewusst, sozialräumlich und bezüglich sozialer Beziehungen und sozialer Eingebundenheit gehören ebenfalls in das professionelle und disziplinäre Aufgabengebiet Sozialer Altenarbeit.

Soziale Arbeit sollte sich ihrer Rolle als umfangreich öffentlich zu erbringende Dienstleistung im Sinne einer Gerechtigkeitsprofession bewusst sein und dafür kämpfen, dass den Adressat*innen nicht nur das sozialpädagogisch Nötige, sondern auch „das sozialpädagogisch Mögliche" als möglichst umfassende und weitreichende Gewährleistung von Verwirklichungschancen eröffnet wird (vgl. Heite 2009, S. 115), und zwar jenseits defizitärer Altersbilder und daraus folgend jenseits sämtlicher Aktivierungsideen, die zu hinterfragen sind und evtl. nichts mit den Besonderheiten zu tun haben, die der Alternsprozess bzw. die Lebensphase Alter hervorbringen.

Wissensbaustein

Aufgaben kommunaler Altenpolitik

Naegele hat auf der Basis seiner Erkenntnisse Konsequenzen für die künftige Organisation kommunaler Altenpolitik formuliert, in die sich Soziale (Alten-)Arbeit selbstverständlich aus ihren vielen verschiedenen Arbeits- und Handlungsfeldern einzumischen hat:

- „Alter(n) und Altsein sind als Querschnittsthemen für Kommunalpolitik zu konzeptualisieren. Neu sind Versuche, kommunale Altenpolitik als Teil einer eigenständigen kommunalen Demografiepolitik zu konzeptualisieren (Bogumil et al. 2013); so übrigens auch die jüngst veröffentlichten Demografiestrategie der Bundesregierung (Bundesministerium des Innern 2011) (‚integrative Kommunal-/Stadtpolitik'). Neben der Alten- und Pflegepolitik sind darüber hinaus ebenfalls ‚demografiesensibel' die Kinder-, Jugend- und Familienpolitik, die Bildungspolitik, die Bereiche Migrationspolitik, gesundheitliche Versorgung, Mobilität und Verkehr, Stadtentwicklungs- und Städtebaupolitik sowie lokale Arbeitsmarkt- und Wirtschafts(förderungs)politik (Hüther/Naegele 2013).
- Es werden neue Handlungskonzepte benötigt, die nicht mehr auf Einzelfallorientierung fokussieren, sondern stärker auf Gemeinwesenorientierung und Akteurs-/Trägervernetzung zielen müssen (‚neue strategische Allianzen').
- Die zunehmende soziale Differenzierung des Alters verbietet die Suche nach ‚Standardlösungen'. Auch auf der Maßnahmenebene geht es um problemangemessene Heterogenität bei gleichzeitiger regionaler wie – mit Blick auf besonders benachteiligte Gruppen – inhaltlicher Schwerpunktsetzung.
- Die (allerdings demokratisch zu legitimierte) Mitwirkung der Betroffenen als ‚Experten' in eigener Sache ist zu ermöglichen. Es gilt, Ältere als aktiven Teil der zivilgesellschaftlichen Bewältigung und Gestaltung der Alterung der Gesellschaft stärker selbst einzubeziehen (Klie 2013)" (Naegele 2015, S. 235).

Auf politischer Ebene fordert Naegele also die kontinuierliche Berücksichtigung des Alter(n)s und der älteren Menschen als Querschnittsaufgabe, so dass bei jeder Entscheidung auch die Lebenslagen und Bedürfnisse älterer Menschen selbstverständlich mitzudenken sind. Die Einführung kommunaler Altenpolitik als Strategie kommunaler Demographiepolitik würde, neben den anderen Lebensaltern und Lebenslagen, den älteren Menschen ebenfalls einen zu beplanenden Platz einräumen, der als Schwerpunkt neben der Querschnittsaufgabe jeder Kommunalpolitik weitere Beachtung bedeuten könnte.

Gleichzeitig verweist Naegele auf die Vermeidung von Angeboten und Lösungen, die allen alten Menschen pauschal zu Gute kommen sollen, jedoch völlig an ihnen vorbeigehen, weil sie erstens nicht befragt wurden oder ihre ganz unterschiedlichen Lebenslagen nicht differenziert genug betrachtet und berücksichtigt wurden. Soziale Altenarbeit kann sowohl für die Analyse der Ausdifferenzierung der Lebenslagen zuständig sein wie auch für die Befragung und Einbeziehung der älteren Menschen in jede sie persönlich betreffende, professionell wie auch politisch verantwortete Entscheidung.

Damit werden wiederum konkrete Aufgaben für Soziale Altenarbeit formuliert, die sie vor Ort in den Kommunen, jedoch auch darüber hinaus auf jeder Ebene und sowohl in professioneller wie auch disziplinärer Perspektive erbringen kann. Aus der Definition des Deutschen Berufsverbandes Sozialer Arbeit e.V. (DBSH e.V.) geht hervor, dass sich „Soziale Arbeit vorgenommen hat, […] als praxisorientierte Profession und wissenschaftliche Disziplin gesellschaftliche Veränderungen, soziale Entwicklungen und den sozialen Zusammenhalt sowie die Stärkung der Autonomie und Selbstbestimmung von Menschen" zu fördern (www.dbsh.de/profession/definition-der-sozialen-arbeit/deutsche-fassung.html, Abfrage: 02.11.2018). Diese Aussage gilt für alle Lebensalter und Lebenslagen und die Grundlagen Sozialer Arbeit bilden die Prinzipien soziale Gerechtigkeit, die Menschenrechte, die gemeinsame Verantwortung und die Achtung der Vielfalt (vgl. ebd., Abfrage: 02.11.2018). Soziale Arbeit hat also vor dem Hintergrund ihrer Definition Alterungsprozesse der Gesellschaft selbstverständlich als gesellschaftliche Veränderung zur Kenntnis zu nehmen und als Aufforderung zu betrachten. Als soziale Entwicklung betrachtet und schätzt Soziale Arbeit den demographischen Wandel in Bezug auf den sozialen Zusammenhalt ein, der auf alle Lebensalter durch alle Ebenen der Gesellschaft, angefangen von der Familie als Mikroebene bis in weitere Meso-Ebenen z.B. von Organisationen und in die Makrostrukturen hinein Auswirkungen hat.

Die Förderung der Autonomie und Selbstbestimmung hat vor allem im Zusammenhang mit Alternsprozessen vor dem Hintergrund eventuell zunehmender Abhängigkeiten und Zustände von Angewiesen-Sein auf Familie oder weitere Unterstützer*innen eine nicht zu unterschätzende Bedeutung, die auch noch nicht bis zu Ende und in aller Konsequenz gedacht wurde. Autonome Lebensführung oder die Stärkung der Autonomie älterer Menschen hat wiederkehrend darauf zu beharren, Selbstständigkeit, Selbstbestimmung und Unabhängigkeit zu erhalten, wiederherzustellen oder zu unterstützen, selbst wenn krankheits- bzw. alternsbedingte Einschränkungen so stark sind, dass die Autonomie täglich neu hergestellt werden muss. Soziale Altenarbeit hat sich in der Zukunft mehr mit ihrem Selbstverständnis bezüglich der Stärkung der Autonomie in jeder Phase des Alternsprozesses zu befassen; nähme sie das ernster, würde sich die Lebensqualität vieler älterer Menschen sofort verbessern. Soziale Altenarbeit hat sehr viel mit der Ermöglichung von Selbstverständlichem zu tun, wenn es darum geht, noch einmal neu nach den Hilfen zu fragen, die ein älterer Mensch in unterschiedlichen Phasen benötigt, um ein autonomes Leben führen zu können. Autonome Lebensführung im Alternsprozess zu jeder Zeit benötigt grundlegenderes disziplinäres Nachdenken. Fragen nach autonomer Lebensführung im Alternsprozess grundlegend zu bearbeiten, wird Folgen auf die Herstellung professionellen Arbeitens im Hinblick auf die Durchsetzung von Kontinuitäten im Hinblick auf Selbstbestimmung, Selbstständigkeit und Unabhängigkeit in jedem Abschnitt des Alterns nach sich ziehen. Der folgende Satz aus der Definition der Sozialen Arbeit: „Soziale Arbeit befähigt und ermutigt Menschen so, dass sie die Herausforderungen des Lebens bewältigen und das Wohlergehen verbessern, dabei bindet sie Strukturen ein" (www.dbsh.de/

profession/definition-der-sozialen-arbeit/deutsche-fassung.html, Abfrage: 02.11. 2018), hätte immense Auswirkungen auf das tägliche Leben älterer Menschen, würde sich Soziale Arbeit mit ihrer Schwerpunktausrichtung als Soziale Altenarbeit zuständig erklären und beginnen, größeren Einfluss auf die Veränderung von Strukturen zu nehmen. Vor allem für ältere Menschen würde z.B. aufsuchende Soziale Arbeit sehr schnell zu Verbesserungen in ihrem evtl. zunehmend kleiner werdenden Radius im Sozialraum führen, denn sie würden in den Mittelpunkt der Betrachtung geraten, und es würden Hilfen erfolgen, wenn sie denn notwendig wären.

Soziale Arbeit hat sich über ihre Definition zuständig erklärt für Menschen und damit entsteht auch die Notwendigkeit, entlang gesellschaftlicher Entwicklungen neue Schwerpunkte zu setzen, wenn diese erforderlich sind. Die primordiale Zuständigkeit der Sozialen Arbeit gibt es für die Lebensphase Alter über die allgemeine Definition Sozialer Arbeit des DBSH, doch wie sich bisher zeigt, reicht es nicht unbedingt aus, auch primordiale Zugänge zu entwickeln. Darüber hinaus braucht es noch Neugier als Motivation und mit der Lebensphase Alter kommen für Soziale Arbeit Forschungsfragen in Sicht, die von besonderem Interesse auch für andere thematische Felder in der Sozialen Arbeit sein könnten. Der primordiale Zugang aus Sicht Sozialer Arbeit auf die Lebensphase Alter und damit die inhaltliche Schwerpunktsetzung könnte darin liegen, Fragen nach dem Sinn des Lebens stellen zu können, der für die Lebensphase Alter nicht bedacht wurde angesichts des Loslassens von Menschen in einem fortgeschrittenen Alter in die gesellschaftliche Bedeutungslosigkeit in der Erwerbsarbeitsgesellschaft, in der vorher alle Lebensjahrzehnte entweder mit Bildung, Fortbildung und Erwerbsarbeit und/oder Familien-, Haus- und Sorgearbeit belegt waren. Diese Sinnlosigkeit verstärkt sich noch einmal angesichts des unbestimmten offenen zeitlichen Raums, der jedoch angesichts der näher kommenden eigenen Endlichkeit fast ein wenig zynisch anmutet. Bisher bieten sich noch zu wenige Möglichkeiten der neuen freien Entfaltung an, wie z.B. die Ausprägung spezifischer Altenkulturen, auch wenn mittlerweile „Ü-60-Partys“ (www.faltenrock-party.de/, Abfrage: 25.12.2018) üblich sind oder die Initiative „Oll Inklusiv“ in Hamburg für lautes, buntes, aktives und kritisches Altern steht (www.oll-inklusiv.de/, Abfrage: 25.12.2018) oder Initiativen, wie „Omas gegen Rechts“ (www.omasgegenrechts.de/grundsatztext/, Abfrage: 25.12.2018), fast ein wenig das Entstehen neuer Altenkulturen vermuten lassen. Dabei könnte es sich vor allem um die kontinuierliche Fortführung bisherigen Lebens und dem Eintreten neuer Generationen in die Lebensphase Alter drehen und weniger um neue Angebote. Eben die Menschen, die seit jeher in Discotheken gehen oder sich gegen Rechts engagieren, wollen dieses nun weiterhin tun. Vielleicht haben sie auch Lust auf Neues und das sollte herausgefunden werden. Altersbilder und daraus folgend älteren Menschen zugestandene Aktivitäten werden noch Thema im Diskurs über die entstehende Altengesellschaft bleiben.

Kaum eine andere Lebensphase hat in den letzten Jahrzehnten so viel mit wirkmächtigen Alter(n)sbildern zu kämpfen gehabt wie die Lebensphase Alter und daraus resultierende zugeschriebene Aktivitäten oder eben Disengagement. Gängige Alterstheorien haben zu diesen Stigmatisierungen ebenfalls ihren Beitrag geleistet und Ageism, also alterszugeschriebene Diskriminierungen aufgrund zugeordneter stereotyper Eigenschaften, befördert. Eine weitere, für Soziale Altenarbeit, bedeutende Aussage aus der Definition Sozialer Arbeit des DBSH verbindet sich mit diesen Aussagen in besonderer Weise. Soziale Arbeit stützt sich auf Theorien der Sozialen Arbeit, der Human- und Sozialwissenschaften und auf indigenes Wissen (vgl. www.dbsh.de/profession/definition-der-sozialen-arbeit/deutsche-fassung.html, Abfrage: 02.11.2018). Genau das sollte Soziale Altenarbeit beherzigen für die weitere Ausgestaltung ihres primordialen Zugangs bezüglich der Lebensphase Alter. Kernfragen und Theorien Sozialer Arbeit sind in den Mittelpunkt ihrer Betrachtung für die Lebensphase Alter zu stellen und von dort ausgehend auf die weiteren für die Lebensphase Alter aus sozialpädagogischer Sicht relevanten Theorien aus den Human- und Sozialwissenschaften zu blicken, diese auszuprobieren und entlang dieser Erkenntnisse die Möglichkeiten für die Bewältigung und Gestaltung von Alternsprozessen erheblich zu erweitern und gesellschaftlich zu beeinflussen.

Literatur

Abraham, Anke (2008): Körperlichkeit und Bewegung im biographischen Kontext. Zur Notwendigkeit einer körper- und bewegungsbezogenen biographischen Perspektive in der Gerontologie. In: Zeitschrift für Gerontologie und Geriatrie 41, S. 177–181.

Amthor, Ralf-Christian (2012): Einführung in die Berufsgeschichte der Sozialen Arbeit. Weinheim/Basel: Beltz Juventa.

Aner, Kirsten (2014): Der Körper. Was ist das und was ist er für die Soziale Arbeit? In: Sozial Extra, S. 18–20.

Aner, Kirsten (2010): Soziale Arbeit mit älteren Menschen. Eine Einführung. In: Sozial Extra. Volume 34, Issue 7. Wiesbaden: VS Verlag für Sozialwissenschaften, S. 31–33.

Aner, Kirsten/Karl, Ute (Hrsg.) (2010): Handbuch Soziale Arbeit und Alter. Wiesbaden: VS Verlag für Sozialwissenschaften.

Aner, Kirsten/Karl, Ute (Hrsg.) (2008): Lebensalter und Soziale Arbeit Band 6: Ältere und alte Menschen. Baltmannsweiler: Schneider Verlag Hohengehren.

Amrhein, Ludwig/Backes, Gertrud (2008): Alter(n) und Identitätsentwicklung: Formen des Umgangs mit dem eigenen Älterwerden. In: Zeitschrift für Gerontologie und Geriatrie. Heft 41, S. 382–393.

Atchley, Robert C. (1983): Aging: Continuity and Change. Belmont.

Backes, Gertrud M. (2010): Alter(n). Ein kaum entdecktes Arbeitsfeld der Frauen- und Geschlechterforschung. In: Becker, Ruth/Kortendiek, Beate (Hrsg.): Handbuch Frauen- und Geschlechterforschung. Theorie, Methoden, Empirie. 3. erw. u. durchges. Auflage Wiesbaden: Springer VS, S. 454–460.

Backes, Gertrud M. (2008): Von der (Un)Freiheit körperlichen Alter(n)s in der modernen Gesellschaft und der Notwendigkeit einer kritisch-gerontologischen Perspektive auf den Körper. In: Zeitschrift für Gerontologie und Geriatrie 41, S. 188–194.

Backes, Gertrud M./Clemens, Wolfgang (2013): Lebensphase Alter. Eine Einführung in die sozialwissenschaftliche Alternsforschung. 4., überarbeitete und erweiterte Auflage. Weinheim/Basel: Beltz Juventa.

Backes, Gertrud M./Wolfinger, Martina (2008): Körper und Alter(n). In: Zeitschrift für Gerontologie und Geriatrie 41, S. 153–155.

Backes, Gertrud M. (2007): Geschlecht – Lebenslagen – Altern. In: Backes, Gertrud M./Pasero, Ursula/Schroeter, Klaus (Hrsg.): Altern in Gesellschaft. Aging – Diversity – Inclusion. Wiesbaden: VS Verlag für Sozialwissenschaften.

Backes, Gertrud M./Pasero, Ursula/Schroeter, Klaus (Hrsg.) (2007): Altern in Gesellschaft. Aging – Diversity – Inclusion. Wiesbaden: VS Verlag für Sozialwissenschaften.

Backes, Gertrud M. (2006): Geschlecht und Alter(n). In: Zeitschrift für Gerontologie und Geriatrie, Nr. 39, S. 1–4.

Backes, Gertrud M. (2003): Frauen – Lebenslagen – Alter(n) in den neuen und alten Bundesländern. In: Reichert, Monika/Maly-Lukas, Nicole/Schönknecht, Christiane (Hrsg.): Älter werdende und ältere Frauen heute. Zur Vielfalt ihrer Lebenssituationen. Wiesbaden: VS Verlag für Sozialwissenschaften, S. 13–35.

Backes, Gertrud M./Lasches, Vera/Klie, Thomas (2007): Stand der Entwicklung der gerontologischen Studienangebote. Bolognaprozess, Profile und Besonderheiten. In: Zeitschrift für Gerontologie und Geriatrie, S. 403–416.

Bäcker, Gerhard/Bispinak, Reinhard/Hofemann, Klaus/Naegele, Gerhard (1989): Sozialpolitik und soziale Lage in der Bundesrepublik Deutschland. Band 1 und 2, Köln: Bund-Verlag.

Baltes, Margret/Mayer, Karl U. (1996): Produktives Leben im Alter: Die vielen Gesichter des Alters. In: Baltes, Margret/Montada, Leo (1996): Produktives Leben im Alter. Frankfurt/Main, S. 29–68.

Baltes, Paul B. (2002): Das hohe Alter. Mehr Bürde oder Würde. In: www.elfenbeinturm.net, ausgedruckt am 16. 11. 04.

Baltes, Paul B./Baltes, Margret M. (1989): Optimierung durch Selektion und Kompensation: Ein psychologisches Modell erfolgreichen Alterns. In: Zeitschrift für Pädagogik, 35, S. 85–105.

Bamler, Vera (2009) Persönliche Beziehungen im Alter. In: Lenz, K./Nestmann, F. (2009): Handbuch persönliche Beziehungen. Weinheim/München: Juventa, 527–541.

Bamler, Vera (2008): Sexualität im weiblichen Lebenslauf. Biographische Konstruktionen und Interpretationen alter Frauen. Weinheim/München: Juventa.

Bartjes, Heinz/Kreutzner, Gabriele/Piest, Falko/Wißmann, Peter (2011): Soziale Arbeit und Demenz. In: Sozialmagazin, Ausgabe 9. Weinheim/Basel: Juventa Beltz, S. 10–24.

Baumgartner, Katrin/Kolland, Franz/Wanka, Anna (2013): Altern im ländlichen Raum. Entwicklungsmöglichkeiten und Teilhabepotentiale. Stuttgart: Kohlhammer.

Beetz, Stephan/Wolter, Birgit (2015): Alter(n) im Wohnumfeld zwischen Individualisierung und kollektivem Handeln. In: Rießen, v., Anne/Bleck, Christian/Knopp, Reinhold (Hrsg.): Sozialer Raum und Alter(n). Zugänge, Verläufe und Übergänge Sozialräumlicher Handlungsforschung. Wiesbaden: Springer VS, S. 207–225.

Beetz, Stephan/Saal, Annegret (2015): Soziale Arbeit in „alternden" Regionen. In: Fachinger, Uwe/Künemund, Harald (Hrsg.): Gerontologie und ländlicher Raum. Wiesbaden: Springer Fachmedien, S. 209–217.

Beetz, Stephan/Müller, Bernhard/Beckmann, Klaus J./Hüttl, Reinhard F. (2009): Altern in Gemeinde und Region. Nova Acta Leopoldina. Akademiengruppe Altern in Deutschland. Halle/Saale.

Beetz, Stephan/Müller, Bernhard/Beckmann, Klaus J./Hüttl, Reinhard F. (2008): Alternssensibilität als Konzept moderner Stadt- und Regionalentwicklung. In: Informationsdienst Altersfragen. Heft 03/2008, S. 3–20.

Benkel, Torsten (2017): Strukturen der Sterbenswelt. Über Körperwissen und Todesnähe. In: Keller, Reiner/Meuser, Michael (Hrsg.): Alter(n) und vergängliche Körper. Wissen, Kommunikation und Gesellschaft. Schriften zur Wissenssoziologie. Wiesbaden: Springer VS, S. 277–303.

Benner, Dietrich (1995): Grundstrukturen pädagogischen Denkens und Handelns. Enzyklopädie Erziehungswissenschaft. Band I. In: Dietrich Lenzen/Klaus Mollenhauer (Hrsg.): Theorien und Grundbegriffe der Erziehung und Bildung. Stuttgart/Dresden, S. 283–300.

Binne, Heike/Dummann, Jörn/Gerzer-Sass, Annemarie/Lange, Andreas/Teske, Irmgard (Hrsg.) (2014): Handbuch intergeneratives Arbeiten. Perspektiven zum Aktionsprogramm Mehrgenerationenhäuser. Opladen: Barbara Budrich.

Bleck, Christian/Knopp, Reinhold/van Rießen, Anne (2015): Sozialer Raum und Alter(n) – eine Hinführung. In: Rießen, v., Anne/Bleck, Christian/Knopp, Reinhold (Hrsg.): Sozialer Raum und Alter(n). Zugänge, Verläufe und Übergänge Sozialräumlicher Handlungsforschung. Wiesbaden: Springer VS, S. 1–15.

Bluhm-Lehmann, Susanne/Saxl, Susanna (2016): Wenn das Altern unter die Haut geht. In: Sozial Extra 6, S. 50–54.

BMFSFJ (Bundesministerium für Frauen, Senioren, Familien und Jugend) (2010): Altersbilder in der Gesellschaft. Der sechste Altenbericht. Berlin.

BMFSFJ (2010): Das Programm Altersbilder. Silver Ager auf der Überholspur. In: www.programm-altersbilder.de/meldungen/silver-ager-auf-ueberholspur.html (Abfrage: 08. 05. 2018).

BMFSFJ (2010): Über das Programm Altersbilder. In: www.programm-altersbilder.de/programm/ueber-das-programm-altersbilder.html (Abfrage: 08. 05. 2018).

BMFSFJ (2006): Hintergrund und Ziele. In: www.mehrgenerationenhaeuser.de/coremedia/generator/mgh/de/01__Mehrgenerationenh_C3_A4user/02__Das_20Aktionsprogramm/01__Was__ist__das__Aktionspr177ogramm/01__Hintergrund__und__Ziele/02__Hintergrund_20und_20Ziele.html, (Abfrage 23. 10. 2009).
BMFSFJ (o. J.) Berichter zur Lage der älteren Generation. In: www.bmfsfj.de/bmfsfj/themen/aeltere-menschen/aktiv-im-alter/berichte-zur-lage-der-aelteren-generation-altenberichte/berichte-zur-lage-der-aelteren-generation--altenberichte-/77138 (Abfrage: 01. 05. 2018).
BMFSFJ (1998): Zweiter Bericht zur Lage der älteren Generation. In: www.bmfsfj.de/blob/121582/b7f44aa9ce98cec566828481cac12ef3/980128-2--altenbericht-data.pdf, S. 2 (Abfrage: 01. 05. 2018).
BMFSFJ (2001): Dritter Bericht zur Lage der älteren Generation. Berlin, S. 221–232. In: www.bmfsfj.de/bmfsfj/service/publikationen/3--altenbericht-/95592 (Abfrage: 01. 05. 2018).
BMFSFJ (2002): Vierter Bericht zur Lage der älteren Generation. In: www.bmfsfj.de/bmfsfj/service/publikationen/4--altenbericht-/95594 (Abfrage: 01. 05. 2018).
BMFSFJ (2006): Fünfter Bericht zur Lage der älteren Generation in der Bundesrepublik Deutschland. Potenziale des Alters in Wirtschaft und Gesellschaft – der Beitrag älterer Menschen zum Zusammenhalt der Generationen, S. 173–190. In: www.bmfsfj.de/bmfsfj/service/publikationen/5---altenbericht-der-bundesregierung/77116 (Abfrage: 01. 05. 2018).
BMFSFJ (o. J.): Eine neue Kultur des Alterns. In: www.bmfsfj.de/bmfsfj/service/publikationen/eine-neue-kultur-des-alterns/77144 (Abfrage: 01. 05. 2018).
Bochow, Michael/Drewes, Jochen/Lottmann, Ralf (2016): Zur Lebenssituation älterer schwuler Männer – Ergebnisse aus den Wiederholungsbefragungen „Schwule Männer und HIV/AIDS". In: Lottmann, Ralf/Lautmann, Rüdiger/do Mar Castro Varela, Maria (Hrsg.): Homosexualität_en und Alter(n). Ergebnisse aus Forschung und Praxis. Wiesbaden: Springer VS, S. 147–163.
Bogumil, Jörg/Gerber, Sascha/Schickentanz, Maren (2013): Handlungsmöglichkeiten kommunaler Demografiepolitik. In: Michael Hüther/Gerhard Naegele (Hrsg.): Demografiepolitik: Herausforderungen und Handlungsfelder. Wiesbaden: VS Verlag für Sozialwissenschaften, S. 259–282.
Böhnisch, Lothar (2016): Sozialpädagogik der Lebensalter: Eine Einführung. 7., überarb. u. erw. Auflage. Weinheim/Basel: Beltz.
Böhnisch, Lothar (2009): Männer und Gefühle. In: Meyer, Christine/Tetzer, Michael/Rensch, Katharina (Hrsg.): Liebe und Freundschaft in der Sozialpädagogik. Personale Dimension professionellen Handelns. Wiesbaden: VS Verlag für Sozialwissenschaften, S. 75–84.
Böhnisch, Lothar (2005): Lebensbewältigung und Beratung von Männern im Alter. In: Schweppe, Cornelia (Hrsg.): Alter und Soziale Arbeit. Grundlagen der Sozialen Arbeit. Band 11. Baltmannsweiler: Schneider Verlag Hohengehren.
Böhnisch, Lothar (2004): Sozialpädagogik der Lebensalter: Eine Einführung. 5. Auflage. Weinheim/München: Juventa.
Böhnisch, Lothar (1997): Sozialpädagogik der Lebensalter. Eine Einführung. Weinheim/München: Juventa.
Böhnisch, Lothar/Schröer, Wolfgang (2013): Soziale Arbeit. Eine problemorientierte Einführung. München/Stuttgart: Klinkhardt/UTB.
Böhnisch, Lothar/Schröer, Wolfgang (2013): Die gesellschaftliche Rückkehr des Alters. In: sozialraum.de (5), Ausgabe 1/2013. In: www.sozialraum.de/soziale-raeume-im-lebenslauf.php (Abfrage: 13. 10. 2018).
Böhnisch, Lothar/Schröer, Wolfgang (2010): Soziale Räume im Lebenslauf – Aneignung und Bewältigung. In: sozialraum (2), Ausgabe 1/2010. In: www.sozialraum.de/soziale-raeume-im-lebenslauf.php (Abfrage: 13. 10. 2018).
Böhnisch, Lothar/Funk, Heide (1989): Jugend im Abseits? Zur Lebenslage Jugendlicher im ländlichen Raum. München: Deutsches Jugendinstitut.
Böhnisch, Lothar/Blanc, Klaus (1989): Die Generationenfalle. Von der Relativierung der Lebensalter. Frankfurt/Main: Luchterhand.

Bourdieu, Pierre (1993): Sozialer Sinn. Kritik der theoretischen Vernunft. Frankfurt/Main: Suhrkamp.
Brosey, Dagmar/Leitner, Sigrid (2013): Zwischen allen Stühlen: Soziale Arbeit in der Gerontopsychiatrie. In: TUP – Theorie und Praxis der Sozialen Arbeit. Ausgabe 3. Weinheim/Basel: Beltz Juventa, S. 183–189.
Buchner-Fuhs, Jutta (2017): Frisuren und Schönheit im Alter. Anmerkungen zur Arbeit am Eigensinn von Frauen. Der Friseursalon kann ein Ort Sozialer Arbeit sein. In: Sozialmagazin, Heft 1-2, 2017, S. 60–70.
Buchner-Fuhs, Jutta (2011): Friseur und Fitnessstudio. Altersbilder, Schönheit und Körperpraktiken. In: Kollewe, Carolin/Schenkel, Elmar (Hrsg.): Alter: unbekannt. Über die Vielfalt des Älterwerdens. Internationale Perspektiven. Bielefeld: transcript, S. 199–223.
Buether, Axel (2016): Farbdesign für Senioren. In: medAmbiente 1/2016. In: //axelbuether.de/2016/farbdesign-fur-senioren/, o. S. (Abfrage: 07. 08. 2018).
Bullinger, Hermann/Nowak, Jürgen (1998): Soziale Netzwerkarbeit. Freiburg: Lambertus.
Bundesministerium des Innern (2011): Demografiebericht. Bericht der Bundesregierung zur demografischen Lage und künftigen Entwicklung des Landes. Berlin: Bundesministerium des Innern.
Butler, Robert N. (1969): Age-Ism: Another Form of Bigotry. In: The Gerontologist (1969) 9, S. 243–246.
Calasanti, Toni M./Slevin, Kathleen F. (2006): Age Matters. Realigning Feminist Thinking. New York/London: Routledge.
Chassé, Karl August/von Wensierski, Hans-Jürgen (Hrsg.) (2008): Praxisfelder der Sozialen Arbeit. Eine Einführung. 4., aktual. Auflage. Weinheim/München: Juventa.
Colla, Herbert-Ernst (2006): Auf der Spurensuche: Liebe in der Sozialpädagogik. Es ist, wie es ist, sagt die Liebe. In: Heimgartner, Arno/Lauermann, Karin (Hrsg.): Kultur in der Sozialen Arbeit. Festschrift für Prof. Dr. Josef Scheipl. Klagenfurt, o. S.
Colla, Herbert-Ernst (2005): Liebe und Freundschaft als pädagogische Ressource öffentlicher Erziehung. Vortrag Zürich.
Colla, Herbert-Ernst/Krüger, Tim (2013): Von der Wiege bis zur Bahre? – Sozialpädagogisches Können im Umgang mit Sterben, Tod und Hospizarbeit. In: Blaha, Kathrin/Colla, Herbert-Ernst/Meyer, Christine/Müller-Teusler, Stefan (Hrsg.): Die Person als Organon in der Sozialen Arbeit. Wiesbaden: Springer VS, S. 253–269.
Connell, Robert (1999): Der gemachte Mann. Konstruktion und Krisen von Männlichkeiten. Geschlecht und Gesellschaft, Bd. 8, Opladen: Leske + Budrich.
Cummings, Elaine/Henry, William E. (1961): Growing Old. New York: Basic Books.
Czollek, Lea C./Perko, Gudrun/Weinbach, Heike (2009): Lehrbuch Gender und Queer. Grundlagen, Methoden und Praxisfelder. Weinheim/München: Juventa.
Degele, Nina (2004): Sich schön machen. Zur Soziologie von Geschlecht und Schönheitshandeln. Wiesbaden: Springer VS.
De Groote, Kim/Nebauer, Flavia (2008): Kulturelle Bildung im Alter. Eine Bestandsaufnahme kultureller Bildungsangebote für Ältere in Deutschland. Remscheid.
Deinet, Ulrich (2015): „Raumaneignung“ im Alter? Sozialökologische Ansätze und das Aneignungskonzept für die Altersforschung nutzbar machen. In: Rießen, v., Anne/Bleck, Christian/Knopp, Reinhold (Hrsg.): Sozialer Raum und Alter(n). Zugänge, Verläufe und Übergänge Sozialräumlicher Handlungsforschung. Wiesbaden: Springer VS, S. 79–97.
Deinet, Ulrich (2009): Analyse- und Beteiligungsmethoden. In: Deinet, Ulrich (Hrsg.): Methodenbuch Sozialraum. Wiesbaden: VS Verlag für Sozialwissenschaften, S. 66–68.
Deinet, Ulrich (2005): Sozialräumliche Jugendarbeit. Grundlagen, Methoden, Praxiskonzepte, völlig überarbeitete und erweiterte Neuauflage, Wiesbaden: VS Verlag für Sozialwissenschaften.
Deinet, Ulrich/Krisch, Richard (o. J.): Autofotografie. In: www.sozialraum.de/autofotografie.php, Abfrage: 16. 10. 2018.

Deinet, Ulrich/Krisch, Richard (o. J.): subjektive Landkarte. In: www.sozialraum.de/subjektivelandkarte.php, Abfrage: 16. 10. 2018.
Deinet, Ulrich/Krisch, Richard (o. J.): Cliquenraster. In: www.sozialraum.de/cliquenraster.php, Abfrage: 18. 10. 2018.
Deinet, Ulrich/Krisch, Richard (2011): Sozialräumliche Jugendarbeit. Grundlagen, Methoden und Praxiskonzepte. Wiesbaden: VS Verlag für Sozialwissenschaften.
Deinet, Ulrich/Krisch, Richard (Hrsg.) (2003): Der sozialräumliche Blick der Jugendarbeit. Methoden und Bausteine zur Konzeptentwicklung und Qualifizierung. Opladen: Leske + Budrich.
Denninger, Tina (2018): Blicke auf Schönheit und Alter. Körperbilder alter Menschen. Wiesbaden: Springer VS.
Denninger, Tina/van Dyk, Silke/Lessenich, Stephan/Richter, Anna (Hrsg.) (2014): Leben im Ruhestand. Zur Neuverhandlung des Alters in der Aktivgesellschaft. Bielefeld: transcript.
Deutscher Berufsverband für Soziale Arbeit e. V. (o. J.): Definition Soziale Arbeit. In: www.dbsh.de/profession/definition-der-sozialen-arbeit/deutsche-fassung.html (Abfrage: 02. 11. 2018).
Deutscher Bundestag (2007): Schlussbericht der Enquete-Kommission „Kultur in Deutschland." 16. Wahlperiode. Bundestagsdrucksache 16/7000 vom 11. 12. 2007.
Deutsches Jugendinstitut (DJI) (2006): Keiner mehr da? Jugendhilfe und demographischer Wandel. DJI-Thema 2006/11. In: www.dji.de/cgi-bin/projekte/output.php? Alles zeigen = 1& pro-jekt=624 (Abfrage: 10. 06. 2007).
Deutschlandfunk (2017): Death Cafés. In: www.deutschlandfunk.de/death-cafes-kaffee-kuchen-tod.886.de.html?dram:article_id=398973 (Abfrage: 02. 11. 2018).
Dieck, Margret (1984): Verständnis und Gegenstandsbereich von Altenpolitik. In: Oswald, Wolf D. (1984): Gerontologie, Stuttgart, S. 19–31.
Dieck, Margret/Naegele, Gerhard (1989): Die „Neuen Alten" – Soziale Ungleichheiten vertiefen sich. In: Karl, Fred/Tokarski, Walter (Hrsg.): Die „Neuen Alten", Beiträge der Jahrestagung 1988 der Deutschen Gesellschaft für Gerontologie. Kassler Gerontologische Schriften Bd. 6, Kassel.
Dietz, Bernhard (2011): Soziale Arbeit in alternden Gesellschaften. In: Benz, Benjamin/Boeckh, Jürgen/Mogge-Grotjahn, Hildegard (Hrsg.): Soziale Politik – Soziale Lage – Soziale Arbeit. Wiesbaden: VS Verlag für Sozialwissenschaften, S. 337–351.
Diening, Deike (2015): Berlinale – 100 Jahre Technicolor Schönfärberei – Was Farben mit uns machen. In: www.tagesspiegel.de/themen/reportage/berlinale-100-jahre-technicolor-das-rentnerbeige-ist-wissenschaftlich-belegbar/11328582-2.html (Abfrage: 24. 07. 2018).
Doblhammer, Gabriele (2006): Das Alter ist weiblich. Demographie der weiblichen Bevölkerung. In: Zeitschrift für Gynäkologie, Nr. 39, S. 346–353.
Doh, Michael (2016): Filme für und über das Alter Kino entdeckt das „reife Publikum". In: Zeitschrift für Gerontologie und Geriatrie, 49, S. 547–549.
Draaisma, Douwe (2004): Warum das Leben schneller vergeht, wenn man älter wird. Von den Rätseln unserer Erinnerung. Frankfurt/Main. 5. Auflage.
Dreßke, Stefan/Ayalp, Teslihan (2017): Lebensschmerz – Verkörperungen des Historischen. Biographische Leidens- und Lebenserfahrungen Hochaltriger. In: Keller, Reiner/Meuser, Michael (Hrsg.): Alter(n) und vergängliche Körper. Wissen, Kommunikation und Gesellschaft. Schriften zur Wissenssoziologie. Wiesbaden: Springer VS, S. 209–233.
Dreßke, Stefan/Ayalp, Teslihan (2014): Schmerzerfahrungen hochaltriger Menschen. Der schmerzende Körper und seine Bedeutung für Identität und Biographie. In: Sozial Extra, S. 29–32.
van Dyk, Silke/Lessenich, Stephan (Hrsg.) (2009): Die jungen Alten. Analysen einer neuen Sozialfigur. Frankfurt/New York: Campus.
van Dyk, Silke/Lessenich, Stephan (2009): „Junge Alte": Vom Aufstieg und Wandel einer Sozialfigur. In: Dyk, S. van/Lessenich, Stephan (Hrsg.): Die jungen Alten. Analysen zu einer neuen Sozialfigur. Frankfurt/New York: Campus, S. 11–48.

Ecarius, Jutta (1996): Individualisierung und soziale Reproduktion im Lebensverlauf. Konzepte der Lebenslaufforschung. Wiesbaden: VS Verlag für Sozialwissenschaften.

Entwistle, Joanne (2000): Fashion and the Fleshy Body: Dress as Embodied Practice. Fashion Theory 4, S. 323–347.

Fachinger, Uwe (2015): Materielle Versorgung im Alter: Zur regionalen Bedeutung von Alterssicherungssystemen. In: Fachinger, Uwe/Künemund, Harald (Hrsg.): Gerontologie und ländlicher Raum Lebensbedingungen, Veränderungsprozesse und Gestaltungsmöglichkeiten. Vechtaer Beiträge zur Gerontologie. Wiesbaden: Springer VS, S. 113–141.

Fachinger, Uwe/Künemund, Harald (Hrsg.) (2015): Gerontologie und ländlicher Raum Lebensbedingungen, Veränderungsprozesse und Gestaltungsmöglichkeiten. Vechtaer Beiträge zur Gerontologie. Wiesbaden: Springer VS.

Faltenrock-party.de (o. J.): Faltenrock-party. In: www.faltenrock-party.de/ (Abfrage: 25. 12. 2018).

Fargel, Matthias (2013): Warum tragen Senioren beige? In: www.magazin66.de/2013/10/das-blaue-wunder-im-alter-warum-tragen-senioren-beige/ (Abfrage: 24. 07. 2018).

Follmer, Robert/Gruschwitz, Dana/Jesske, B./Quandt, S./Lenz, B./Nobis, C. (2010): Mobilität in Deutschland 2008. Struktur – Aufkommen – Emissionen – Trends. Ergebnisbericht. Bonn und Berlin: infas – Institut für angewandte Sozialwissenschaft GmbH, Deutsches Zentrum für Luft- und Raumfahrt e. V. und Institut für Verkehrsforschung.

Fooken, Insa (2000): Soziale Verluste und Veränderungen „nach dem Zenit" – Zur intergenerativen Dynamik „spät geschiedener" Männer und Frauen. In: Perrig-Chiello, Pasqualina/Höpflinger, François (Hrsg.): Jenseits des Zenits. Frauen und Männer in der zweiten Lebenshälfte. Bern/Stuttgart/Wien.

Frank, Ute (2007): Kultur auf Rädern. In: Knopp, Reinhild/Nell, Karin (Hrsg.): Keywork. Neue Wege in der Kultur- und Bildungsarbeit mit Älteren. Bielefeld.

Füssenhäuser, Cornelia (2011): Theoriekonstruktion und Positionen der Sozialen Arbeit. In: Otto, Hans-Uwe/Thiersch, Hans (Hrsg.): Handbuch Soziale Arbeit. München: Ernst Reinhardt, S. 1646–1660.

Gängler, Hans (1990): Soziale Arbeit auf dem Lande. Vergessene Lebensräume im Modernisierungsprozess. Weinheim/München: Juventa.

Geertz, Clifford (2001): Schicksalsbedrängnis. Religion als Erfahrung, Sinn, Identität, Macht. In: Sinn und Form. Jahrgang 53, Nr. 6, S. 742–760.

Gerlach, Heiko/Szillat, Heiko (2016): Kontaktgestaltung und Wohnformen im Alter. Schwule und bisexuelle Männer in Hamburg. In: Lottmann, Ralf/Lautmann, Rüdiger/do Mar Castro Varela, Maria (Hrsg.): Homosexualität_en und Alter(n). Ergebnisse aus Forschung und Praxis. Wiesbaden: Springer VS, S. 179–193.

Goffman, Erving (1989): Rahmen-Analyse. Ein Versuch über die Organisation von Alltagserfahrungen. Frankfurt/Main: Suhrkamp.

Grabenhofer-Eggerth, Alexander/Kapusta, Nestor (2016): Suizid und Suizidprävention in Österreich. Bericht 2015, Bundesministerium für Gesundheit, Wien.

Graßhoff, Gunther/Schweppe, Cornelia (2012): Von Ortsbezug sozialer Beziehungen zum Transnationalen Raum – Herausforderungen für die Soziale Arbeit. Soziale Passagen, 2012 (4), S. 171–182.

Grosse, Martin (2014): „Heute so, morgen so." Zur Leiblichkeitserfahrung im sozialpädagogischen Arbeitsbündnis. In: Sozial Extra, S. 21–24.

Grunwald, Klaus/Thiersch, Hans (2008): Praxis Lebensweltorientierter Sozialer Arbeit. Handlungszugänge und Methoden in unterschiedlichen Arbeitsfeldern. Weinheim/München: Juventa.

Gugutzer, Robert (2008): Alter(n) und die Identitätsrelevanz von Leib und Körper. In: Zeitschrift für Gerontologie und Geriatrie 41, S. 182–187.

Gugutzer, Robert (2007): Körperkult und Schönheitswahn – Wider den Zeitgeist. In: Aus Politik und Zeitgeschichte (18), S. 3–6.

Gugutzer, Robert (2002): Leib, Körper und Identität. Eine phänomenologisch-soziologische Untersuchung zur personalen Identität. Wiesbaden: Westdeutscher Verlag.

Häckl, Dennis (2010): Neue Technologien im Gesundheitswesen. Rahmenbedingungen und Akteure (Schriftenreihe der HHL – Leipzig Graduate School of Management). Wiesbaden: Gabler.

Hahmann, Julia (i. E.): Doing Age: Home Dressmaking, Fashion, and the Ageing Body.

Hahmann, Julia (2013): Freundschaftstypen älterer Menschen. Von der individuellen Konstruktion der Freundschaftsrolle zum Unterstützungsnetzwerk. Wiesbaden: Springer VS.

Hallauer, Johannes F./Kurz, Alexander (Hrsg.) (2002): Weißbuch Demenz. Versorgungssituation relevanter Demenzerkrankungen in Deutschland.

Hamburger, Franz (2011): Die Zweite Generation. In: Eckert, Thomas/Hippel, von, Aiga/Pietraß, Manuela/Schmidt-Hertha, Bernhard (Hrsg.): Bildung der Generationen. Wiesbaden, S. 87–96.

Hamburger, Franz (2008): Einführung in die Sozialpädagogik. Grundriss der Pädagogik. Erziehungswissenschaft Band 17, 2. aktual. Aufl. Stuttgart: Kohlhammer, S. 152–172.

Hamburger, Franz (2002): Zur Verwendung des Generationsbegriffs. In: Lange, Dietrich/Fritz, Karsten (Hrsg.): Soziale Fragen – Soziale Antworten. Die Verantwortung der Sozialen Arbeit für die Gestaltung des Sozialen. Verhandlungen des 3. Bundeskongress Soziale Arbeit. Neuwied, S. 239–248.

Hammer, Elisabeth (1995): Selbstmanagement, Case Management und Sozialmanagement als Anforderungen an Soziale Arbeit in stationären Einrichtungen. In: Hedtke-Becker, A./Schmidt, R. (Hrsg.): Profile Sozialer Arbeit mit alten Menschen. Berlin, S. 185–192.

Hanses, Andreas/Homfeldt, Hans-Günther (2009): Lebensalter und Soziale Arbeit Band 1: Eine Einführung. Basiswissen Soziale Arbeit. Baltmannsweiler: Schneider Verlag Hohengehren.

Hartmann, Claudia (2008): Soziale Arbeit mit hochaltrigen Menschen. Befunde und Modelle. In: Sozial Extra. Volume 32, Issue 5. Wiesbaden: VS Verlag für Sozialwissenschaften, S. 26–29.

Hartung, Heike (Hrsg.) (2007): Graue Theorie. Die Kategorien Alter und Geschlecht im kulturellen Diskurs. Köln.

Hartung, Heike (Hrsg.) (2005): Alter und Geschlecht. Repräsentationen, Geschichten und Theorien des Alter(n)s. Wetzlar.

Havighurst, Robert J. (1961): Successful aging. The Gerontologist, Vol. 1, 1961, S. 8–13.

Heite, Catrin (2009): Zur Vergeschlechtlichung Sozialer Arbeit im post-wohlfahrsstaatlichen Kontext. Kontinuitäten, Aktualisierungen und Transformationen. In: Kessl, Fabian/Otto, Hans-Uwe (Hrsg.): Soziale Arbeit ohne Wohlfahrtsstaat? Zeitdiagnosen, Problematisierungen und Perspektiven. Weinheim/München: Juventa, S. 101–133.

Hilbert, Josef/Cirkel, Michael/Schalk, Christa (2004): Produkte und Dienstleistungen für mehr Lebensqualität im Alter. Expertise. Institut für Arbeit und Technik.

Hirsch, Rolf (2008): Im Spannungsfeld zwischen Medizin, Pflege und Politik: Menschen mit Demenz. In: Zeitschrift für Gerontologie und Geriatrie. Bd. 41/2008, 2, S. 106–116. Heidelberg.

Hirt, Rainer (2008): Soziale Arbeit in stationären Einrichtungen der Altenhilfe. In: Chassé, Karl August/Wensierski, von, Hans-Jürgen (Hrsg.): Praxisfelder der Sozialen Arbeit. Eine Einführung. 4. aktual. Aufl. Weinheim/München: Juventa, S. 229–245.

Hollstein, Betina (2005): Partnerverlust im Alter. Netzwerkveränderung und Unterstützungsmöglichkeiten nach der Verwitwung. In: Otto, Ulrich/Bauer, Petra (Hrsg.): Mit Netzwerken professionell zusammenarbeiten. Bd. 1. Tübingen, S. 553–574.

Homfeldt, Hans-Günther (2014): Körper/Leib, Gesundheit(sförderung) und Soziale Arbeit. In: Sozial Extra, S. 33–36.

Homfeldt, Hans-Günther/Schweppe, Cornelia/Schröer, Wolfgang (2006a): Transnationalität, soziale Unterstützung, agency. Nordhausen.

Homfeldt, Hans-Günther/Schweppe, Cornelia/Schröer, Wolfgang (2006b): Transnationalität und Soziale Arbeit. Sozial Extra, 30 (11), S. 8–9.
Höpflinger, François (2009): Soziale Beziehungen im Alter – Entwicklungen und Problemfelder. In: www.hoepflinger.com, Abfrage: 20. 09. 2009.
Höpflinger, François (2000): Auswirkungen weiblicher Langlebigkeit auf Lebensformen und Generationenbeziehungen. In: Perrig-Chiello, Pasqualina/Höpflinger, François (Hrsg.): Jenseits des Zenits. Frauen und Männer in der zweiten Lebenshälfte. Bern/Stuttgart/Wien.
Hoppe, Theresa/Tischer, Ulrike/Philippsen, Christine/Hartmann-Tews, Ilse (2016): Inszenierung von Alter(n) und älteren Menschen in TV-Werbespots. In: Zeitschrift für Gerontologie und Geriatrie, 49, S. 317–326.
Hormel, Ulrike/Scherr, Albert (2004): Bildung für die Einwanderungsgesellschaft. Perspektiven der Auseinandersetzung mit struktureller, institutioneller und interaktioneller Diskriminierung. Wiesbaden: VS Verlag für Sozialwissenschaften.
Hünersdorf, Bettina (2015): Körper – Leib – Soziale Arbeit. In: Otto, Hans-Uwe/Thiersch, Hans (Hrsg.): Handbuch Soziale Arbeit. München: Ernst Reinhardt, S. 816–823.
Husserl, Edmund (1962): Husserliana VI: Die Krisis der europäischen Wissenschaften und die transzendentale Phänomenologie. Eine Einleitung in die phänomenologische Philosophie. Den Haague: Martinus Nijhoff.
Hüther, Michael/Naegele, Gerhard (2013): Demografiepolitik: Warum und wozu? In: Michael Hüther/Gerhard Naegele (Hrsg.): Demografiepolitik. Herausforderungen und Handlungsfelder. Wiesbaden: VS Verlag für Sozialwissenschaften, S. 13–33.
Jäger, Ulle (2004): Der Körper, der Leib und die Soziologie. Entwurf einer Theorie der Inkorporierung. Frankfurt/Main: Ulrike Helmer Verlag.
Kammerer, Kerstin/Spohr, J. (2013): Haft und Haftentlassung im Alter. In: Zeitschrift für Gerontologie und Geriatrie. Volume 46, Issue 4. Berlin Heidelberg: Springer, S. 317–322.
Kaplan, Rachel (2001): The nature of the view from home. Psychological benefits. In: Environment and behavior, Vol. 33 No. 4, July 2001, Sage Publications, S. 507–542.
Karl, Ute (2010): Alter(n) und Soziale Arbeit. In: Schröer, Wolfgang/Schweppe, Cornelia (Hrsg.): Enzyklopädie Erziehungswissenschaft Online. Weinheim/München: Juventa.
Karl, Ute/Schröer, Wolfgang (2008): Sozialpädagogische Theoriebildung und Alter(n)sforschung. In: Aner, Kirsten/Karl, Ute (Hrsg.): Lebensalter und Soziale Arbeit. Ältere und alte Menschen. Basiswissen Soziale Arbeit. Hohengehren: Schneider, S. 257–270.
Karst, Fanny (2009): Mode für ältere Frauen. In: www.brigitte.de/woman/mode/stil/interview--fanny-karst-entwirft-junge-mode-fuer-alte-damen-10147118.html, Abfrage: 18. 05. 2018.
Karsten, Maria-Eleonora (1991): Sackgassen – Irrwege der Professionalisierung. Das Beispiel Kinderpflege und Erziehung In: Rabe-Kleberg, Ursula (Hrsg.): Pro Person. Dienstleistungsberufe in der Krankenpflege, Altenpflege und Kindererziehung, S. 77–93.
Karsten, Maria-Eleonora/Degenkolb, Alexandra/Hetzer, Silke/Meyer, Christine/Thiessen, Barbara/Walther, Kerstin (1999): Entwicklung des Arbeitskräfte- und Qualifikationsbedarfs in den personenbezogenen Dienstleistungsberufen. Schriftenreihe der Senatsverwaltung für Arbeit, Soziales und Frauen. Berlin.
Keller, Reiner/Meuser, Michael (Hrsg.) (2017): Alter(n) und vergängliche Körper. Wissen, Kommunikation und Gesellschaft. Schriften zur Wissenssoziologie. Wiesbaden: Springer VS.
Kessler, Eva-Marie/Hoff, Andreas/Franke, Annette (2017): Gerontologisch orientierte Studiengänge in Deutschland. Kritische Bestandsaufnahme. In: Zeitschrift für Gerontologie und Geriatrie 50, S. 399–409.
Key, Ellen (1905): Das Jahrhundert des Kindes. Berlin, 13. Auflage.
Kleiner, Gabriele (2012): Alter(n) bewegt. Perspektiven der Sozialen Arbeit auf Lebenslagen und Lebenswelten. Wiesbaden: VS Verlag für Sozialwissenschaften.
Klie, Thomas/Blaumeister, Heinz/Blunck, Annette (2002): Handbuch kommunale Altenplanung. Grundlagen – Prinzipien – Methoden. Frankfurt/Main: Lambertus.

Klie, Thomas (1996): Soziale Arbeit sichern – Sozialarbeit in der Bewährungsprobe. Zeitschrift: Altenheim, 1996, S. 108–117.

Kohli, Martin (1994): Zukunft und Erwartung aus der Sicht der Biographieforschung. In: Holst, Elke/Rinderspacher, Jürgen/Schupp, Jürgen (Hrsg.): Erwartungen an die Zukunft. Zeithorizonte und Wertewandel in der sozialwissenschaftlichen Diskussion. Frankfurt/Main: Suhrkamp.

Kohli, Martin (1990): Lebenslauf und Lebensalter als gesellschaftliche Konstruktion. Elemente zu einem interkulturellen Vergleich. In: Elwert, Georg (Hrsg.): Im Lauf der Zeit. Ethnographische Studien zur gesellschaftlichen Konstruktion von Lebensaltern. Saarbrücken.

Kohli, Martin/Künemund, Harald (2003): Der Alters-Survey: Die zweite Lebenshälfte im Spiegel repräsentativer Daten. In: Aus Politik und Zeitgeschichte, B 20/2003.

Kohli, Martin/Künemund, Harald (2001): Geben und Nehmen. Die Älteren im Generationenverhältnis. In: Zeitschrift für Erziehungswissenschaft. 4.Jg. Heft 4, S. 513–528.

Kohli, Martin/Künemund, Harald (2000): Die Grenzen des Alters – Strukturen und Bedeutungen. In: Perrig-Chiello, Pasqualina/Höpflinger, François (Hrsg.): Jenseits des Zenits. Frauen und Männer in der zweiten Lebenshälfte. Bern/Stuttgart/Wien.

Koppetsch, Cornelia (2000): Die Verkörperung des schönen Selbst. Zur Statusrelevanz von Attraktivität. In: Koppetsch, Cornelia (Hrsg.): Körper und Status. Zur Soziologie der Attraktivität. Konstanz: UVK, S. 98–124.

Kreuzer, Volker (2006): Altengerechte Wohnquartiere (Bd. 125). Dortmund: Dortmunder Beiträge zur Raumplanung.

Kricheldorff, Cornelia (2015): Altern im Gemeinwesen aus sozialgerontologischer Perspektive. In: Rießen, v., Anne/Bleck, Christian/Knopp, Reinhold (Hrsg.): Sozialer Raum und Alter(n). Zugänge, Verläufe und Übergänge sozialräumlicher Handlungsforschung. Wiesbaden: Springer VS, S. 15–31.

Krisch, Richard (2009): Sozialräumliche Methodik der Jugendarbeit. Aktivierende Zugänge und praxisleitende Verfahren. Weinheim/München: Juventa.

Krüger, Tim (2017): Soziale Arbeit und Verluste. Ergänzung des sozialpädagogischen Diskurses um einen vernachlässigten Begriff. In: Neue Praxis, Heft 6/2017, S. 509–528.

Kruse, Andreas (2013): Alternde Gesellschaft – eine Bedrohung? Ein Gegenentwurf von Andreas Kruse. Deutscher Verein für öffentliche und private Fürsorge. Berlin: Eigenverlag des DV.

Kruse, Andreas/Martin, Mike (Hrsg.) (2004): Enzyklopädie der Gerontologie. Bern.

Kuhlmey, Annette (2007): Demenz aus der Perspektive der Versorgungsforschung. Bundesministerien für Gesundheit. Berlin:

Künemund, Harald/Schroeter, Klaus R. (2015): Gerontologie – Multi-, Inter- und Transdisziplinarität in Theorie und Praxis? In: Zeitschrift für Gerontologie und Geriatrie 48, S. 215–219.

Lackner-Pilch, Angela/Pusterhofer, Martina (2005): Gestaltung. In: Kessl, Fabian et al. (Hrsg.): Handbuch Sozialraum. Wiesbaden: VS, S. 279–293.

Lang, Frieder R. (2005): Die Gestaltung sozialer Netzwerke im Lebenslauf. In: Otto, Ulrich/Bauer, Petra (Hrsg.): Mit Netzwerken professionell zusammenarbeiten. Band 1: Soziale Netzwerke in Lebenslauf- und Lebenslagenperspektive. Tübingen: Dgvt-Verlag, S. 41–65.

Lang, Frieder R. (2000): Soziale Beziehungen. In: Wahl, H.-W./Tesch-Römer, C. (Hrsg.): Angewandte Gerontologie in Schlüsselbegriffen. Stuttgart, S. 142–147.

Langen, Ingeborg/Schlichting, Ruth (Hrsg.) (1992): Altern und Altenhilfe auf dem Land. München.

Laubenthal, Klaus (2015): Alterskriminalität und Altenstrafvollzug – Festschrift für Manfred Seebode zum 70. Geburtstag am 15. September, Berlin, New York (de Gruyter Recht), S. 499–512.

Lautmann, Rüdiger (2016): Die soziokulturelle Lebensqualität von Schwulen und Lesben im Alter. In: Lottmann, Ralf/Lautmann, Rüdiger/do Mar Castro Varela, Maria (Hrsg.): Homosexualität_en und Alter(n). Ergebnisse aus Forschung und Praxis. Wiesbaden: Springer VS, S. 15–51.

Lehner, Erich (2018): Männer im Alter. Aktuelle Perspektiven sozialwissenschaftlicher Forschung. In: Reitinger, Elisabeth et al. (Hrsg.): Alter und Geschlecht. Kulturelle Figurationen: Artefakte, Praktiken und Fiktionen. Wiesbaden, Springer VS, S. 53–76.

Lehnert, Gertrud (2015): Mode als kulturelle Praxis. In: Gürtler, Christa Gürtler/Hausbacher, Eva (Hrsg.): Kleiderfragen. Fashion Studies, Band 4. Mode und Kulturwissenschaft. Bielefeld: transcript, S. 29–45.

Lessenich, Stephan (2003): Soziale Subjektivität. Die neue Regierung der Gesellschaft. In: Mittelweg 36, Heft 4/2003, S. 80–93.

Lessenich, Stephan/Otto, Ulrich (2005): Zwischen „verdientem Ruhestand" und „Alterskraftunternehmer": Das Alter in der Aktivgesellschaft – eine Skizze und offene Fragen zur Gestalt eines „Programms" und seinen Widersprüchen. In: Otto, Ulrich (Hrsg.): Partizipation und Inklusion im Alter – aktuelle Herausforderungen. Jena: IKS Geramond, S. 5–18.

Lettke, Frank/Lange, Andreas (Hrsg.) (2007): Generationen und Familien. Frankfurt/Main: Suhrkamp.

Limbourg, Maria (2015): Mobilität im höheren Lebensalter in ländlichen Gebieten: Probleme und Lösungsansätze. In: Fachinger, Uwe/Künemund, Harald (Hrsg.): Gerontologie und ländlicher Raum Lebensbedingungen, Veränderungsprozesse und Gestaltungsmöglichkeiten. Vechtaer Beiträge zur Gerontologie. Wiesbaden: Springer VS, S. 77–99.

Limbourg, Maria/Matern, Stefan (2009): Erleben, Verhalten und Sicherheit älterer Menschen im Straßenverkehr – Eine qualitative und quantitative Untersuchung (MOBI-AL) (Mobilität und Alter). Köln: TÜV-Verlag.

Lottmann, Ralf/Castro Varela, Maria (2016): LSBT*I (k)ein Thema für die Altersforschung – Ausgewählte Befunde eines Forschungsprojekts. In: Informationsdienst Altersfragen. Heft 1: Januar/Februar 2016, Berlin, S. 12–21.

Lottmann, Ralf/Lautmann, Rüdiger/do Mar Castro Varela, Maria (Hrsg.) (2016): Homosexualität_en und Alter(n). Ergebnisse aus Forschung und Praxis. Wiesbaden: Springer VS.

Löw, Martina (2007). Einstein, Techno und der Raum. Überlegungen zu einem neuen Raumverständnis in den Sozialwissenschaften. In: Deinet, Ulrich/Gilles, Christoph/Knopp, Reinhold (Hrsg.): Neue Perspektiven in der Sozialraumorientierung. Dimensionen – Planung – Gestaltung. 2.durchges. Aufl. Berlin: Frank und Timme, S. 9–22.

Löw, Martina (2001): Raumsoziologie. Frankfurt/Main: Suhrkamp.

Lüneburger Landeszeitung, 17. 12. 2011, Geburtstagsanzeige.

Markowitsch, Hans Jürgen (2002): Autobiographisches Gedächtnis aus neurowissenschaftlicher Sicht. BIOS: Zeitschrift für Biographieforschung und Oral History 15, S. 187–201.

Markowitsch, Hans Jürgen/Welzer, Harald (2005): Das autobiographische Gedächtnis. Hirnorganische Grundlagen und biosoziale Entwicklung. Stuttgart: Klett-Cotta.

Martin, Mike/Schmitt, Marina (2000): Partnerschaftliche Interaktion im mittleren Erwachsenenalter als Prädiktor von Zufriedenheit bei Frauen und Männern in langjährigen Beziehungen. In: Perrig-Chiello, Pasqualina/Höpflinger, François (Hrsg.): Jenseits des Zenits. Frauen und Männer in der zweiten Lebenshälfte. Bern/Stuttgart/Wien.

März, Reinard/Straußenberger, Jürgen (2010): Demenz und Soziale Arbeit. Die Bedeutung der Sozialen Arbeit bei der Prävention von Altersdemenz. In: Sozialmagazin, Heft 12/2010, S. 18–23.

Mayer, Karl U./Baltes, Paul B. (Hrsg.) (1996): Die Berliner Altersstudie: Ein Projekt der Berlin-Brandenburgischen Akademie der Wissenschaften. Berlin.

Meitzler, Matthias (2017): Der alte Körper als Problemgenerator Zur Normativität von Altersbildern. In: Keller, Reiner/Meuser, Michael (Hrsg.): Alter(n) und vergängliche Körper. Wissen, Kommunikation und Gesellschaft. Schriften zur Wissenssoziologie. Wiesbaden: Springer VS, S. 45–67.

Merbach, Martin/Brähler, Elmar/Klaiberg, Antje (2005): Partnerschaft und Sexualität in der zweiten Lebenshälfte. In: www.familienhandbuch.de. Das Familienhandbuch des Staatsinstituts für Frühpädagogik (IFP).

Mercier, Pascal 2004: Nachtzug nach Lissabon. München.

Meuser, Michael (2000): Dekonstruierte Männlichkeit und die körperliche (Wieder-)Aneignung des Geschlechts. In: Koppetsch, Cornelia (Hrsg.): Körper und Status. Zur Soziologie der Attraktivität. Konstanz: UVK, S. 211–236.

Meyer, Christine (2016): Wahlverwandtschaften im Mehrgenerationenhaus – Re-Familialisierungsdynamik benötigt langfristige Entwicklungen und Förderung. In: Sozialmagazin Heft 11-12/2016, Schwerpunkt Soziale Kohäsion, S. 58–66.

Meyer, Christine (2015): Devianz im Lebenslauf – Alterskriminalität als Bewältigungsstrategie für Alternsprozesse?! In: Dollinger, Bernd/Oelkers, Nina (Hrsg.): Sozialpädagogische Perspektiven auf Devianz. Beltz: Weinheim/Basel, S. 136–151.

Meyer, Christine (2013a): Aktiv(es) Alter(n). In: Oelkers, Nina/Richter, Martina (2013): Aktuelle Themen und theoretische Diskurse in der Sozialen Arbeit. Wiesbaden, S. 147–163.

Meyer, Christine (2013b): Die Bedeutung der Person in der Sozialen Altenarbeit – Im umgekehrten Generationenverhältnis neugierig werden und Balancieren lernen. In: Blaha, Kathrin/Meyer, Christine/Müller-Teusler, Stefan/Colla Herbert-Ernst (Hrsg.) (2013): Die Person als Organon in der Sozialen Arbeit. Handbuch. Wiesbaden, S. 237–253.

Meyer, Christine (2012): Die Stärkung ländlicher Regionen in Europa durch partizipative und generationenübergreifende Begegnungen im demographischen Wandel. In: Fretschner, Rainer/Hilbert, Josef/Maelicke, Bernd (Hrsg.): Jahrbuch Seniorenwirtschaft 2012, S. 13–23.

Meyer, Christine (2011a): Sozialpädagogik entdeckt das Alter(n) doch – Zufällig, biographisch, gebietserweiternd, reaktionsfordernd oder interessiert? In: Zeitschrift für Sozialpädagogik/Heft 2/2011, S. 165–182.

Meyer, Christine (2011b): Er sucht sie – Sie sucht ihn. Bekanntschaft, Freundschaft oder Liebe – Kontaktgesuche älterer Menschen und ihre Sehnsucht nach sozialen Beziehungen. Exemplarische Untersuchung am Beispiel von Kontaktanzeigen älterer Menschen in Tages- und Wochenzeitungen. In: neue praxis, 2/2011, S. 103–124.

Meyer, Christine (2010): Alte Berlinerinnen und Berliner gestalten ihren Sozialraum – mit der Spraydose. In: Seniorenwirtschaft. Zeitschrift für Fach- und Führungskräfte in der Seniorenwirtschaft. Heft 1/2010. Nomos, S. 6.

Meyer, Christine (2009a): „Freunde sind Fremde, die sich finden" – Soziale Arbeit und ihr Beitrag zur Herstellung von Liebe und Freundschaft im Generationenverhältnis. In: Meyer, Christine/Rensch, Katharina/Tetzer, Michael (Hrsg.): Liebe und Freundschaft in der Sozialpädagogik. Personale Dimension professionellen Handelns. Wiesbaden: VS Verlag für Sozialwissenschaften, S. 53–75.

Meyer, Christine (2009b): Soziale Altenarbeit: Vom Nutzen eines autobiographischen Gedächtnisses als Wandlungskontinuum für den Alternsprozess und der Gefahr des Verlusts durch eine Demenz. In: Behnisch, Michael/Winkler, Michael (Hrsg.): Körperbilder, Kenndaten, Kausaleffekte. Vom Einfluss der Naturwissenschaften auf Soziale Arbeit. Reinhardt, 167–184.

Meyer, Christine (2008a): Mit der Zeit kommt das Alter(n) in die Soziale Arbeit – Demographischer Wandel und die Auswirkungen auf Soziale Arbeit. Heft 3/2008 neue praxis, August 2008, S. 268–186.

Meyer, Christine (2008b): Altern und Zeit. Der Einfluss des demographischen Wandels auf individuelle und gesellschaftliche Zeitstrukturen. Wiesbaden: VS Verlag für Sozialwissenschaften.

Meyer, Christine (2002): Das Berufsfeld Altenpflege: Professionalisierung – Berufliche Bildung – Berufliches Handeln. Osnabrück.

Misoch, Sabina (2017): „Lesbian, gay & grey“ – Besondere Bedürfnisse von homosexuellen Frauen und Männern im dritten und vierten Lebensalter. In: Zeitschrift für Gerontologie und Geriatrie, 50, S. 239–246.

Modeflüsterin, die (2016): Tipps für altersgerechte Kleidung 40 plus. In: //modefluesterin.de/2016/06/12/8-tipps-fuer-altersgerechte-kleidung-40plus-2/ (Abfrage: 18.05.2018).

Motel-Klingebiel, Andreas/Wurm, Susanne/Tesch-Römer, Clemens (2010): Altern im Wandel. Befunde des Deutschen Alterssurveys (DEAS). Stuttgart: Kohlhammer.

Mollenkopf, Heidrun (2006): Mobilität – Garant für ein selbstständig geführtes Leben. In: BAGSO Nachrichten 2/2006.

Mollenkopf, Heidrun/Oswald, Frank/Wahl, Hans-Werner/Zimber, Andreas (2004): Räumlich-soziale Umwelten älterer Menschen. In: Kruse, Andreas/Martin, Mike (Hrsg.) (2004): Enzyklopädie der Gerontologie. Bern: Huber, S. 343–361.

Naegele, Gerhard (2015): Altern der Gesellschaft: Perspektiven für die Alterssozialpolitik. In: Fachinger, Uwe/Künemund, Harald (Hrsg.): Gerontologie und ländlicher Raum Lebensbedingungen, Veränderungsprozesse und Gestaltungsmöglichkeiten. Vechtaer Beiträge zur Gerontologie. Wiesbaden: Springer VS, S. 219–243.

Naegele, Gerhard (2011): Alter. In: Otto, Hans-Uwe/Thiersch, Hans (Hrsg.): Handbuch Soziale Arbeit, 4. Auflage, München: Ernst Reinhardt, S. 32–46.

Naegele, Gerhard (1990): Kommunale Sozialpolitik: Herausforderung durch alte Menschen und Altenpolitik. In: Otto, Hans-Uwe/Karsten, Maria-Eleonora (Hrsg.): Sozialberichterstattung – Lebensräume gestalten als neue Strategie kommunaler Sozialpolitik, Weinheim, München.

Naegele, Gerhard/Tews, Hans-Peter (1993): Lebenslagen im Strukturwandel des Alters. Westdeutscher Verlag.

Neu, Claudia/Nikalic, Ljubica (2015): Versorgung im ländlichen Raum der Zukunft: Chancen und Herausforderungen. In: Fachinger, Uwe/Künemund, Harald (Hrsg.): Gerontologie und ländlicher Raum Lebensbedingungen, Veränderungsprozesse und Gestaltungsmöglichkeiten. Vechtaer Beiträge zur Gerontologie. Wiesbaden: Springer VS, S. 185–209.

Neubert, Daniela (2011): Soziale Altenarbeit – Theoretische Bezüge und Perspektiven. In: Spitzer, Helmut/Höllmüller, Hubert/Hönig, Barbara (Hrsg.): Soziallandschaften. Perspektiven Sozialer Arbeit als Profession und Disziplin. Wiesbaden: VS Verlag für Sozialwissenschaften, S. 275–289.

Nötzoldt-Linden, Ursula (1997): Freundschaftsbeziehungen versus Familienbeziehungen: Versuch einer Begriffsbestimmung zur Freundschaft. In: Ethik und Sozialwissenschaften. 8. Jg. S. 3–12.

Nötzoldt-Linden, Ursula (1994): Freundschaft. Zur Thematisierung einer vernachlässigten soziologischen Kategorie. Opladen.

Ochsmann, Randolph (2001): Sterbeorte in Rheinland-Pfalz, zur Demographie des Todes. In: Mainz: Beiträge zur Thanatologie 8, S. 1–39.

Oelkers, Nina (2012): Familialismus oder die normative Zementierung der Normalfamilie. Herausforderung für die Kinder- und Jugendhilfe.

Oelkers, Nina/Richter, Martina (2010): Die post-wohlfahrtsstaatliche Neuordnung des Familialen. In: Böllert, Karin/Oelkers, Nina (Hrsg.): Frauenpolitik in Familienhand? Neue Verhältnisse in Konkurrenz, Autonomie oder Kooperation. Wiesbaden: VS Verlag für Sozialwissenschaften, S. 15–23.

Oll-Inklusiv (o. J.): Oll-Inklusiv. In: www.oll-inklusiv.de/ (Abfrage: 25.12.2018).

Omas gegen Rechts (o. J.): Omas gegen rechts. In: www.omasgegenrechts.de/grundsatztext/, Abfrage: (25.12.2018).

Österreichische Gesellschaft für Soziale Arbeit (o. J.): Zur Zukunft der Sozialen Arbeit in Österreich. In: www.ogsa.at/wp-content/uploads/2018/06/Positionspapier-Broschuere-Altern-und-Soziale-Arbeit.pdf (Abfrage: 17.12.2018).

Otto, Ulrich (2011): Soziale Netzwerke. In: Otto, Hans-Uwe/Thiersch, Hans (Hrsg.): Handbuch Soziale Arbeit. 4. Auflage. München: Reinhardt, S. 1376–1390.

Otto, Ulrich (2008): Soziale Arbeit im Kontext von Unterstützung, Netzwerken und Pflege. In: Aner, Kirsten/Karl, Ulrike (Hrsg.): Lebensalter und Soziale Arbeit. Ältere und alte Menschen. Basiswissen Soziale Arbeit 6. Baltmannsweiler: Schneider Verlag Hohengehren, S. 109–123.

Otto, Ulrich (2006): Anforderungen an eine neue soziale Professionalität in einer alternden Gesellschaft. In: Böllert, Karin/Hansbauer, Peter/Hasenjürgen, B./Langenohl, Sabine (Hrsg.): Die Produktivität des Sozialen – den sozialen Staat aktivieren. Sechster Bundeskongress Soziale Arbeit. Wiesbaden: VS Verlag für Sozialwissenschaften, S. 157–161.

Otto, Ulrich (2005): Sozialtheoretische und -interventorische Paradigmen im Licht der sozialen Netzwerk- und Unterstützungsperspektive: Konvergenzen und Herausforderungen. In: Otto, Ulrich/Bauer, Petra (Hrsg.): Mit Netzwerken professionell zusammenarbeiten. Band 1: Soziale Netzwerke in Lebenslauf- und Lebenslagenperspektive. Tübingen: Dgvt-Verlag, S. 85–131.

Otto, Ulrich/Bauer, Petra (Hrsg.) (2005): Mit Netzwerken professionell zusammenarbeiten. Band 1: Soziale Netzwerke in Lebenslauf- und Lebenslagenperspektive. Tübingen: Dgvt-Verlag.

Otto, Ulrich/Bauer, Petra (Hrsg.) (2005): Institutionelle Netzwerke in Steuerungs- und Kooperationsperspektive. Band 2. Tübingen: Dgvt-Verlag.

Oppermann, Carolin (2018): Soziale Altenarbeit. In: Graßhoff, Gunther et al. (Hrsg.): Soziale Arbeit. Wiesbaden: Springer VS, S. 237–255.

Peter, Andreas (2009): Stadtquartiere auf Zeit – Lebensqualität im Alter in schrumpfenden Städten. Wiesbaden: VS Verlag für Sozialwissenschaften.

Perrig-Chiello, Pasqualina (2000): Lust und Last des Älterwerdens – psychologische Betrachtungen. In: Perrig-Chiello, Pasqualina, Höpflinger, François (Hrsg.): Jenseits des Zenits. Frauen und Männer in der zweiten Lebenshälfte. Bern/Stuttgart/Wien.

Perrig-Chiello, Pasqualina/Höpflinger, François (Hrsg.) (2000): Jenseits des Zenits. Frauen und Männer in der zweiten Lebenshälfte. Bern/Stuttgart/Wien.

Petermann, Sören (2005): Persönliche Netzwerke: Spezialisierte Unterstützungsbeziehungen oder hilft jeder jedem? In: Otto, Ulrich/Bauer, Petra (Hrsg.): Mit Netzwerken professionell zusammenarbeiten. Band 1: Soziale Netzwerke in Lebenslauf- und Lebenslagenperspektive. Tübingen: Dgvt-Verlag, S. 181–209.

Pillemer, Karl/Müller-Johnson, Katrin (2007): Generationenambivalenzen. Ein neuer Zugang zur Erforschung familialer Generationenbeziehungen. In: Lettke, Frank/Lange, Andreas (Hrsg.): Generationen und Familien. Frankfurt/Main: Suhrkamp.

Pinzler, Petra (2000): Das andere Amerika. In: Die Zeit, 2. März 2000.

Plessner, Helmuth (1975): Die Stufen des Organischen und der Mensch. Berlin: de Gruyter.

Pohlmann, Stefan (Hrsg.) (2012): Altern mit Zukunft. Wiesbaden: VS Verlag für Sozialwissenschaften.

Pries, Ludger (2010): Transnationalisierung. Theorie und Empirie grenzüberschreitender Vergesellschaftung. In: Berliner Journal für Soziologie 12(2), S. 263–272.

Pries, Ludger (2008): Die Transnationalisierung der Sozialen Welt: Sozialräume jenseits von Nationalgesellschaften. Frankfurt/Main: Suhrkamp.

Pries, Ludger (2002): „Transmigranten" als ein Typ von Arbeitswanderern in pluri-lokalen sozialen Räumen. In: Gogolin, Ingrid/Nauck, Bernhard (Hrsg.): Migration, gesellschaftliche Differenzierung und Bildung. Opladen, S. 415–438.

Qiez.de (o. J.): Street art Graffiti Kurs für Berliner Senioren. In: www.qiez.de/street-art-graffiti-kurs-berliner-senioren-vhs/ (Abfrage: 05. 09. 2018).

Quindeau, Ilka/Einert, Katrin (2013): „Die Jugend dient dem Führer". In: Sozialmagazin, Heft 5-6/2013. Weinheim/Basel: Beltz Juventa, S. 56–65.

Rabe-Kleberg, Ursula (Hrsg.) (1991): Pro Person. Dienstleistungsberufe in Krankenpflege, Altenpflege und Kindererziehung. Bielefeld.

Radebold, Hartmut (2012): Männergesundheit: Keine Rücksicht auf den eigenen Körper. Deutsches Ärzteblatt 109, S. 33–34.

Ratzka, M. (2012): Wohnungslosigkeit. In: Albrecht, G./Groenemeyer, A. (2012): Handbuch soziale Probleme. Weinheim: VS Verlag für Sozialwissenschaften, S. 1218–1252.

Reichert, Monika/Leibner, Randi (2017): „Man darf nicht immer vergleichen mit den Jahren, als man zwanzig war.“ Zum Umgang älterer Männer mit gesundheitlichen Einschränkungen. In: Keller, Reiner/Meuser, Michael (Hrsg.): Alter(n) und vergängliche Körper. Wissen, Kommunikation und Gesellschaft. Schriften zur Wissenssoziologie. Wiesbaden: Springer VS, S. 159–183.

Reimann, Katja/Lasch, Vera (2006): Differenzierte Lebenslagen im Alter. Der Einfluss sexueller Orientierung am Beispiel homosexueller Männer. In: Zeitschrift für Gerontologie und Geriatrie. Band 39, Heft 1, S. 13–21.

Reiterer, Barbara/Amann, Anton (2006): Frauen, Verkehrsmobilität und Alter. In: Zeitschrift für Gerontologie und Geriatrie, Nr. 39, S. 22–32.

Richter, Antje/Bunzendahl, Iris (2007): Armut im Alter – heute noch kein Thema? In: Dokumentation 12. bundesweiter Kongress Armut und Gesundheit Berlin 2007.

Rienhoff, Otto (2015): Gesundheitliche und pflegerische Versorgung im ländlichen Raum. In: Fachinger, Uwe/Künemund, Harald (Hrsg.) (2015): Gerontologie und ländlicher Raum Lebensbedingungen, Veränderungsprozesse und Gestaltungsmöglichkeiten. Vechtaer Beiträge zur Gerontologie. Wiesbaden: Springer VS, S. 99–113.

Rietzke, Tim/Galuske, Michael (Hrsg.) (2008): Lebensalter und Soziale Arbeit Band 4: Junges Erwachsenenalter. Baltmannsweiler: Schneider Verlag Hohengehren.

Rießen, v., Anne/Bleck, Christian/Knopp, Reinhold (Hrsg.) (2015): Sozialer Raum und Alter(n). Zugänge, Verläufe und Übergänge sozialräumlicher Handlungsforschung. Wiesbaden: Springer VS.

Riley, Matilda W./Riley, John W. (1994): Individuelles und gesellschaftliches Potential des Alterns. In: Baltes, Paul B. u. a. (Hrsg.): Alter und Altern: Ein interdisziplinärer Studientext zur Gerontologie. Berlin, S. 437–459.

Robert-Bosch-Stiftung (1996): Pflege braucht Eliten. Pflegewissenschaftliche Denkschrift. Stuttgart.

Robert-Bosch-Stiftung (Hrsg.) (1992): Pflege braucht Eliten. Denkschrift zur Hochschulausbildung für Lehr- und Leitungskräfte in der Pflege. Gerlingen.

Röhrle, Bernd (1994): Soziale Netzwerke und soziale Unterstützung. Weinheim/München: Juventa.

Rosenmayr, Leopold (1991): Sozialgerontologie. In: Oswald, Wolf D./Herrmann, Werner M./Kanowski, Siegfried/Lehr, Ursula M. et al. (Hrsg.) (1991): Gerontologie. Stuttgart/Berlin/Köln: Kohlhammer, S. 530–538.

Ruhe, Hans-Georg (2014): Praxishandbuch Biografiearbeit: Methoden, Themen und Felder. Weinheim/Basel: Beltz Juventa.

Ruhe, Hans-Georg (1998): Methoden der Biografiearbeit. Lebensgeschichte und Lebensbilanz in Therapie, Altenhilfe und Erwachsenenbildung. Weinheim/Basel: Beltz Edition Sozial.

Rutz, Wolfgang (2010): Depression und Suizidalität bei Männern in Europa. Ein Problem männlichen psychischen Leidens und männlicher Suizidalität. In: Journal für Neurologie, Neurochirugie und Psychiatrie, 11, 3, S. 46–52.

Sackmann, Reinhold (2007): Lebenslaufanalyse und Biographieforschung. Eine Einführung. Wiesbaden: VS Verlag für Sozialwissenschaften.

Sander, Helke (2011): Der letzte Geschlechtsverkehr und andere Geschichten über das Altern. München.

Sauer, Sebastian/Müller, Rolf/Rothgang, Heinz (2015): Institutionalisiertes Sterben in Deutschland. Trends in der Sterbeortverteilung: zu Hause, Krankenhaus und Pflegeheim. In: Zeitschrift für Gerontologie und Geriatrie, S. 169–175.

Schäffler, F. (2010): Über „Junkies“, die in die Jahre kommen. Ein Beitrag zur Situation älterer KonsumentInnen illegaler Drogen in Deutschland. In: Sozial Extra. Volume 34, Issue 7. Wiesbaden: VS Verlag für Sozialwissenschaften, S. 46–49.

Scheler, Max (1957): Tod und Fortleben. In: Scheler, Max (Hrsg.): Gesammelte Werke, Bd. 10. Bern/München: Francke, S. 9–64.
Schilling, Matthias/Pothmann, Jens/Fendrich, Sandra (2004): Auswirkungen der demografischen Veränderungen auf die Kinder- und Jugendhilfe, Berechnungen und Analysen auf der Grundlage der 10. koordinierten Bevölkerungsvorausberechnung, in: Forum Jugendhilfe, Heft 3, S. 50–54.
Schmidt, Roland (2008): Soziale Altenarbeit und ambulante Altenhilfe. In: Chassé, Karl August/Wensierski, von, Hans-Jürgen (Hrsg.): Praxisfelder der Sozialen Arbeit. Eine Einführung. 4. aktual. Aufl. Weinheim/München: Juventa, S. 215–228.
Schlömer, Claus (2015): Demographische Ausgangslage: Status quo und Entwicklungstendenzen ländlicher Räume in Deutschland. In: In: Fachinger, Uwe/Künemund, Harald (Hrsg.): Gerontologie und ländlicher Raum Lebensbedingungen, Veränderungsprozesse und Gestaltungsmöglichkeiten. Vechtaer Beiträge zur Gerontologie. Wiesbaden: Springer VS, S. 25–45.
Schmidt-Deuter, Ulrich (1996): Soziale Veränderung im Alter. In: Schmidt-Deuter, U.: Soziale Entwicklung. Ein Lehrbuch über soziale Beziehungen im Laufe des Menschlichen Lebens. Weinheim, S. 182–210.
Schock, Axel (2014): Vom Grabmal zum Denkmal. In: //magazin.hiv/2014/03/15/vom-grabmal-zum-denkmal/ (Abfrage: 12. 09. 2018).
Schönig, Werner (2006): Aktivierungspolitik. In: Dollinger, Bernd/Raithel, Jürgen (Hrsg.): Aktivierende Sozialpädagogik. Ein kritisches Glossar. Wiesbaden: VS Verlag für Sozialwissenschaften, S. 23–41.
Schröer, Wolfgang/Stiehler, Steve (Hrsg.) (2009): Lebensalter und Soziale Arbeit Band 5: Erwachsenenalter. Baltmannsweiler: Schneider Verlag Hohengehren.
Schröer, Wolfgang/Schweppe, Cornelia (2008): Alte Migrantinnen und Migranten – Vom Kulturträger zum transnationalen Akteur? In: Aner, Kirsten/Karl, Ute: Ältere und alte Menschen. Lebensalter und Soziale Arbeit. Basiswissen Soziale Arbeit. Baltmannsweiler: Schneider Verlag Hohengehren, S. 151–161.
Schröder, Ulrich/Scheffler, Dirk (2016): „Bei uns gibt es dieses Problem nicht" – Die gesellschaftliche Wahrnehmung von lesbischen, schwulen, bi* und trans* Senior_innen. In: Informationsdienst Altersfragen. Heft 1: Januar/Februar 20116, Berlin, S. 3–12.
Schroeter, Klaus R. (2008): Verwirklichungen des Alters. In: Amann, Anton/Kolland, Franz (Hrsg.): Das erzwungene Paradies des Alters? Fragen an eine kritische Gerontologie. Wiesbaden: VS, S. 235–273.
Schultz-Zehden, Beate (2013): Sexualität im Alter. In: www.bpb.de/apuz/153140/sexualitaet-im-alter (Abfrage: 05. 09. 2018).
Schultz-Zehden, Beate (2004): Alter und Altern: Wie wandelt sich Sexualität im Alter? Das Sexualleben älterer Frauen – ein tabuisiertes Thema. In: Fundiert, Das Wissenschaftsmagazin der Freien Universität Berlin, Ausgabe 1/2004. www.elfenbeinturm.net.
Schulze-Krüdener, Jörgen (Hrsg.) (2008): Lebensalter und Soziale Arbeit Band 3: Jugend. Hohengehren: Schneider
Schütz, Alfred/Luckmann Thomas (1975): Strukturen der Lebenswelt. Soziologische Texte (Bd. 82). Neuwied: Luchterhand.
Schwarzer, Alice (1978): „Frauen fallen nicht so tief runter…" Die Autorin des Buches „Das Alter" über ihr eigenes Altern, Mutter-Tochter-Beziehungen, Sexualität und Schönheit. Paris 1978. In: Schwarzer, Alice (1983): Simone de Beauvoir heute. Gespräche aus zehn Jahren. Reinbek: Rowohlt, S. 83–97.
Schweppe, Cornelia (2012): Soziale Altenarbeit. In: Thole, Werner (Hrsg.): Grundriss Soziale Arbeit. Wiesbaden: VS Verlag für Sozialwissenschaften, S. 505–521.
Schweppe, Cornelia (Hrsg.) (2005): Lebensalter und Soziale Arbeit. Theoretische Zusammenhänge, Aufgaben- und Arbeitsfelder. Baltmannsweiler: Schneider Verlag Hohengehren.
Schweppe, Cornelia (2002): Zum Wandel der Generationen und Generationenbeziehungen. Oma raved und Torsten hört Bach. In: Lange, Dietrich/Fritz, Karl (Hrsg.): Soziale Fragen –

soziale Antworten. Die Verantwortung der Sozialen Arbeit für die Gestaltung des Sozialen. Verhandlungen des 3. Bundeskongress Soziale Arbeit. Neuwied: Luchterhand, S. 233–238.

Schweppe, Cornelia (2000): Biographie und Alter(n) auf dem Land. Lebenssituation und Lebensentwürfe. Opladen: Leske & Budrich.

Schweppe, Cornelia (1999): Biographieforschung und Altersforschung. In: Krüger, Heinz-Hermann/Marotzki, Winfried (Hrsg.): Handbuch erziehungswissenschaftliche Biographieforschung. Opladen: Leske & Budrich.

Schweppe, Cornelia (Hrsg.) (1996): Soziale Altenarbeit. Pädagogische Arbeitsansätze und die Gestaltung von Lebensentwürfen im Alter. Weinheim/München: Juventa.

Schweppe, Cornelia (1994): Altern auf dem Land – Über das soziale Märchen eines harmonischen Lebensabends. In: Neue Praxis 2/1994.

Selbmann, Rolf (2010): Eine Kulturgeschichte des Fensters. Von der Antike bis zur Moderne. Reimer Verlag: Berlin.

Spatscheck, Christian (2015): Sozialräumlich forschen – eine vergleichende Analyse aktueller Forschungsprojekte aus dem Themenfeld Sozialer Raum und Alter(n). In: Rießen, v., Anne/Bleck, Christian/Knopp, Reinhold (Hrsg.): Sozialer Raum und Alter(n). Zugänge, Verläufe und Übergänge Sozialräumlicher Handlungsforschung. Wiesbaden: Springer VS, S. 307–334.

Spatscheck, Christian (2012): Socio-spatial Approaches to Social Work. Social Work & Society (10), 1/2012. In: www.socwork.net/sws/article/view/314/659.

Spindler, Mone (2007): Neue Konzepte für alte Körper. In: Hartung, Heike (Hrsg.): Graue Theorie. Die Kategorien Alter und Geschlecht im kulturellen Diskurs. Köln.

Spitzer, Manfred (2003): Selbstbestimmen. Gehirnforschung und die Frage: Was sollen wir tun? Spektrum Akademischer Verlag.

Statistisches Bundesamt (2018): Durchschnittliches Sterbealter ab 2000. In: www-genesis.destatis.de/genesis/online/data;jsessionid=4C58B3442363D790C217A9C4059735F9.tomcat_GO_2_2?operation=abruftabelleBearbeiten&levelindex=2&levelid=1529843098601&auswahloperation=abruftabelleAuspraegungAuswaehlen&auswahlverzeichnis=ordnungsstruktur&auswahlziel=werteabruf&selectionname=12613-0007&auswahltext=&werteabruf=Werteabruf (Abfrage: 24.06.2018).

Statistisches Bundesamt (2018): Sterbefälle ab 60 Jahren im Jahr 2016. In: www-genesis.destatis.de/genesis/online;jsessionid=509EC8E0D41AF1A79EA7DB15080836BF.tomcat_GO_1_3?operation=previous&levelindex=2&levelid=1529842583864&step=2 (Abfrage: 24.06. 2018).

Statistisches Bundesamt (2016): Ältere Menschen in Deutschland und der EU. Wiesbaden.

Statistisches Bundesamt (2015): Bevölkerung Deutschlands bis 2016. 13. Koordinierte Bevölkerungsvorausberechnung und Erwerbstätigkeit. Statistisches Bundesamt. Wiesbaden.

Statistisches Bundesamt (2011): Im Blickpunkt: Ältere Menschen in Deutschland und der EU. Wiesbaden.

Statistisches Bundesamt (2003): Bevölkerung Deutschlands bis zum Jahr 2050. 10. koordinierte Bevölkerungsvorausberechnung. Wiesbaden. In: www. destatis.de/presse/deutsch/pk/2003/Bevoelkerung.pdf (Abfrage: 20.05.2003).

Stecher, Ludwig/Zinnecker, Jürgen (2007): Kulturelle Transferbeziehungen. In: Ecarius, Jutta (2007): Handbuch Familie. Wiesbaden: VS Verlag für Sozialwissenschaften, S. 389–405.

Stimmer, Franz (2000): Lexikon der Sozialen Arbeit und Sozialpädagogik. München: Oldenbourg.

Strube, Anke (2012): Soziale Altenarbeit in ländlichen Räumen – Selbstorganisation, Empowerment und staatliche Aktivierungsstrategien. In: Debiel, S. et al. (Hrsg.): Soziale Arbeit in ländlichen Räumen. Wiesbaden: VS Verlag für Sozialwissenschaften, S. 237–249.

Strube, Anke/König, Jana/Hanesch, Walter (2015): Partizipations- und Teilhabeprozesse benachteiligter älterer Menschen fördern, begleiten und (mit)gestalten. In: Rießen, v., Anne/Bleck, Christian/Knopp, Reinhold (Hrsg.): Sozialer Raum und Alter(n). Zugänge, Verläufe

und Übergänge Sozialräumlicher Handlungsforschung. Wiesbaden: Springer VS, S. 185-207.
Strube, Helga (2006): Es ist nie zu spät – Ernährung im Alter. In: Bundesgesundheitsblatt – Gesundheitsforschung – Gesundheitsschutz. Volume 49, Issue 6. Wiesbaden, S. 547–557.
Studis-online (o. J.): Studiengänge Gerontologie. In: www.studis-online.de/Studiengaenge/Gerontologie/, Abfrage: 07. 05. 2018).
Sünker, Heinz/Swiderek, Thomas (Hrsg.) (2009): Lebensalter und Soziale Arbeit Band 2: Kindheit. Baltmannsweiler: Schneider Verlag Hohengehren.
Sydow, von, Kirsten (1993): Lebenslust. Weibliche Sexualität von der frühen Kindheit bis ins hohe Alter. Bern/Göttingen/Toronto/Seattle.
Teising, Martin (2005): Das Bild des alternden Mannes – die Entwicklung seiner Geschlechtsidentität. Psychotherapie im Alter: Forum Psychotherapie, Psychiatrie und Psychosomatik und Beratung 2, S. 71–82.
Tenbruck, Friedrich H. (1962): Freundschaft. Ein Beitrag zu einer Soziologie der persönlichen Beziehungen. In: Kölner Zeitschrift für Soziologie und Sozialpsychologie. Jg. 16, S. 431-456.
Tews, Hans-Peter/Naegele, Gerhard (1993): Lebenslagen im Strukturwandel des Alters. Westdeutscher Verlag.
Tews, Hans-Peter (1990): Neue und Alte Aspekte des Strukturwandels des Alters. In: WIS-Mitteilungen 8/90, S. 478–491.
Thiersch, Hans (2009): Schwierige Balance. Über Grenzen, Gefühle und berufsbiographische Erfahrungen. Weinheim/München: Juventa, S. 211–295.
Thiersch, Hans (2002): Biographieforschung und Sozialpädagogik. In: Kraul, M./Marotzki, W. (Hrsg.), Biografische Arbeit. Perspektiven erziehungswissenschaftlicher Biografieforschung, S. 142–156, Opladen: Leske & Budrich.
Thiersch, Hans (1992): Das sozialpädagogische Jahrhundert. In: Thomas Rauschenbach/Hans Gängler (Hrsg.): Soziale Arbeit und Erziehung in der Risikogesellschaft. Neuwied, S. 9–21.
Thiersch, Hans (o. J.): Liebe – Vertrauen – Neugier als elementare Momente pädagogischen Handelns. Vortrag.
TU Dortmund (o. J.): Masterstudiengang alternde Gesellschaften. In: www.fk12.tu-dortmund.de/cms/ISO/de/Studium/masterstudiengang_alternde_gesellschaften1/index.html (Abfrage: 11. 05. 2018).
Twigg, Julia (2009): Clothing, identity and the embodiment of age. In: Powell, J. L./Gilbert, T. (Hrsg.) (2009): Aging Identity: A Dialogue with Postmodernism, S. 93–104, New York: Nova Science Publishers Inc.
Twigg, Julia (2007): Clothing, age and the body: a critical review. In: Ageing & Society 27, S. 285–305.
Twigg, Julia (2004): The body, gender, and age: Feminist insights in social gerontology. In: Journal of Aging Studies 18.
Vaupel, James (2005): Ein neuer Job für Methusalem. In: DIE ZEIT 04. 05. 2005 Nr. 19. www.zeit.de/2005/19/B-Vaupel (Abfrage: 18. 04. 2016).
Vavrik, Elfriede (2010): Nacktbadestrand. Roman. edition a. Wien. 2. Auflage.
Villa, Paula-Irene (2008): Körper. In: Baur, Nina/Korte, Hermann/Löw, Martina/Schroer, Markus (Hrsg.): Handbuch für Soziologie. Wiesbaden: VS Verlag für Sozialwissenschaften, S. 201–219.
Vogel, Werner (2010): Soziale Arbeit in der Geriatrie. Ein spannendes Arbeitsfeld mit Zukunft. In: Sozial Extra. Volume 34, Issue 7. Wiesbaden: VS Verlag für Sozialwissenschaften, S. 43–45.
Wacker, Elisabeth (2003): Lebenslage und Lebensläufe älterer behinderter Frauen. Annäherung an ein unerforschtes Thema. In: Reichert, Monika/Maly-Lukas, Nicole/Schönknecht, Christiane (Hrsg.): Älter werdende und ältere Frauen heute. Zur Vielfalt ihrer Lebenssituationen. Wiesbaden: VS Verlag für Sozialwissenschaften, S. 35–77.

Wahl, Hans-Werner/Heyl, Vera (2004): Gerontologie. Eine Einführung. Stuttgart: Kohlhammer.

Weber, Andreas/Klingholz, Rainer (2009): Demographischer Wandel. Ein Politikvorschlag unter besonderer Berücksichtigung der neuen Länder. Berlin-Institut für Bevölkerung und demographischer Wandel. Berlin.

Welt.de (2018): Newsticker. Todesfälle. In: www.welt.de/newsticker/news1/article178796936/Todesfaelle-Shoah-Regisseur-Claude-Lanzmann-mit-92-Jahren-gestorben.html, Abfrage: 06.07.2018.

Welt.de (2015): Trend erobert Deutschland. In: www.welt.de/regionales/niedersachsen/article148751252/Trend-erobert-Deutschland.html (Abfrage: 02.11.2018).

Welzer, Harald (2001): Das soziale Gedächtnis. Geschichte, Erinnerung, Tradierung. Hamburg: Hamburger Edition.

Welzer, Harald/Markowitsch, Hans J. (Hrsg.) (2006): Warum Menschen sich erinnern können. Fortschritte in der interdisziplinären Gedächtnisforschung. Stuttgart: Klett-Cotta.

Wikipedia (o. J.): Wolke 9. In: //de.wikipedia.org/wiki/Wolke_9 (Abfrage: 06.09.2018).

Wikipedia (o. J.): Ursprüngliche Bindung. In: //de.wikipedia.org/wiki/Urspr%C3%BCngliche_Bindung (Abfrage: 09.12.2018).

Willems, Herbert (2003): Normalität, Normalisierung, Normalismus. In: Link, Jürgen/Loer, Thomas/Neuendorff, Hartmut (Hrsg.): „Normalität" im Diskursnetz soziologischer Begriffe. Heidelberg: Synchron, S. 51–83.

Winkler, Michael (2005): Sozialpädagogik im Ausgang der Freiheit. Versuch einer Annäherung an üblicherweise nicht gestellte Fragen. In: Schweppe, Cornelia (Hrsg.): Lebensalter und Soziale Arbeit. Theoretische Zusammenhänge, Aufgaben- und Arbeitsfelder. Baltmannsweiler: Schneider-Hohengehren, S. 6–31.

Winkler, Michael (2002): Betreuungs- und familienergänzende Angebote für Kinder und Jugendliche: Familien, Schulen und sozialpädagogische Leistungen 2000 bis 2040. In: Enquete-Kommission „Demographischer Wandel" Deutscher Bundestag. Herausforderungen unserer älter werdenden Gesellschaft an den Einzelnen und die Politik. Studienprogramm. Band V. Heidelberg.

Winkler, Michael (1988): Eine Theorie der Sozialpädagogik. Stuttgart: Verlagsgemeinschaft Ernst Klett Verlag, J. G. Cotta'sche Buchhandlung.

Wissert, Michael (2010): Soziale Arbeit in Beratungsstellen der Altenhilfe. Vielfältige Aufgaben in der Arbeit mit alten Menschen, ihren Angehörigen und Pflegekräften. In: Sozial Extra. Volume 34, Issue 7. Wiesbaden: VS Verlag für Sozialwissenschaften, S. 40–42.

Wolf, Meike (2007): Ein bisschen wie ein Jungbrunnen? In: Hartung, Heike (Hrsg.): Graue Theorie. Die Kategorien Alter und Geschlecht im kulturellen Diskurs. Köln.

Woog, Astrid (2006): Einführung in die soziale Altenarbeit: Theorie und Praxis. Weinheim/München: Juventa.

World Health Organsiation (o. J.): ageing. In: www.who.int/ageing/features/misconceptions/en/ (Abfrage: 15.04.2018).

Zeman, Peter (2008): Rahmenbedingungen für das Engagement der Älteren. In: Deutsches Zentrum für Altersfragen. Informationsdienst Altersfragen, Heft 2/2008, S. 02–08.

Zeier, Hans (2002): Männer über fünfzig. Körperliche Veränderungen – Chancen für die zweite Lebenshälfte. 2. Auflage. Bern: Huber.

Zeit-Magazin (2007): Annonce aus der Rubrik „Kennenlernen". In: Die Zeit. Wochenzeitung für Politik, Wirtschaft, Wissen und Kultur 12/2007.

Zibell, Barbara/Revilla Diez, Javier/Heineking, Ingrid/Preuß, Petra/Bloem, Hendrik/Sohns, Franziska (2015): Zukunft der Nahversorgung in ländlichen Räumen: Bedarfsgerecht und maßgeschneidert. In: Fachinger, Uwe/Künemund, Harald (Hrsg.): Gerontologie und ländlicher Raum Lebensbedingungen, Veränderungsprozesse und Gestaltungsmöglichkeiten. Vechtaer Beiträge zur Gerontologie. Wiesbaden: Springer VS, S. 141–167.

Zippel, Christian/Kraus, Sybille (Hrsg.) (2009/2011): Soziale Arbeit für alte Menschen: ein Handbuch für die berufliche Praxis. Frankfurt/Main: Mabuse.